스마트 홈, 스마트 팜 적용

LOGO! 8 PLC

육영수 · 김종선 공저

光文閣
www.kwangmoonkag.co.kr

Preface

LOGO!는 Micro Logic Controller로써 ISO 9001의 품질 요구를 만족시키는 로직 모듈입니다. 여러 산업 분야의 어플리케이션에 사용될 수 있습니다. 뛰어난 기능과 쉬운 운영으로 인해 LOGO!는 거의 모든 어플리케이션에서 최고의 효율을 제공할 것입니다.

이 매뉴얼의 목적

이 LOGO! 매뉴얼은 LOGO! SOFT COMFORT V8.0x을 이용한 사용자 프로그램의 작성에 대한 내용을 제공하며 LOGO! 0BA8 모듈, LOGO! TD(텍스트 디스플레이), LOGO! 확장 모듈 등의 설치와 사용에 대한 정보들을 제공합니다.

매뉴얼 적용 범위

이 매뉴얼은 시리즈 0BA8 이상 버전 디바이스에 적용됩니다.

LOGO! 0BA8 시리즈의 새로운 기능

LOGO! Soft Comfort V8.0x는 LOGO! 0BA8 시리즈의 하드웨어와 함께 다음과 같은 새로운 기능을 제공합니다.

- **모든 LOGO! 0BA8 베이스 모듈이 지원하는 이더넷 통신**

  각 LOGO! 0BA8 베이스 모듈에는 이더넷 통신을 위한 RJ45 인터페이스와 2색 상태 LED가 장착되어 있습니다.

- **소형 LOGO! 0BA8 모듈**

  각 LOGO! 0BA8 베이스 모듈의 폭은 71.5mm입니다. LOGO! 0BA8의 작은 크기 덕분에 공간을 효율적으로 활용할 수 있습니다.

- **기능이 강화된 새로운 텍스트 디스플레이 모듈 LOGO! TDE - LOGO!**

  - TDE 모듈은 두 가지 이더넷 인터페이스와 함께 사용 가능합니다. 이 두 가지 이더넷 인터페이스는 2포트 스위치 역할도 합니다. 이더넷 인터페이스를 통해 LOGO! TDE를 베이스 모듈, PC 또는 또 다른 LOGO! TDE와 연결할 수 있습니다. LOGO! TDE는 IP주소 선택으로 여러 베이스 모듈에 연결할 수 있습니다.

- LOGO! TDE는 3핀(P1, P2, FE) 전원 연결 단자를 제공합니다.
- LOGO! TDE에서는 세 가지 주요 메뉴 명령어, 즉 각각 베이스 모듈의 IP주소 선택, 연결된 베이스 모듈의 원격 설정, 그리고 LOGO! TDE의 독립 구성을 위한 명령어를 사용할 수 있습니다.

■ **6라인 디스플레이 및 3색 백라이트 지원**

LOGO! 온-보드 디스플레이와 LOGO! TDE 모두 6라인 문자 디스플레이와 3색 라이트(흰색/황색/빨간색)를 지원합니다. LOGO! 온-보드 디스플레이는 한 줄에 최대 영문자 16자, 아시아 문자 8자까지 표시할 수 있습니다. LOGO! TDE는 한 줄에 최대 영자 20자와 아시아 문자 10자까지 표시할 수 있습니다.

■ **최대 I/O 연결 수 증가**

LOGO! 0BA8은 최대 24개 디지털 입력, 20개 디지털 출력, 8개 아날로그 입력, 8개 아날로그 출력을 지원합니다.

■ **LOGO! 베이스 모듈에 내장된 웹 서버**

LOGO! 0BA8은 인터넷 브라우저를 통해 쉽게 액세스할 수 있습니다. 웹 서버 기능이 있어, 연결된 장비(PC, 태블릿 또는 스마트폰)에서 웹 브라우저에 LOGO! 모듈의 IP주소를 입력해 LOGO! 베이스 모듈에 액세스할 수 있습니다.

■ 특수 기능 블록에 추가된 강화 기능

- 천문 시계: 이 기능 블록에는 두 가지 새로운 파라미터, 즉 "TR Offset"(선라이즈 오프셋)과 "TS Offset"(선셋 오프셋)을 이용할 수 있습니다. 이 두 파라미터를 이용해 선라이즈/선셋 값의 오프셋을 설정할 수 있습니다. 오프셋 범위는 -59분~59분입니다.
- 메시지 텍스트: LOGO! 0BA8 장비는 6라인 메시지 텍스트 디스플레이와 티킹(ticking) 메시지를 지원하며 웹 서버에서도 메시지 텍스트 디스플레이를 지원합니다. 블록 파라미터를 이용해서 각 디스플레이 라인의 틱(tick) 설정을 활용할 수 있습니다.

■ **회로 프로그램 제작에 필요한 기타 플래그**

LOGO! 0BA8은 64개 디지털 플래그와 64개 아날로그 플래그를 지원합니다. 그중 몇 가지의 새로운 특수 플래그에 대한 설명은 다음과 같습니다.

M28: LOGO! 디스플레이 황색 백라이트 작동

M29: LOGO! 디스플레이 빨간색 백라이트 작동

M30: LOGO! TDE 황색 백라이트 작동

M31: LOGO! TDE 빨간색 백라이트 작동

■ **진단을 위해 확장된 메뉴 명령어**

메뉴 확장에 따라 진단에 필요한 명령어가 추가되어 LOGO! 0BA8은 소프트웨어와 하드웨어의 오류를 진단하고 오류 로그를 볼 수 있는 퍼실리티(facility)를 제공합니다. 이런 메뉴 명령어를 사용해 LOGO! 시스템의 문제를 찾아 해결할 수 있습니다.

■ **아날로그 값 변경 곡선 표시**

LOGO! 0BA8은 온-보드 디스플레이상에서 아날로그 값 변경 상황을 트렌드 그래프로 보여 줍니다. 따라서 LOGO!가 RUN 모드로 되어 있다면 이 트렌드 그래프를 통해 각 아날로그 I/O를 모니터링하기가 용이합니다.

■ **마이크로 SD 카드 지원**

LOGO! 8은 마이크로 SD(Secure Digital) 카드를 지원하며 이 카드는 FAT32 파일 시스템 형식을 지원합니다. 따라서 프로세스 데이터 로그의 유무와 관계없이 회로 프로그램을 LOGO! 8에서 SD 카드로 저장 및 복사해 보호하거나 SD 카드에서 LOGO! 8로 복사할 수 있습니다.

■ 강화된 데이터 로그 기능

LOGO! 0BA8에서는 각각 최대 20,000라인에 이르는 데이터 로그 파일을 마이크로 SD 카드에 저장할 수 있습니다. 만일 현재 파일의 라인 수가 이 최대 라인 수를 초과할 경우에는, LOGO!가 알아서 마이크로 SD 카드에 새로운 이름의 새로운 데이터 로그 파일을 생성합니다.

이전 장비들과의 호환성

LOGO! 0BA8 제품 시리즈는 이전 제품 시리즈 중 어느 것과도 호환되지 않습니다.

끝으로 본서의 출판을 위해 불철주야 노력하신 광문각출판사 박정태 사장님과 임직원 여러분께 진심으로 감사의 마음을 드립니다.

2019년 8월

저 자

제1장 LOGO! 기본 모듈(0BA8) / 21

제2장 소프트웨어 설치 및 사용자 인터페이스 / 33

제3장 자습서(Tutorial) / 135

제4장 어플리케이션 예제 / 197

제5장 LOGO! Functions / 209

※ 6장은 예제 파일로 본 도서에는 수록하지 않았으며 PDF 파일로 제공됩니다. 광문각출판사(kwangmoonkag.co.kr) 자료실에서 다운로드하세요.

제6장 LOGO! 프로그램 실습 예제 / 353

01

LOGO! 기본 모듈(0BA8)

1.1 LOGO! 설치 및 분리

LOGO! 0BA8 Base Module Spec :

- 디지털 입력 I1~I24
- 아날로그 입력 AI1~AI8
- 디지털 출력 Q1~Q20
- 아날로그 출력 AQ1~AQ8
- 디지털 플래그 블록 M1~M64:
  M8: 스타트업 플래그
  M25 백라이트: LOGO! 흰색
  M26 백라이트: TDE 흰색
  M27 메시지 텍스트 문자세트
  M28 백라이트: LOGO! 황색
  M29 백라이트: LOGO! 적색
  M30 백라이트: TDE 황색
  M31 백라이트: TDE 빨간색
- 아날로그 플래그 블록 :
  AM1~AM64
- 시프트 레지스터 비트 :
  S1.1~S4.8(32비트)
- 커서 키: 4개
- 빈 출력: X1~X64

INPUT(DC24V)

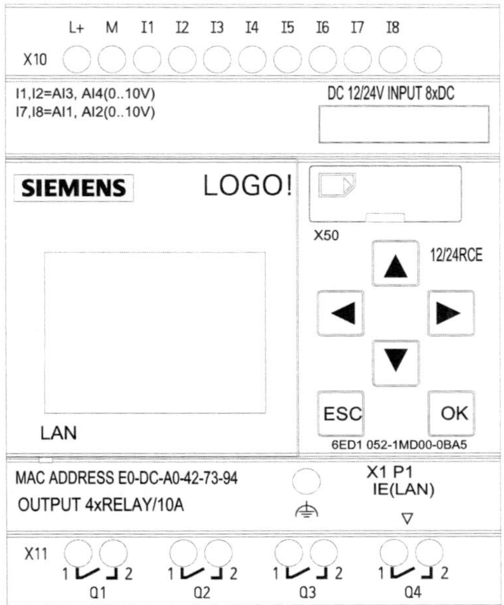

OUTPUT(접점)

LOGO! 0BA8 설치 예

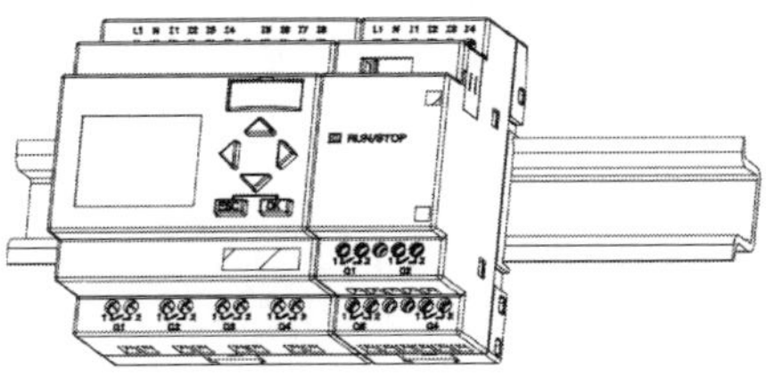

분리 예

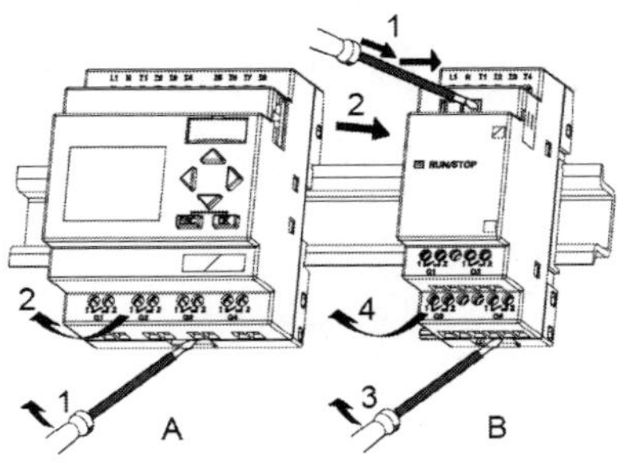

LOGO! 12/24RC/RCo(기본 모듈 + 디지털 모듈 4 + 아날로그 모듈 3)

I1......I6, I7, I8 AI1, AI2	I9...I12	I13...I16	I17...I20	I21...I24	AI3, AI4	AI5, AI6	AI7, AI8
LOGO! Basic	LOGO! DM 8	LOGO! DM 8	LOGO! DM 8	LOGO! DM 8	LOGO! AM 2	LOGO! AM 2	LOGO! AM 2
Q1...Q4	Q5...Q8	Q9...Q12	Q13...Q16				

1.2 LOGO! I/O 연결

1.2.1 고속 디지털 입력: I3, I4, I5. I6

이러한 버전들은 고속 디지털 입력 기능(업/다운 카운터, 트레스홀드 트리거)을 지원합니다. 위에서 언급된 제한들은 이러한 고속 디지털 입력에 적용되지 않습니다.

※ 주: 고속 디지털 입력 I3, I4, I5, I6은 이전 버전 0BA0에서 0BA5에서와 동일합니다. 그러므로 이러한 버전으로 작성된 사용자 프로그램은 LOGO! Soft Comfort를 통해 어떠한 변경 없이 새로운 0BA7로 전송될 수 있습니다. 이와는 반대로 LOGO! L 버전(고속 디지털 입력 I11-I12)에서 작성된 사용자 프로그램은 수정할 필요가 있습니다. 고속 디지털 입력은 0BA7 버전에서 2KHZ에서 5KHZ로 증가되었습니다. 확장 모듈에는 고속 디지털 입력이 없습니다.

1.2.2 아날로그 입력: I1 와 I2, I7 와 I8

LOGO! 버전 12/24RCE와 24C/24Co에서의 입력 I1, I2, I7, I8는 디지털 입력이나 아날로그 입력으로 사용될 수 있습니다. 입력 모드는 LOGO! 사용자 프로그램에서 정의됩니다.

입력 I1, I2, I7, I8은 디지털 입력을 지원하며 AI3, AI4, AI1, AI2는 아날로그 입력을 지원합니다. AI3은 입력 터미널 I1에 해당하며 AI4는 I2에 해당하고, AI1은 I7에 AI2는 I8에 해당합니다. AI3과 AI4 사용은 옵션입니다. "LOGO! Basic" 모듈에서 AI 수 설정하기 사용자는 LOGO!에서 2개 채널의 아날로그나 4개 채널의 아날로그 입력을 구성하게 됩니다.

입력 I1, I2, I7, I8을 사용하는 경우 0에서 10V DC 범위를 사용할 수 있습니다.

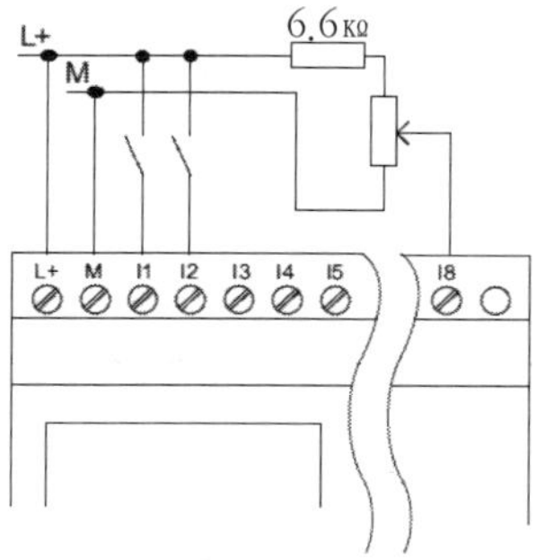

이런 디바이스들의 입력은 아이솔레이터(Isolator rate)되어 있지 않기 때문에 공통 레퍼런스 전위가 필요합니다.(섀시, 그라운드) 모듈들의 인가 전압과 섀시 그라운드 간 아날로그 신호를 연결할 수 있습니다. (* = 직렬저항 6.6㏀)

주의: 아날로그 신호 입력에는 항상 트위스트 페어 케이블(Twisted-pair cable) 쉴드(Shield) type을 사용하고 가능한 짧게 연결하십시오.

1) I1, I2, I7, I8에 가변저항(Potentiometer) 연결하기

3단자 가변저항기를 한 번 끝까지 돌려 10V를 얻으려면 입력전압에 상관없이 가변전항기의 입력 측에 직렬저항을 연결해야 합니다(아래 표 참조). 다음과 같은 크기의 가변저항기와 관련 직렬 저항을 권장합니다.

전압	가변저항기(Potentiometer)	직렬저항
12V	5kΩ	
24V	5kΩ	6.6kΩ

3단자 가변저항기와 최대 전압으로 10V 입력전압을 사용하는 경우 연결된 입력전압이 24V라면 직렬저항을 통해 14V가 감소되어 가변저항기를 최대로 돌렸을 때 최대 10V가 지원되어야 합니다. 입력전압이 12V인 경우에는 위와 같은 내용이 무시될 수 있습니다.

LOGO!에 아날로그 센서 연결

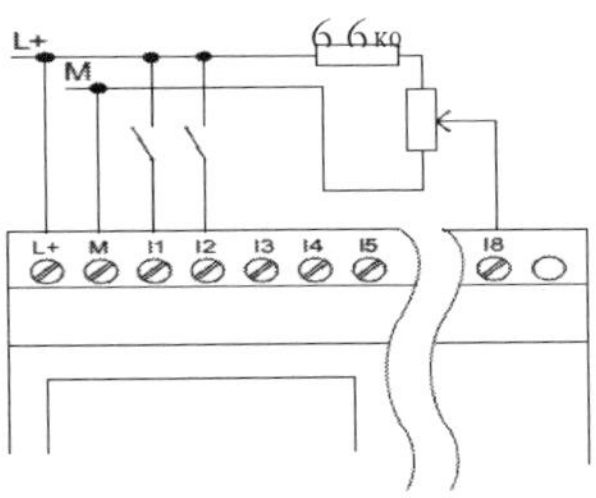

이런 디바이스들의 입력은 아이솔레이터(Isolator rate)되어 있지 않기 때문에 공통 레퍼런스 전위가 필요합니다. (섀시, 그라운드) 모듈들의 인가전압과 섀시 그라운드 간 아날로그 신호를 연결할 수 있습니다. (* = 직력저항 6.6kΩ)

주의: 아날로그 신호 입력에는 항상 트위스트 페어 케이블(Twisted-pair cable) 쉴드(Shield) type을 사용하고 가능한 짧게 연결하십시오.

※ 참조: LOGO! AM2 확장 모듈은 별도의 아날로그 입력을 제공합니다. AM2/PT100 확장 모듈은 PT100 입력을 제공합니다.

2) LOGO! AM2 (아날로그 입력 모듈)

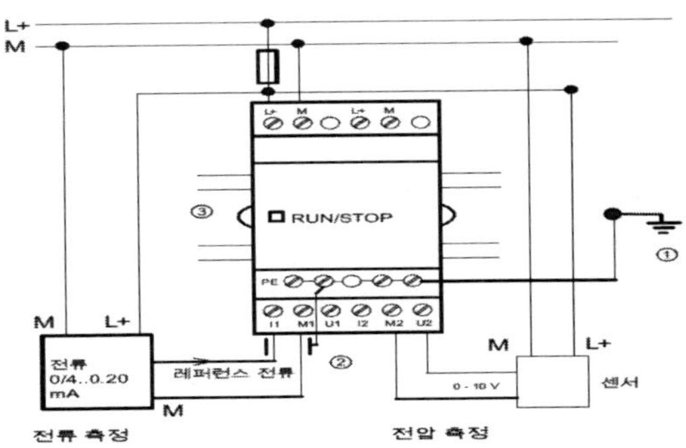

PE Earth 연결과 아날로그 측정 케이블 실드를 위한 PE 터미널

① Eath
② 케이블 쉴드
③ DIN Rail

측면 그림은 4선식 전압 측정과 2선식 전압 측정의 한 예를 보여줍니다.

LOGO!에 2선식 센서 연결하기. AM2 2선식 센서는 다음과 같이 연결하십시오.

- 센서의 출력을 AM2 모듈의 U(0~10V 전압 측정)단자나 I(4~20mA 전류 측정)단자에 연결하십시오.
- 센서의 플러스(+) 커넥터를 24V 전압 공급 장치(L+)에 연결하십시오.
- 전류출력 M의 그라운드(센서의 좌측상부 그림 참조)를 AM2 모듈의 해당 M 입력(M1 혹은 M2)에 연결하십시오.

3) LOGO! AM2 (PT100 입력 연결하기)

최대 두 개의 2선식 또는 3선식 PT100 센서를 모듈에 연결하거나 하나의 2선식과 하나의 3선식 PT100 센서를 모듈에 연결할 수 있습니다.

2선식

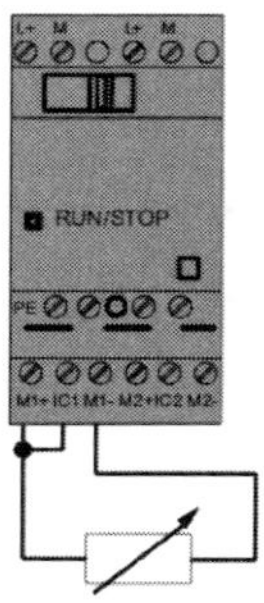

PT100

3선식

PT100

이 모듈에서 지원하는 센서 타입은 디폴트 온도상수 "α= 0.003850"을 갖는 PT100 센서입니다.
2선식 연결에서는 M1+와 IC1 혹은 M2+와 IC2 터미널을 단락시키는 것이 필요합니다.
측정 라인의 옴 저항에 의해 발생하는 에러는 이러한 연결로 보상되지 않습니다. 1 옴의 라인 저항은 비례적으로 +2.5℃의 측정 에러를 갖습니다.

4) LOGO! AM2 (RTD 입력 연결하기)

최대 2개의 PT100 혹은 두 개의 PT1000 혹은 하나는 PT100 다른 하나는 PT1000을 2선식 또는 3선식, 2선식과 3선식 혼합 방식으로 모듈에 연결할 수 있습니다.

2선식

PT100 / PT1000

3선식

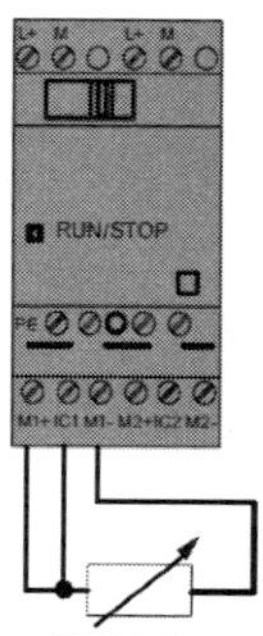

PT100 / PT1000

이 모듈에서 지원하는 센서 타입은 디폴트 온도상수 "α= 0.003850"을 갖는 PT100 , PT1000 센서입니다.
2선식 연결에서는 M1+와 IC1 혹은 M2+와 IC2 터미널을 단락시키는 것이 필요합니다.
측정 라인의 옴 저항에 의해 발생하는 에러는 이러한 연결로 보상되지 않습니다. PT100. PT1000 센서가 연결되면 1 옴의 라인 저항은 비례적으로 +2.5℃의 측정 에러를 갖습니다.

주의: 아날로그 값이 헌팅을 하는 것은 아날로그 센서에서 AM2/AM2 PT100/AM2 RTD, 확장 모듈(엔코더 와이어)로 케이블이 연결될 때 모듈이 잘못 장착되었거나 혹은 장착되지 않았을 때 연결 와이어 상에 생기는 스크리닝(Screening) 때문입니다. 확장 모듈 사용할 때 아날로그 값의 헌팅을 방지하려면 다음과 같이 수행하십시오.

- 엔코더 와이어를 쉴드(shielded)된 타입으로 사용하십시오.
- 가능한 한 엔코더 와이어를 짧게 연결하십시오. 엔코더 와이어는 10미터를 넘어서면 안 됩니다.
- 엔코더 와이어의 한쪽만을 클램핑시켜서 AM2/AM2 PT100/AM2 AQ/AM2 RTD 확장 모듈에 있는 PE 터미널로 클램핑(Clamping)시킵니다.
- 엔코더 전압 공급 장치의 그라운드를 확장 모듈의 PE 터미널에 연결하십시오.
- LOGO! AM2 PT100 혹은 LOGO! AM2 RTD 확장 모듈을 그라운딩 처리가 되지 않은 전압 공급 장치와 함께 운영하지 마십시오. 그러나 이를 피할 수 없다면 전압 공급의 네거티브 출력/그라운드 출력을 열전대(thermometer) 측정 와이어에 쉴드 시키십시오.

5) LOGO! AM2 AQ (아날로그 출력모듈 연결하기)

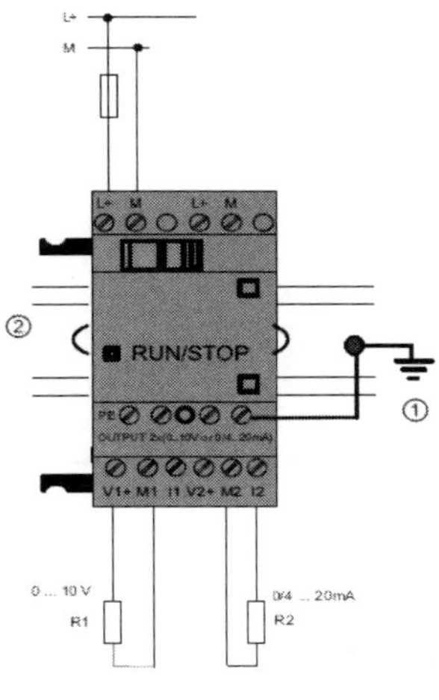

V1, V2: 0~10 VDC
R1: 〉= 5 kΩ
I1, I2: 0/4 ... 20 mA
R2: 〈= 250 Ω

① Earth
② DIN 레일

그림은 전압 또는 전류 부하를 연결하는 예를 보여줍니다.

1.3 LOGO! Ethernet 연결

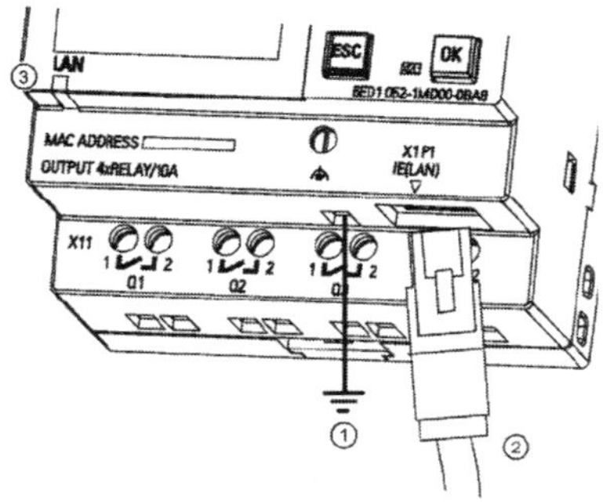

PE의 접지 단자, 및 이더넷 인터페이스에 네트워크 케이블을 연결한다.

① 어스 그라운드
② RJ-45 이더넷 케이블
③ 이더넷 상태램프
　Rx/Tx: 황색점멸(읽기/쓰기 중)
　LINK : 녹색점등(이더넷 연결됨)

추천:
Category5 shielded twisted-pair Ethernet cable

Lan Cable (crossover cable)

PC RJ45 Male	Wire Color	PLC RJ45 Male
1 TX+	White/Orange	3 RX+
2 TX-	Orange	6 RX-
3 RX+	White/Green	1 TX+
4 BD4+	Blue	4 BD4+
5 BD4-	White/Blue	5 BD4-
6 RX-	Green	2 TX-
7 BD3+	White/Brown	7 BD3+
8 BD3-	Brown	8 BD3-

1.3.1 이더넷 설정

LOGO 12/24REC	My Computer	LOGO Soft Comport
IP주소: 192.168.0.1	IP주소: 192.168.0.100	IP주소: 192.168.0.1
서브넷 마스크:	서브넷 마스크:	서브넷 마스크:
255.255.255.0	255.255.255.0	255.255.255.0

1.3.2 LOGO! 12/24RCE IP주소 설정

- 준 비 -

① 상하 방향키를 이용하여 커서를 Stop에 놓고 OK 키를 누른다.

② Stop Prg 메뉴에서 Yes 항목으로 커서를 이동한 다음 OK 키를 누른다.

③ ESC 키를 눌러서 Stop Prg 화면에서 나간다.

예)
IP Address : 192.168.000.001
Subnet Mask: 255.255.255.000
Gateway : 000.000.000.000

① 상하 방향키를 이용하여 커서를 Network에 놓고 OK 버튼을 누른다.

② IP address OK 버튼을 누른다.

③ 상하 방향키를 이용하여 커서를 변경 항목으로 이동한다.

④ IP address 항목에서 OK 버튼을 다시 한번 누른다.

⑤ 좌우 방향키를 이용하여 커서를 변경 항에 놓고 상하 방향키를 이용하여 숫자를 변경한다. 변경이 완료되면 OK 버튼을 눌러서 마친다.

⑥ ESC 버튼으로 화면에서 나간다.

1.3.3 My Computer IP주소 설정

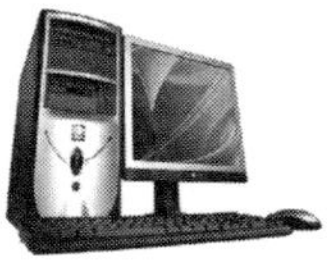

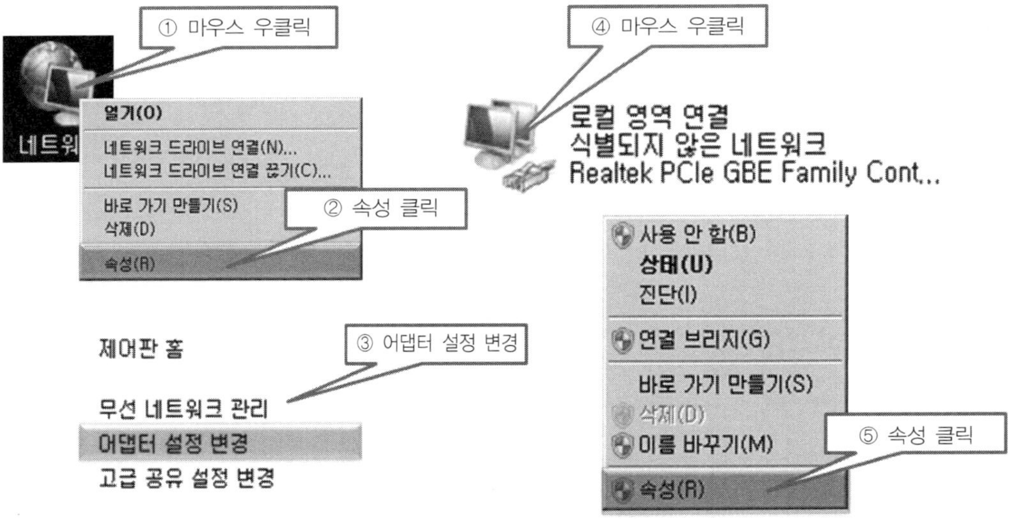

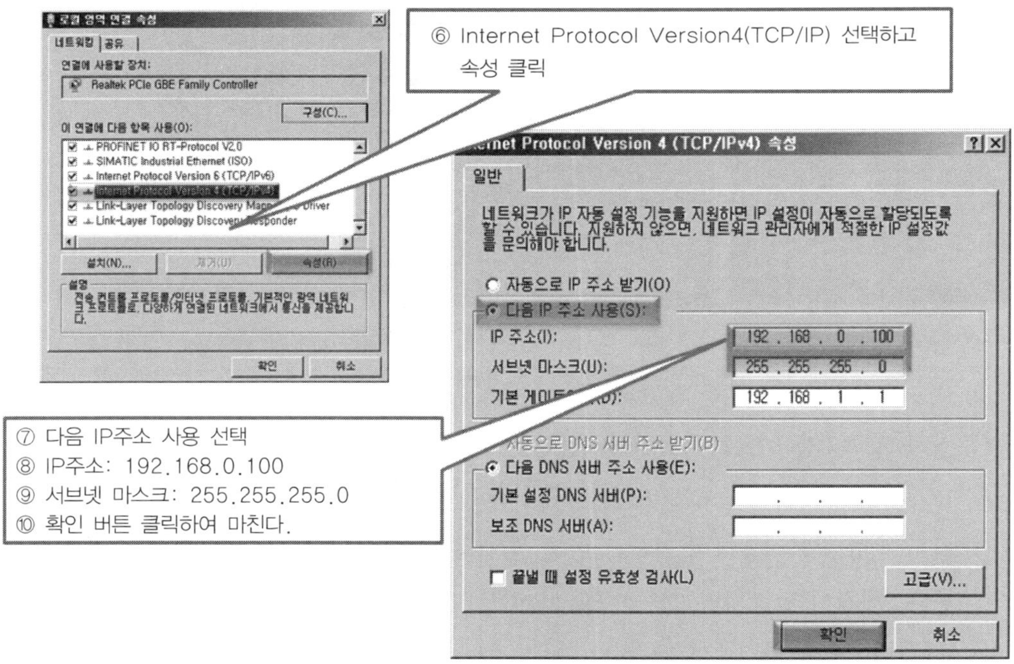

1.3.4 LOGO Soft comport IP주소 설정

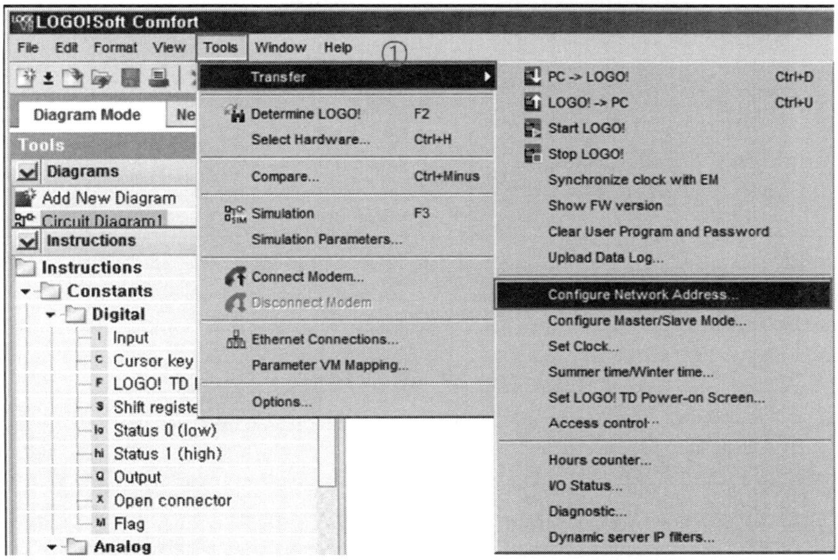

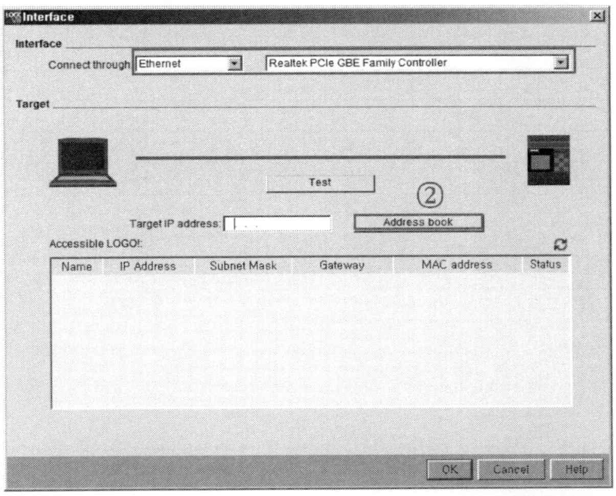

① Tools + Transfer + Configure Network Address 클릭
② Address book 클릭
③ LOGO!8 PLC에 설정한 IP주소를 입력한다.
Ex) IP Address : 192.168.0.1
Subnet Mask: 255.255.255.0
④ Detect 버튼 클릭하여 접속 여부를 확인한다.
⑤ Status 창에 Yes 메시지가 나타나면 성공적 통신이 이루진다.
⑥ OK 버튼를 클릭하여 설정을 마친다.

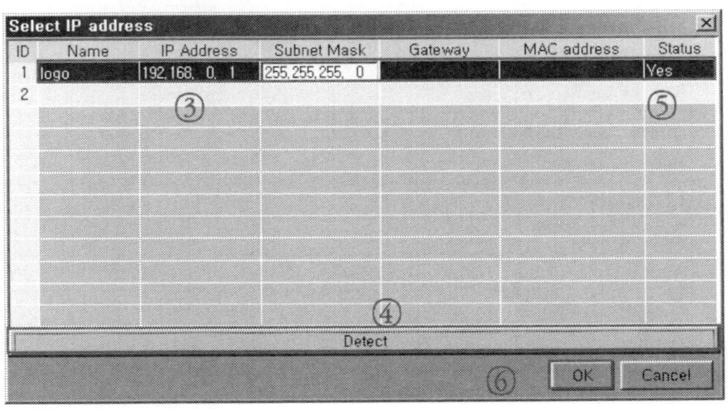

1.4 메모리 용량 계산

전체 프로그램 용량의 다음 표에 따르며 명령어 사용 개수가 전체 차지하는 프로그램 용량이 32된다.

표 1. 메모리 소요량

Block	RAM(Bytes)	Rem(Bytes)
AND (Edge)	12	-
NAND	12	-
OR (Edge)	12	-
NOR	12	-
XOR	8	-
NOT	8	-
On delay	12	3
Off delay	16	3
On/off delay	16	3
Retentive on delay	16	3
Wiping relay	12	3
Edge-triggered wiping relay	20	4
Asynchronous pulse generator	16	3
Random generator	16	-
Stairway lighting switch	16	3
Multiple function switch	20	3
Weekly timer	22	-
Yearly timer	12	-
Astronomical clock	20	-
Stopwatch	28	17
Up/Down counter	32	5
Hours counter	36	9
Threshold trigger	16	-
Analog threshold trigger	20	-
Analog differential trigger	20	-
Analog comparator	24	-
Analog watchdog	24	-
Analog amplifier	12	-
Pulse width modulator (PWM)	30	-
Mathematic instruction	24	-
Mathematic instruction error detection	16	1
Latching relay	12	1
PI Controller	44	2
Analog filter	16	-
Max/Min	20	9
Average value	32	16
Analog ramp	40	
Shift register	16	1

02

소프트웨어 설치 및 사용자 인터페이스

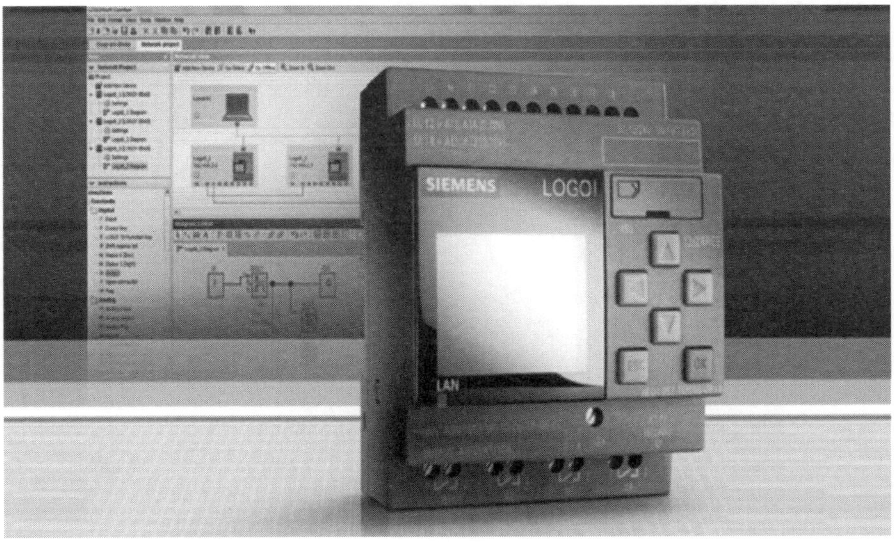

2.1 LOGO! Soft Comfort 설치

① CD ROM 드라이브에 LOGO COMFORT DVD를 넣는다. 자동으로 실행되어 초기 화면이 나타난다.

만약 자동으로 실행되지 않으면 다음과 같이 조치한다.

첫 번째 방법: 내 컴퓨터의 DVD RW 드라이브 (G:) LOGOCOMFORT 클릭하여 폴더를 연 다음 start.html을 더블클릭한다.

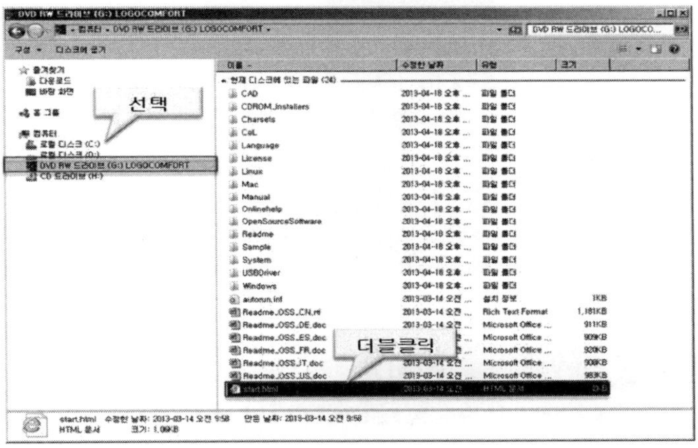

두 번째 방법: 내 컴퓨터의 DVD RW 드라이브 (G:) LOGOCOMFORT 클릭하여 폴더를 열고 Windows 폴더를 선택한 다음 setup.bat을 더블클릭한다.

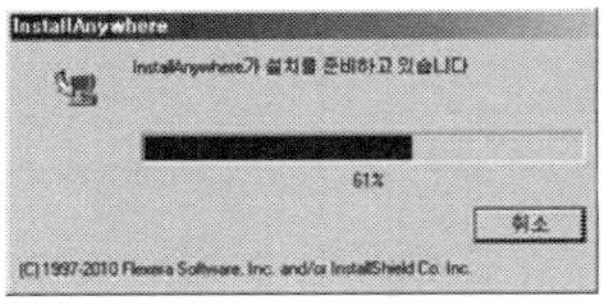

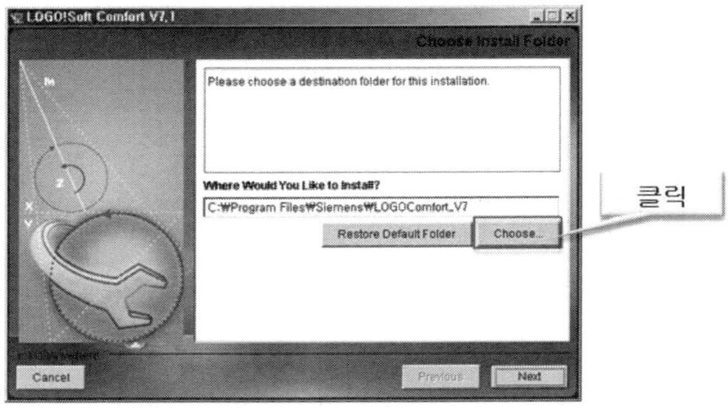

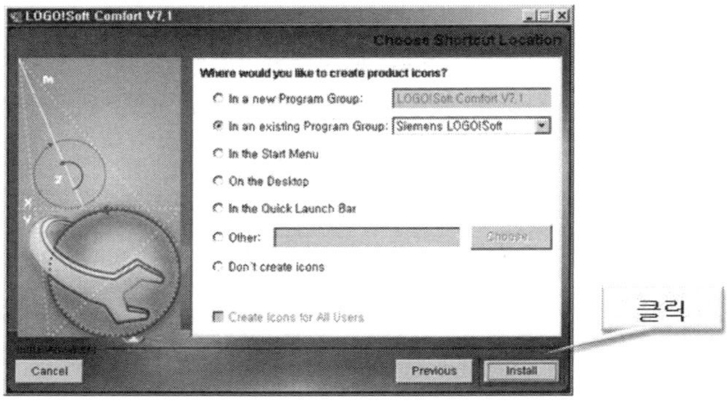

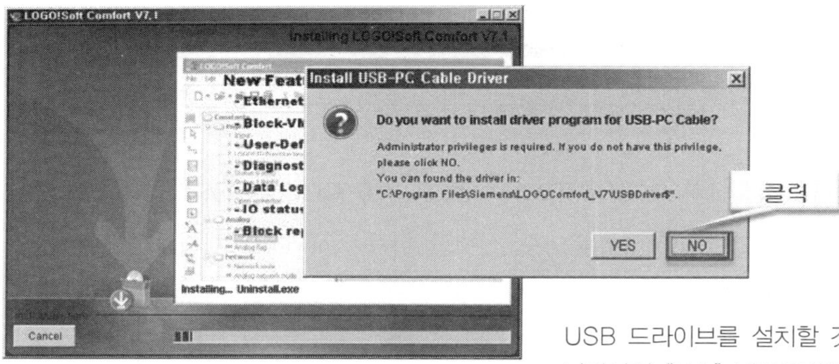

USB 드라이브를 설치할 것인지 묻는 메시지가 나타나면 "NO" 버튼클릭한다.

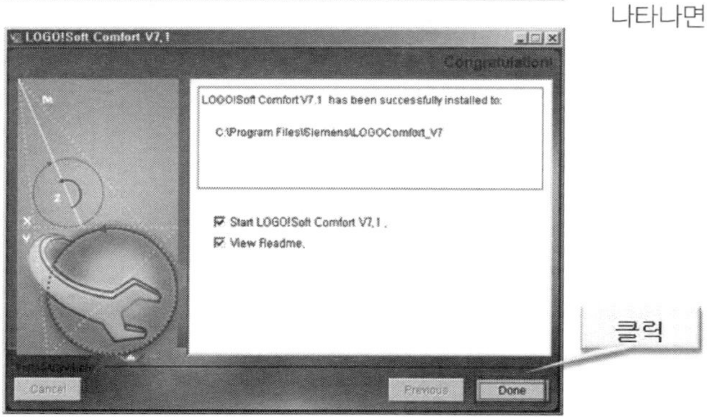

성공적으로 설치가 완료되면 아래와 같이 LOGO! Soft comfort 메인 화면이 생성된다.

2.2 LOGO! Soft Comfort 사용자 인터페이스

☐ 프로그래밍 인터페이스(Programming interface)

처음으로 프로그램을 시작하면 빈 페이지부터 시작하게 되며, 프로그램을 작성하기 위한 프로그래밍 인터페이스입니다.

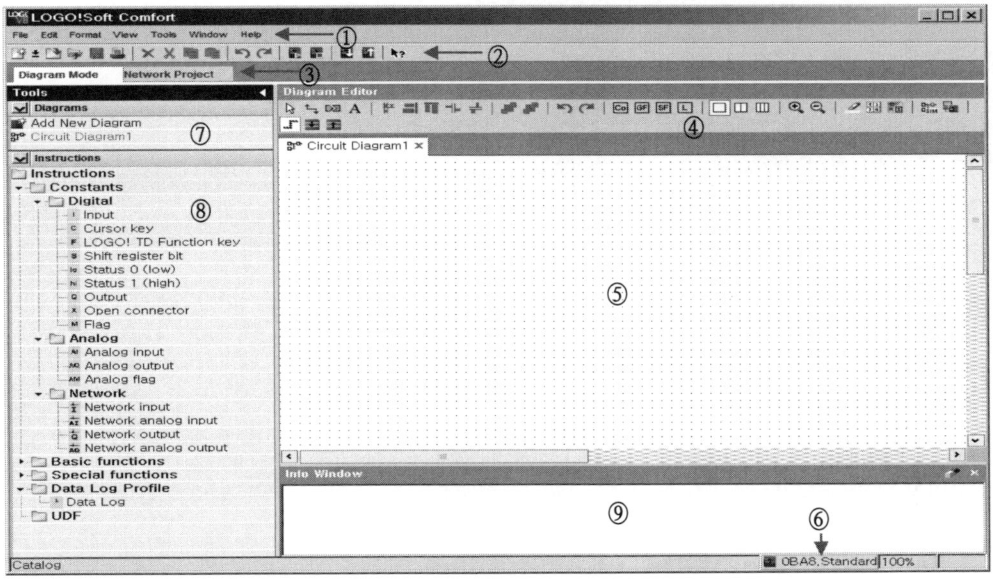

① 메뉴 바(Menu bar), ② 표준 툴바(Standard toolbar), ③ 모드 바

④ 프로그램 툴바(Programming toolbar), ⑤ 프로그램 인터페이스(Programming interface)

⑥ 상태 바(Status bar), ⑦ 다이어그램 트리(Diagram tree)

⑧ 명령어 차림표(Instruction tree)

- 상수 및 커넥터(Constants and connectors)
- 기본 기능(Basic functions): FBD 및 UDF 편집자에만(only FBD and UDF Editors)
- 특수 기능(Special functions)
- 데이터 로그 프로필(Data Log Profile): FBD 및 LAD 편집자에만 해당((only FBD and LAD Editors)
- UDF: FBD 및 UDF 편집자에만: UDF (only FBD and UDF Editors)

⑨ 윈도우 안내(Info window)

▢ 프로젝트 인터페이스(Project interface)

프로젝트 관리 및 디바이스(LOGO!)의 네트워크 설정 등을 할 수 있습니다.

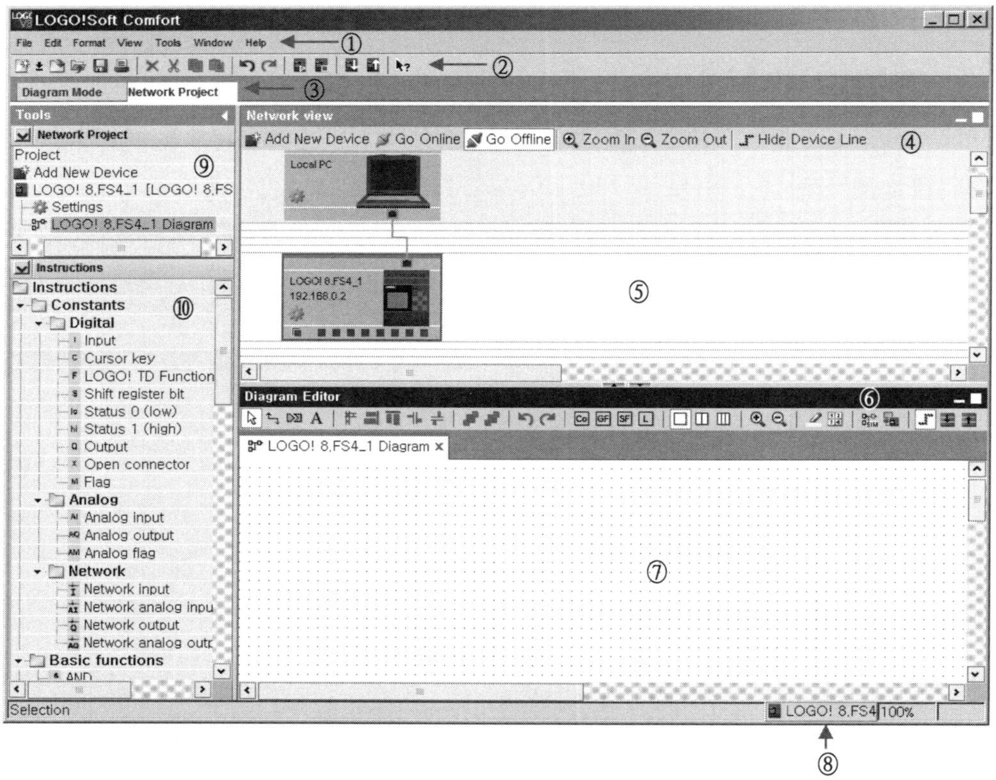

① 메뉴 바(Menu bar)

② 표준 툴바(Standard toolbar)

③ 모드 바(Mode bar)

④ 네트워크 툴바(Networking toolbar)

⑤ 네트워크 뷰(Network view)

⑥ 프로그램 툴바(Programming toolbar)

⑦ 프로그램 인터페이스(Programming interface)

⑧ 상태 바(Status bar)

⑨ 디바이스 트리(Device tree)

⑩ 명령어 차림표(Instruction tree)

메뉴 바(Menu bar)

메뉴 바는 LOGO! Soft Comfort 윈도우의 상단부에 위치합니다. 이 메뉴 바에 있는 여러 명령어를 통해 사용자 프로그램을 작성하거나 관리할 수 있고 디폴트 설정을 지정하거나 프로그램을 LOGO!로 다운로드/업로드할 수 있습니다.

툴바(Toolbars)

LOGO! Soft Comfort는 다음 3가지 툴바를 제공합니다.

- 표준 툴바
- 프로그래밍 툴바
- 시뮬레이션 툴바

표준 툴바(Standard toolbar)

표준 툴바는 프로그래밍 인터페이스 윗부분에 위치하고 있습니다.

LOGO! Soft Comfort가 실행이 되면 필수적인 기능만을 제공하는 축소된 툴바가 보입니다.

표준 툴바를 통해 LOGO!Soft Comfort의 필수 기능들을 직접 실행시킬 수 있습니다.

프로그래밍 인터페이스에서 사용자 프로그램을 연 이후에는 축소되지 않은 완전한 표준 툴바가 보입니다.

사용자는 아이콘들을 사용하여 새로운 프로그램 생성, 기존 프로그램 다운로드, 저장, 인쇄하기, 오브젝트 잘라내기, 복사, 붙여넣기, LOGO!로 데이터를 전송하기, 전송받기를 할 수 있습니다.

마우스로 표준 툴바를 이동시킬 수 있습니다. 표준 툴바를 닫으면 항상 메뉴 바의 상단부 쪽에 위치하게 됩니다.

프로그래밍 툴바(Programming toolbar)

프로그래밍 툴바는 화면의 왼쪽에 위치합니다. 이 툴바의 아이콘을 사용하여 다른 편집 모드로 변경하거나 프로그램을 빠르고 쉽게 생성하고 편집할 수 있습니다.

마우스로 프로그래밍 툴바를 드래그 앤 드롭시켜 이동시킬 수 있습니다. 이 툴바를 닫으면 항상 메뉴 바의 상단부 쪽에 위치하게 됩니다.

시뮬레이션 툴바(Simulation toolbar)

이 툴바는 사용자 프로그램을 시뮬레이션할 때에만 사용합니다.

상태 바(Status bar)

상태 바는 프로그래밍 윈도우의 하단부에 위치합니다. 이 툴바를 통해 현재 활성화된 툴, 프로그램 상태, 줌 배율, 프로그램 페이지 번호, 선택한 LOGO! 버전을 볼 수 있습니다.

info box(Info box)

Info 윈도우는 프로그래밍 인터페이스의 하단부에 위치하며 정보와 노트를 보여줍니다. Tools → Determine LOGO! 기능을 통해 사용자 프로그램을 실행시킬 수 있는 LOGO! 버전을 보여줍니다.

2.3 Info 윈도우

내용:

Info 윈도우는 아래 내용을 보여줍니다.

- 시뮬레이션을 실행할 때 생성되는 에러 메시지
- Tools -> Determine LOGO! 메뉴나 혹은 펑션키 [F2]에 의해 선정된 LOGO! 버전
- 메시지의 날짜와 시간
- 메시지를 발생시킨 사용자 프로그램 이름

하나 이상의 프로그램이 열려 있을 경우 어느 메시지가 어느 프로그램에 해당하는지 찾을 수 있습니다.

시뮬레이션 모드가 실행되면 리소스 및 LOGO! 하드웨어를 기반으로 사용자 프로그램을 분석하고 사용되는 리소스와 에러를 Info 윈도우에 표시합니다.

Info 윈도우는 차례대로 모든 정보를 보여줍니다. 스크롤 바를 사용하여 모든 정보 페이지를 볼 수 있습니다. LOGO! Soft Comfort를 종료하면 모든 정보는 Info 윈도우에서 삭제됩니다.

운영:

View -> Info window 메뉴나 [F4] 펑션키를 통해 Info 윈도우를 열거나 닫을 수 있습니다. Info 윈도우는 보통 프로그래밍 인터페이스의 하단부에 위치합니다. 사용자는 툴바를 다룰 때처럼 Info 윈도우를 마우스로 이동시키거나 프로그래밍 인터페이스의 상단부에 위치시킬 수 있습니다. 윈도우를 드래그 앤 드롭시켜 이동시키거나 LOGO! Soft Comfort 밖으로 이동시켜 별도의 윈도우로 열 수 있습니다.

Info 윈도우 안에 있는 텍스트 편집:

Info 윈도우에서 선택된 메시지를 삭제하거나 다른 프로그램으로 복사할 수 있습니다. Info 윈도우에 주석을 쓸 수도 있습니다.

마우스로 Info 윈도우에서 텍스트를 선택하고 이 아이콘을 사용하여 클립보드로 복사하십시오.

이 아이콘은 Info 윈도우의 내용을 삭제하는 데 사용됩니다.

2.4 상태 바(status bar)

상태 바는 5개 부분으로 나누어지며 프로그램에 대한 유용한 정보들을 제공합니다.

① 정보 필드, 예를 들면 현재 사용 중인 툴을 보여줍니다.

② 사용자가 선정한 LOGO!를 LOGO! Soft Comfort 툴 팁으로 표시합니다. 아직 LOGO!를 지정하지 않았거나 지정된 것을 변경하려면 LOGO! 아이콘을 더블클릭하여 Tools -> Select Hardware 다이얼로그 창을 여십시오.

③ 현재 설정된 줌 배율을 보여줍니다.

④ 이 마지막 필드는 현재의 사용자 프로그램 페이지를 보여줍니다.

2.5 펑션키와 바로가기 메뉴(Function keys and shortcuts)

LOGO! Soft Comfort에서 여러 펑션키 및 자주 사용되는 펑션을 실행시킬 때 바로가기 기능을 사용할 수 있습니다.

LOGO! Soft Comfort에서 지원하는 펑션키

[F1] → context sensitive 온라인 Help를 호출합니다.

[F2] → Tools → Determine LOGO! 메뉴

[F3] → 시뮬레이션 실행/종료

[F4] → View → Info 윈도우 열기/닫기)

[F5] → 커넥터 툴

[F6] → 컨스탄트와 터미널 툴)

[F7] → 기본 펑션 툴

[F8] → 특수 펑션 툴

[F9] → 텍스트 툴

[F10] → 메뉴바 열기

[F11] → Cut/Join 툴

LOGO!Soft Comfort에서 지원하는 바로 가기

File 메뉴:

[Ctrl+N] File → New (Tools/Options/Editor에서 지정한 디폴트 프로그램 편집기 열기)

[Ctrl+O] → File → Open

[Ctrl+S] → File → Save

[Ctrl+F1] → File → Print preview

[Ctrl+P] → File → Print

[Ctrl+-] → File → Compare

[Alt+F4] → File→ Exit

Edit 메뉴:

[Ctrl+Z] → Edit → Undo

[Ctrl+Y] → Edit → Redo

[Ctrl+X] → Edit → Cut

[Ctrl+C] → Edit → Copy

[Ctrl+V] → Edit → Paste

[Ctrl+A] → Edit → Select all

[Ctrl+G] → Edit → Go to block

View 메뉴:

[Ctrl+M] Select Connections

[Ctrl+mouse wheel] → View → Zoom in

→ View → Zoom out

Tools 메뉴:

[Ctrl+D] → Tools → Transfer: PC → LOGO!

[Ctrl+U] → Tools → Transfer: LOGO! → PC

[Ctrl+H] → Tools → Select Hardware

2.6 다이어그램 모드(Diagram mode)

다이어그램 모드에서는 회로 프로그램을 작성, 편집, 시뮬레이트 및 업로드할 수 있습니다. 회로 프로그램을 작성하기 위한 프로그래밍 인터페이스는 화면의 대부분을 차지합니다. 회로 프로그램의 아이콘과 논리링크는 이 프로그래밍 인터페이스에 배치됩니다. 다이어그램 트리와 명령 트리는 프로그래밍 인터페이스의 왼쪽에 정렬됩니다.

- 다이어그램 트리(Diagram tree)
- 명령어 트리(Instructions tree)
- 다이어그램 편집기(Diagram editor)

다이어그램 트리(Diagram tree)

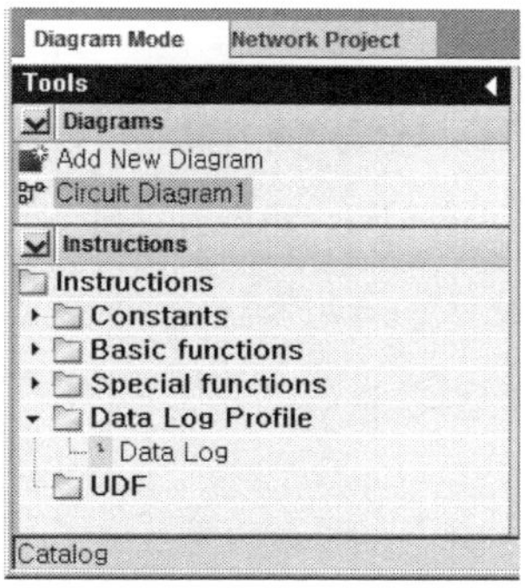

회로 다이어그램 트리에서 다이어그램을 관리 할 수 있습니다. 이 다이어그램 트리에는 새로 생성되거나 열리는 모든 다이어그램이 나열됩니다.

다이어그램 트리에서 이름을 두 번 클릭하여 다이어그램으로 전환 할 수 있습니다.

아이콘 ▶ 또는 ◀ 다이어그램 및 명령어 트리를 통해 이 다이어그램 트리를 열고 닫을 수 있습니다.

명령어 트리(Instruction tree)

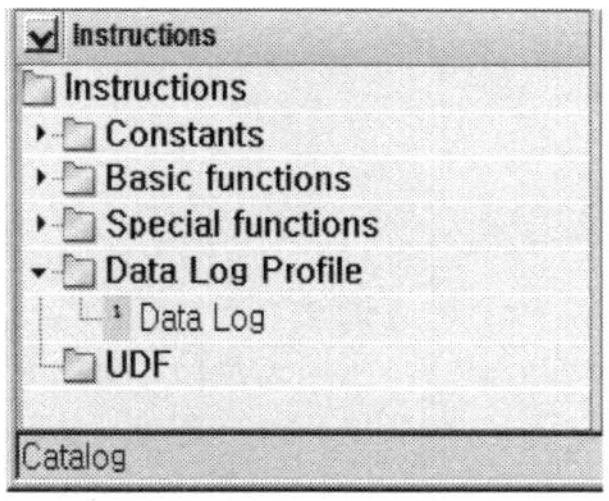

이 명령어 트리는 회로 프로그램을 작성하는 데 사용할 수 있는 모든 요소의 계층적 목록을 제공합니다. 즉 logo! plc의 명령어 차림표입니다.

다이어그램 편집(Diagram editor)

다이어그램 편집기는 회로 프로그램의 작업 공간입니다. 열리고 새로 생성된 회로 프로그램을 모두 표시합니다. 편집기의 맨 위에 있는 제목을 클릭하여 특정 회로 프로그램으로 전환할 수 있습니다. 작업 공간을 두 개 또는 세 개의 창으로 분할하여 동시에 두 개 또는 세 개의 회로 프로그램을 볼 수 있습니다.

2.7 네트워크 프로젝트(Network Project)

프로젝트 모드에서는 네트워크 프로젝트를 구성하고 회로 프로그램을 관리할 수 있습니다. 네트워크 구성을 위한 네트워크 보기가 화면의 대부분을 차지합니다. 네트워크에 새 장치를 추가하면 LOGO! Soft Comfort가 자동으로 새 회로도를 작성합니다. 네트워크 프로젝트 트리 및 명령 트리가 프로그래밍 인터페이스의 왼쪽에 나타납니다.

- 네트워크 프로젝트 트리(Network project tree)
- 네트워크 보기(Network view)
- 다이어그램 편집기(Diagram editor)
- 명령어 트리Instruction tree

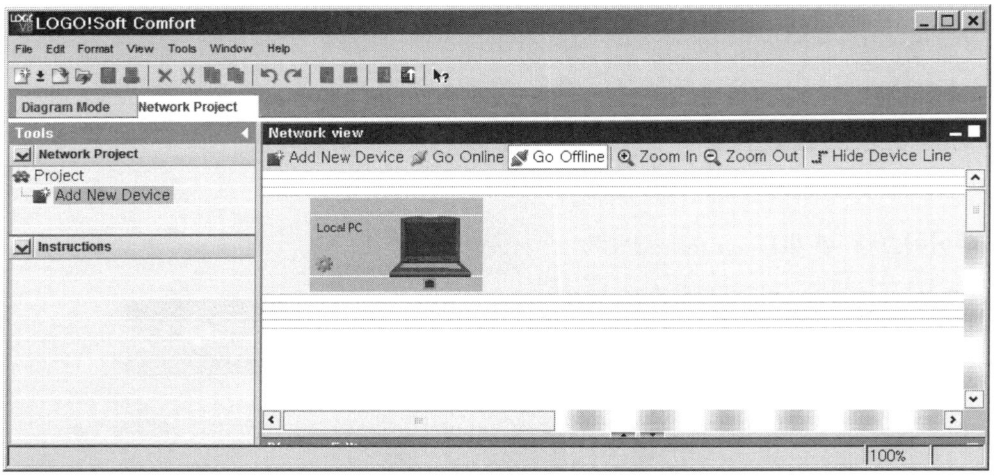

네트워크 프로젝트 트리(Network project tree)

네트워크 프로젝트 트리에서 장치를 관리할 수 있습니다. 이 트리는 네트워크 프로젝트의 모든 장치를 나열합니다. 새 장치를 추가하고 네트워크 프로젝트 트리에서 설정을 구성 할 수 있습니다. 아이콘 ▶ 또는 ◀을 통해 네트워크 프로젝트 및 지침 트리를 열고 닫을 수 있습니다.

네트워크 보기(Network view)

네트워크 보기는 네트워크 구성을 위한 작업 공간이며 네트워크에 추가한 모든 장치를 표시합니다. 장치를 추가/삭제하고 각 장치의 설정을 구성하고 네트워크 보기에서 이더넷 연결을 설정할 수 있습니다.

다이어그램 편집기(Diagram editor)

다이어그램 편집기는 회로 프로그램의 작업 공간입니다. 열리고 새로 생성된 회로 프로그램을 모두 표시합니다. 편집기의 맨 위에 있는 제목을 클릭하여 특정 회로 프로그램으로 전환할 수 있습니다. 작업 공간을 두 개 또는 세 개의 창으로 분할하여 동시에 두 개 또는 세 개의 회로 프로그램을 볼 수 있습니다.

노트

0BA8!만 프로젝트 모드의 회로 프로그램은 양면 프로그래밍을 지원합니다.

프로젝트 모드에서 분할 창에서 회로 다이어그램을 편집할 때 다른 LOGO! 0BA8 회로 프로그램. 양면 프로그래밍에 대한 자세한 내용은 양면 프로그래밍을 참조하십시오.

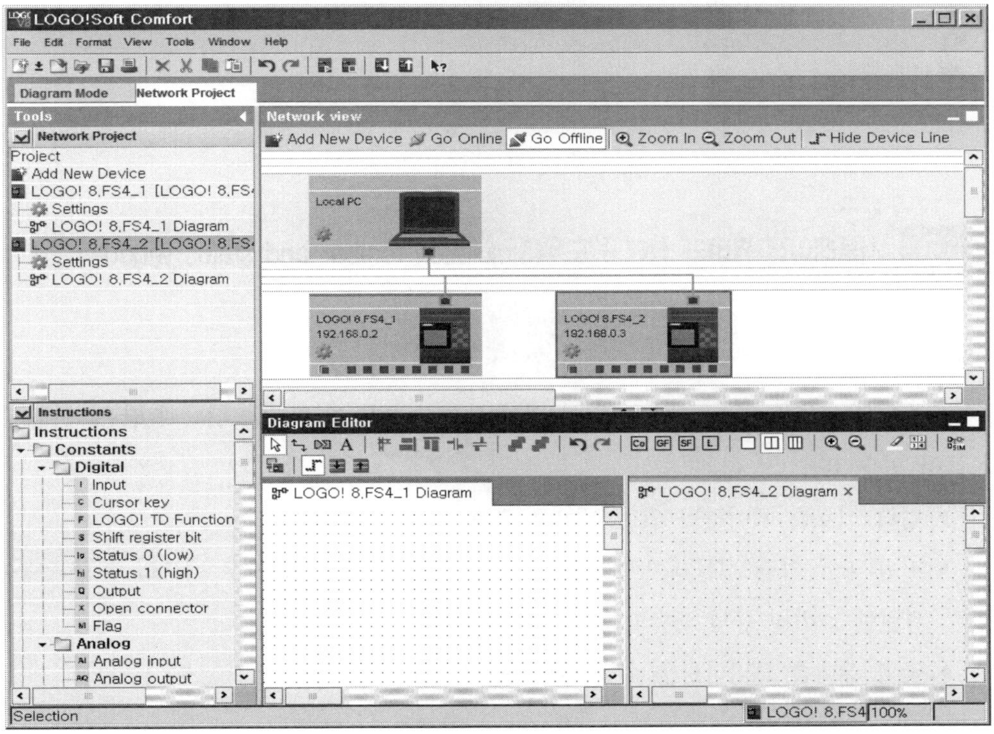

2.8 툴바(Toolbars)

표준 도구 모음 개요:

표준 툴바에 있는 아이콘들은 메뉴 바에서 실행시키는 명령들을 빠르게 실행시킵니다.

표준 툴바에서 제공하는 명령어들은 다음과 같습니다.

File :	New	Tools:	Start LOGO! Mode
	Open		Stop LOGO! Mode
	Close		PC → LOGO! (Download)
	Save		LOGO! → PC (Upload)
	Print	Help:	Context-sensitive help
Edit :	Delete		
	Cut		
	Copy		
	Paste		
	Undo		
	Redo		

2.9 시뮬레이션 툴바와 상태 윈도우(Simulation toolbar and status window)

툴바:

시뮬레이션 모드를 열면 툴바가 팝-업 되어 보여집니다. 이 안에는 다음과 같은 아이콘들이 들어 있습니다.

- 입력 신호를 제어하기 위한 아이콘(예를 들어 스위치)
- 전원 공급 차단 시뮬레이션을 위한 아이콘. 전원 공급 차단 후 메모리 유지 기능과 관련한 스위칭 응답 테스트
- 출력 상태를 모니터링을 위한 아이콘(예를 들어 전구)

- 시뮬레이션 제어 아이콘
- 시간 제어 아이콘

«을 클릭하면 툴바의 일부 영역을 숨길 수 있습니다. 숨긴 영역을 다시 나타나게 하려면 »을 클릭하십시오.

툴바 정렬:

I/O 툴바를 다른 툴바처럼 드래그 앤 드롭으로 프로그래밍 인터페이스의 왼쪽, 오른쪽, 상단부, 하단부로 이동시킬 수 있습니다. 사용자의 프로그램이 매우 크고 I/O가 많은 경우 I/O 아이콘을 LOGO!Soft Comfort 밖으로 드래그 앤 드롭시켜서 별도의 윈도우로 열면 시뮬레이션 레이아웃이 깨끗해집니다.

시뮬레이션 제어 아이콘

	전원 On/Off: LOGO! 디바이스가 전원을 차단하는 것처럼 작동합니다.
	시뮬레이션 실행
	시뮬레이션 정지
	시뮬레이션 홀드 (일시 정지)
	직접 LOGO!와 접속하여 시뮬레이션합니다. 제공된 LOGO! Soft Comfort IP주소가 있는 회로 프로그램용으로 구성되지 않는 경우, 네트워크 시뮬레이션 아이콘 (그레이 색) 비활성이다.

타임 제어 아이콘:

시간 요소가 매우 중요한 프로그램인 경우 타임 제어 기능을 사용하여 프로그램의 동작을 모니터링할 수 있습니다.

	특정 시간 동안 혹은 특정 사이클 수만큼 시뮬레이션을 실행하십시오. 다음 아이콘을 사용하여 시간이나 스캔 수를 설정하십시오.
01 : 00 s	특정 시간 동안 이루어질 시뮬레이션의 시간과 타임 베이스를 설정하십시오. 특정 사이클 수를 설정하십시오.
09:05:13	LOGO!Soft Comfort 의 현재 시간을 표시합니다.
	LOGO!Soft Comfort 의 현재 시간을 수정하십시오.

데이터 테이블 아이콘:

데이터 테이블의 VM 값을 볼 수 있습니다. 시뮬레이션의 경우, 값은 각각의 사이클을 업데이트됩니다. 온라인 테스트의 경우, 값은 각각의 통신 이후에 업데이트됩니다.

상태 표시:

사전 조건: Tools → Options: Simulation에서 신호 상태 표시와 프로세스 변수 표시가 활성화되어 있어야 합니다.

색깔 표시로 연결 라인의 "1"과 "0"의 상태를 표시합니다. 연결 라인 "1" 신호의 디폴트 색은 적색이고 "0" 신호의 디폴트 색은 청색입니다.

FBD 편집기에서의 예

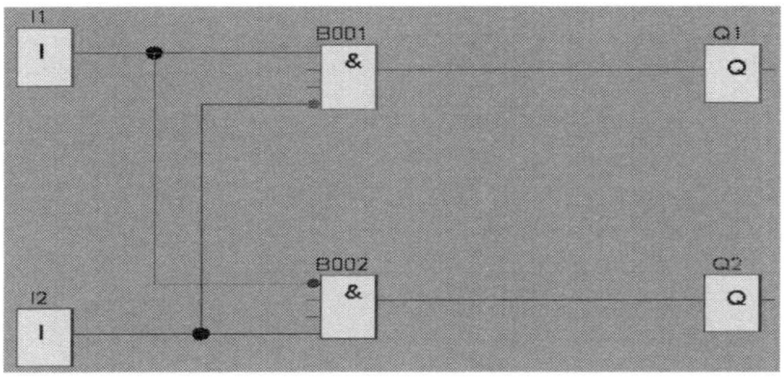

PI 제어기 트렌드 보기:

사용자 프로그램에 하나 이상의 PI 제어기 펑션 블록이 사용되면 트렌드 보기 윈도우를 통해 SP 파라미터와 관련한 아날로그 출력값과 PV의 변화를 볼 수 있습니다. 트렌드 보기는 시뮬레이션이 실행되는 동안 지정된 주기로 지속적으로 업데이트됩니다. 이 윈도우에서 AQ, PV,SP 트렌드 그래프는 각각 활성화시키거나 비활성화시킬 수 있습니다.

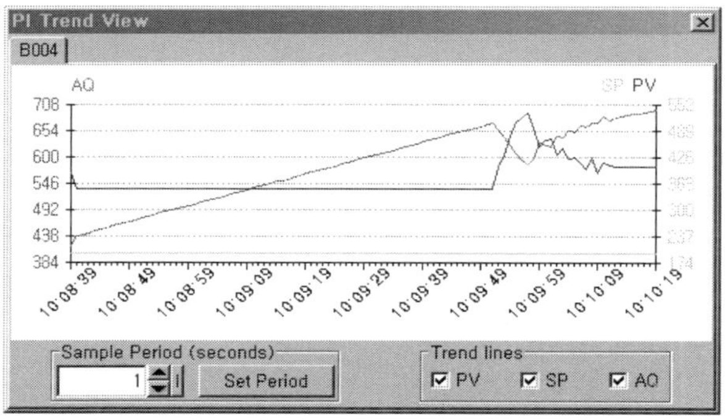

하나 이상의 PI 제어기 펑션 블록을 사용하는 경우 각 PI 제어기별 트렌드 보기는 탭으로 제공됩니다.

2.10 프로그래밍 툴박스(Programming toolbox)

프로그래밍 툴바 개요:

프로그래밍 툴바에는 프로그램을 생성하고 편집하고 테스트하는데 필요한 아이콘이 있습니다. 각각의 툴은 하나의 프로그래밍 모드를 나타내며 마우스로 각 아이콘을 동작시킬 때마다 해당 작업이 이루어집니다.

편집 툴은 메뉴 바 명령어가 지원되지 않습니다.

Edit :	Selection tool	Edit	Undo
	Connector tool		Redo
	Cut/Join connection		Constants and Connectors
	Text tool/insert comments		Basic functions (FBD and UDF editors only)
Format :	Align Automatically		Special functions
	Align Vertically		Data Log Profile
	Align Horizontally	View:	Undo split
	Horizontally Distribute Space		Split into two windows
	Vertically Distribute Space		Split into three windows
	Bring to Front		Zoom in
	Send to back		Zoom out
File :	Page Layout		Select Lines
Tools :	Circuit program conversion		
	Simulation		
	Online test		
	Hidden parameter box line		
	Expand all parameter box		
	Collapse all parameter box		

2.10.1 선택 툴

선택 툴을 사용하여 블록, 텍스트, 연결 라인을 이동시킬 수 있습니다. 왼쪽 버튼으로 각 오브젝트를 선택하거나 [Ctrl] 누른 상태에서 마우스로 오브젝트들을 클릭하면 여러 오브젝트를 선택할 수 있습니다. 또는 마우스로 오브젝트들 주위로 사각형을 만들어 오브젝트들을 선택할 수 있습니다.

프로그래밍 툴바에서 이 아이콘을 누르거나 아무 툴서든지 [ESC] 키를 누르면 선택 툴(Selection Tool)이 호출됩니다.

2.10.2 커넥터 툴

이 툴은 블록들을 연결할 때 사용합니다. 블록 연결은 마우스 포인터를 블록 입력이나 출력에 위치시킨 후 왼쪽 마우스 버튼을 누릅니다. 마우스 버튼을 누른 상태로 선택한 소스 터미널에서 타겟(Target) 터미널로 드래그시킵니다. 마우스 버튼을 풀면 두 터미널 사이에 연결 라인이 형성됩니다. 연결 라인이 이루어지는 동안에는 첫 번째 터미널과 마우스 포인트 간에 직선이 보입니다. 연결이 되고 나면 수직선과 수평선의 조합으로 보이며 선택 툴을 사용하여 조작할 수 있습니다

2.10.3 회로 자르기/연결하기(Cut/Join)

이 툴은 블록들 간에 이루어진 연결을 잘라내고 붙여넣기를 할 때 사용합니다. 연결을 잘라내기 하려면 잘라내기/붙여넣기(Cut/Join) 툴이 활성화되었을 때 왼쪽 마우스 버튼으로 관련 라인을 선택하십시오. 잘려 나간 연결 부분은 파트너 블록에 대한 레퍼런스로 대체됩니다. 레퍼런스에는 페이지 번호, 블록 번호, 파트너 블록의 I/O가 표시됩니다.

2.10.4 텍스트 툴

이 툴은 사용자가 정의한 텍스트 오브젝트를 프로그래밍 인터페이스에 삽입하거나 수정할 때 사용합니다. 블록과는 무관한 텍스트 작성과 더불어 특정 블록에 대한 라벨을 생성하여 이 라벨을 해당 블록과 함께 이동시키고 삭제할 수 있습니다. 라벨을 생성하려면 텍스트 툴이 활성화되었을 때 해당 블록을 직접 클릭하십시오.

블록마다 하나의 라벨만이 가능합니다. 각 라벨별로 폰트 유형과 크기, 색을 지정할 수 있습니다.

가장 긴 텍스트 라인의 크기가 텍스트 박스의 폭이 됩니다. 텍스트 오브젝트나 라벨의 크기를 조정하려면 텍스트 문자열에 캐리지 리턴을 삽입하거나 삭제하여 폭과 높이를 조절하십시오.

사용자 프로그램 문서화를 참조하십시오.

2.10.5 페이지 레이아웃

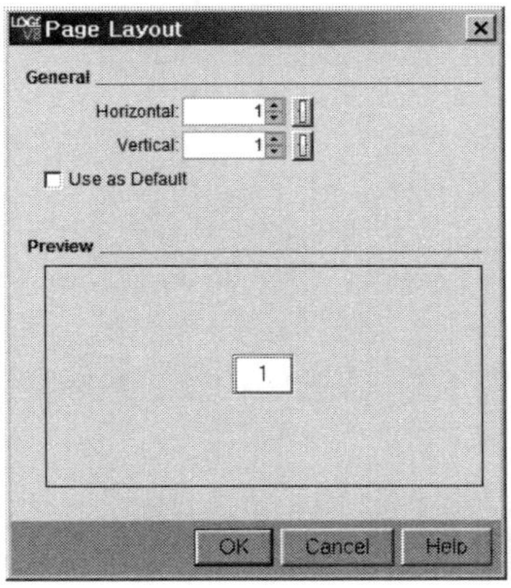

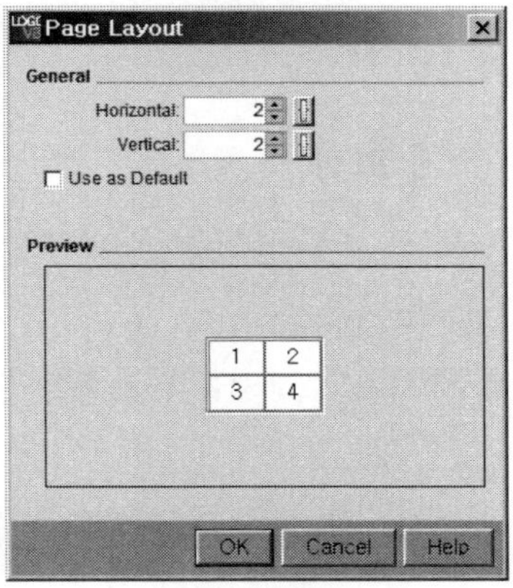

화면 추가 및 조정을 할 수 있습니다.

2.10.6 변환 툴

이 기능을 사용하여 회로 프로그램을 LAD와 FBD 간에 또는 FBD와 LAD 간 변환합니다.

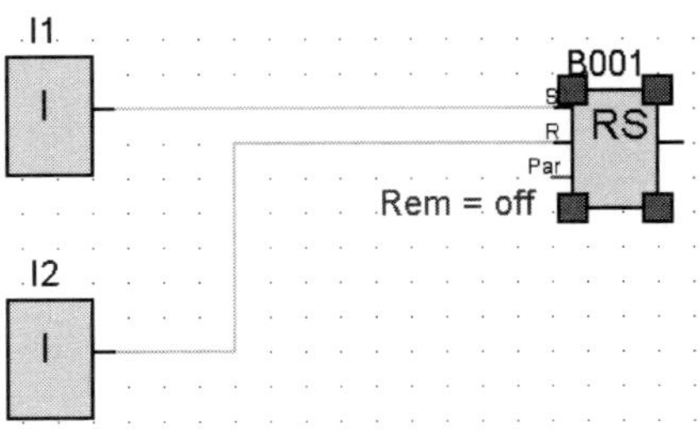

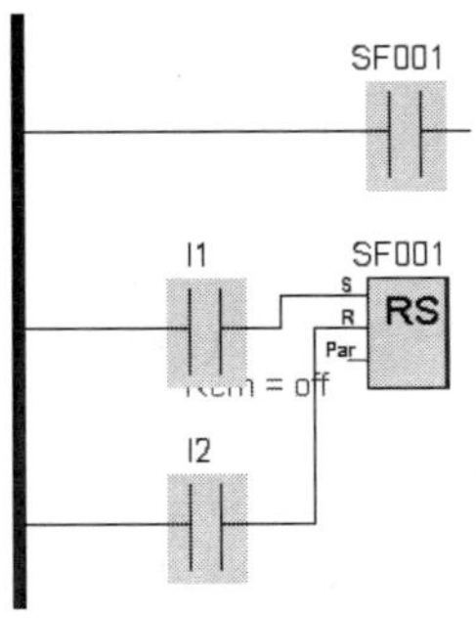

2.10.7 온-라인 테스트

온라인 테스트 및 시뮬레이션 모드를 통해 회로 프로그램의 실행 및 다양한 입력 상태에 대한 반응을 모니터링할 수 있습니다.

시뮬레이션 모드와의 차이점

시뮬레이션 모드에서는 PC에서 회로 프로그램을 실행합니다. 이렇게 하면 LOGO!가 필요하지 않습니다. PC에서 입력 상태를 미리 설정할 수 있습니다.

온라인 테스트 중 LOGO! 회로 프로그램을 실행하면 LOGO!의 이 '작업'을 모니터링할 수 있습니다. 입력 상태는 LOGO!의 실제 상태와 일치합니다.

온라인 테스트를 위한 전제 조건

PC를 로고에 연결해야 합니다. LOGO! Soft Comfort는 도구 → 전송에서 지정한 인터페이스를 사용하여 LOGO!로 링크됩니다.

FBD 또는 LAD 형식으로 회로 프로그램을 테스트할 수 있으며 이를 LOGO로 전송해야합니다.

온라인 테스트

LOGO! Soft Comfort와 LOGO!의 회로 프로그램이 동일해야 합니다.

LOGO!에서 프로그램을 업로드하십시오! PC로 다운로드하거나 PC에서 LOGO로 프로그램을 다운로드하십시오! 필요하다면, 최대 30블록의 매개변수를 모니터링할 수 있습니다. 많은 수의 매개변수(예: 아날로그 SFB)를 포함하는 블록을 모니터할 때 동시에 모니터 할 수 있는 블록 수가 감소합니다.

온라인 테스트 시작

프로그래밍 툴바에서 온라인 테스트 아이콘 을 클릭하십시오.

LOGO! 정지 상태에 있으면 시작 버튼으로 시작하십시오.

결과: LOGO! 회로 프로그램을 실행합니다.

온라인 테스트 정지

LOGO!를 멈추고 싶다면! LOGO! Soft Comfort의 정지 아이콘을 클릭하십시오.

가능한 오류

다음 유형의 오류가 발생할 수 있습니다.

- LOGO! 온라인 테스트를 지원하지 않습니다.
  해결 방법: LOGO!를 설치하십시오! 0BA4 또는 그 이후 시리즈의 장치.
- PC와 LOGO!에 있는 프로그램이 다르다.
  해결 방법: LOGO!에서 회로 프로그램을 업 로드하십시오. PC로 다운로드하거나 PC에서 LOGO!로 프로그램을 다운로드하십시오.
- 너무 많은 매개변수/블록을 동시에 모니터링하려고 시도하고 있습니다.
  해결 방법: 동시에 모니터링할 수 있는 매개변수/블록의 수를 줄이십시오.
- PC와 LOGO! 사이의 통신이 끊겼다.
  해결 방법: 연결을 다시 설정하십시오.

2.10.8 참조선 표시/숨기기 (0BA8 전용)

이 도구를 사용하여 매개변수 상자 사이의 참조 선을 표시하거나 숨길 수 있습니다.

매개변수 상자가 숨겨져 있을 때 이 단추를 눌러 상자 간에 참조선을 표시하거나 숨길 수 있습니다.

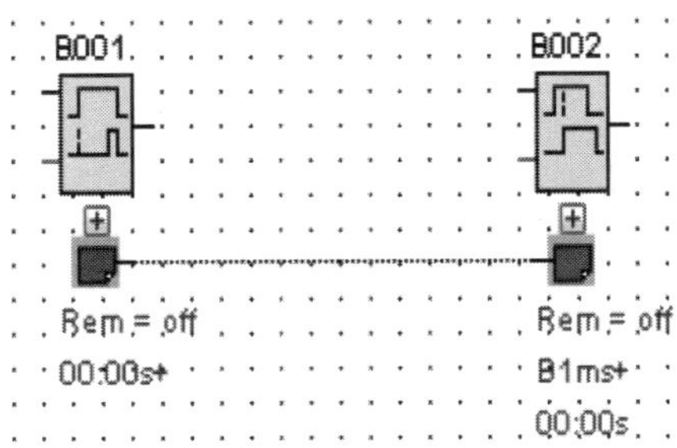

선 표시

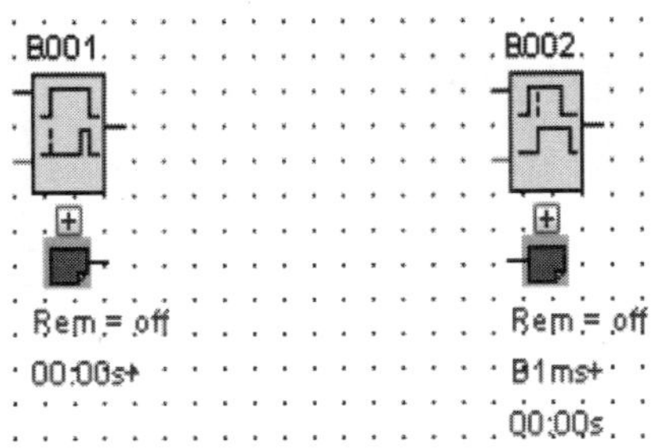

숨기기

2.10.9 매개변수 상자 확장 / 닫기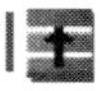 (0BA8 전용)

이 도구를 사용하여 모든 매개변수 상자를 확장 및 닫기를 할 수 있습니다. 이 버튼을 누르면 작동 중인 회로 프로그램의 모든 파라미터 박스가 확장 및 닫기가 됩니다.

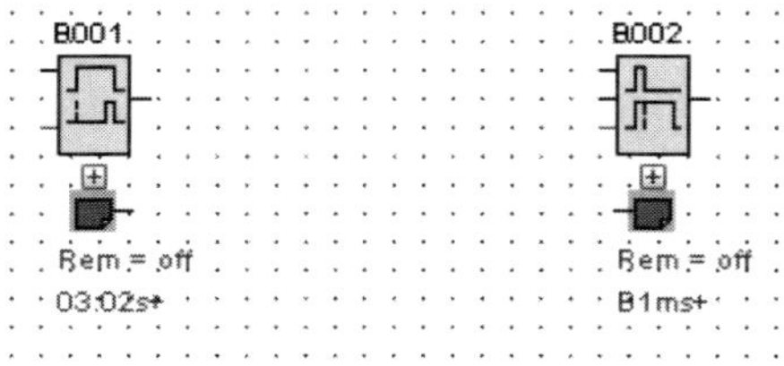

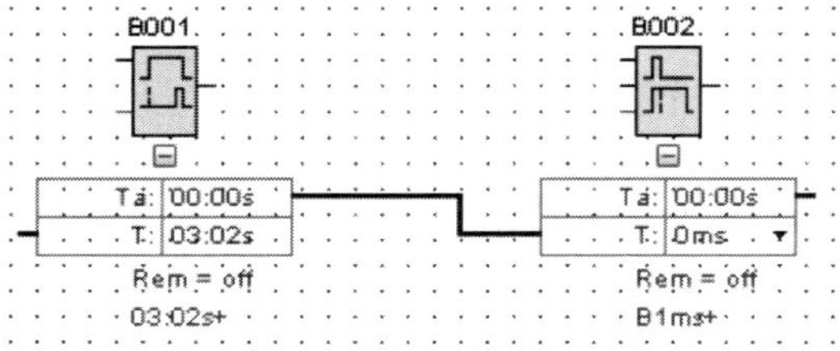

2.10.10 네트워크 툴바(0BA8 이상만 가능)

네트워크 도구 모음은 네트워크 보기 위에 표시되며 다음 아이콘을 포함합니다.

 새 기기 추가(Add new device)

 온라인(Go Online)

 접속끈기(Go Offline)

 확대(Zoom In)

 축소(Zoom Out

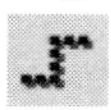 장치 줄 표시/숨기기(Show/Hide device line)

온라인(Go Online) 

이 도구를 사용하여 LOGO!에 대한 온라인 연결을 테스트할 수 있습니다.

노트

온라인 접속을 위한 네트워크 요구 사항

네트워크가 공용 또는 확인되지 않은 작업 환경에 있는 경우 온라인 기능이 작동하지 않습니다. 네트워크가 개인, 가정 또는 직장 네트워크 환경에 있는 경우에만 작동합니다. 온라인 상태가 되기 전에 네트워크 위치를 올바르게 설정해야 합니다.

네트워크 프로젝트에 구성된 장치의 경우 Go 온라인 단추를 눌러 각 LOGO!의 상태를 감지할 수 있습니다. 또는 LOGO! TDE 6ED1055-4MH08-0BA0 장치.

구성된 장치에 액세스할 수 있으면 LOGO! Soft Comfort는 장치 이미지의 왼쪽 상단에 녹색 확인 표시를 표시합니다.

LOGO! device

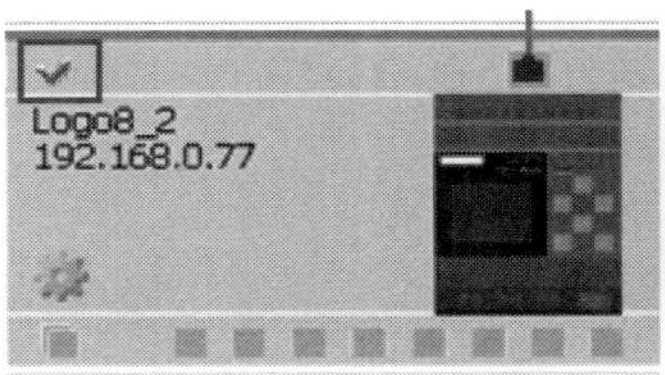

LOGO! TDE 6ED1055-4MH08-0BA0 device

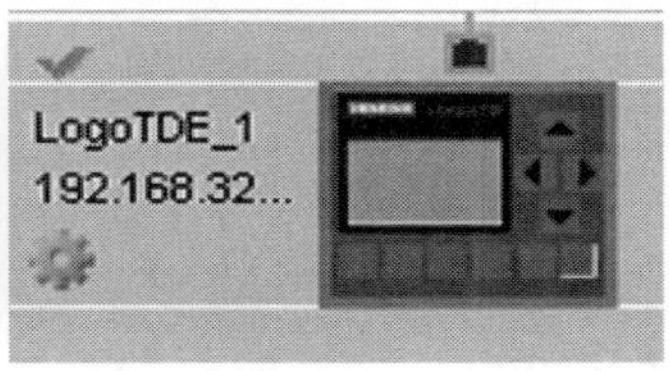

구성된 장치에 액세스할 수 없는 경우 LOGO! Soft Comfort는 장치 이미지의 왼쪽 상단 모서리에 물음표를 표시합니다.

LOGO! device

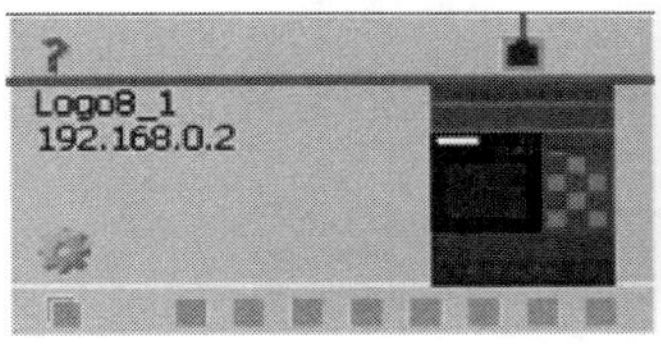

LOGO! TDE 6ED1055-4MH08-0BA0 device

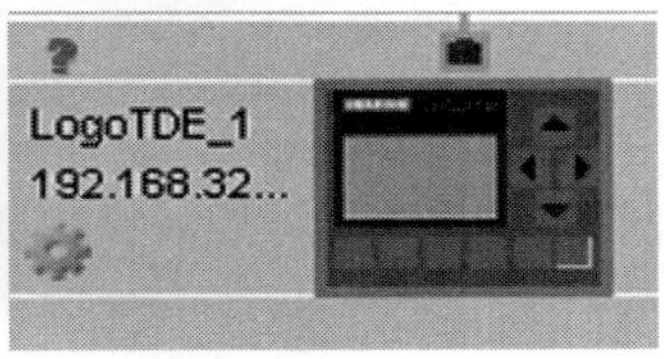

노트

온라인 상태로 전환 기능이 제대로 작동하려면 네트워크 보기에서 장치를 PC에 연결해야 합니다.

선택한 네트워크 카드와 동일한 서브넷에 있고 네트워크 프로젝트에서 구성되지 않은 장치의 경우, Go 온라인 단추를 눌러 이를 탐지하여 프로젝트에 추가할 수 있습니다. 로고! Soft Comfort는 감지된 장치를 알 수 없는 장치로 프로젝트에 추가합니다.

LOGO! device

LOGO! TDE 6ED1055-4MH08-0BA0 device

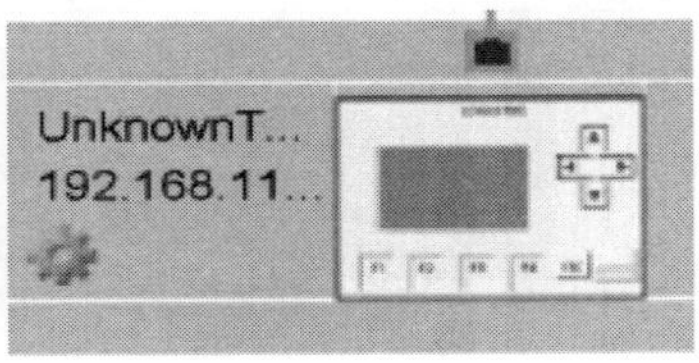

접속 끊기(Go Offline)

온라인 장치 검색을 중지하려면 오프라인으로 이동을 클릭하십시오.

노트

프로젝트에 알 수 없는 장치를 추가하려면 감지한 후에 장치를 구성하십시오. 오프라인으로 이동을 클릭하면 LOGO! 보기 LOGO!Soft Comfort가 네트워크 보기에서 알 수 없는 모든 장치를 제거하고 액세스 가능한 모든 상태

장치 줄 표시/숨기기(Show/Hide device line)

이 도구를 사용하여 네트워크 보기에서 로컬 PC와 장치 사이의 케이블 회선을 표시하거나 숨길 수 있습니다.

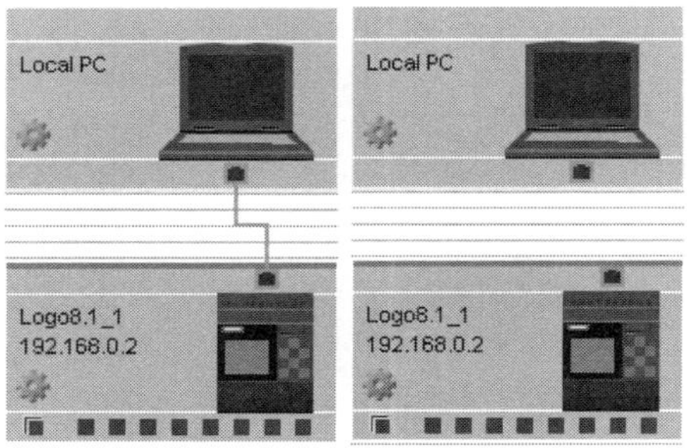

show device line　　Hide device line

2.11 메뉴 바(Menu bar)

메뉴 바에 있는 명령어들은 LOGO! 사용자 프로그램을 관리하고 편집하는 함수들과 도움말이 포함하고 있습니다.

- 파일 메뉴(File menu)
- 편집 메뉴(Edit menu)
- 체제 메뉴(Format menu)
- 보기 메뉴(View menu)
- 도구 메뉴(Tools menu)

- 윈도우 메뉴(Window menu)
- 도움말 메뉴(Help menu)

2.11.1 File 메뉴

File 메뉴에는 파일 관리를 위한 명령어, 사용자 프로그램을 생성, 저장, 다운로드하는 명령어, 파일 속성을 설정하는 명령어, 인쇄를 위한 명령어들이 있습니다.

1) File -〉 New

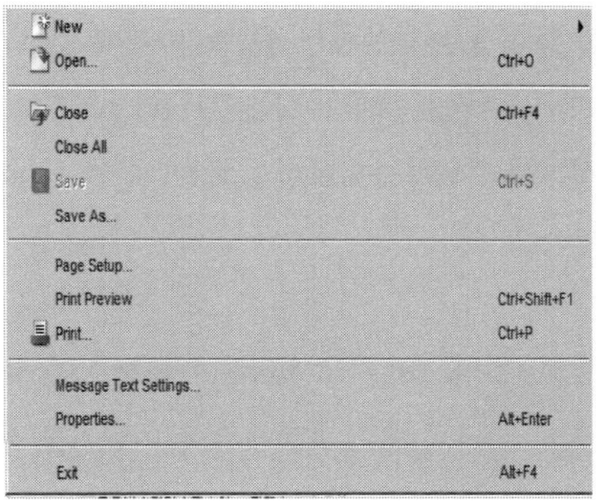

메뉴 명령어 New

이 명령어는 새로운 LAD 혹은 FBD 프로그래밍 인터페이스를 엽니다. 디폴트 설정에 따라 차이는 있지만 사용자 프로그램의 속성을 여러 개의 탭에서 설정할 수 있습니다. 나중에 File -〉 Properties 메뉴를 통해 이 윈도우의 속성을 설정하거나 변경할 수 있습니다.

잘라내기(cut)나 복사(copy) 펑션을 통해 클립보드에 들어가게 된 프로그램 일부는 새롭게 생성된 사용자 프로그램에 붙여넣기 할 수 있습니다.

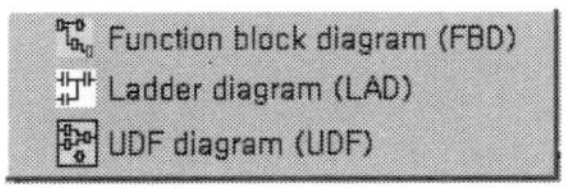

LAD와 FBD 간 사용자 프로그램 변환

Tools → Options: Standard Editor 메뉴 명령어에서 새로운 사용자 프로그램 작성을 위한 편집기를 선택할 수 있습니다.

Standard Editor 메뉴 아래 항목에서 "FBD Diagram Editor"나 "LAD Editor"를 선택하십시오.

사용자의 선택에 따라서 새로운 사용자 프로그램이 LAD나 FBD로 생성됩니다.

2) File -〉 Open

File Open

이 명령어는 이전에 사용자가 작성한 사용자 프로그램을 열어 편집할 수 있게 합니다.

LOGO!Soft Comfort에서 작성한 프로그램은 확장자 *.lsc를 갖게 됩니다. 선택된 프로그램이 새로운 윈도우에서 열리게 됩니다.

LOGO! Soft Standard **프로그램**: LOGO!Soft Standard (파일 확장자 = *.lgo)에서 작성된 파일을 LOGO! Soft Comfort 로 import할 수 있습니다. "File type" 항목에서 표시하고자 하는 파일 유형을 선택하십시오. LOGO! Soft Comfort 는 LOGO!Soft Standard에서 작성된 사용자 프로그램을 그래픽 형식으로 생성하여 디스플레이할 것입니다.

다른 방법으로 열기: 같은 방법으로도 사용자 프로그램을 열 수 있습니다.

- 윈도우 상에서 LOGO! Soft Comfort 사용자 프로그램 파일을 프로그래밍 인터페이스로 드래그 앤 드롭 시킬 수 있습니다. 이 파일을 프로그래밍 인터페이스에 갖다 놓으면 LOGO! Soft Comfort는 그 파일을 새로운 윈도우에서 열게 됩니다.
- 확장자 *.lsc이나 *.lld를 갖는 파일을 탐색기에서 더블클릭하면 LOGO! Soft Comfort가 실행되고 자동적으로 이 파일을 열게 됩니다.

클립보드에 있는 내용은 어떻게 처리되나?: 잘라내기(cut)나 복사(copy) 펑션으로 이전에 클립보드로 복사된 프로그램 오브젝트들은 새로운 사용자 프로그램에서 붙여넣기를 할 수 있습니다.

최근에 열린 파일들: File 메뉴 하단에는 LOGO!Soft Comfort.에서 최근에 열었던 파일들 목록이 나옵니다.

3) File -〉 Close

File Close

Close 메뉴 명령어를 클릭하면 활성화되었던 윈도우가 닫힙니다. 현재 프로그램이 저장되지 않았으면 저장할 것을 묻는 프롬프트가 나타납니다.

다른 방법으로는 사용자 프로그램의 탭상에서 오른쪽 마우스 버튼으로 바로가기 메뉴를 열고 Close 메뉴 명령어를 선택하면 됩니다.

4) File -〉 Close all

Close all 메뉴 명령어는 모든 열려 있는 윈도우를 닫습니다. 사용자 프로그램 중 아직 저장되어 있지 않은 것이 있을 경우 저장하기 원하는 프로그램을 선택하도록 다이얼로그 창이 보입니다. 선택된 프로그램은 모두 저장됩니다.

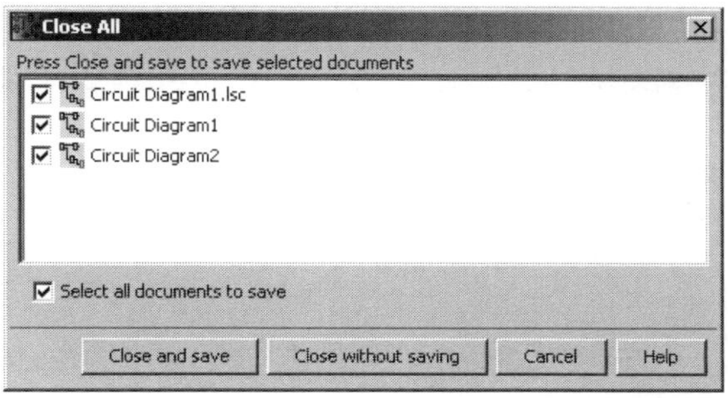

5) File -〉 Save

File Save

새로 작성된 프로그램을 처음으로 저장하는 경우 원하는 저장 경로와 파일 이름을 지정할 수 있습니다. 기존 프로그램을 새로운 버전으로 저장할 경우 저장이 빠르게 됩니다. 이전 버전에서 작성된 프로그램이 새로운 버전의 프로그램으로 오버라이트 됩니다. 새로운 프로그램은 원래의 파일과 동일한 경로와 이름으로 저장됩니다.

다른 방법으로는 사용자 프로그램의 탭상에서 오른쪽 마우스 버튼으로 바로가기 메뉴를 열고 Save 메뉴 명령어를 선택하면 됩니다.

6) File -〉 Save As

현재 작성 중인 사용자 프로그램을 저장할 경로와 이름을 지정하는 다이얼로그 창이 열리게 됩니다. 이때 다른 이름이나 다른 폴더로 저장하면 이전 프로그램이 계속 유지될 수 있습니다.

저장할 수 있는 파일 유형들은 다음과 같습니다.

- LOGO! Soft Comfort file FBD(*.lsc)
- LOGO! Soft Comfort file LAD (*.lld)
- LOGO! Soft Standard file (*.lgo)
- Portable Document Format (*.pdf)

- JPG file (*.jpg)
- Bitmap file (*.bmp)

FBD와 LAD 프로그램의 디폴트 LOGO! Soft Comfort 파일 이름 확장자는 *.lsc 나 *.lld 입니다.

LOGO! Soft Standard 프로그램 포맷인 *.lgo 파일 타입을 선택하면 이전 LOGO! Soft 버전으로 저장할 수 있습니다. 이 경우 블록 위치에 대한 그래픽 정보 등은 고려 대상이 되지 않습니다.

또한, LOGO! Soft Standard에서 지원되지 않는 펑션을 사용자 프로그램에서 사용하는 경우 에러 메시지를 발생합니다.

사용자 프로그램 문서화를 위해 프로그램 포맷을 *.jpg, *.bmp 혹은 *.pdf 등과 같은 그래픽 포맷으로 저장할 수 있습니다. 그러나 이런 파일들은 로직 명령어들을 포함하지 않기 때문에 LOGO! Soft Comfort에서 열 수 없습니다.

아크로뱃 리더 포맷은 한 가지 장점이 있습니다. 사용자 프로그램을 *.pdf 포맷으로 저장하면 프로그램을 인쇄한 것과 동일한 문서를 보여줍니다. 이 파일을 LOGO! Soft Comfort가 없는 사용자에게 배포하면 아크로뱃 리더로 인쇄할 수 있습니다.

다른 방법으로는 사용자 프로그램의 탭상에서 오른쪽 마우스 버튼으로 바로가기 메뉴를 열고 Save as 메뉴 명령어를 선택하면 됩니다.

7) File -〉 Page Setup

이 명령어는 사용자 프로그램을 위해 페이지 설정을 할 수 있는 다이얼로그 창을 엽니다. 이 창에서 페이지 포맷, 페이지 여백, 가로 인쇄, 세로 인쇄 등을 지정합니다.

LOGO!Soft Comfort는 멀티 페이지 인쇄 기능이 있어서 페이지가 잘리는 부분이 화면에 표시됩니다. 인쇄 영역은 사용자가 지정할 수 있습니다.

여기서 지정한 설정은 프린터 설정과는 상관이 없습니다. 프린터 설정은 File → Print 메뉴에서 해야 합니다. 인쇄 영역은 Tools → Options: Print에서 지정할 수 있습니다.

8) File -〉 Print preview

미리 보기 옵션은 사용자 프로그램이 어떻게 인쇄될 것인가를 보여줍니다. 이 아이콘을 사용하여 페이지를 스크롤 하거나 줌 하거나 직접 인쇄를 할 수 있습니다.

9) File -〉 Print

Menu command Print

이 명령어는 인쇄 설정을 하기 위한 다이얼로그 창을 열게 합니다. 이 다이얼로그 창은 Tools -〉 Options: Print 메뉴에서도 열 수 있습니다.

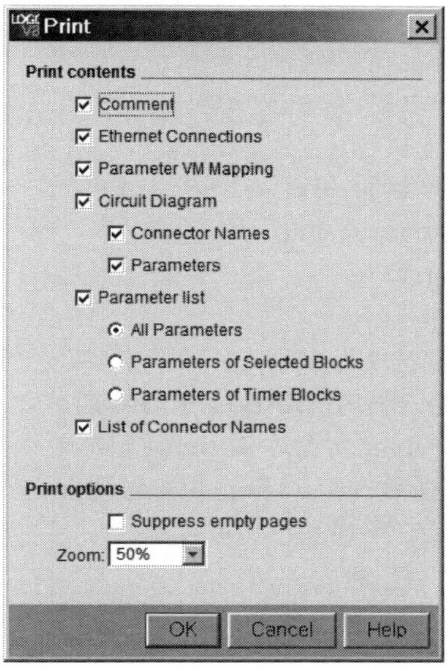

File → Properties에서 comments(주석)을 인쇄할 것인지를 선택할 수 있습니다.
connection names와 Parameter(매가변수)를 포함시킬 것인지도 선택할 수 있습니다.
parameter list가 필요한 경우 모든 블록의 파라미터를 포함시킬 것인지, 선택한 블록의 파라미터만을 포함시킬 것인지 혹은 특수 타이머 블록의 파라미터만을 포함시킬 것인지를 선택할 수 있습니다.
list of connection names를 인쇄할 수 있습니다.
Suppress empty pages 옵션은 그래픽 오브젝트가 하나도 없는 페이지를 뺄 수 있게 해 줍니다.

비어 있는 페이지가 페이지 번호에 포함되기 때문에 이것들이 인쇄가 되지 않으면 페이지에 갭이 생기게 됩니다.

프린터 다이얼로그 창에서 기본 프린터(디폴트 프린터)와 프린트 속성을 지정할 수 있습니다.

제어판에서는 프린터 고급 기능을 지정할 수 있습니다.

*.pdf 포맷은 더 많은 인쇄 옵션을 제공합니다. 사용자는 프로그램을 아크로배트 포맷으로 저장할 수 있습니다. 이 파일을 LOGO! Soft Comfort가 없는 사용자에게 주면 아크로배트 리더로 그 프로그램을 보고 인쇄할 수 있습니다.

10) File -> Properties

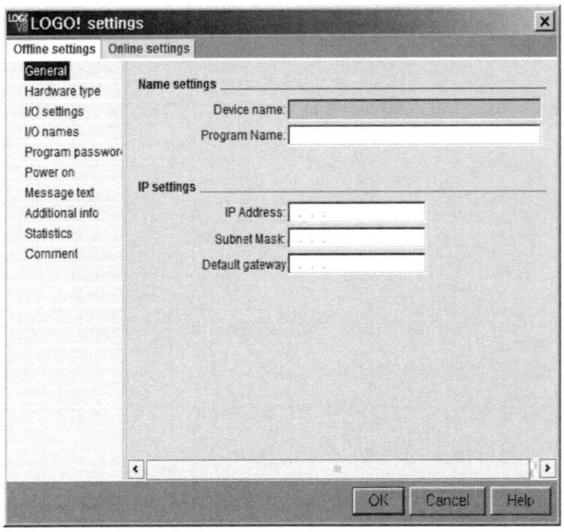

Properties(속성) 다이얼로그 창에는 다음과 같은 탭들이 있습니다.

- General
- Hardware type
- I/O setting
- I/O names
- Program Password
- Power on
- Message text
- Additional info
- Statistics
- Comment

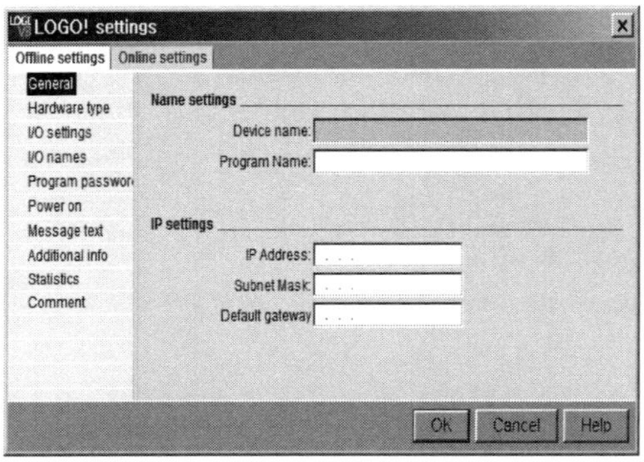

- **File -> Properties - General:**

속성 다이얼로그 창의 General 탭에서 사용자 프로그램의 세부사항을 입력할 수 있습니다.

- 프로그램 네임
- IP 설정 등

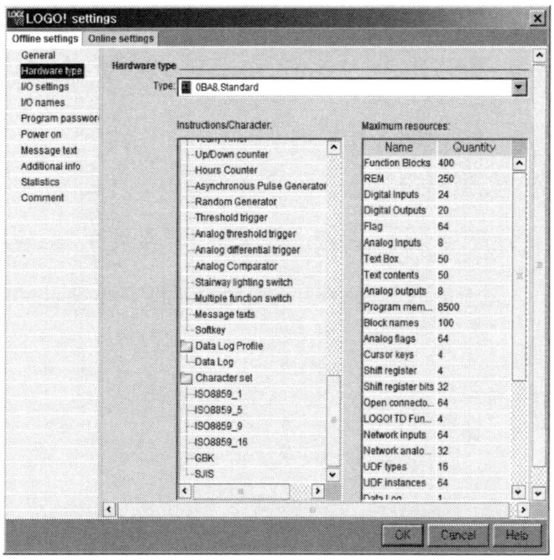

- **File -> Properties - Hardware type:**

이 탭은 로고의 기본 정보를 보여줍니다. 알려진 블록, 상수/커넥터 및 디지털 입력의 수와 같은 정보를 제공합니다.

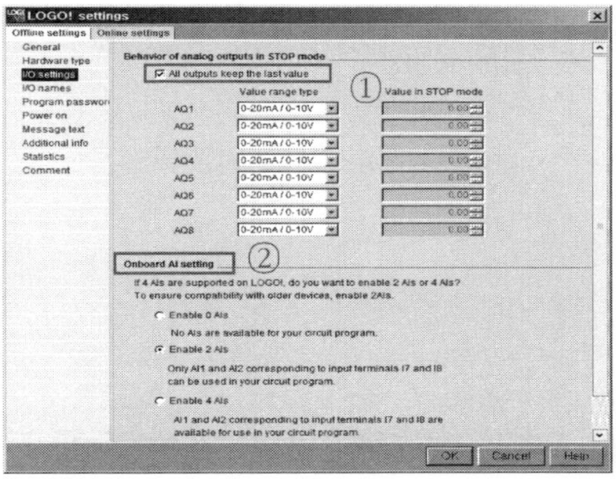

- **File -> Properties - I/O settings:**
  ① LOGO!의 아날로그 출력을 설정할 수 있습니다. 정지 모드 시 어떤 값이 LOGO! 아날로그 출력으로 나갈지를 설정하게 합니다.
  STOP 모드에서의 아날로그 출력 동작
  - 모든 출력은 마지막 값을 유지
  - AQ1 ~ AQ 8은 정의한 값으로 설정
  아날로그 출력값 범위 유형 설정
  - 0-20 mA/0-10V
  - 4-20 mA

② 아날로그 입력 설정

펑션으로 4개의 아날로그 입력이 지원되는 LOGO! 0BA6 버전에서 AI3과 AI4를 활성화시킬 수 있습니다. 그리고 아날로그 채널을 몇 개 사용할 것인지를 선택할 수 있습니다. 설정할 수 있는 내용은 다음과 같습니다.

- Enable 0 AIs: 사용할 수 있는 AI가 없습니다.
- Enable 2 AIs : 입력 터미널 I7과 I8에 해당되는 AI1과 AI2만이 사용자 프로그램에서 사용할 수 있습니다.
- Enable 4 AIs : 입력 터미널 I7과 I8에 해당되는 AI1과 AI2를 사용자 프로그램에서 사용할 수 있고 추가로 I1과 I2에 해당되는 AI3과 AI4를 사용할 수 있습니다.

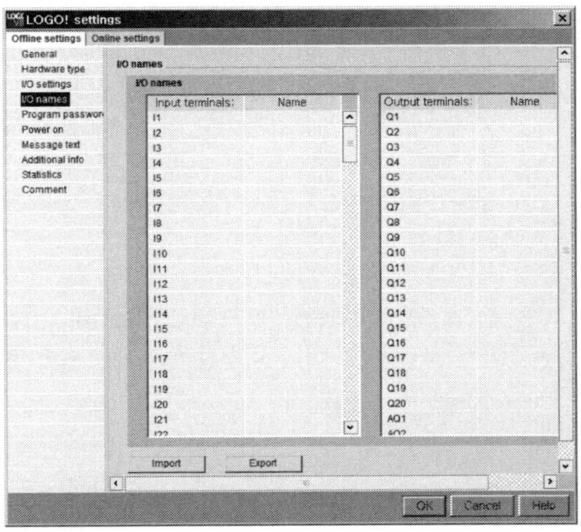

- **File -> Properties - I/O names:**

이 명령을 사용하여 입력 및 출력 터미널 (커넥터 이름)의 이름을 입력할 수 있습니다. 도구 → 옵션 → 기본 설정 메뉴 명령을 사용하여 프로그래밍 인터페이스에서 커넥터 이름을 표시할지 여부를 지정합니다. 도구 → 옵션 → 인쇄 메뉴 명령을 사용하여 회로 프로그램의 인쇄 사본에 커넥터 이름과 연결 목록을 포함할지 여부를 지정하는 대화 상자를 엽니다.

커넥터 이름 대화상자에서 입력 및 출력 터미널 이름을 입력한 후 내보내기 단추를 클릭하여 이름 레코드를 .CSV 파일로 저장할 수 있습니다. 또한, 가져 오기 버튼을 클릭하여 터미널 이름 정보가 들어 있는 .csv 파일을 PC에서 LOGO! Soft Comfort로 가져올 수 있습니다.

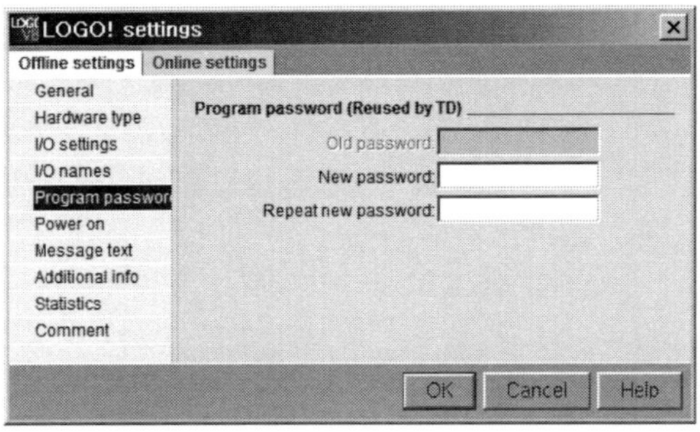

• File -> Properties - Program password
 - LOGO!에 암호 설정
 - 암호는 최대 10자를 입력 가능

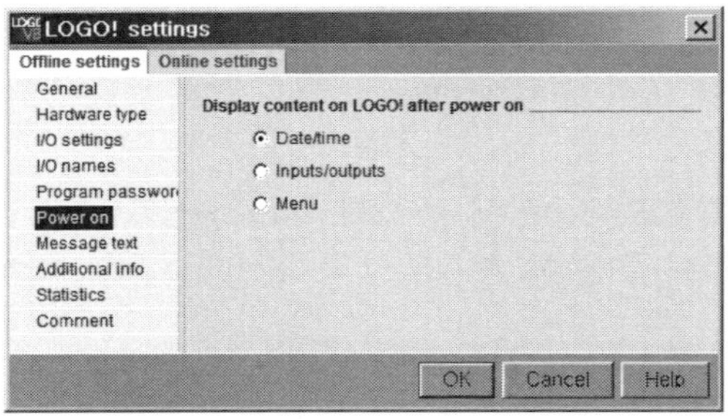

• File -> Properties - Power on

LOGO! 디스플레이에 표시할 내용을 설정합니다.
 - 날짜 및 시간 표시
 - 입력 및 출력 표시
 - 디스플레이 메뉴

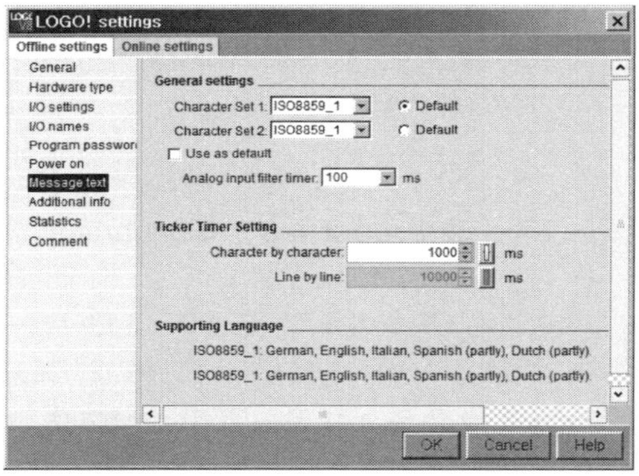

• File -> Message Text Settings

메시지 텍스트에 적용되는 메시지 텍스트 설정을 구성할 수 있습니다.
 - 문자 집합 1: 메시지 텍스트의 기본 문자 집합을 지정
 - 문자 집합 2: 메시지 텍스트의 보조 문자 집합을 지정

아날로그 입력 필터 타이머: LOGO! 메시지 텍스트의 아날로그 지정

티커 타이머 설정: 티커 타이머는 틱 하는 속도지정

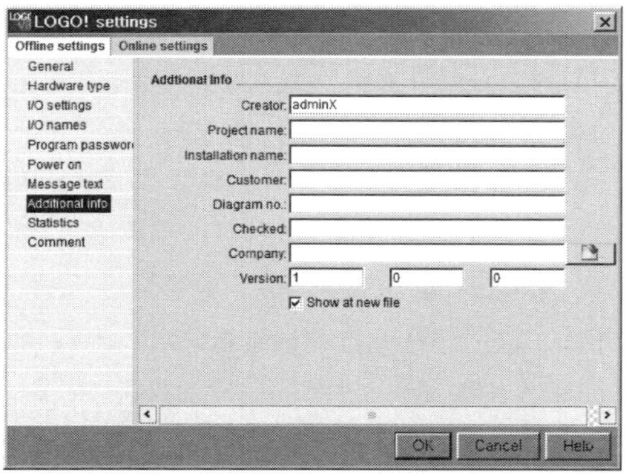

• File -> Properties - Additional Info

이 탭에서 현재 회로 프로그램의 세부 정보를 입력할 수 있습니다. 이 대화상자에는 프로젝트 관련 및 내부 회사 데이터에 대한 입력 상자와 회로 프로그램의 버전이 포함됩니다. 회사 이름의 텍스트 문자열 대신 회사 필드에 회사 로고가 있는 * .bmp 또는 * .jpg 파일을 지정할 수 있습니다. 이 기능을 사용하면 프로그램 파일의 사용자 정의 레이아웃을 만들 수 있습니다.

• **File -〉 Properties - Statistics :**

Statistics 탭은 사용자 프로그램을 작성한 일자와 최종 작성자를 보여줍니다.

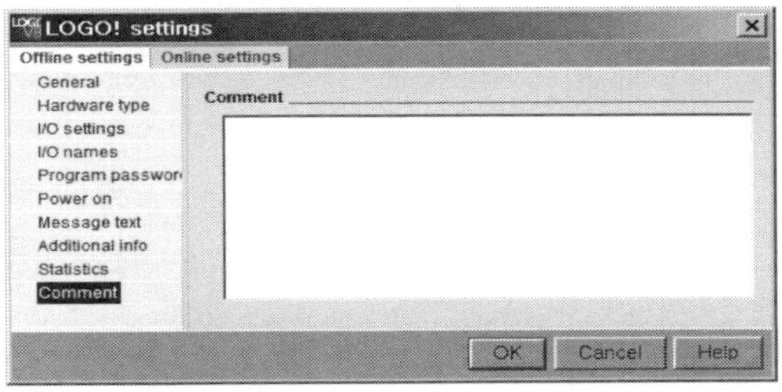

• **File -〉 Properties - comment :**
이 탭에는 회로 프로그램에 대한 설명이나 메모와 관련된 정보를 입력할 수 있습니다.

2.11.2 Edit 메뉴

편집 메뉴는 회로 프로그램을 편집하기 위한 명령을 제공합니다. 프로그래밍 도구 모음에는 회로 프로그램 작성 및 편집을 위한 기본 명령이 포함되어 있습니다.

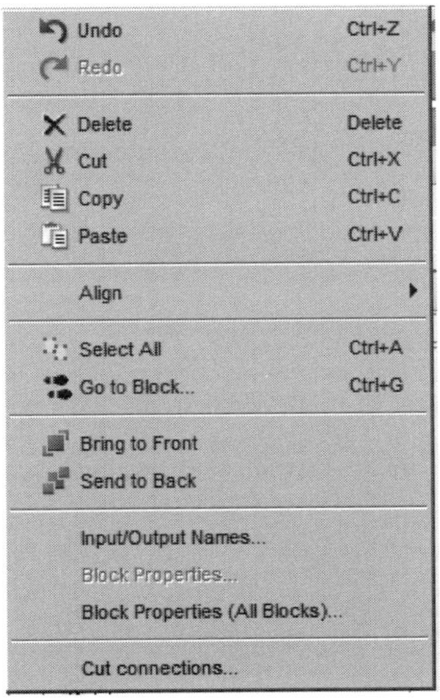

- Undo
- Redo
- Delete
- Cut
- Copy
- Paste
- Align - Align vertically
- Align - Align horizontally
- Align - Horizontally distribute space
- Align - Vertically distribute space
- Align - Align automatically
- Select All
- Go to block
- Bring to front
- Send to back
- Input/output names
- Block properties
- Block properties
- Cut connections
- Edit UDF properties

1) **Edit -〉 Undo**

Edit Undo

이 명령어는 프로그래밍 인터페이스에서 실행한 작업(로직 작성)을 되돌리기 할 때 사용합니다. 마우스 포인터를 undo 메뉴에 위치시킨 상태로 잠시 멈춥니다. 툴-팁이 열리고 되돌리기를 할 수 있는 작업들을 보여줍니다. 30개의 작업까지 되돌리기 할 수 있습니다.

2) **Edit -〉 Redo**

Edit Redo

Redo 명령어는 마지막으로 되돌렸던 작업을 다시 역으로 되돌리는 것입니다. 메뉴 명령어를 클릭하면 역으로 되돌리기를 할 수 있는 툴-팁이 보입니다.

3) **Edit -〉 Delete**

Edit Delete

이 명령어는 선택한 오브젝트를 클립보드에 복사하지 않고 삭제합니다. Undo 펑션으로 삭제한 오브젝트를 다시 복원할 수 있습니다.

4) **Edit -〉 Cut**

Edit Cut

이 명령어는 하나 이상의 오브젝트들, 예를 들어 블록이나 연결 라인(Connecting line)을 프로그래밍 인터페이스에서 클립보드로 복사합니다.

5) **Edit -〉 Copy**

Edit Copy

이 명령어는 하나 이상의 오브젝트를, 예를 들어 블록, 텍스트, 혹은 연결 라인(Connecting line)을 클립보드로 복사할 때 사용합니다.

6) **Edit -〉 Paste**

이 명령어는 클립보드에 있는 내용을 프로그래밍 인터페이스로 붙여 넣기 할 때 사용합니다. 삽입 위치는 바로 전에 선택한 오브젝트 아래나 마우스 클릭으로 지정한 곳입니다.

Edit Paste

리소스가 충분해야만 클립보드에 있는 내용을 붙여넣기 할 수 있습니다. 블록은 타입에 따라 다르지만 일정한 양의 리소스를 필요로 합니다. 사용자 시스템이 리소스를 충분하게 제공하지 못하면 에러 메시지가 발생합니다.

종단이 열려 있는 연결 라인은 붙여넣기가 되지 않습니다. 연결 라인이 두 개의 블록을 연결하고 그것들이 블록들과 함께 클립보드로 복사된 경우에만 붙여넣기를 할 수 있습니다.

7) Format -〉 Align

이 명령어는 라벨과 펑션 블록을 정렬시키는 몇 가지 옵션을 제공합니다.

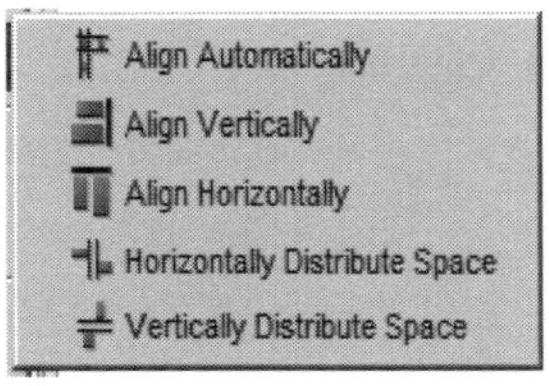

- Vertical
- Horizontal
- Horizontally Distribute Space
- Vertically Distribute Space
- Automatic

■ **Edit -〉 Align -〉 Align Vertically**

Format Align vertical

선택한 오브젝트들이 가장 높은 블록 번호를 갖는 오브젝트의 방향이나 혹은 사용자 프로그램에 마지막으로 입력한 오브젝트의 방향으로 수직적으로 정렬됩니다.

■ **Edit -〉 Align -〉 Align Horizontal**

Format Align horizontal

선택한 오브젝트들이 가장 높은 블록 번호가 있는 오브젝트의 방향이나 사용자 프로그램에 마지막으로 입력한 오브젝트의 방향으로 수평적으로 정렬됩니다.

■ **Edit -〉 Align -〉 Horizontally Distribute Space**

Format Horizontally Distribute Space

이 메뉴 명령은 선택한 개체 사이의 수평 공간을 설정하는 데 사용됩니다.

이 메뉴 명령을 선택하면 다음과 같은 대화상자가 나타납니다.

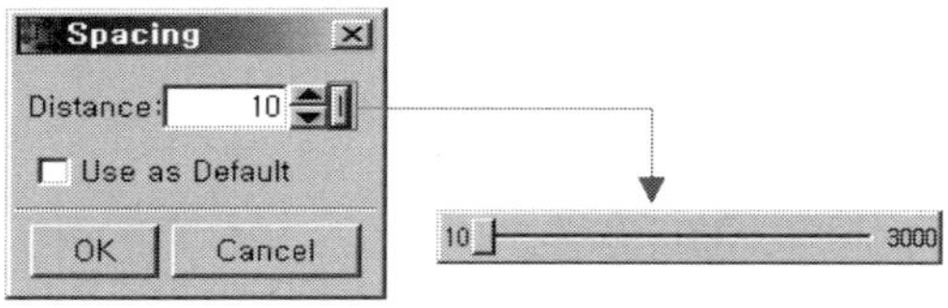

5단계씩 증가와 함께, 10-3000의 거리를 선택할 수 있습니다. 또한, 기본 거리를 설정하려면 "기본값으로 사용" 확인란을 선택할 수 있습니다.

■ **Edit -〉 Align -〉 Vertically Distribute Space**

Format Vertically Distribute Space

이 메뉴 명령은 당신의 선택 개체 사이의 수직 공간을 설정하는 데 사용됩니다. 대화는 형식과 동일 간격의 대화입니다 -〉 정렬은 -〉 수직 공간을 배포합니다.

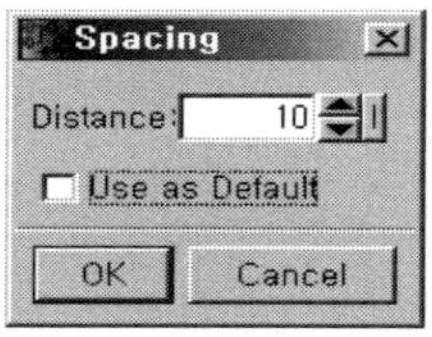

■ **Edit -〉 Align -〉 Align Automatically**

Menu Format Align automatically

선택한 오브젝트들이 수직적이나 수평적으로 자동적으로 정렬됩니다. 약간의 오프셋이 생긴 것들이나 옆에 있는 블록들이 공통 라인을 기준으로 정렬됩니다. 수직 정렬을 위한 기준은 컬럼의 가장 위에 있는 블록입니다. 수평 정렬을 위한 기준은 라인의 가장 왼쪽에 있는 블록입니다.

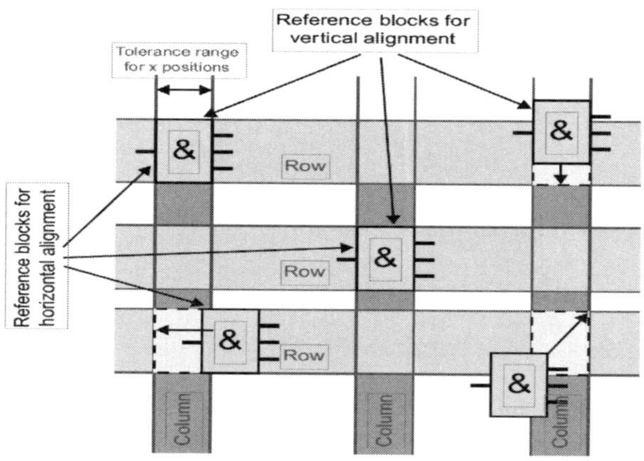

8) Edit -〉 Select all

이 명령어는 프로그래밍 인터페이스에서 모든 오브젝트(블록, 연결 라인, 라벨 등)를 선택할 때 사용합니다.

9) Edit -〉 Go to block

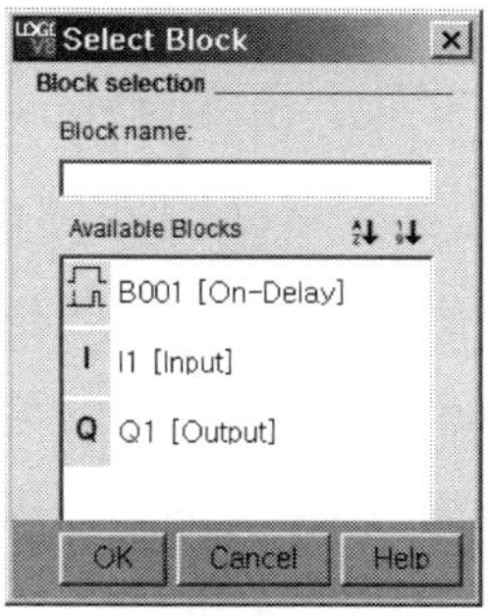

이 명령을 사용하여 블록 번호, 블록 이름 및 블록 유형에 대한 정보를 포함하여 회로 프로그램에서 사용되는 모든 블록의 목록을 볼 수 있습니다. 기본적으로 LOGO! Soft Comfort는 유형별로 블록을 정렬합니다. 블록을 이름이나 번호로 정렬할 수도 있습니다. 로고 Soft Comfort는 블록에 대한 퍼지 검색을 지원합니다. 검색 필드에 간단한 설명을 입력할 수 있습니다.

그런 다음 LOGO! Soft Comfort는 이름에 문자 p가 포함된 블록을 모두 나열합니다. 여기서 "*"는 문자열을 나타내고 "?" 문자를 나타냅니다.

10) Edit -〉 Bring to front

이 명령어는 서로 겹치는 오브젝트들 중 하나를 전면에 나오게 하는 데 사용합니다.

11) Edit -〉 Send to back

이 명령어는 서로 겹치는 오브젝트 중 하나를 뒤로 보내는 데 사용합니다.

12) Edit -〉 Input/Output Names

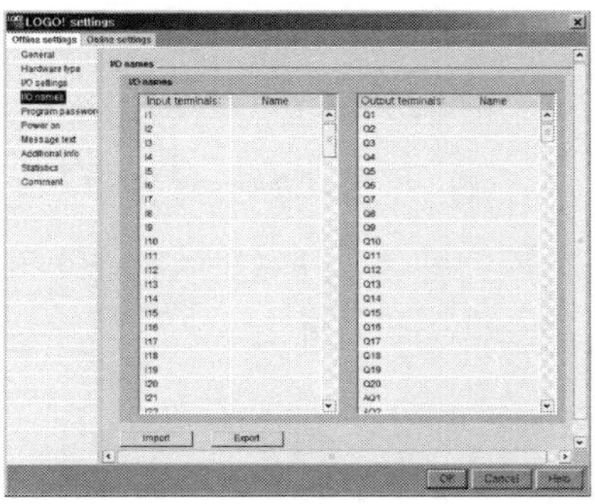

이 명령어는 입력과 출력 터미널에 이름(커넥터 이름)을 부여하는 데 사용합니다. 프로그래밍 인터페이스에서 커넥터 이름을 표시할 것인지를 Tools → Options → Screen 메뉴에서 지정할 수 있습니다. Tools → Options → Print 메뉴에서 인쇄 시 커넥터 이름과 연결 목록을 포함시킬 것인지를 지정할 수 있습니다.

커넥터 이름 대화상자에서 입력 및 출력 터미널 이름을 입력한 후 내보내기 단추를 클릭하여 이름 레코드를 .CSV 파일로 저장할 수 있습니다.

또한, 가져오기 버튼을 클릭하여 터미널 이름 정보가 들어 있는 .csv 파일을 PC에서 LOGO! Soft Comfort로 가져올 수 있습니다.

13) Edit -> Block properties

이 명령어로 프로그래밍 인터페이스에서 선택한 블록의 속성을 표시할 수 있습니다.

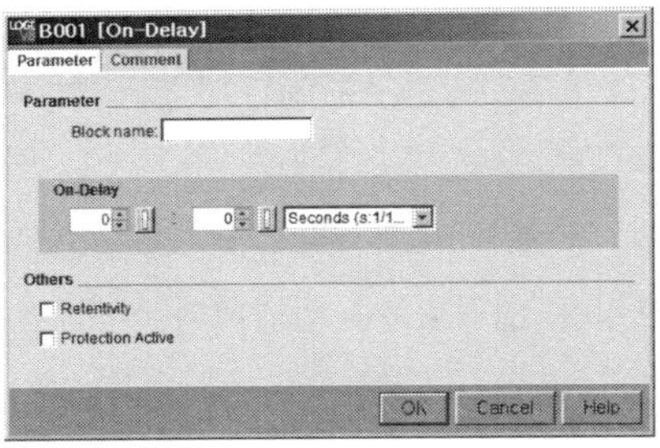

블록 속성 다이얼로그 창은 여러 개의 탭으로 이루어졌습니다. 모든 블록에는 Comment 탭이 있고 이곳에 관련 블록 주석을 입력할 수 있습니다. 일부 블록에서는 Parameter 탭이 지원되는 데 여기서 특정 블록의 파라미터를 지정할 수 있습니다.

입력 시뮬레이션 파라미터는 시뮬레이션 탭에서 설정합니다. 블록 속성은 해당 블록을 선택한 후 오른쪽 마우스 버튼으로 바로가기 메뉴를 열고 호출할 수 있습니다.

14) Edit -> Block properties (all blocks)

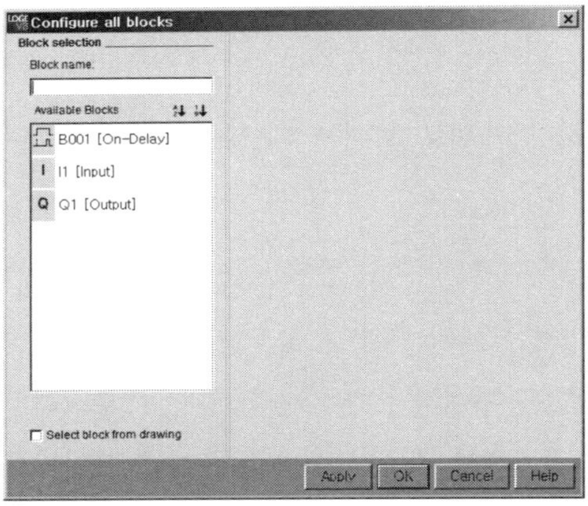

이 명령어로 윈도우를 두 개의 부분으로 나누어 열 수 있습니다. 왼쪽 윈도우에서는 사용자 프로그램에 사용되는 모든 블록이 나타납니다. 하나의 블록을 클릭하면 오른쪽에 그 블록의 파라미터가 표시됩니다. 이 파라미터를 변경하고 Apply 버튼을 누르면 변경 내용이 적용됩니다.

변경된 블록은 선택 목록에서 파란색으로 표시됩니다. 변경된 파라미터를 원하지 않으면 다른 블록을 선택하십시오. Cancel 버튼을 누르면 모든 변경 내용이 취소되고 OK 버튼을 누르면 모든 변경 내용이 적용되고 다이얼로그 창을 끝내게 됩니다.

"Select block from drawing" 체크 박스를 선택한 후 목록에서 블록을 선택하면 사용자 프로그램에서 그 블록이 하이라이트 됩니다. 특수 펑션(Special functions), 기본 펑션(Basic functions), 컨스탄트와 터미널(Constants and Terminals)

15) Edit -〉 Edit UDF properties

이 메뉴 명령을 사용하여 UDF (사용자 정의 함수) 특성을 구성하십시오. UDF 특성의 구성에 대한 자세한 정보는 UDF 편집의: UDF 특성 구성을 참조하십시오.

2.11.3 Format 메뉴

1) Format -〉 Font

이 도구를 사용하여 글꼴 유형, 크기, 스타일 및 텍스트 색상을 지정할 수 있습니다. 기존 텍스트 객체의 형식을 재정의 하려면 다음 단계를 수행하십시오.

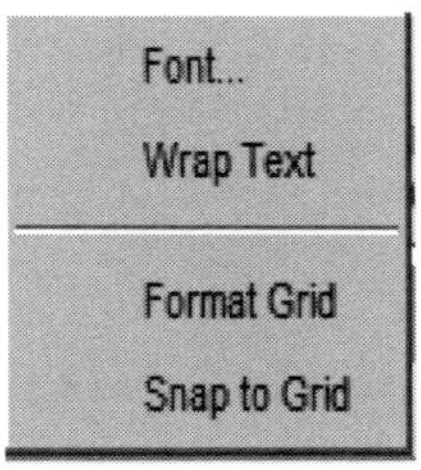

① 서식을 지정할 개체를 선택하십시오.

② 글꼴 속성을 구성하십시오.

③ 확인을 클릭하여 구성을 적용하십시오.

특정 기본 형식을 설정하도록 선택할 수 있습니다. 그런 다음 LOGO! Soft Comfort는 이러한 기본 설정으로 새 텍스트 객체를 표시합니다.

2) Format -〉 Wrap Text

텍스트 도구를 사용하여 프로그래밍 인터페이스에서 주석을 삽입하거나 사용자 정의 텍스트 객체를 편집할 수 있습니다. 텍스트 그림의 크기를 확대하거나 축소할 수 있습니다. 일반적으로 사각형 핸들을 드래그하여 그림 너비를 확대 또는 축소할 수 있습니다.

예를 들면:

그림의 폭을 줄이기 위해 위의 그림의 핸들을 드래그하면 그림이 자동으로 너비에 맞게 축소됩니다.

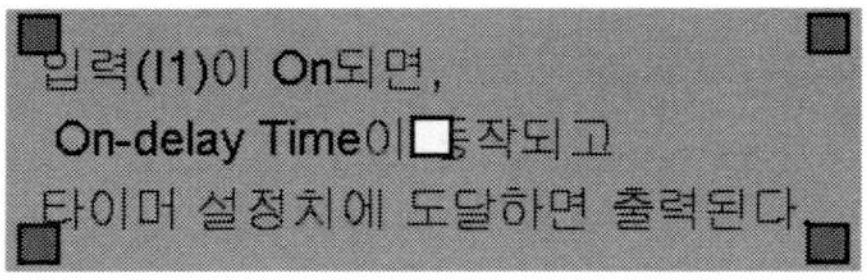

3) Format -〉 Format grid

이 도구를 사용하면 프로그래밍에서 명령어 객체를 삽입하고 배열할 때 도움이 됩니다.

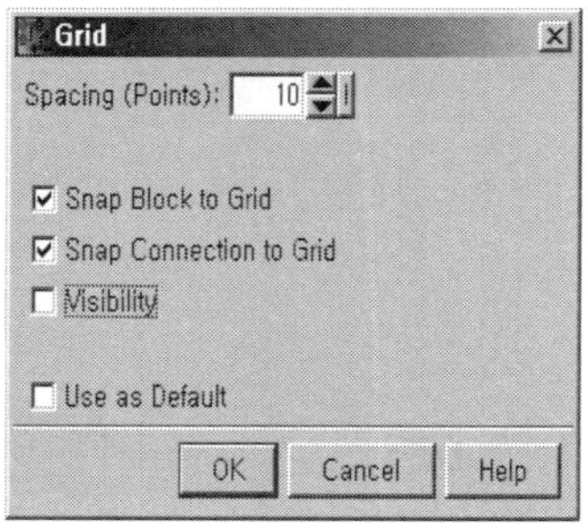

Snap Block to Grid :
블록을 그리드에 삽입
Snap Block to Grid :
회로 연결 시 그리드에 맞춤.
Visibility :
그리드 On/Off

2.11.4 View 메뉴

1) View -〉 Diagram mode

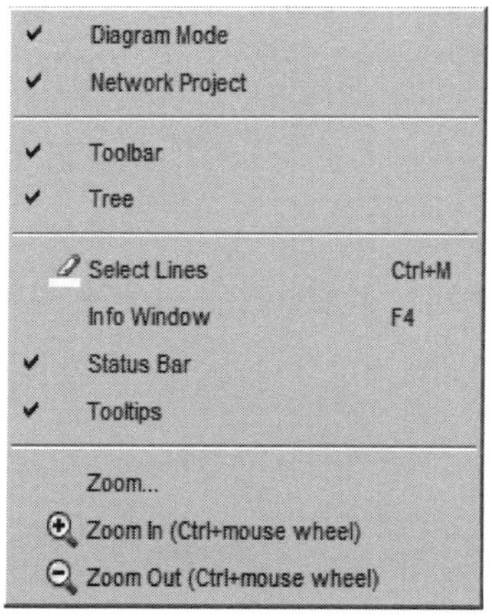

이 명령을 사용하면 다이어그램 모드 사용자 인터페이스를 숨기거나 표시할 수 있습니다.

기본 사용자 인터페이스에는 다이어그램 모드와 네트워크 프로젝트가 모두 표시됩니다.

"다이어그램 모드" 및 "네트워크 프로젝트" 옵션 이외의 선택 표시는 현재 작업 모드를 나타냅니다. 사용자 인터페이스에서 해당 모드의 선택을 취소하여 모드 중 하나를 숨길 수 있습니다.

2) View -〉 Network Project

이 명령을 사용하여 네트워크 프로젝트 개요를 숨기거나 표시할 수 있습니다.

기본 사용자 인터페이스에는 다이어그램 모드와 네트워크 프로젝트가 모두 표시됩니다.

"다이어그램 모드" 및 "네트워크 프로젝트" 옵션 이외의 선택 표시는 현재 작업 모드를 나타냅니다. 해당 모드의 선택을 취소하여 사용자 인터페이스에서 모드 중 하나를 숨길 수 있습니다.

3) View -〉 Toolbars

이 명령어는 선택된 툴바를 숨기거나 보이게 해 줍니다.

- Standard: 표준 툴바 숨기기/보이기
- Tools: 프로그래밍 툴바 숨기기/보이기

4) View -〉 Tree

이 명령을 사용하면 인터페이스의 왼쪽 부분에 있는 트리를 숨기거나 표시할 수 있습니다.

- 다이어그램 모드에서 다이어그램 트리와 지침 트리
- 프로젝트 모드에서 네트워크 프로젝트 트리 및 명령 트리

5) View -〉 Select Lines

 View Select Lines

이 도구를 사용하면 선택한 블록과 이어지는 모든 연결(선)을 컬러로 표시할 수 있습니다.

이 기능으로 구성된 단일 연결을 선택하면 LOGO! Soft Comfort가 선택한 연결을 색상으로 강조 표시합니다.

또한, 이 기능으로 구성된 블록을 선택하면 LOGO! Soft Comfort는 선택한 블록의 참조 블록을 프레임이 빨간색으로 표시합니다.

도구 〉 옵션: 환경 설정에서 연결에 레이블을 지정할 것인지 여부를 설정할 수 있습니다.

도구 〉 옵션: 색 아래에서 연결을 표시하는 데 사용할 색을 설정할 수 있습니다.

6) View -〉 Info Window

이 메뉴 명령어는 Info 윈도우를 보이거나 숨길 때 사용할 수 있습니다.

7) View -〉 Status bar

이 메뉴 명령어는 상태-바를 보이거나 숨길 때 사용할 수 있습니다.

8) View -> Tool tips

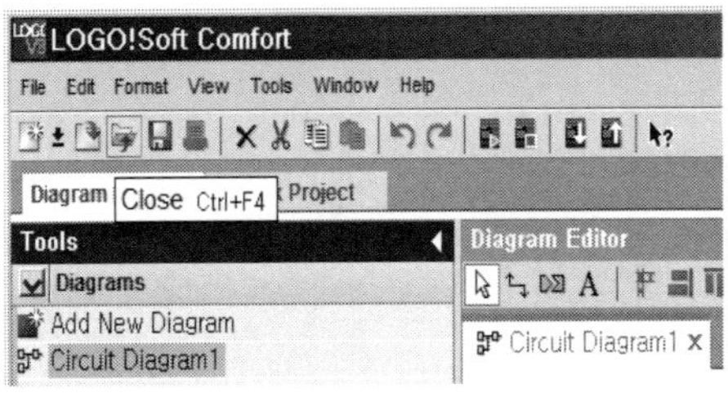

LOGO! Soft Comfort에서 툴-팁이라고 하는 아이콘 이름을 표시하기 위해 mouse-over-button 펑션을 사용할 수 있습니다. 이를 통해 아이콘의 펑션을 메뉴 명령어 선택이나 Help 없이 빨리 호출할 수 있습니다.

9) View -> Zoom

LOGO! Soft Comfort는 사용자 프로그램 디스플레이의 크기를 확대하거나 축소할 수 있는 다양한 옵션을 제공합니다. Zoom을 선택하면 디폴트 목록이나 관련 박스에서 다이얼로그 창을 열 때 선택한 줌 배율로 열리게 됩니다.

적당하지 않는 줌 배율을 선택하면 오브젝트들이 사용자 화면 밖으로 나갈 수 있습니다.

그러므로 가능하면 디폴트 줌 배율을 사용하십시오. 그러나 줌 배율이 잘못되어도 사용자 프로그램 인쇄 시 레이아웃에는 영향을 미치지 않습니다.

- **View -> Zoom In**

 View Zoom In

줌 배율은 정의된 배율에 따라 증가합니다.

25 (최소) → 50 → 75 → 100 (디폴트) → 150 → 200 → 250 → 300 → 400 (최대)

- **View -> Zoom Out**

 View Zoom Out

줌 배율은 정의된 배율에 따라 감소합니다.

400 (최대) → 300 → 250 → 200 → 150 → 100 (디폴트) → 75 → 50 → 25 (최소)

2.11.5 Tools 메뉴

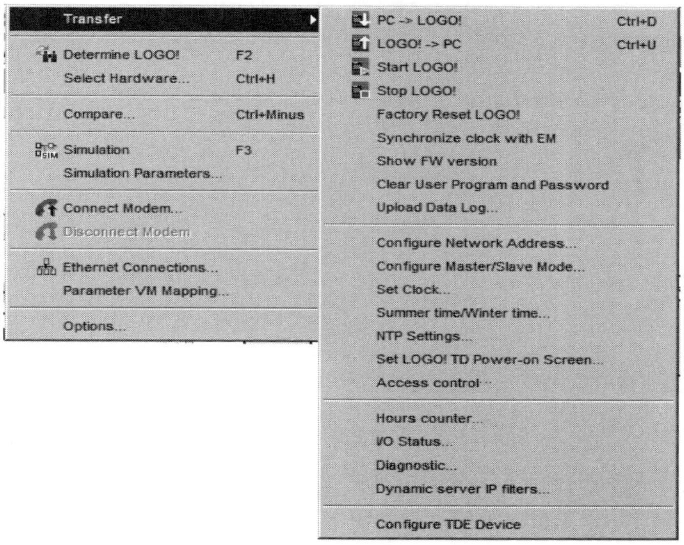

데이터 전송을 위한 전제 조건 :

LOGO! 기본 모듈 및 LOGO! Soft Comfort를 사용하려면 통신 인터페이스를 구성해야 합니다.

이 메뉴에서 메뉴 명령을 선택할 때마다 LOGO! Soft Comfort가 인터페이스 대화상자를 표시합니다. 이 대화상자를 사용하여 LOGO! 기본 모듈 및 LOGO! Soft Comfort.

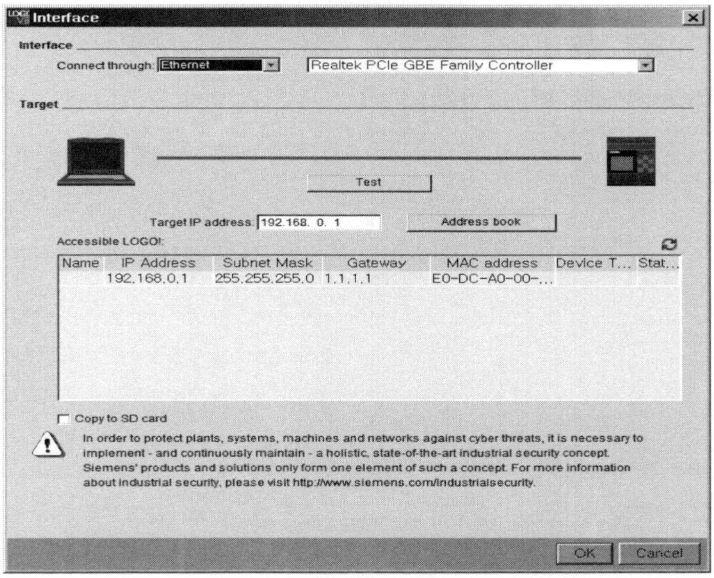

이더넷을 통해 전송 (0BA7 이상만)

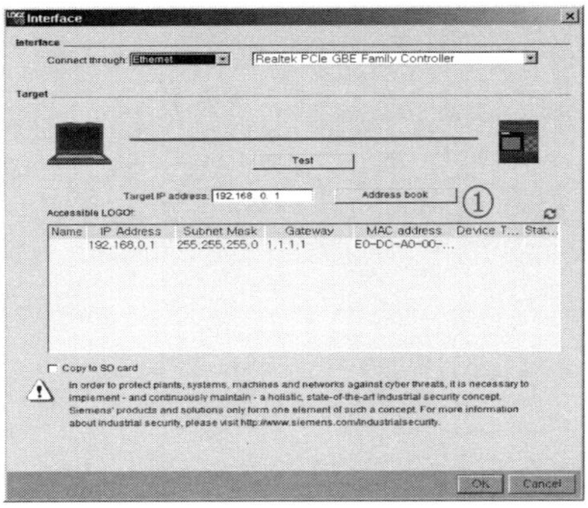

통신을 위해 이더넷을 선택하면 액세스 가능한 LOGO!에서 대상 IP주소를 선택할 수 있습니다. 알려진 IP주소를 나열하거나 입력하십시오.

로고도 저장할 수 있습니다. 나중에 사용할 필요가 있는 경우 주소록의 정보를

아래 단계를 수행하여 유효한 로고를 찾으십시오. 기본 모듈 자동

① 위의 화면에서 "①"을 클릭하면 주소록이 나타납니다.

② 로고의 IP주소를 입력하십시오. 기본 모듈

③ "255.255.255.0"의 기본 서브넷 주소는 변경하지 마십시오.

④ 올바른 게이트웨이 IP주소를 입력하십시오. 로고가 있다면 이 단계를 완료했는지 확인하십시오. 기본 모듈이 동일한 LAN (근거리 통신망)에 있습니다.

⑤ 항목을 주소록에 저장하십시오.

 클릭하여 새로운 접근 가능한 로고를 획득할 수 있습니다. 베이스 모듈 0BA8. LOGO! Soft Comfort는 스캔한 로고를 저장합니다.

동적 DNS를 통해 전송 (0BA7 이상만)

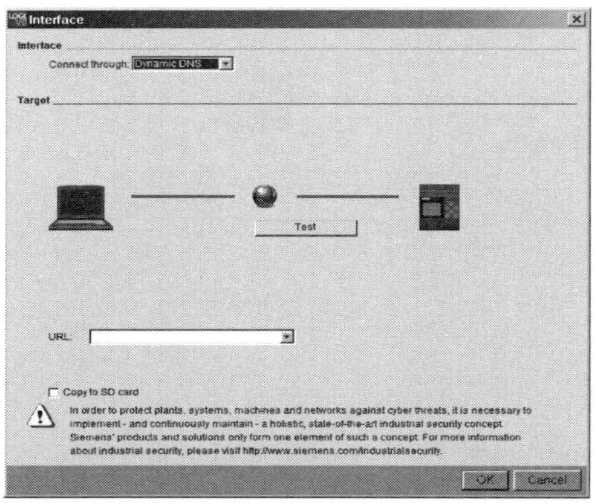

통신을 위해 동적 DNS를 선택한 경우 알려진 URL 주소를 입력하거나 URL 텍스트 상자의 화살표를 클릭하여 이전에 입력 한 URL 주소를 불러올 수 있습니다.

LOGO에 액세스하려면 라우터를 구성해야 합니다. 동적인 기본 모듈 DNS에 연결하기 전에 다음 설정을 완료했는지 확인하십시오.

- 원격 로고! 기본 모듈에는 라우팅을 위한 유효한 동적 DNS 계정이 있습니다.
- 로컬 라우터가 원격 LOGO의 동적 DNS를 추가했습니다.(기본 모듈을 HTTP 가상 서버)

연결 테스트

원하는 연결 인터페이스를 선택하면 동일한 대화상자에서 연결을 테스트할 수 있습니다. 다음 화면에서 "①"을 클릭하여 연결 준비가 되었는지 확인하십시오.

회색 연결선이 녹색으로 바뀌고 연결에 성공하면 선 위에 확인 표시 아이콘이 나타납니다.

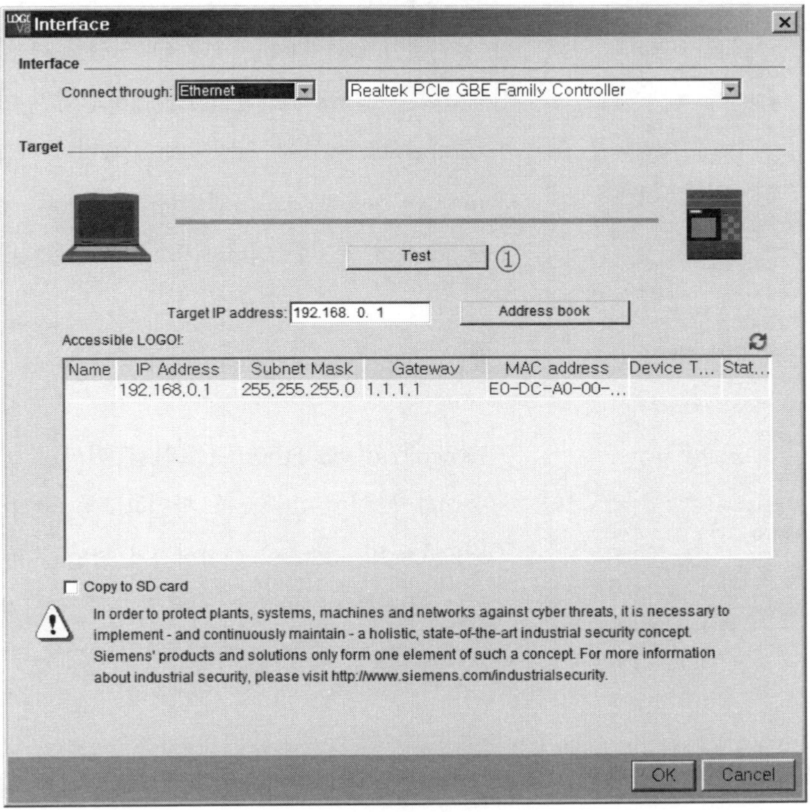

위 화면에서 회로 프로그램을 SD 카드에 복사할 수도 있습니다.

메뉴 명령 개요

도구 → 전송 메뉴에는 다음과 같은 메뉴 명령이 있습니다.

1) Tools -〉 Transfer -〉 PC -〉 LOGO!

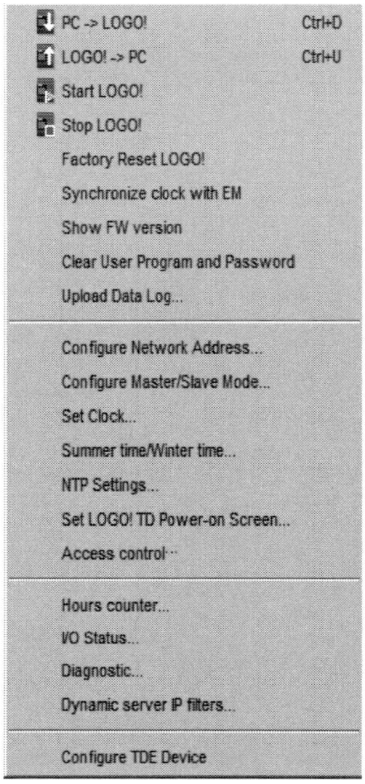

이 명령어는 사용자 프로그램을 LOGO! Soft Comfort가 설치되어 있는 PC에서 LOGO! 모듈로 다운로드할 때 사용됩니다. LOGO!로 전송되는 프로그램의 이름은 File → Properties 메뉴에 지정되어 있습니다. LOGO! Soft Comfort는 사용자 프로그램 전송 시 Tools → Options: Interface에서 지정한 인터페이스를 사용합니다.

→ Tools → Transfer: PC → LOGO!

Download via Ethernet (0BA7 이상) :

통신하기 전에 IP주소를 확인하도록 구성하는 경우 "Configure IP address" 대화상자가 팝업됩니다. LOGO! Soft Comfort는 마지막으로 사용된 IP주소를 기억합니다.

준비:

다운로드하기 전에 시스템은 최소 LOGO!를 결정합니다. 회로 프로그램에 필요한 버전

오류 메시지:

LOGO! Soft Comfort는 전송을 중단하고 오류 메시지를 표시합니다. LOGO! 기본 모듈에 프로그램 전송에 필요한 리소스가 충분하지 않습니다. 오류 대화상자에 알 수 없는 LOGO! 버전에서는 다운로드를 계속하거나 취소하라는 메시지를 표시합니다.

상태 표시줄에 전송 메시지가 표시되고 정보 윈도우에 전송 메시지와 자세한 오류 메시지가 표시됩니다.

레이아웃 복구(0BA8 전용):

LOGO!에 회로 프로그램 (FBD 전용)을 다운로드할 때 기본 모듈인 LOGO! Soft Comfort는 프로그램 레이아웃도 다운로드합니다. LOGO! Soft Comfort는 레이아웃 정보를 읽고 다시 열면 자동으로 복구됩니다.

레이아웃 메모리 크기는 LOGO! 기본은 최대 30KB입니다. LOGO!를 결정하여 정보창에서 사용 가능한 메모리 크기를 확인할 수 있습니다.

2) Tools -〉 Transfer -〉 LOGO! -〉 PC

LOGO! Soft Comfort는 각 통신 시도에 대한 연결 인터페이스를 확인해야 합니다. 자세한 정보는 "도구 -〉 전송"을 참조하십시오.

 → 도구 → 전송: 로고! → PC

이 메뉴 명령을 사용하여 LOGO!에서 회로 프로그램을 업로드할 수 있습니다. 베이스 모듈을 PC에 연결하십시오. 또한, 이러한 목적으로 표준 툴바의  버튼을 사용할 수 있습니다.

접속 해제

도구 → 옵션: 연결 끊기 아래의 "가져 오기/업로드 중 연결 끊기" 확인란을 설정한 경우 LOGO! Soft Comfort는 LOGO!에서 업-로드하는 동안 관련 연결을 끊습니다. 이 대화 상자에서 설정된 규칙에 따라 PC에 연결하십시오.

암호

LOGO에서 암호로 보호된 회로 프로그램을 업로드할 때! PC에 LOGO! Soft Comfort는 암호를 입력하라는 메시지를 표시합니다. 올바른 암호를 입력하지 않으면 LOGO! Soft Comfort가 전송을 중단하고 오류 메시지를 표시합니다.

3) Tools -〉 Transfer -〉 Start LOGO!

LOGO! Soft Comfort는 각 통신 시도에 대한 연결 인터페이스를 확인해야 합니다. 자세한 정보는 "도구 -〉 전송"을 참조하십시오.

 → Tools → Transfer → Start LOGO!

이 기호를 클릭하면 LOGO! Soft Comfort가 연결된 LOGO! STOP 모드에서 RUN 모드로 전환됩니다.

다른 방법으로 표준 도구 모음에서 단추를 클릭할 수도 있습니다.

4) Tools -〉 Transfer -〉 Stop LOGO!

LOGO! Soft Comfort는 각 통신 시도에 대한 연결 인터페이스를 확인해야 합니다.

자세한 정보는 "도구 -〉 전송"을 참조하십시오.

 → Tools → Transfer → Stop LOGO!

이 기호를 클릭하면 연결된 로고 모드가 변경됩니다! RUN 모드에서 STOP 모드로 전환합니다.

다른 방법으로 표준 도구 모음에서 단추를 클릭할 수도 있습니다.

5) Tools -〉 Transfer -〉 Factory Reset LOGO! (LOGO! 8 이후 버전만)

LOGO! Soft Comfort는 각 통신 시도에 대한 연결 인터페이스를 확인해야합니다. 자세한 정보는 "도구 -〉 전송"을 참조하십시오.

이 기능을 선택하면 LOGO! Soft Comfort가 연결된 로고를 재설정합니다! 기본 모듈을 출하 시 설정으로 변경하십시오.

6) Tools -〉 Transfer -〉 Synchronize clock with EM

LOGO! Soft Comfort는 각 통신 시도에 대한 연결 인터페이스를 확인해야 합니다.

이 명령으로:

- LOGO!의 시계를 동기화하도록 선택할 수 있습니다.
- LOGO!에 다른 시계 설정을 허용하도록 선택할 수도 있습니다.

7) Tools -〉 Transfer -〉 show FW Version

LOGO! Soft Comfort는 각 통신 시도에 대한 연결 인터페이스를 확인해야 합니다. 자세한 정보는 "도구 -〉 전송"을 참조하십시오.

이 명령을 사용하면 LOGO 펌웨어 버전을 식별할 수 있습니다!

8) Tools -〉 Transfer -〉 Clear User Program and Password

LOGO! Soft Comfort는 각 통신 시도에 대한 연결 인터페이스를 확인해야 합니다. 자세한 정보는 "도구 -〉 전송"을 참조하십시오.

이 명령을 사용하면 연결된 LOGO에서 회로 프로그램을 지울 수 있습니다.

LOGO! 대화 상자에서 회선 프로그램과 암호(구성된 경우)를 지우려면 확인 대화상자에 응답해야 합니다.

장치, 명령을 확인한 후 LOGO! Soft Comfort는 초기화 작업을 수행합니다. 명령을 확인하지 않으면 LOGO! Soft Comfort는 아무런 작업도 수행하지 않습니다. 회로 프로그램과 암호(구성된 경우)는 LOGO! 장치.

노트

버전 0BA6 이전의 장치는 이 기능을 지원하지 않습니다. 이전 장치에서 이 명령을 시도하면 장치가 이 기능을 지원하지 않는다는 메시지가 표시됩니다.

9) Tools -〉 Transfer -〉 Upload Data Log (0BA7 이후 버전만)

LOGO! Soft Comfort는 각 통신 시도에 대한 연결 인터페이스를 확인해야 합니다.

자세한 정보는 "도구 -〉 전송"을 참조하십시오.

이 메뉴를 사용하면 베이스 모듈이 RUN 모드에 있을 때 EEPROM 또는 SD 카드에서 PC로 데이터 로그를 업로드할 수 있습니다.

데이터 로그를 업로드하고 원하는 디렉토리를 찾아보고 데이터 로그 문서를 저장할 수 있습니다.

LOGO! Soft Comfort는 EEPROM에서 파일을 업로드하고 Microsoft Excel 또는 텍스트 편집기에서 열 수 있는 .CSV 파일로 저장합니다.

10) Tools -> Transfer -> Configure Network Address (0BA7 이후 버전만)

LOGO! Soft Comfort는 각 통신 시도에 대한 연결 인터페이스를 확인해야 합니다.

자세한 정보는 "도구 -> 전송"을 참조하십시오.

이 메뉴 명령을 사용하여 IP주소, 서브넷 마스크 및 기본 게이트웨이를 변경할 수 있습니다.

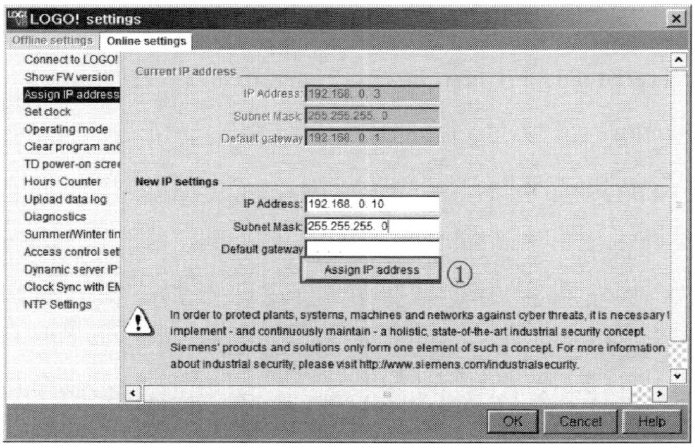

변경을 하려면 "①"을 클릭합니다.

11) Tools -> Transfer -> Configure Master/Slave Mode (0BA7 이후 버전만)

LOGO! Soft Comfort는 각 통신 시도에 대한 연결 인터페이스를 확인해야 합니다. 자세한 정보는 "도구 -> 전송"을 참조하십시오.

이 메뉴 명령을 사용하여 LOGO! 베이스 모듈은 마스터 모드와 슬레이브 모드 사이에 있습니다.

연결된 로고를 설정하면! 기본 모듈을 종속 모드로 설정하려면 모듈의 대상 IP주소를 입력해야 합니다.

12) Tools -> Transfer -> Set Clock

이 메뉴 옵션은 PC에 연결된 LOGO!의 날짜와 시간을 확인하고 설정하기 위해 사용됩니다.

"Read from PC"을 클릭하면 LOGO! Soft Comfort가 설치된 PC의 시스템 시간이 적용됩니다.

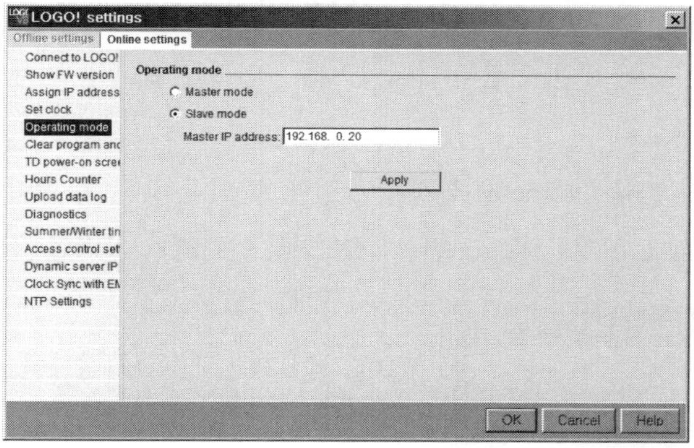

노트

LOGO!에서 다음 변경 사항을 수행할 때마다 자동으로 다시 시작됩니다.

- 모드 스위치 (마스터 모드에서 슬레이브 모드로 또는 그 반대로)
- 슬레이브 모드에서 마스터 IP주소로 변경

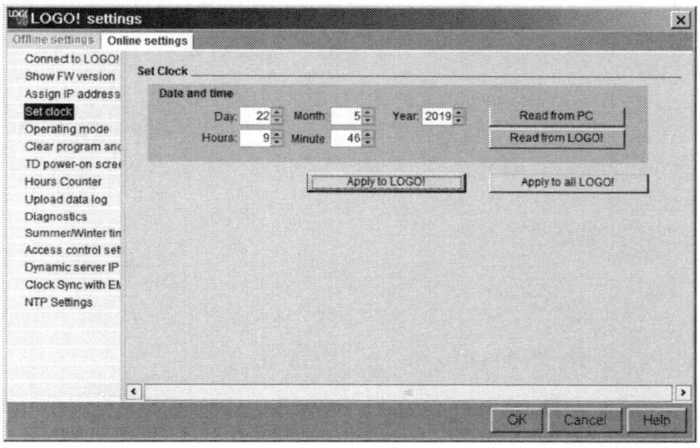

값을 수동으로 입력

날짜와 시간 설정 평션의 화살표 아이콘을 클릭하는 대신 숫자 입력 박스를 클릭하면 키보드로 값을 직접 입력할 수 있습니다. LOGO! Soft Comfort는 사용할 수 없는 날짜 데이터를 자동으로 교정합니다.

13) Tools -〉 Transfer -〉 Summer time/Winter time

이 메뉴 명령어는 LOGO! 시간을 썸머타임(여름)과 윈터타임(겨울)으로 자동적으로 변환시켜 줍니다.

섬머/윈터 타임 변환을 활성화시키면 국가별 시간 변환을 지정할 수 있습니다.

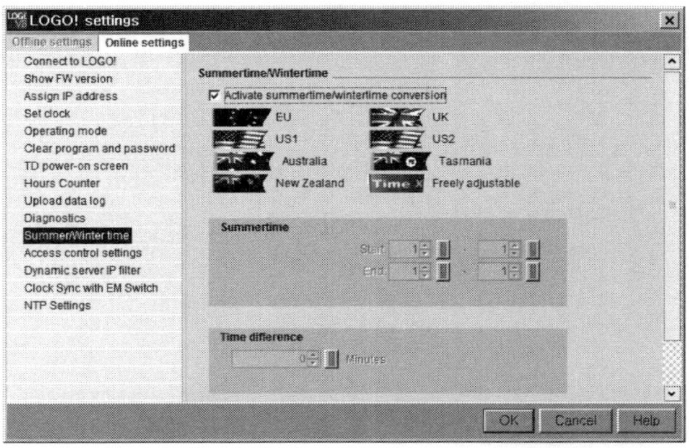

- EU: 유럽 연합
- UK: 영연방과 북 아일랜드
- US1/US2: 미합중국
- Australia: 호주
- Tasmania :타스마니아
- New Zealand: 뉴질랜드

14) Tools -> Transfer -> NTP Settings (LOGO! 8 이후 버전만)

LOGO! Soft Comfort는 각 통신 시도에 대한 연결 인터페이스를 확인해야 합니다. 자세한 정보는 "도구 -> 전송"을 참조하십시오.

이 명령을 사용하여 NTP(Network Time Protocol) 설정을 구성할 수 있습니다. 이 명령으로 BM을 NTP 서버 또는 클라이언트로 설정할 수 있습니다. 모드를 선택하지 않으면 NTP 기능이 비활성화됩니다.

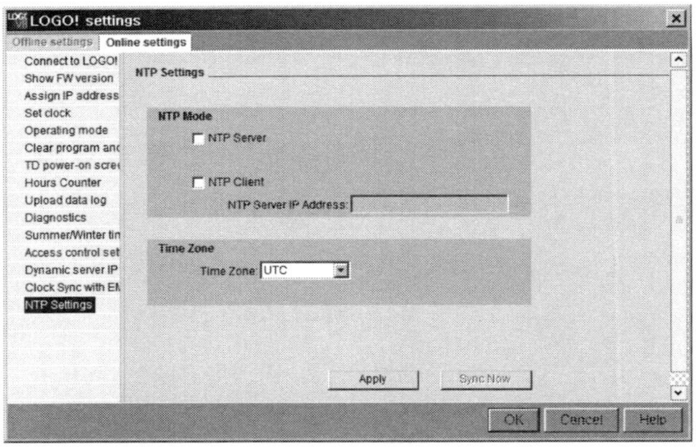

LOGO! NTP 기능을 활성화한 경우 기본 모듈을 설치하려면 시간대를 설정해야 합니다.

로고를 설정하면! 기본 모듈을 NTP 클라이언트로 사용하려면 모듈의 NTP 서버 IP주소를 입력해야 합니다.

15) Tools -> Transfer -> Set LOGO! TD Power-on Screen

LOGO! Soft Comfort는 각 통신 시도에 대한 연결 인터페이스를 확인해야 합니다. 자세한 정보는 "도구 -> 전송"을 참조하십시오.

이 명령을 사용하여 LOGO! TD/LOGO! 선택한 문자를 표시할 수 있습니다.

① 을 클릭하면 LOGO! 메모리에 저장된 이전에 구성한 전원 켜기 화면이 로드됩니다.

② 버튼을 클릭하면 현재 구성된 화면이 LOGO! 기본 모듈 메모리에 전송됩니다.

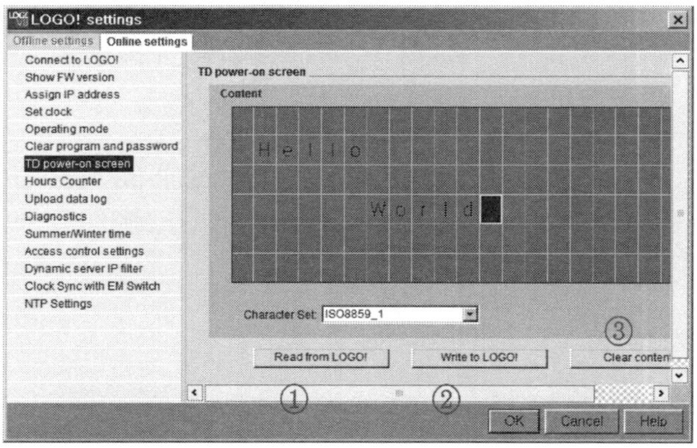

로고! 기본 모듈은 로고를 업데이트합니다! TD/로고! TDE는 메모리에 저장된 전원 켜기 화면이 있습니다. 전원 켜기 화면의 문자 세트를 선택한 다음 키보드를 사용하여 표시 창 텍스트 편집 영역에 문자를 입력하십시오.

③을 클릭하면 빈 화면으로 되돌아갈 수 있습니다.

전원 켜기 화면에는 간단한 텍스트 문자열만 포함될 수 있습니다.

텍스트 문자 복사 및 붙여 넣기

표시창 텍스트 편집 영역에 문자를 입력할 때마다 키보드 단축키를 사용하여 복사 (Ctrl + C) 및 붙여 넣기 (Ctrl + V)를 할 수 있습니다. 컴퓨터의 모든 문서, 메시지 텍스트의 텍스트, I/O 상태 이름의 텍스트 또는 LOGO!의 텍스트 사이에 문자를 복사하여 붙여 넣을 수 있습니다. TD/로고! TDE 파워 온 스크린 텍스트 편집 영역. LOGO! Soft Comfort는 붙여 넣을 문자가 선택한 문자 세트에 유효한지 확인합니다.

컴퓨터의 문서를 제외하고 잘라 내기(Ctrl + X)를 사용하여 붙여 넣기 문자를 자를 수 없습니다. LOGO! Soft Comfort는 메시지 텍스트, I/O 상태 이름 또는 LOGO!에서 잘라 내기 작업을 지원하지 않습니다.

16) Tools -〉 Transfer -〉 Access Control

LOGO! Soft Comfort는 각 통신 시도에 대한 연결 인터페이스를 확인해야 합니다. 자세한 정보는 "도구 -〉 전송"을 참조하십시오.

액세스 권한을 부여하고 다른 액세스 상황에서 사용자 프로파일에 대한 암호를 구성하려면 이 명령을 사용하십시오. 로고와 통신을 설정할 때 기본 모듈 및 로고! TD/로고! 이더넷 또는 동적 DNS를 통한 TDE 등.

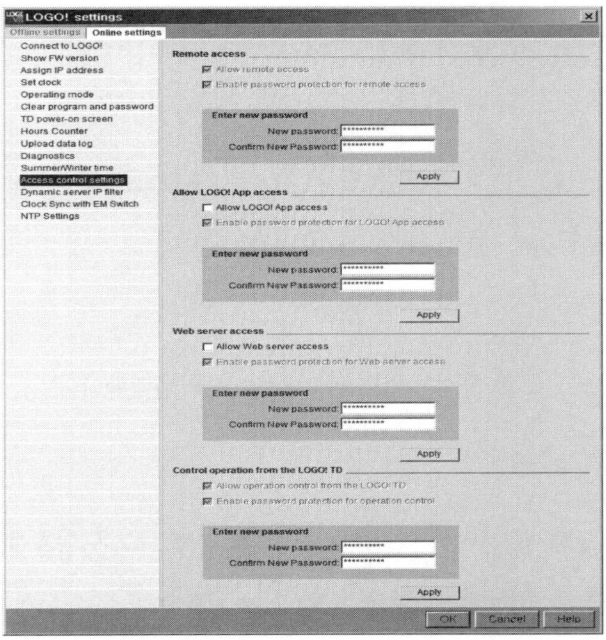

LOGO! Soft Comfort는 다음과 같은 네 가지 유형의 액세스 접근을 허용합니다.

- 로고! 스마트 폰 애플리케이션 액세스
- 로고! TD/로고! TDE 액세스
- 원격 HTTP 액세스
- 웹 서버 액세스

액세스 제어 대화상자에서 아래로 스크롤하여 모든 액세스 유형과 구성 옵션을 보십시오.

사용자 프로필을 활성화하면 암호를 활성화하고 설정할 수 있습니다.

수정을 적용하면 LOGO! Soft Comfort가 로고를 전환합니다. STOP 모드에서 RUN 모드로의 베이스 모듈

노트

암호를 변경하지 않고 액세스 유형을 활성화한 경우 기본 암호 "LOGO"로 로그온 할 수 있습니다.

노트

암호: 강력한 암호로 액세스를 보호하십시오.

강력한 암호는 문자, 숫자 및 특수 문자를 혼합해야 하며 사전에서 찾을 수 있는 단어가 아니며 개인정보에서 파생될 수 있는 이름이나 식별자가 아닙니다. 비밀번호를 비밀로 유지하고 자주 변경하십시오.

LOGO! Soft Comfort는 문자, 숫자 및 ASCII 문자가 있는 특수 문자를 포함한 모든 암호 입력을 지원합니다.

■ LOGO! 스마트폰 애플리케이션 액세스

여기에서 LOGO에 액세스할 수 있습니다! 기본 모듈 및 로고! TD/로고! 로고에서 TDE! 스마트폰 응용 프로그램을 설치하고 로그온 암호를 변경하십시오.

■ LOGO! TD/로고! TDE 액세스

여기에서 LOGO에 액세스할 수 있습니다! LOGO의 기본 모듈! TD/로고! TDE를 입력하고 로그온 암호를 변경하십시오.

■ 원격 HTTP 액세스

여기에서 HTTP 연결을 통한 원격 액세스를 활성화하고 로그온 암호를 변경합니다.

■ 웹 서버 액세스

여기서 근거리 통신망(LAN) 연결을 통해 웹 서버에 액세스할 수 있게 하고 로그온 암호를 변경합니다.

17) Tools -〉 Transfer -〉 Hours Counter

LOGO! Soft Comfort는 각 통신 시도에 대한 연결 인터페이스를 확인해야 합니다. 자세한 정보는 "도구 -〉 전송"을 참조하십시오.

이 메뉴 명령을 사용하여 연결된 LOGO!의 시간 카운터를 읽습니다.

자세한 내용은 시간 카운터를 참조하십시오.

LOGO!에서 시간 카운터에 액세스할 수도 있습니다! 장치. 대상 프로그램이 암호로 보호되어 있어도 시간 카운터를 읽으려면 암호를 입력할 필요가 없습니다.

18) Tools -〉 Transfer -〉 I/O Status (0BA7 **이후 버전만**)

LOGO! Soft Comfort는 각 통신 시도에 대한 연결 인터페이스를 확인해야 합니다. 자세한 정보는 "도구 -〉 전송"을 참조하십시오. 자세한 정보는 "도구 -〉 전송"을 참조하십시오.

I/O 상태 정보를 표시하고 저장하려면 이 메뉴 명령을 사용하십시오.

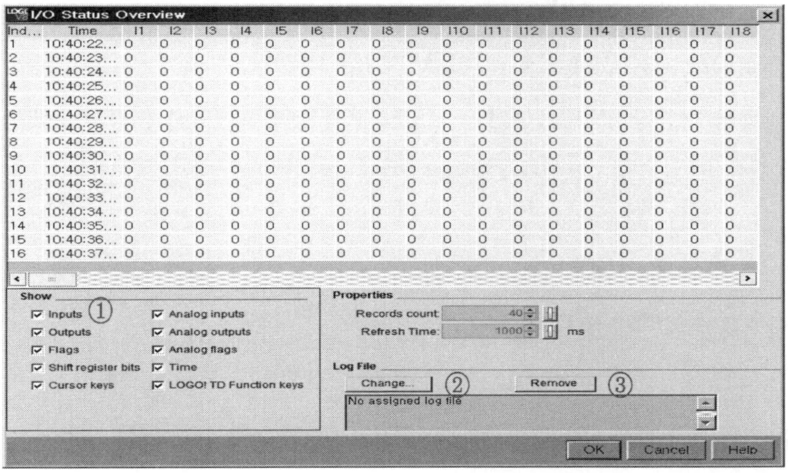

상태 표시 구성(Show)

위 화면의 ①에서 상태창에 표시할 I/O를 선택할 수 있습니다.

상태 표시 속성 구성(Properties)

여기서 상태 레코드의 최대 수를 정의할 수 있습니다. 20에서 100 사이에서 선택 I/O 상태 새로 고침 간격을 정의할 수도 있습니다. 새로 고침 시간은 500ms에서 30000ms 사이에서 선택할 수 있습니다.

로그 파일 구성(log file)

모든 I/O 상태 정보를 .CSV 파일로 내보낼 수 있습니다. 로그 파일 저장 경로를 변경하거나 제거할 수 있습니다.

.CSV 파일에 I/O 상태 정보를 저장하려면 다음과 같이하십시오.

위 화면에서 ②를 클릭하고 로그 파일을 저장할 경로를 지정하십시오.
위 화면에서 ③을 클릭하면 로그 파일을 제거할 수도 있습니다.
I/O 상태 정보를 지정된 로그 파일에 저장하십시오.

로그 파일을 지정하지 않으면 LOGO! Soft Comfort는 I/O 상태 개요를 파일에 저장하지 않고 닫습니다.

19) Tools -〉 Transfer -〉 Diagnostic (0BA7 이후 버전만)

LOGO! Soft Comfort를 사용하려면 각 통신을 시도할 때마다 인터페이스 대화상자에서 연결 인터페이스를 확인해야 합니다. 자세한 정보는 "도구 -〉 전송"을 참조하십시오.

진단 기능은 다음과 같은 유형의 기본 오류 정보를 추적합니다.

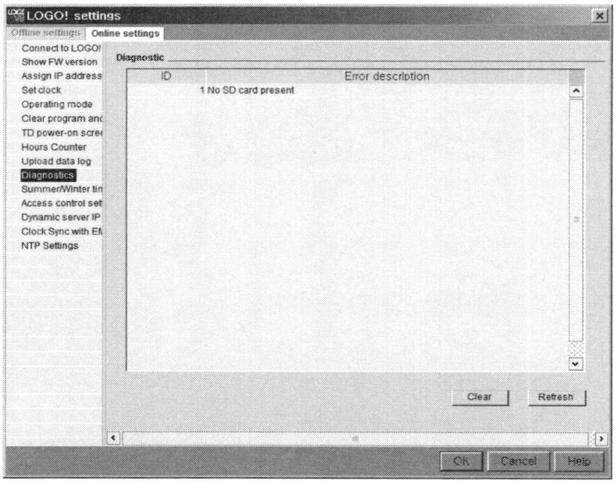

로고! 기본 모듈 0BA7 :
- 네트워크 액세스 오류
- 확장 모듈 버스 오류
- SD 카드 읽기/쓰기 오류
- SD 카드 쓰기 방지

로고! 기본 모듈 0BA8 :
- 이더넷 링크 오류
- 확장 모듈 변경됨
- SD 카드 읽기/쓰기 오류
- SD 카드가 없습니다.
- SD 카드가 꽉 찼습니다.

이 LOGO! Soft Comfort 명령을 사용하여 오류 정보를 얻을 수 있습니다.

"Clear"을 클릭하면 선택한 모든 오류 기록을 삭제할 수 있습니다. "Refresh"를 클릭하면 연결된 기본 모듈의 최신 오류 정보를 얻을 수 있습니다.

20) Tools -〉 Transfer -〉 Dynamic Server IP Filter (0BA8 이후 버전만)

LOGO! Soft Comfort를 사용하려면 각 통신을 시도할 때마다 인터페이스 대화상자에서 연결 인터페이스를 확인해야 합니다.

자세한 정보는 "도구 -〉 전송"을 참조하십시오.

이 메뉴 명령을 사용하여 연결된 LOGO!의 ACL (액세스 제어 목록)을 표시하고 구성하십시오.

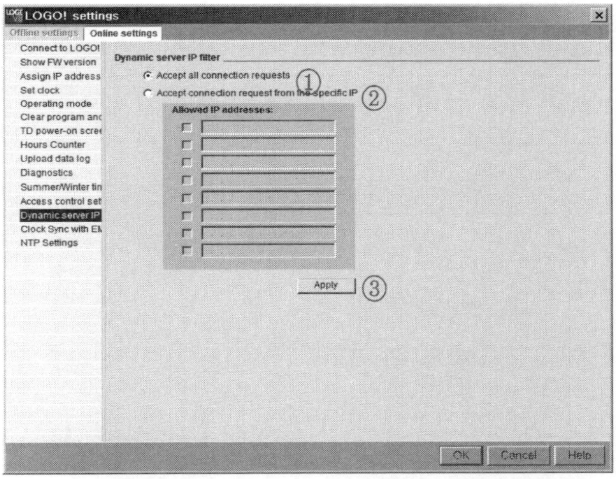

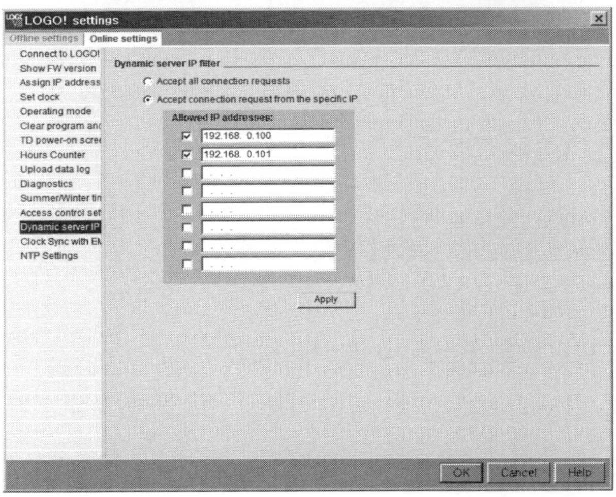

① 체크 박스를 클릭하면 LOGO! 기본 모듈은 모든 IP주소에서 액세스 요청을 허용합니다.

② 체크 상자를 클릭하면 LOGO! Soft Comfort는 IP 필터링 구성을 위한 IP주소 입력 상자가 있는 8개의 확인란으로 구성된 허용된 IP주소 목록을 제공합니다.

목록의 확인란을 클릭하고 로고의 IP주소를 입력하십시오! 베이스 모듈을 선택하고 ③을 클릭하여 접근 권한을 부여하십시오.

21) Tools -〉 Transfer -〉 Configure TDE Device (LOGO! TDE 6ED1055-4MH08-0BA0 only)

LOGO! Soft Comfort를 사용하려면 각 통신을 시도할 때마다 인터페이스 대화상자에서 연결 인터페이스를 확인해야 합니다. 이 명령을 사용하면 LOGO! TDE 및 LOGO! Soft Comfort.

이더넷을 통해 전송

통신을 위해 이더넷을 선택하면 액세스 가능한 LOGO!에서 대상 IP주소를 선택할 수 있습니다. TDE 목록을 작성하거나 알려진 IP주소를 입력하십시오.

로고도 저장할 수 있습니다! 나중에 사용할 수 있도록 주소록의 TDE 정보.

아래 단계를 수행하여 유효한 로고를 찾으십시오! 자동으로 TDE.

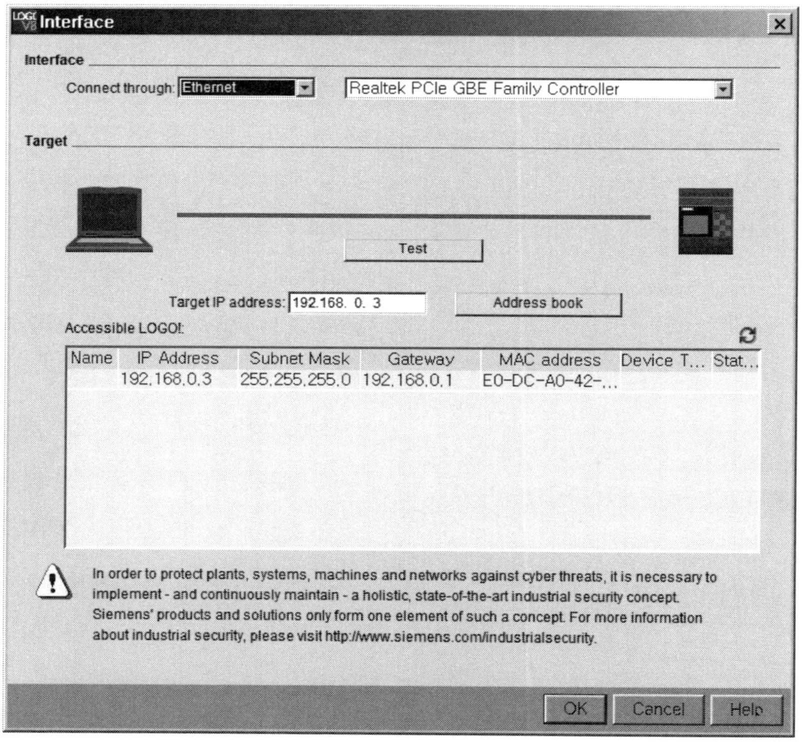

① 위의 화면에서 주소록 버튼을 클릭하면 주소록이 표시됩니다.

② 로고의 IP주소를 입력하십시오. "255.255.255.0"의 기본 서브넷 주소는 변경하지 마십시오.

③ 올바른 게이트웨이 IP 주소를 입력하십시오. 로고가 있다면 이 단계를 완료했는지 확인하십시오. TDE는 동일한 LAN에 있습니다.

④ 항목을 주소록에 저장하십시오.

클릭하여 새로운 접근 가능한 로고를 획득할 수 있습니다! TDE.

LOGO! Soft Comfort는 스캔한 로고를 저장합니다. 접근 가능한 로고에 TDE! 나중에 사용할 목록.

22) Tools -〉 Determine LOGO!

LOGO! Soft Comfort를 사용하려면 각 통신을 시도할 때마다 인터페이스 대화상자에서 연결 인터페이스를 확인해야 합니다.

정보창에는 프로그램을 다운로드할 수 있는 모든 버전이 표시됩니다. 기능 키 [F2]를 사용하여 이 메뉴 명령을 실행할 수도 있습니다.

23) Tools -〉 Select Hardware

LOGO! Soft Comfort를 사용하려면 각 통신을 시도할 때마다 인터페이스 대화상자에서 연결 인터페이스를 확인해야 합니다.

- 먼저 프로그램이나 프로젝트를 만든 다음 필요한 로고를 결정할 수 있습니다! 도구 → 로고 결정을 사용하여! 대화.

- 먼저 로고를 결정할 수 있습니다! 도구 → 하드웨어 선택 대화상자를 호출하여 회로 프로그램이나 프로젝트를 만들려는 버전을 선택하십시오. LOGO!를 두 번 클릭하여 장치를 선택할 수도 있습니다.

상태 표시줄의 아이콘. 장치 선택 대화상자에는 사용 가능한 모든 블록 및 메모리 리소스가 표시됩니다.

프로그램에 특수 기능이 있는 특정 블록이 포함되어 있으면 하드웨어 선택 대화상자에서 LOGO!이 블록과 호환되는 장치. 네트워크 프로젝트에서 작업하는 경우, 하드웨어 선택 대화상자는 LOGO! 이더넷 연결을 지원하는 장치.

24) Tools –〉 Compare

LOGO! Soft Comfort를 사용하려면 각 통신을 시도할 때마다 인터페이스 대화상자에서 연결 인터페이스를 확인해야 합니다.

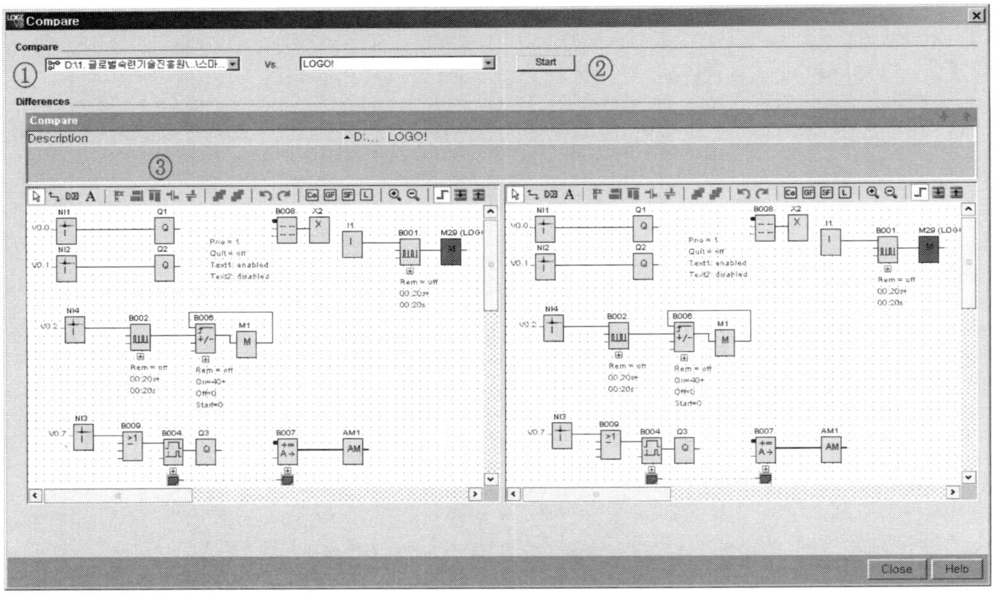

개요

이 기능을 사용하여 두 회로 프로그램을 비교할 수 있습니다. LOGO! Soft Comfort로 열린 두 회로 프로그램을 비교하거나 LOGO! Soft Comfort의 프로그램과 LOGO! Soft Comfort의 다른 프로그램을 비교할 수 있습니다.

노트

동일한 유형의 회로 프로그램, 즉 * .lsc와 * .lsc, * .lld, * .lld 또는 * .lma와 * .lma만 비교할 수 있습니다.

① 비교할 2개의 회로 프로그램을 선택하십시오.

- 두 개의 로컬 다이어그램을 비교하려면 다이어그램 편집기를 두 개의 창으로 분할하고 각 창으로 다이어그램을 끌어다 놓습니다.
- 로컬 다이어그램과 연결된 LOGO 다이어그램을 비교하려면! Base Module, LOGO! Soft Comfort는 통신하기 전에 연결 인터페이스를 확인해야 합니다.

② 비교를 실행하려면 "②"를 클릭하십시오.

③ 여기 LOGO! Soft Comfort는 두 프로그램의 차이점을 보여줍니다.

- 블록 수
- 블록 매개변수
- 추가/누락된 블록
- 다른 하드웨어
- 다른 메시지 텍스트 FB (텍스트 및 막대 그래프 모두)
- 다른 연결
- 다른 매개변수 VM 매핑 라인
- 다른 이더넷 연결

매개변수 VM 매핑 설정으로 두 개의 회로 프로그램을 비교하십시오.

매개변수 VM 매핑 설정으로 두 회로 프로그램을 비교할 때 LOGO! Soft Comfort는 두 행을 비교하여 비교 결과를 표시합니다. LOGO! Soft Comfort는 처음 두 라인의 차이점만 표시합니다. 두 라인이 다르면 LOGO! Soft Comfort는 후속 라인 비교를 중단하기 때문입니다.

두 개의 회로 프로그램에서 서로 다른 VM 매핑 설정을 구성하십시오. 자세한 정보는 도구 -> 매개변수 VM 매핑(0BA7 및 이후 버전에만 해당)을 참조하십시오.

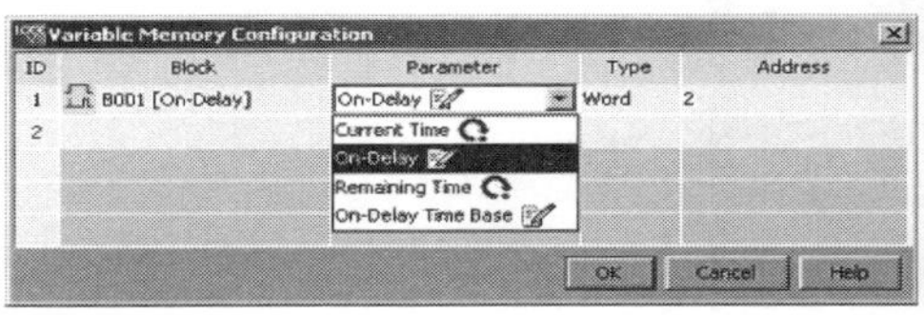

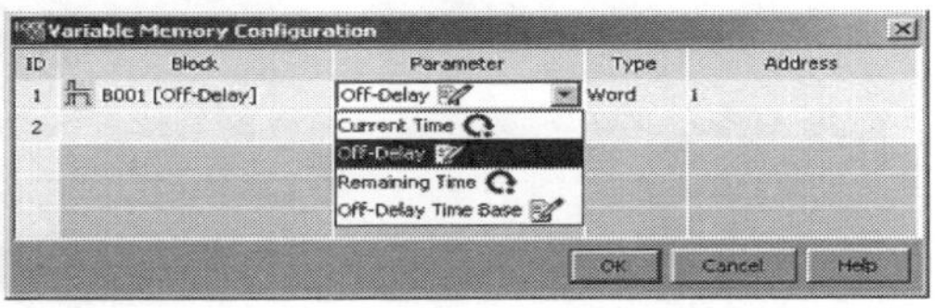

모듈 주소와 이더넷 연결을 설정하면 두 회로 프로그램을 비교할 수 있습니다.

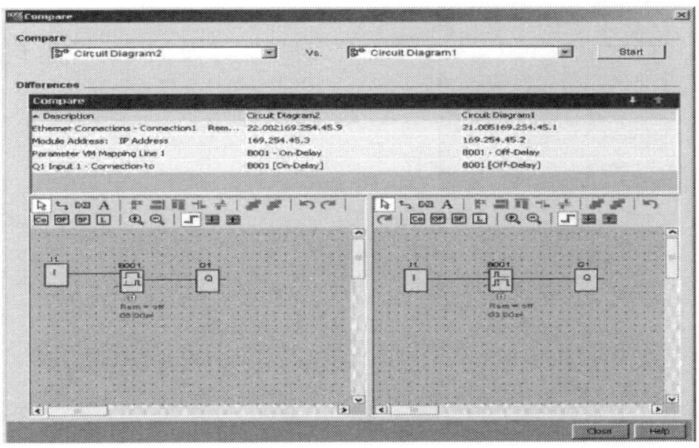

결과:

다음 결과 디스플레이에서 볼 수 있듯이 두 회로 프로그램의 매개변수 VM 매핑 라인 1의 매개변수 이름이 다릅니다.

이더넷 연결로 두 개의 회로 프로그램 비교

두 개의 회로 프로그램을 이더넷 연결로 비교할 때 LOGO! Soft Comfort는 이더넷 연결 구성을 비교한 다음 비교 결과를 표시합니다.

이더넷 연결을 비교하는 동안 연결 설정에 차이가 발생하면 LOGO! Soft Comfort는 후속 설정 비교를 중단합니다.

도구 -> 이더넷 연결 (0BA7 및 이후 버전에만 해당) 섹션의 지침에 따라 모듈 주소 및 이더넷 연결을 설정하십시오.

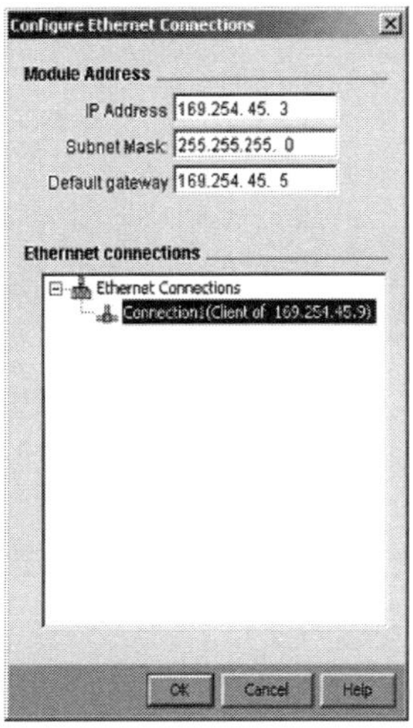

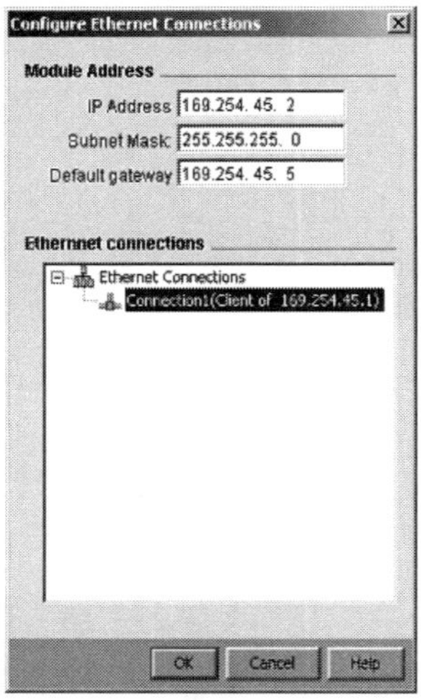

두 다이어그램을 비교하십시오.

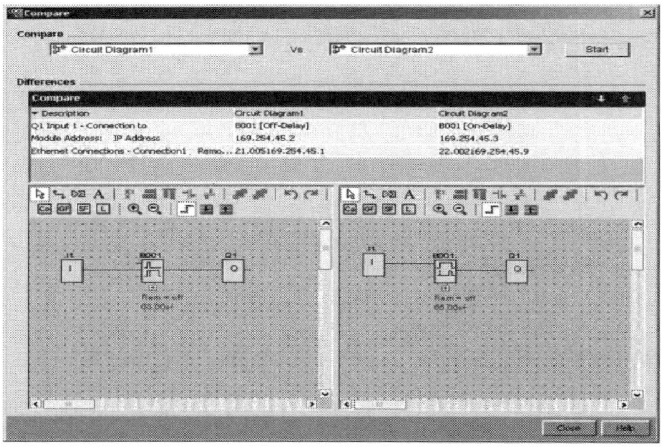

결과:

디스플레이에서 볼 수 있듯이 두 개의 비교된 회로 프로그램은 서로 다른 모듈 주소 설정과 클라이언트로 사용되는 두 개의 기본 모듈에 대한 서로 다른 IP주소 설정을 갖습니다.

편집 중:

다이어그램 비교창에서 두 개의 회로 프로그램을 편집할 수 있습니다.

다른 하드웨어:

다른 LOGO!를 구성한 경우 두 프로그램의 장치를 사용하면 상당한 수의 메시지가 표시됩니다. 이러한 메시지를 피하려면 두 장치가 동일한지 확인하십시오.

내부 마커가 있는 프로그램

회로 프로그램을 내부 마커와 비교할 때 어떤 상황에서는 LOGO! Soft Comfort가 실제보다 많은 차이점을 보고합니다.

25) Tools -〉 Simulation

LOGO! Soft Comfort를 사용하려면 각 통신을 시도할 때마다 인터페이스 대화 상자에서 연결 인터페이스를 확인해야 합니다.

프로그램 시뮬레이션을 통해 프로그램을 테스트하거나 파라미터들을 수정할 수 있습니다. 시뮬레이션을 통해 전체 기능을 확인할 수 있고 최적화된 프로그램을 LOGO!로 다운로드할 수 있습니다.

시뮬레이션 모드 :

프로그래밍 툴바에 있는 Simulation 아이콘을 클릭하여 시뮬레이션을 실행시키십시오. 프로그램이 시뮬레이션 모드로 변경됩니다.

 Simulation

사용할 수 있는 아이콘이 시뮬레이션 모드에서 하이라이트 됩니다. IP주소가 구성되어 있는 경우,  아이콘을 클릭하면 온-라인 모니터링을 할 수 있습니다. 또한,  "데이터 테이블" 창을 통해 VM 값을 봅니다. Simulation 아이콘을 다시 한 번 클릭하거나 프로그래밍 툴바의 다른 아이콘을 클릭하면 시뮬레이션 모드가 종료되고 다른 툴 모드가 열립니다(예를 들면 블록 선택이나 블록 삽입). 시뮬레이션이 실행되면서 프로그램이 체크되고 결과가 Info 윈도우에 출력됩니다.

26) **Tools –〉 Simulation Parameters**

Tools → Simulation Parameters 명령어를 사용하여 입력에 대한 응답을 설정할 수 있습니다.

다이얼로그창은 사용자 프로그램에서 실제로 사용되는 입력만을 보여줍니다.

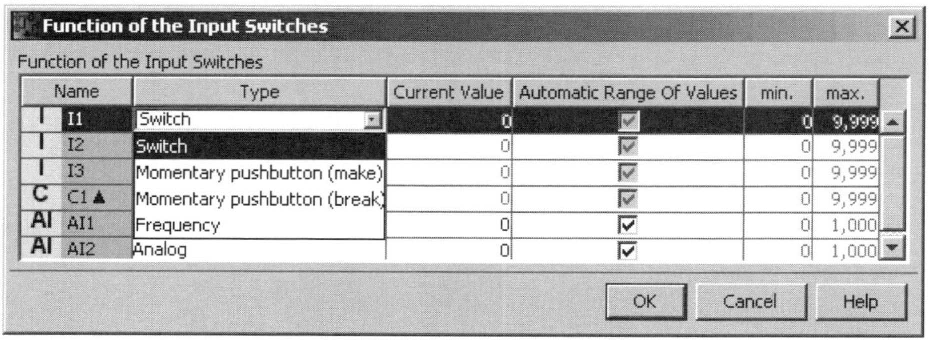

디지털 입력에 대한 옵션이 4가지 제공됩니다.

- Switch: On/Off 스위치
- Momentary pushbutton(make): "a" 복귀형 푸시버튼
- Momentary pushbutton(break): "b" 복귀형 푸시버튼
- Frequency: 주파수

아날로그 입력을 위한 하나의 옵션이 있습니다.

- Analog: 아날로그

Switch:

한 번 동작을 하면 스위치가 래치되고 다시 한번 동작하면 래치가 풀립니다.

Momentary pushbutton:

모멘터리 푸시버튼은 누르고 있는 동안에만 동작합니다. 버튼을 놓으면 접점이 바로 풀립니다.

사용자는 푸시버튼에 대해 make 동작을 할 것인지 break 동작을 할 것인지를 결정할 수 있습니다.

Frequency:

frequency 입력은 사전에 지정하거나 시뮬레이션이 실행되는 동안 변경할 수 있습니다. 주파수는 Hz 단위로 표현됩니다. frequency 입력은 스레스홀드 트리거(threshold trigger) SFB가 연계되어야만 사용할 수 있습니다.

Analog:

아날로그 입력값은 사전에 지정할 수 있고 또는 시뮬레이션 모드가 실행되고 있는 동안수정할 수 있습니다. 설정되는 아날로그 값의 단위는 디폴트 프로세스 변수와 동일합니다. "Auto range"가 선택되면 아날로그 값의 범위는 지정된 측정 범위를 사용하게 되는데 이 경우 입력에 연결된 펑션의 측정 범위와 같게 됩니다. 아날로그 입력은 아날로그 SFB와 연계되어야만 사용할 수 있습니다.

Name column:

디지털 입력은 "I"로 표현합니다.

아날로그 입력은 "AI"로 표현합니다.

설정:

사용자 프로그램을 저장할 때 시뮬레이션 설정도 포함되기 때문에 사용자 프로그램을 종료하고 다시 시작할 때 시뮬레이션 파라미터를 다시 입력할 필요는 없습니다.

시뮬레이션 모드가 활성화되면 입력 스위치 목록에 있는 디지털 입력을 클릭하여 설정을 변경시킬 수 있습니다. 목록에서 Switch, Momentary pushbutton (make), Momentary pushbutton (break) 혹은 Frequency를 선택하고 OK 버튼을 눌러 설정을 입력하십시오.

시뮬레이션 모드가 활성화되는 동안 사용자 프로그램의 디지털 입력을 오른쪽 마우스 버튼으로 블록 속성을 편집할 수 있습니다. 블록 속성 다이얼로그창의 Simulation 탭에서 위에서 설명한 입력 유형을 선택할 수 있습니다. 선택 후 OK나 Apply 버튼을 눌러 설정을 입력하십시오.

27) Tools –〉 Connect Modem

LOGO! Soft Comfort를 사용하려면 각 통신을 시도할 때마다 인터페이스 대화 상자에서 연결 인터페이스를 확인해야 합니다.

모뎀을 사용하여 LOGO! Soft Comfort와 LOGO! 간 사용자 프로그램을 다운로드 및 업-로드할 수 습니다. LOGO! Soft Comfort는 표준 AT 명령어를 사용하는 11비트 모뎀을 지원합니다.

Tools → Connect Modem 메뉴 명령어를 선택하여 LOGO! Soft Comfort가 설치된 PC와 LOGO! 기본 모듈 간 모뎀 설정을 시작하십시오. LOGO! Soft Comfort가 디스플레이하는 모뎀 정보 다이얼로그창을 통해 모뎀 설정에 대한 오버 뷰를 볼 수 있습니다.

모뎀을 설정하려면 몇 개의 다이얼로그 창을 완성해야 합니다. 모뎀을 완성하고 연결이 이루어 지면 모뎀 간 연결된 전화선을 통해 LOGO! Soft Comfort와 LOGO! 간 사용자 프로그램을 다운로드하고 업-로드할 수 있습니다. 모뎀을 설정하고 연결하는 단계는 아래와 같습니다.

- Select Modem (모뎀 선택)
- Select Remote Configuration (리모트 설정)
- Configure Remote Modem Command (리모트 모뎀 명령어 설정)
- Configure Remote Modem (리모트 모뎀 설정)
- Select Local Configuration (로컬 설정 선택)
- Configure Local Modem Command (로컬 모뎀 명령어 설정)
- Configure Telephone Number (전화번호 설정)

모뎀 연결 다이얼로그창에서 Next 버튼을 클릭하면 설정이 앞으로 진행되며 Previous 버튼을 누르면 이전 단계로 돌아갑니다.

■ Tools -> Connect Modem - Select Modem

Select modem 다이얼로그창에서 체크 박스를 선택하면 리모트 모뎀이나 로컬 모뎀을 설정할 수 있습니다. 리모트 모뎀은 LOGO! 기본 모듈에 연결되어 있는 모뎀이고 로컬 모뎀이 LOGO! Soft Comfort가 설치된 컴퓨터에 연결된 모뎀입니다.

사전에 리모트 모뎀이나 로컬 모뎀을 LOGO! Soft Comfort에서 설정하였다면 모뎀의 이름이 다이얼로그창에 나타나게 되고 이때 Detail 버튼을 누르면 LOGO!Soft Comfort에서 설정한 모뎀 관련 정보가 디스플레이됩니다.

LOGO! Soft Comfort로 리모트 모뎀을 설정하지 않았다면 디스플레이되는 설정 내용을 무시하십시오. LOGO! Soft Comfort가 새롭게 모뎀을 설정할 것입니다. 리모트 모뎀이 아직 설정되지 않았거나 기존 설정을 변경하려면 Remote Modem 체크 박스를 선택하십시오.

로컬 모뎀에서는 Detail 버튼에 의해 표시된 설정 내용을 LOGO! Soft Comfort에서 사용하게 됩니다. 또는 Local Modem 체크 박스를 선택하여 설정 내용을 편집할 수 있습니다.

모뎀을 설정하거나 혹은 설정 내용을 변경하려면 해당 모뎀 체크 박스를 선택하십시오.

이미 모뎀을 설정하였고 전화번호를 설정해야 하는 경우에는 체크 박스를 선택하지 마십시오.

Next 버튼을 클릭하면 전화번호 설정 다이얼로그창으로 진행됩니다. 모뎀이 설정되지 않은 상태에서 Next 버튼을 클릭하면 모뎀 설정이 진행됩니다.

■ Tools -> Connect Modem - Select Remote Configuration

Select remote configuration 다이얼로그창에서 기존의 설정을 편집할 것인지 삭제할 것인지를 선택하십시오. 아니면 새롭게 설정할 수도 있습니다. 모뎀 설정을 계속하려면 Next 버튼을 누르십시오.

■ Tools -> Connect Modem - Configure Remote Modem Command

Configure remote modem command 다이얼로그창에서 리모트 모뎀 이름을 입력하십시오.

체크 박스를 선택하면 디폴트 설정을 사용할 수 있습니다. 디폴트 설정을 사용하지 않고 각 명령어들을 편집할 수도 있습니다. "Additional" 필드는 다른 모뎀 명령어들을 입력할 때 사용합니다. 별도의 명령어를 추가하는 경우 각각을 블랭크로 분리하십시오.

명령어들은 모두 표준 명령어들입니다. 명령어 사용 문법은 모뎀과 함께 공급되는 문서를 참조하십시오.

Save Configuration 버튼을 눌러 로컬 모뎀에 대한 설정을 저장하십시오.

■ Tools -> Connect Modem - Configure Remote Modem

Configure remote modem 다이얼로그창은 리모트 모뎀 설정을 완성하기 위한 마지막 다이얼로그입니다. 리모트 모뎀이 LOGO!에 연결된 것이 확인이 되고 나면 다음 단계를 수행하십시오.

① Done 체크 박스를 선택하십시오.

② 사용하려는 통신 포트를 선택하십시오.

③ 리모트 모뎀 버튼을 클릭하십시오.

LOGO! Soft Comfort는 모뎀 설정을 완료하고 상태 메시지를 표시하게 됩니다.

■ Tools -〉 Connect Modem - Select Local Configuration

Select local configuration 다이얼로그창에서 기존의 설정을 편집할 것인지 삭제할 것인지를 선택하십시오. 아니면 새롭게 설정할 수도 있습니다. Next 버튼을 눌러 모뎀 설정을 계속하십시오.

■ Tools -〉 Connect Modem - Configure Local Modem Command

Configure local modem command 다이얼로그창에서 로컬 모뎀의 이름을 입력하십시오. 체크 박스를 선택하면 디폴트 설정을 사용할 수 있습니다. 또는 디폴트 설정을 사용하지 않고 각 명령어들을 편집할 수 있습니다. "Additional" 필드는 다른 모뎀 명령어들을 입력할 때 사용합니다. 별도의 명령어를 추가하는 경우 각각을 블랭크로 분리하십시오.

명령어들은 모두 표준 명령어들입니다. 명령어 사용 문법은 모뎀과 함께 공급되는 문서를 참조하십시오.

Save Configuration 버튼을 눌러 로컬 모뎀에 대한 설정을 저장하십시오.

■ Tools -〉 Connect Modem - Configure Telephone number

이 다이얼로그창을 통해 모뎀 연결을 위한 전화번호를 추가하거나 삭제할 수 있습니다.

Add New 버튼을 클릭하여 전화 연결을 위한 이름, 전화번호, 설명들을 입력하십시오. 여러 개의 전화번호를 추가하는 경우 Add New를 클릭하여 필요한 만큼 전화번호를 입력하십시오.

목록에서 전화번호를 삭제하려면 해당 번호를 선택하시고 Remove를 클릭하십시오.

이 다이얼로그창에서 전화번호 중 한 곳에 전화를 걸 수 있습니다. 전화선으로 모뎀 통신을 연결하려면 다음 단계를 따르십시오.

① 로컬 모뎀이 사용자 컴퓨터에, 또 리모트 모뎀이 LOGO!에 연결되었는지를 확인하고 Done 체크 박스를 클릭하십시오.

② 목록에서 전화번호를 선택하십시오.

③ Dial 버튼을 클릭하십시오.

LOGO! Soft Comfort는 모뎀 연결을 진행하고 상태 메시지를 표시하게 됩니다. 에러가 발생하면 에러 메시지가 표시됩니다. 연결 상태와 설정 내용을 체크하여 에러를 제거하십시오. 자세한 내용은 모뎀과 함께 제공되는 문서를 참조하십시오.

■ Tools -〉 Disconnect Modem

이 명령어를 사용하여 기존 모뎀 연결을 끊을 수 있습니다.

모뎀을 설정하거나 설정된 모뎀을 연결할 때에는 Tools → Connect Modem 메뉴 명령어를 선택하십시오.

■ Tools -〉 Connect Modem

Tools -〉 Options

이 메뉴 명령어에서 LOGO!Soft Comfort에 대한 여러 가지 옵션을 선택할 수 있습니다.

● Standard Editor, ● Language, ● Document view, ● Screen, ● Print,

● Cut connections, ● Interface, ● Simulation, ● Colors, ● Look & Feel

28) Tools -〉 Ethernet Connections (0BA7 버전 이상)

모듈의 어드레스를 구성하고 LOGO! 기본 모듈에 대한 이더넷 연결을 만들기 위해서 이 메뉴 명령을 사용합니다.

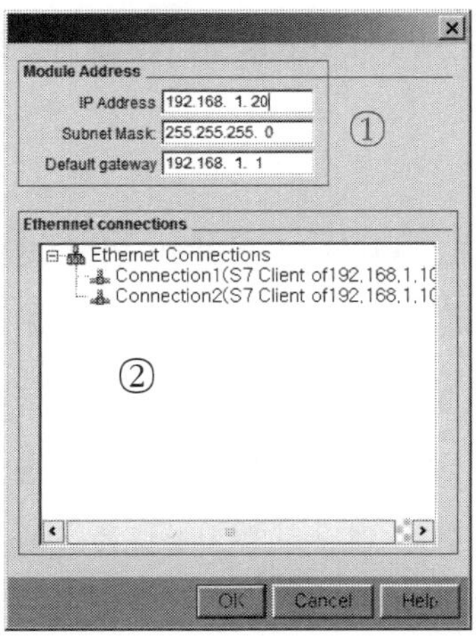

① 모듈 주소:

첫 번째 이더넷 연결을 하기 전에 LOGO 0BA8 기본 모듈의 IP주소, 서브넷 마스크, 게이트웨이를 구성합니다.

기본 모듈의 기본값은 다음과 같습니다.

IP address: 169.254.45.2

Subnet mask: 255.255.0.0

Gateway: 169.254.45.1

② 이더넷 연결 :

연결을 추가하려면, “이더넷 연결”을 마우스 오른쪽 단추로 클릭합니다. PLC 0BA8 기본 모듈은 TCP/IP 기반 S7 통신은 최대 8개의 네트워크 연결이 가능합니다.

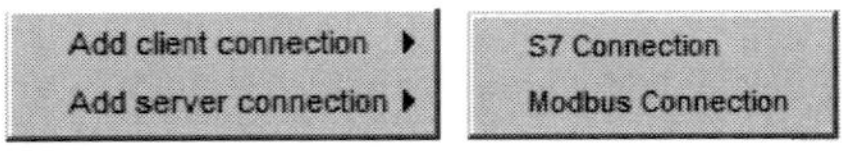

다음 장치에 연결:

- 추가 LOGO! 0BA7 장치
- 이더넷 기능을 갖춘 SIMATIC S7 PLC를
- 네트워크 S7 PLC와 이더넷 통신을 지원하는 하나의 SIMATIC HMI(조작 패널)의 최대

노트:

SIMATIC HMI에 S7 통신을 구성하는 동안, 당신은 연결 장치로 S7-200을 선택해야 합니다.

참조:

LOGO! Soft Comfort을 사용하여 LOGO! 네트워크 토폴로지를 구성할 수 있습니다.

LOGO!와 S7 통신 구성에 대한 자세한 내용은, SIMATIC의 PLC 및 HMI의는, PLC 웹 사이트에서 지원 선택에서 자주 묻는 질문을 참조하십시오.

각 S7 연결 로컬 IP/로컬 TSAP(Transmission Layer Service Access Point)와 원격 IP/원격 TSAP가 되는 클라이언트 또는 서버 유형으로 구성될 수 있다.

각각 구성 서버에서 요구되는 정보에 대한 데이터 소스 통신 파트너 클라이언트. 각 LOGO! 0BA8 연결의 클라이언트 또는 서버 정보를 구성하려면 연결을 두 번 클릭합니다.

■ S7 클라이언트 연결 구성

각 S7 연결은 로컬 IP/로컬 TSAP(전송 계층 서비스 액세스 지점) 및 원격 IP/원격 TSAP가 각각 구성되는 클라이언트 또는 서버로 구성될 수 있습니다. 서버는 통신 중인 데이터 소스 측이며, 상대방인 클라이언트의 요청에 응답하는 정보를 보냅니다.

각 LOGO의 클라이언트 또는 서버 연결을 구성하려면! 연결을 두 번 클릭하십시오.

원하는 연결을 마우스 오른쪽 단추로 클릭하고 클라이언트 연결을 추가하도록 선택하십시오.

연결 항목을 두 번 클릭하여 클라이언트 연결을 구성합니다.

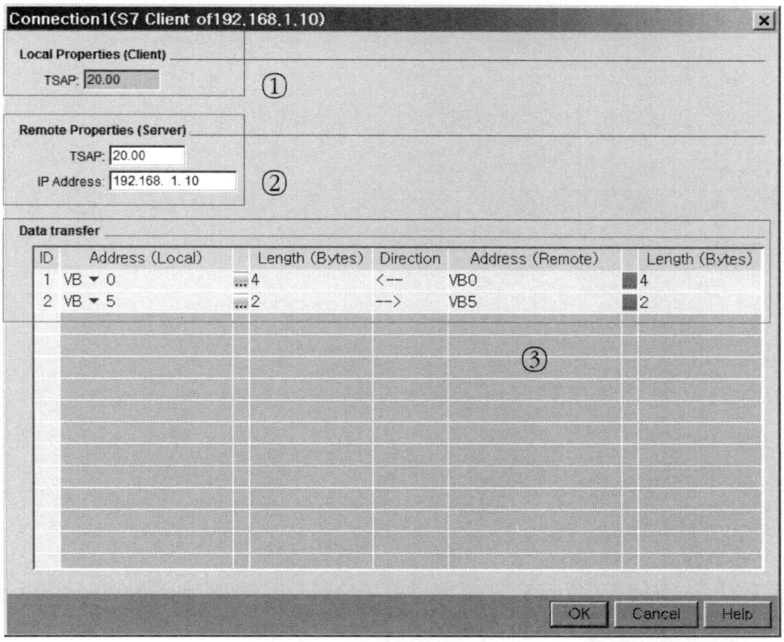

① 여기서 클라이언트의 속성을 정의합니다.

TSAP은 TCP/IP 통신의 전송 계층 서비스 액세스 지점입니다.

클라이언트의 로컬 TSAP는 LOGO! Soft Comfort로 자동 생성됩니다.

② 여기서 서버의 속성을 정의합니다.

원격 TSAP는 연결할 서버의 TSAP입니다.

원격 IP주소는 연결할 서버의 IP주소입니다.

③ 여기서 데이터 전송 연결의 속성을 정의합니다. (읽기: 클라이언트 〈- 서버, 쓰기: 클라이언트 -〉 서버)

클라이언트 연결에서 최대 32개의 데이터 전송을 생성할 수 있습니다.

읽기 프로세스에서 로컬 기본 모듈은 원격 서버에서 데이터를 읽고 저장합니다. 쓰기 프로세스에서 로컬 기본 모듈은 원격 서버에 데이터를 씁니다. 해당 열을 지정하여 로컬 기본 모듈 또는 원격 서버에 데이터를 저장할 수 있습니다. 최대 전송 데이터 길이는 모든 데이터 전송에 대해 212바이트입니다.

■ S7 데이터 전송 구성

클라이언트 연결 구성에서 데이터 전송 테이블에 다음 값을 설정할 수 있습니다.

① 다음 드롭 다운 메뉴를 클릭하여 전송할 데이터 값을 선택하십시오.

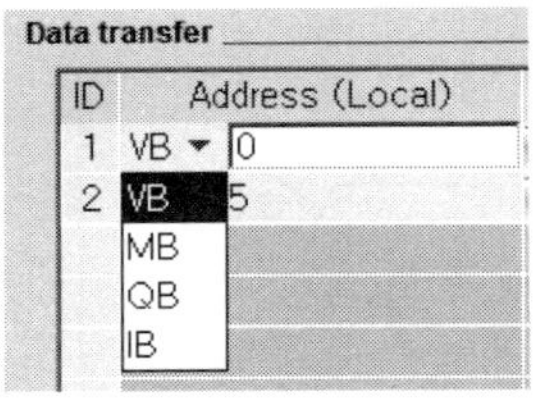

② 주소 필드에 하나의 주소를 입력하십시오.

③ VM 매핑을 구성한 경우 다음과 같이 클릭하여 VM 매핑 테이블을 표시할 수도 있습니다.

VM 매핑 테이블에서 다음 작업을 수행할 수 있습니다.

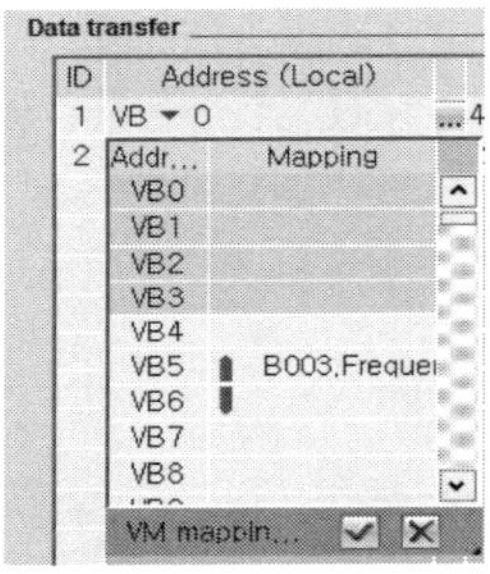

- 열을 클릭하여 원하는 주소를 선택하거나
- 아래로 끌어서 여러 주소를 선택하십시오.
- 매핑 필드를 클릭하여 매개변수 VM 매핑 대화상자로 전환합니다.
- 오른쪽 하단에 있는 검은색 화살표를 클릭하고 끌어 테이블을 확장하거나 축소합니다.

VM 매핑에 대한 자세한 내용은 도구 -〉 매개변수 VM 매핑(0BA7 및 이후 버전만 해당)을 참조하십시오.

④ 빈 드롭 다운 메뉴를 클릭하여 데이터 전송 방향을 선택하십시오.

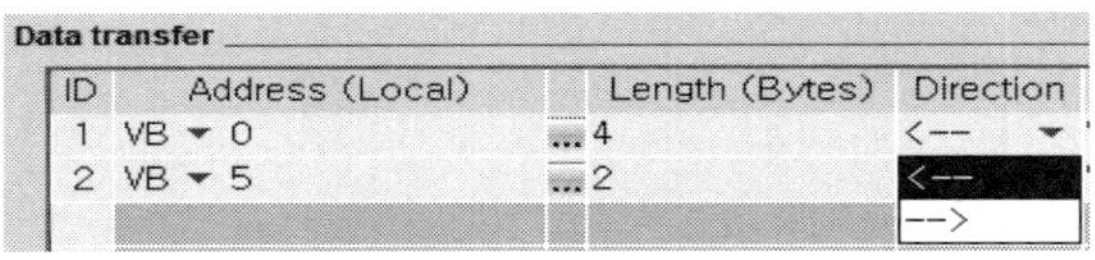

⑤ 다른 주소를 입력하십시오.

⑥ 행을 추가하거나 제거하려면 기존 행을 마우스 오른쪽 단추로 클릭하여 단추를 활성화합니다.

⑦ 변경 사항을 저장하십시오.

■ S7 서버 연결 구성

연결 항목을 두 번 클릭하여 서버 연결을 구성합니다.

노트

이 연결의 서버가 SIMATIC S7 또는 SIMATIC HMI인 경우 추가 된 장치에서 서버 연결을 구성해야 합니다.

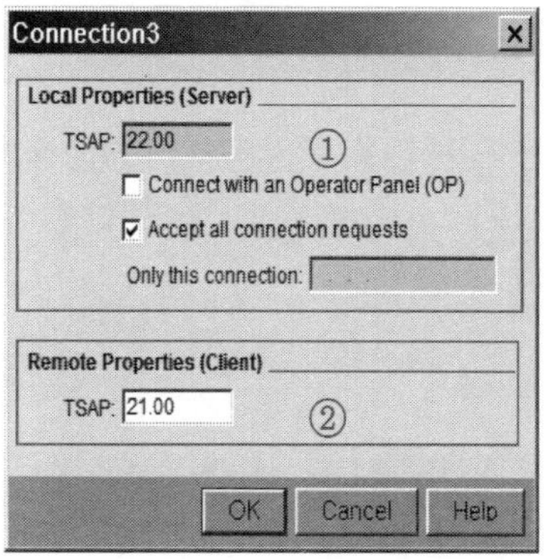

① 여기서 서버의 속성을 정의합니다.

TSAP: LOGO의 범위! 기본 모듈은 20.00 ~ FF.FF 입니다.

서버의 로컬 TSAP는 LOGO! Soft Comfort로 자동 생성됩니다. 이 연결에서 운영자 패널 (SIMATIC HMI)이 클라이언트 인 경우 "운영자 패널로 연결 (OP)" 확인란을 선택하십시오. LOGO! Soft Comfort는 자동으로 TSAP을 02.00으로 변경합니다.

"모든 연결 요청 수락" 확인란을 선택하면 서버가 네트워크의 모든 클라이언트의 요청에 응답합니다.

서버는 하나의 IP주소에서만 요청을 수락할 수 있습니다. 이 주소는 연결할 클라이언트의 IP주소입니다.

② 여기서 클라이언트의 속성을 정의합니다.

원격 TSAP는 연결하려는 클라이언트의 TSAP입니다.

■ 데이터 전송 제한

아래 표는 클라이언트 연결에 대한 범위 및 로컬 주소 제한을 설명합니다.

읽기 요청:

Local address		Remote address	
Address Type	Range	Address Type	Range
VB	0 to 850	VB DB.DBB MB IB QB	0 to 65535 DB[0 to16000].DBB[0 to 65535] 0 to 65535 0 to 65535 0 to 65535

Note:

Address Type:

- VB: variable byte memory
- DB.DBB: data block byte memory
- MB: flag byte memory
- IB: input byte memory
- QB: output byte memory

Local address + Data length - 1 ≤ 850

아래 표는 다양한 클라이언트와 연결 로컬 주소 제한을 설명한다.

쓰기 요청:

Local address		Remote address	
Address Type	Range	Address Type	Range
VB MB IB QB	0 to 850 0 to 3 0 to 2 0 to 1	VB DB.DBB MB IB QB	0 to 65535 DB[0 to16000].DBB[0 to 65535] 0 to 65535 0 to 65535 0 to 65535

Note:

Local address + Data length - 1 ≤ Max value of Local address type

LOGO! 기본 모듈에서, MB, IB 및 QB는 읽기 전용입니다.

29) Tools -〉 Ethernet Connections (LOGO! 8 이후 버전만)

Modbus 클라이언트 연결 구성 (LOGO! 8.FS4 및 이후 버전에만 해당)

노트

장치를 LOGO에 연결할 수 있다면! S7 및 Modbus 연결을 통한 8.FS4, Siemens는 S7 연결로 연결할 것을 권장합니다.

각 Modbus 연결은 로컬 IP 및 원격 IP가 각각 구성된 클라이언트 또는 서버로 구성될 수 있습니다. 서버는 통신 중인 데이터 소스 측이며, 상대방인 클라이언트의 요청에 응답하는 정보를 보냅니다.

각 LOGO의 클라이언트 또는 서버 연결을 구성하려면! 연결을 두 번 클릭하십시오.

원하는 연결을 마우스 오른쪽 단추로 클릭하고 클라이언트 연결을 추가하도록 선택하십시오.

연결 항목을 두 번 클릭하여 클라이언트 연결을 구성합니다.

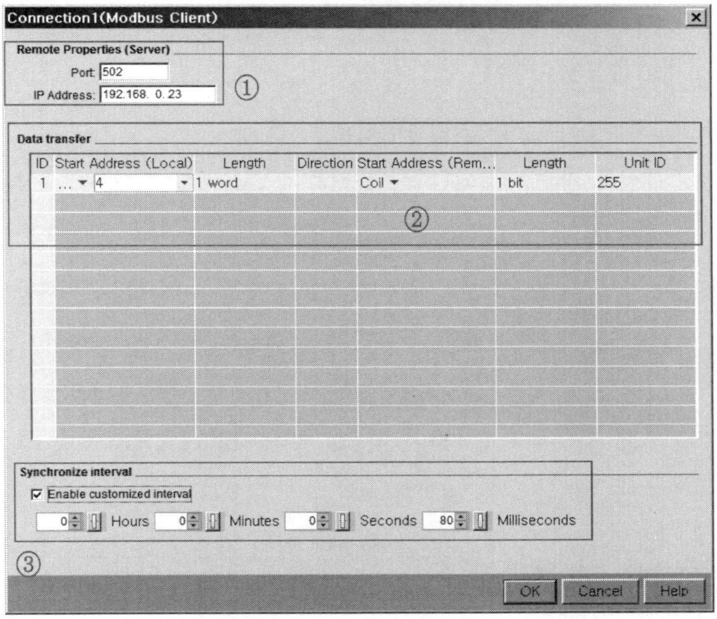

① 여기서 서버의 속성을 정의합니다.

원격 IP주소는 연결하려는 서버의 서버 또는 게이트웨이의 IP주소입니다.

② 여기서 데이터 전송 연결의 속성을 정의합니다.

(읽기: 클라이언트 〈- 서버, 쓰기: 클라이언트 -〉 서버)

유닛 ID는 Modbus RTU 장치의 주소입니다. 클라이언트 연결에서 최대 32개의 데이터 전송을 생성할 수 있습니다. 읽기 프로세스에서 로컬 기본 모듈은 원격 서버에서 데이터를 읽고 저장합니다. 쓰기 프로세스에서 로컬 기본 모듈은 원격 서버에 데이터를 씁니다. 해당 열을 지정하여 로컬 기본 모듈 또는 원격 서버에 데이터를 저장할 수 있습니다.

③ 여기서 LOGO! 기본 모듈은 데이터를 서버와 동기화합니다.

확인란을 선택하고 지정된 시간 간격을 입력할 수 있습니다.

■ **S7 데이터 전송 구성**

클라이언트 연결 구성에서 데이터 전송 테이블에 다음 값을 설정할 수 있습니다.

① 다음 드롭 다운 메뉴를 클릭하여 전송할 데이터 값을 선택하십시오.

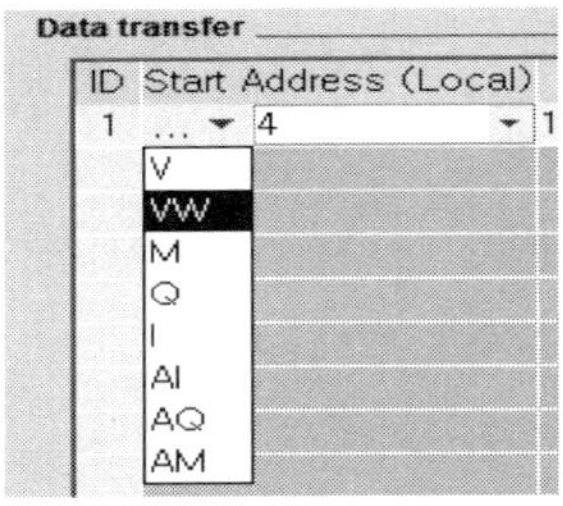

② 주소 필드에 하나의 주소를 입력하십시오.

③ VM 매핑을 구성한 경우 다음과 같이 클릭하여 VM 매핑 테이블을 표시 할 수도 있습니다.

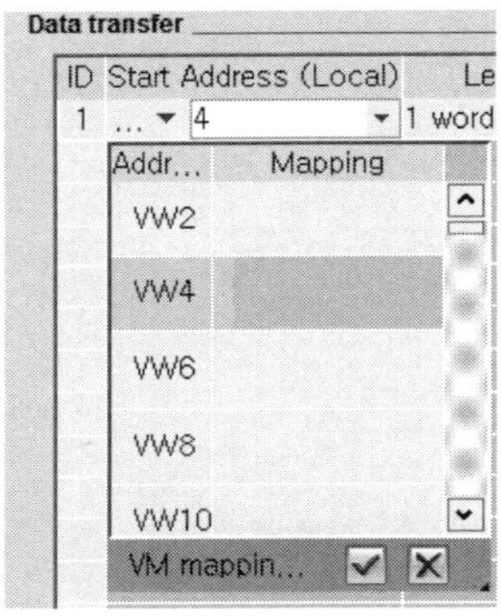

VM 매핑 테이블에서 다음 작업을 수행할 수 있습니다.

- 열을 클릭하여 원하는 주소를 선택하거나
- 아래로 끌어서 여러 주소를 선택하십시오.
- 매핑 필드를 클릭하여 매개변수 VM 매핑 대화상자로 전환합니다.
- 오른쪽 하단에 있는 검은색 화살표를 클릭하고 끌어 테이블을 확장하거나 축소합니다.

VM 매핑에 대한 자세한 내용은 도구 -> 매개변수 VM 매핑 (0BA7 및 이후 버전 만 해당)을 참조하십시오.

④ 빈 드롭 다운 메뉴를 클릭하여 데이터 전송 방향을 선택하십시오.

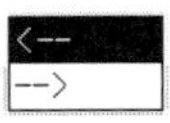

⑤ 다른 주소를 입력하십시오.

⑥ 행을 추가하거나 제거하려면 기존 행을 마우스 오른쪽 단추로 클릭하여 단추를 활성화합니다.

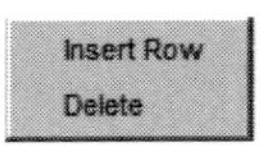

⑦ 변경 사항을 저장하십시오.

30) Modbus 서버 연결 구성

연결 항목을 두 번 클릭하여 서버 연결을 구성합니다.

노트

이 연결의 서버가 SIMATIC Modbus 또는 SIMATIC HMI인 경우 추가된 장치에서 서버 연결을 구성해야 합니다.

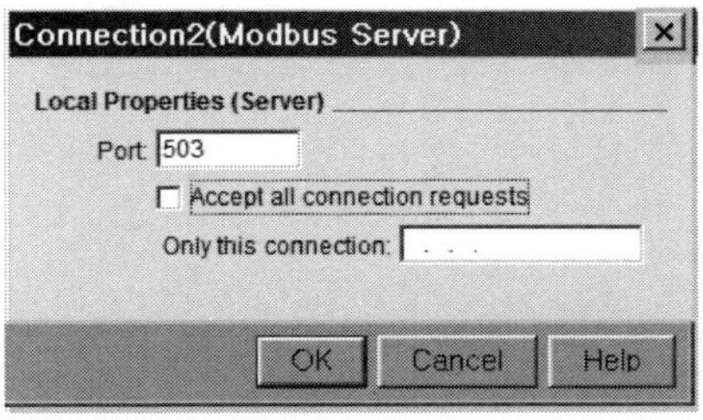

여기서 서버의 속성을 정의합니다.

"모든 연결 요청 수락" 확인란을 선택하면 서버가 네트워크의 모든 클라이언트의 요청에 응답합니다.

서버는 하나의 IP주소에서만 요청을 수락할 수 있습니다. 이 주소는 연결할 클라이언트의 IP주소입니다.

■ 데이터 전송 제한

아래 표는 클라이언트 연결에 대한 범위 및 로컬 주소 제한을 설명합니다.

읽기 요청:

Local address(LOGO!)		Remote address (Modbus compatible device)	
Address Type	Range	Address Type	Range
I Q M V	1 - 24 bit 1 - 20 bit 1 - 64 bit 0.0 - 850.7 bit	Coil Discrete Input (DI)	1 to 65535 bit
VW AQ AM AI	0 - 850 word 1 - 8 word 1 - 64 word 1 - 8 word	Holding Register (HR) Input Register (IR)	1 to 65535 word

Note

Address Type:

I: input

AI: analog input

Q: output

M: M flag

V: variable bit memory

VW: variable word memory

AQ: analog output

AM: analog M flag

Local address + Data length - 1 ≤ 850

아래 표는 클라이언트 연결의 범위 및 로컬 주소 제한을 설명합니다.

쓰기 요청 :

Local address(LOGO!)		Remote address (Modbus compatible device)	
Address Type	Range	Address Type	Range
I Q M V	1 - 24 bit 1 - 20 bit 1 - 64 bit 0.0 - 850.7 bit	Coil	1 to 65535 bit
VW AQ AM AI	0 - 850 word 1 - 8 word 1 - 64 word 1 - 8 word	Holding Register (HR)	1 to 65535 word

노트

값은 로컬 주소 + 데이터 길이 - 1 ≤ 로컬 주소 유형의 최댓값 규칙을 따라야 합니다.

31) Tools -> Parameter VM Mapping (0BA7 버전 이상) VM 개요

S7 통신을 위한 인터페이스인, VM(가상 메모리)이 데이터 전송 설정에 의해 데이터 교환을 위한 로컬 통신 버퍼로써 사용된다.

네트워크 토폴로지는 LOGO! Soft Comfort에서 이더넷 연결 구성을 합니다.

다음 데이터 교환 처리를 설명한다.

- 서버 S7 연결 및 데이터 전송에 의해 지정된 VM 영역에 필요한 데이터를 저장한다. 이 작업은 다음 섹션에서 "공유" 행동으로 정의된다.
- 클라이언트 장치가 서버의 VM 영역을 판독하여, 해당 네트워크 공정 단계에 대응하는 로컬 VM 영역을 갱신한다.
- 로컬 갱신 후 클라이언트에서 회로 프로그램은 서버에 유래 로컬 VM에서 정보를 이용할 수 있다.

Data type and VM address :

다음은 VM 어드레싱 및 데이터 분류 사용량 나타낸다.

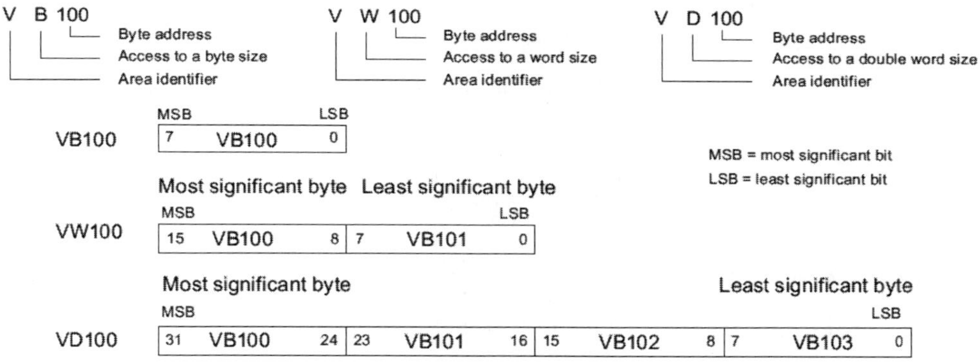

VM mapping 만들기:

자동으로 로컬 VM에 입력, 출력 및 마커를 업데이트할 수 있습니다. 또한, VM에 로컬 변숫값을 변경하고 LOGO! Soft Comfort의 값은 그에 따라 변경된다. 이와 같이, LOGO! 및 로컬정보를 VM에서 실시간으로 서로 동기화됩니다. 매개변수 VM 매핑 기능을 통해, 블록과 VM 간의 매핑을 만들 수 있습니다. 매개변수 블록의 값은 지정된 VM의 각 주기에 동기화됩니다. 동기화 후, VM 다른 SIMATIC 장치와 통신하는 데 사용될 수 있습니다. 각 LOGO!의 VM에 매핑은 최대 64개의 매개변수를 가질 수 있습니다! 0BA8 기본 모듈. 다음과 같이 매개변수 VM 매핑 설정 대화상자가 표시됩니다.

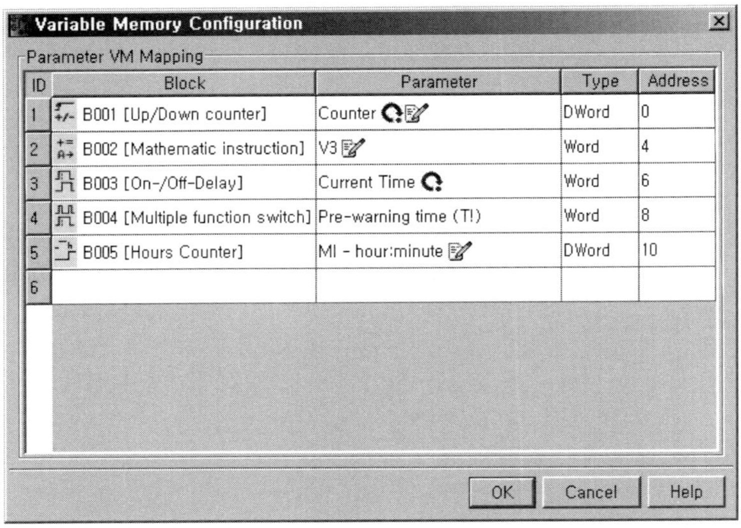

현재 프로그램의 매개변수가 SFBs는 블록 열에 나열됩니다. 매개변수 열은 해당 블록의 매개변수의 선택 목록을 제공합니다.

유형 열은 선택한 매개변수의 데이터 형식을 표시합니다. 주소 열은 구성할 수 있습니다. 그것은 매개변수 값을 저장하는 데 사용되는 VM 주소를 식별하는 데 사용됩니다.

매개변수 설정값을 읽고/쓰기

매개변수 값의 실제 값이고 읽기 전용입니다

파라미터 값이 실제 값이지만, 이 값은 여전히 변경될 수 있다.

노트: 업/다운 카운터만 카운터 매개변수는 플래그가 있습니다.

: 매개변수 값은 다른 이미 프로그래밍된 기능블록의 실측치로부터 참조된다.

제공된 플래그가 나타나지 않으면, 그 파라미터 값은 시스템 값이며 변경될 수 없습니다.

매개변수 VM 맵핑창에서 수행할 수 있습니다:

- Ctrl 키를 눌러 여러 레코드 라인을 선택하거나 키와 원하는 라인의 ID를 클릭 시프트
- 원하는 행의 마지막 셀에서 Enter 키를 눌러 아래의 줄을 삽입
- 원하는 라인의 ID를 클릭하고 Insert 키를 누르거나 원하는 라인을 right clicking 하고 상황에 맞는 메뉴에서 행 삽입을 선택하여 최대 줄을 삽입합니다.
- 원하는 라인의 ID를 클릭하고 Delete 키를 누르거나 원하는 라인을 right clicking 하고 상황에 맞는 메뉴에서 삭제를 선택하여 행을 삭제합니다.

매개변수의 유형을 변경할 수 있으며, 각각의 매개변수에 대한 고유한 주소를 구성해야 합니다. 매개변수의 주소 범위는 0-850입니다. 입력값을 초과하는 경우 이 범위는, 입력 및 출력은 특정 VM 주소로 해결될 것입니다.

다음 표는 I/O와 VM 주소 간의 매핑을 LOGO! 0BA8 :

Block Type	VM Address (From)	VM Address (To)	Range
I	1024	1031	8 Byte
AI	1032	1063	32 Byte
Q	1064	1072	8 Byte
AQ	1072	1103	32 Byte
M	1104	1117	14 Byte
AM	1118	1245	128 Byte
N	1248	1261	16 Byte
NAI	1262	1389	128 Byte
NQ	1390	1405	16 Byte
NAQ	1406	1469	64 Byte

다음 표는 I/O 및 VM 주소 간의 매핑을 제공합니다.

DI	VM Address	DQ	VM Address
I1	V923.0	Q1	V942.0
I2	V923.1	Q2	V942.1
I3	V923.2	Q3	V942.2
I4	V923.3	Q4	V942.3
I5	V923.4	Q5	V942.4
I6	V923.5	Q6	V942.5
I7	V923.6	Q7	V942.6
I8	V923.7	Q8	V943.7
I9	V924.0	Q9	V943.0
I10	V924.1	Q10	V943.1
I11	V924.2	Q11	V943.2
I12	V924.3	Q12	V943.3
I13	V924.4	Q13	V943.4
I14	V924.5	Q14	V943.5
I15	V924.6	Q15	V943.6
I16	V924.7	Q16	V943.7
I17	V925.0		
I18	V925.1		

I19	V925.2		
I20	V925.3		
I21	V925.4		
I22	V925.5		
I23	V925.6		
I24	V925.7		

AI	VM Address	AQ	VM Address
AI1	VW926	A1	VW944
AI2	VW928	A2	VW946
AI3	VW930		
AI4	VW932		
AI5	VW934		
AI6	VW936		
AI7	VW938		
AI8	VW940		

AM	VM Address	M	VM Address
AM1	VW952	M1	V948.0
AM2	VW954	M2	V948.1
AM3	VW956	M3	V948.2
AM4	VW958	M4	V948.3
AM5	VW960	M5	V948.4
AM6	VW962	M6	V948.5
AM7	VW964	M7	V948.6
AM8	VW966	M8	V948.7
AM9	VW968	M9	V949.0
AM10	VW970	M10	V949.1
AM11	VW972	M11	V949.2
AM12	VW974	M12	V949.3
AM13	VW976	M13	V949.4
AM14	VW978	M14	V949.5
AM15	VW980	M15	V949.6
AM16	VW982	M16	V949.7
		M17	V950.0
		M18	V950.1
		M19	V950.2
		M20	V950.3
		M21	V950.4

		M22	V950.5
		M23	V950.6
		M24	V950.7
		M25	V951.0
		M26	V951.1
		M27	V951.2

특수 목적으로 다음 VM 주소가 사용됩니다.

VM Address	Reserved for	Range
984	Diagnostic Bits Array	1 Byte
985	"Year" of Real Time Clock (RTC)	1 Byte
986	"Month" of RTC	1 Byte
987	8"Day" of RTC	1 Byte
988	"Hour" of RTC	1 Byte
989	"Minute" of RTC	1 Byte
990	"Second" of RTC	1 Byte

로고! 기본 모듈은 VM 주소별로 S7/Modbus와 다음 데이터를 공유할 수 있습니다:

Data Type	Number	Memory Type
Digital input	24	Byte
Digital output	16	Byte
Digital flag	27	Byte
Analog input	8	Word
Analog output	2	Word
Analog flag	16	Word
Value parameter	**	**
Actual value	**	**

길이(Byte, Word, or DWord)는 VM에 의해 요구되는 영역의 바이트 수를 나타내는 매개변수입니다. 변수 메모리 구성 대화상자에서 지정한 블록 매개변수에 연결되어 있습니다.

VM 지역의 모든 구성에 사용할 수 없습니다.

VM 영역의 일부 바이트가 예약되어 있습니다. 사용자가 64개 이상의 매개변수를 지정할 수 없습니다. 64개 이상을 지정하려고 하면, LOGO! Soft Comfort은 실패한 작업 메시지를 표시합니다.

Parameter settings

Function Block	Data type	Read Write	Parameter settings in LOGO! Soft Comfort	Parameter settings on a partner device
On-Delay				
Current Time	VW	R		
On-Delay	VW	R/W	Unit: Seconds	Value range: 0 to 9999
			Unit: Minutes or Hours	Value range: 0 to 5999
Remaining Time	VW	R		
On-Delay Time Base	VB	R/W	10 milliseconds	1
			Seconds	2
			Minutes	3
Off-Delay				
Current Time	VW	R		
On-Delay	VW	R/W	Unit: Seconds	Value range: 0 to 9999
			Unit: Minutes or Hours	Value range: 0 to 5999
Remaining Time	VW	R		
On-Delay Time Base	VB	R/W	10 milliseconds	1
			Seconds	2
			Minutes	3
On-/Off-Delay				
Current Time	VW	R		
On-Delay(TH)	VW	R/W	Unit: Seconds	Value range: 0 to 9999
			Unit: Minutes or Hours	Value range: 0 to 5999
Off Time (TL)	VW	R/W	Unit: Seconds	Value range: 0 to 9999
			Unit: Minutes or Hours	Value range: 0 to 5999
On Time(TH)Remaining Time	VB	R/W		
Off Time(TL)Remaining Time	VW	R		
On Time (TH) Time Base	VW	R	10 milliseconds	1
			Seconds	2
			Minutes	3
Off Time (TL) Time Base	VB	R/W	10 milliseconds	1
			Seconds	2
			Minutes	3
Current Time Base	VB	R/W		
Retentive On-Delay				
Current Time	VW	R		
On-Delay	VW	R/W	Unit: Seconds	Value range: 0 to 9999
			Unit: Minutes or Hours	Value range: 0 to 5999
Remaining Time	VW	R		
On-Delay Time Base			10 milliseconds	1
			Seconds	2
			Minutes	3
Wiping Relay(Pulse Output)				
Current Time	VW	R		
Off Time (TL)	VW	R/W	Unit: Seconds	Value range: 0 to 9999

			Unit: Minutes or Hours	Value range: 0 to 5999
Off Time(TL)Remaining Time	VW	R		
Off Time (TL) time Base			10 milliseconds	1
			Seconds	2
			Minutes	3
Edge Triggered Wiping Relay				
Current Time	VW	R		
Pulse Width (TH)	VW	R/W	Unit: Seconds	Value range: 0 to 9999
			Unit: Minutes or Hours	Value range: 0 to 5999
Interpulse Width (TL)	VW	R/W	Unit: Seconds	Value range: 0 to 9999
			Unit: Minutes or Hours	Value range: 0 to 5999
Pulse Width(TH) Remaining Time	VW	R		
Pulse Width(TL) Remaining Time	VB	R		
Pulse Width(TH)Time Base	VB	R/W	10 milliseconds	1
			Seconds	2
			Minutes	3
Interpulse Width(TL) Time Base	VB	R/W	10 milliseconds	1
			Seconds	2
			Minutes	3
Current Time Base	VB	R/W	10 milliseconds	1
			Seconds	2
			Minutes	3
Asynchronous Pulse Generator				
Current Time	VW	R		
Pulse Width	VW	R/W	Unit: Seconds	Value range: 0 to 9999
			Unit: Minutes or Hours	Value range: 0 to 5999
Interpulse Width	VW	R/W	Unit: Seconds	Value range: 0 to 9999
			Unit: Minutes or Hours	Value range: 0 to 5999
Pulse Remaining Time	VW	R		
Interpulse Remaining Time	VW	R		
Pulse Width(TH) Time Base	VB	R/W	10 milliseconds	1
			Seconds	2
			Minutes	3
Interpulse Width(TL) Time Base	VW	R/W	10 milliseconds	1
			Seconds	2
			Minutes	3
Current Time Base	VB	R/W	10 milliseconds	1
			Seconds	2
			Minutes	3
Random Generator				
Current Time	VW	R		
Max. On Delay (TH)	VW	R/W	Unit: Seconds	Value range: 0 to 9999
			Unit: Minutes or Hours	Value range: 0 to 5999

Max. Off Delay (TL)	VW	R/W	Unit: Seconds	Value range: 0 to 9999
			Unit: Minutes or Hours	Value range: 0 to 5999
Max. On Delay(TH) Remaining Time	VW	R		
Max. Off Delay(TL) Remaining Time	VW	R		
Max. On Delay(TH) Time Base	VB	R/W	10 milliseconds	1
			Seconds	2
			Minutes	3
Max. Off Delay(TL) Time Base	VW	R/W	10 milliseconds	1
			Seconds	2
			Minutes	3
Current Time Base	VB	R/W	10 milliseconds	1
			Seconds	2
			Minutes	3
Stairway Lighting Switch				
Current Time	VW	R		
Off Delay	VW	R/W	Unit: Seconds	Value range: 0 to 9999
			Unit: Minutes or Hours	Value range: 0 to 5999
Pre-Warning Time (T!)	VW	R		
Pre-Warning Period (T!L)	VB	R		
Off Delay Remaining	VB	R		
Pre-Warning Time (T!) Remaining	VB	R		
Pre-Warning Period (T!L) Remaining	VB	R		
Off Delay Time Base	VB	R/W	10 milliseconds	1
			Seconds	2
			Minutes	3
Multiple Function Switch				
Current Time	VW	R		
Off Delay Time (T)	VW	R/W	Unit: Seconds	Value range: 0 to 9999
			Unit: Minutes or Hours	Value range: 0 to 5999
Permanent Light (TL)	VW	R/W	Unit: Seconds	Value range: 0 to 9999
			Unit: Minutes or Hours	Value range: 0 to 5999
Pre-Warning Time (T!)	VW	R		
Pre-Warning Period (T!L)	VW	R		
Off Delay Time(T) Remaining	VW	R		
Permanent Light(TL) Remaining	VW	R		
Pre-Warning Period (T!L) Raining	VW	R		
Off Delay Time (T) Time Base	VB	R/W	10 milliseconds	1
			Seconds	2
			Minutes	3
Permanent Light (TL) Time Base	VW	R/W	10 milliseconds	1
			Seconds	2

			Minutes	3
Current Time Base	VB	R/W	10 milliseconds	1
			Seconds	2
			Minutes	3
Weekly Timer (입력 상자가 사용할 수 없게 설정하거나 기능이 비활성화된 경우 " 0xFF는" S7 PLC에 대한 HMI에 표시되며 "-" 기본 모듈에 표시됩니다.)				
Week Day 1	VB	R/W	Sunday	Bit 0
			Monday	Bit 1
			Tuesday	Bit 2
			Wednesday	Bit 3
			Thursday	Bit 4
			Friday	Bit 5
			Saturday	Bit 6
			관련 비트가 1 인 경우, 다음 날이 설정된다.	
On Time 1	VW	R/W	h:m	h:m
Off Time 1	VW	R/W	h:m	h:m
Week Day 2	VB	R/W	Sunday	Bit 0
			Monday	Bit 1
			Tuesday	Bit 2
			Wednesday	Bit 3
			Thursday	Bit 4
			Friday	Bit 5
			Saturday	Bit 6
			관련 비트가 1 인 경우, 다음 날이 설정된다.	
On Time 2	VW	R/W	h:m	h:m
Off Time 2	VW	R/W	h:m	h:m
Week Day 3	VB	R/W	Sunday	Bit 0
			Monday	Bit 1
			Tuesday	Bit 2
			Wednesday	Bit 3
			Thursday	Bit 4
			Friday	Bit 5
			Saturday	Bit 6
			관련 비트가 1 인 경우, 다음 날이 설정된다.	
On Time 3	VW	R/W	h:m	h:m
Off Time 3	VW	R/W	h:m	h:m
Pulsely	VB	R/W	Off	0
			On	1
Yearly Timer (입력 상자가 사용할 수 없게 설정하거나 기능이 비활성화된 경우 " 0xFF는" S7 PLC에 대한 HMI에 표시되며 "-" 기본 모듈에 표시됩니다.)				
On Time	VW	R/W	Month:Day	Month:Day
Off Time	VW	R/W	Month:Day	Month:Day
On Year	VB	R/W	Year	Year
Off Year	VB	R/W	Year	Year
Monthly	VB	R/W	No	0
			Yes	1
Yearly	VB	R/W	No	0
			Yes	1
Pulsely	VB	R/W	No	0

			Yes	1
Astronomical Clock				
Longitude	VD	R/W		VBx+0
			W	1
			E	0
			0	VBx+1
			'	VBx+2
			"	VBx+3
Latitude	VD	R/W		VBx+0
			S	1
			N	0
			0	VBx+1
			'	VBx+2
			"	VBx+3
Time Zero (E+; W-)	VW	R/W		-11 to 12 낮은 바이트 비트 7, 기호 의미: 예를 들면: 00000001 10000000 means -1.
SunRise Time	VW	R		h:m
SunSet Time	VW	R		h:m
Stop Watch				
Time Base	VB	R/W	10 milliseconds	0
			Seconds	1
			Minutes	2
			Hours	3
Current Time	VD	R		
Lap Time	VD	R		
Output Time	VW	R		
Up/Down Counter				
Counter	VD	R/W		0 to 9999
On Threshold	VD	R/W		0 to 9999
Off Threshold	VD	R/W		0 to 9999
start value	VD	R/W		0 to 9999
Hours Counter				
Maintenance Interval (MI)	VD	R/W		0 to 599999 (9999H 59M)
Time-to-Go (MN)	VD	R		
Total Time (OT)	VD	R		
Threshold Trigger				
Frequency	VW	R		
On Threshold	VW	R/W		0 to 9999
Off Threshold	VW	R/W		0 to 9999
Gate Time	VW	R		
Analog Threshold Trigger				
On	VW	R/W		-20000 to 20000
Off	VW	R/W		-20000 to 20000
Gain	VW	R		
Offset	VW	R		

Ax, Amplified	VW	R		
Analog Differential Trigger				
On	VW	R/W		-20000 to 20000
Off	VW	R/W		-20000 to 20000
Gain	VW	R		
Offset	VW	R		
Ax, Amplified	VW	R		
Off	VW	R		
Analog Comparator				
On	VW	R/W		-20000 to 20000
Off	VW	R/W		-20000 to 20000
Gain	VW	R		
Offset	VW	R		
Ax, Amplified	VW	R		
Ay, Amplified	VW	R		
Ax (Amplified)-Ay (Amplified)	VW	R		
Analog Watchdog				
Gain	VW	R		
Offset	VW	R		
Aen (Comparison Value)	VW	R		
Ax, Amplified	VW	R		
Differential (+)	VW	R/W		0 to 20000
Differential (-)	VW	R/W		0 to 20000
Analog Amplifier				
Analog Amplifier: Gain	VW	R/W		-1000 to 1000
Analog Amplifier: Offset	VW	R/W		-10000 to 10000
Analog Amplifier: Ax, Amplified	VW	R		
Analog Multiplexer				
AQ Amplified	VW	R		
V1 (S1=0; S2=0)	VW	R/W		-32768 to 32767
V2 (S1=0; S2=1)	VW	R/W		-32768 to 32767
V3 (S1=1; S2=0)	VW	R/W		-32768 to 32767
V4 (S1=1; S2=1)	VW	R/W		-32768 to 32767
PWM				
Min.	VW	R/W		-10000 to 20000
Max.	VW	R/W		-10000 to 20000
Gain	VW	R/W		-1000 to 1000
Offset	VW	R/W		-10000 to 10000
Ax, Amplified (Current Period)	VW	R		
T	VW	R/W	Unit: Seconds	Value range: 0 to 9999
			Unit: Minutes or Hours	Value range: 0 to 9999
Periodic Time Time Base	VB	R/W	10 milliseconds	
			Seconds	
			Minutes	
Mathematic Instructions				
AQ Amplified	VW	R		

V1	VW	R/W		-32768 to 32767
V2	VW	R/W		-32768 to 32767
V3	VW	R/W		-32768 to 32767
V4	VW	R/W		
Operator 1	VB	R/W		VBx+0
			+	0
			-	1
			*	2
			/	3
Operator 2	VB	R/W		VBx+0
			+	0
			-	1
			*	2
			/	3
Operator 3	VB	R/W		VBx+0
			+	0
			-	1
			*	2
			/	3
Priority1	VB	R/W	L	0
			M	1
			H	2
Priority2	VB	R/W	L	0
			M	1
			H	2
Priority3	VB	R/W	L	0
			M	1
			H	2
Reset Mode	VB	R/W	Reset to zero	0
			Keep last value	1
Analog Ramp				
Gain	VW	R		
Offset	VW	R		
Current Level	VW	R		
Level 1 (L1)	VW	R/W		-10000 to 20000
Level 2 (L2)	VW	R/W		-10000 to 20000
Largest Output Value	VW	R		
Start/Stop Offset	VW	R/W		0 to 20000
Speed of Change	VW	R/W		1 to 10000
PI Controller				
Set Value (SP)	VW	R/W		-10000 to 20000
PV, Amplified	VW	R		
Aq	VW	R		
Kc	VW	R/W		0 to 9999
Integeration Time (TI)	VW	R/W	Unit: Minutes	0 to 9999
Direction	VB	R/W	+	0
			-	1
Manual Output (Mq)	VW	R/W		0 to 1000

min	VW	R/W		-10000 to 20000
max	VW	R/W		-10000 to 20000
Gain	VW	R		-1000 to 1000
Offset	VW	R		-10000 to 10000
Analog Filter				
Dialog Parameter Averge Value Sample Number	VB	R/W		3 to 8
			8	3
			16	4
			32	5
			64	6
			128	7
			256	8
Ax	VW	R		
Aq	VW	R		
Max/Min				
Mode	VB	R/W		0, 1, 2 and other value
Ax	VW	R		
Minimum Value	VW	R		
Maximum Value	VW	R		
Aq	VW	R		
When reset=0, reset Min/Max	VW	R/W		0 or 1
Average Value				
Sample Time	VW	R/W	Unit: Seconds or Minutes	Value range: 0 to 59
			Unit: Hours	Value range: 0 to 23
			Unit: Days	Value range: 0 to 365
Number of Samples	VW	R/W	Unit: Seconds	Value range: 1 to St*100
			Unit: Days	Value range: 1 to 32767
			Unit: Hours	Value range: 1 to 32767
			Unit: Seconds and ≤ 5 Minutes	Value range: 1 to St*6000
			Unit: Seconds and ≥ 6 Minutes	Value range: 1 to 32767
Ax	VW	R		
Aq	VW	R		
Sample Time Time Base	VB	R/W	Seconds	1
			Minutes	2
			Hours	3
			Days	4

32) Tools -> Options

이 메뉴 명령어에서 LOGO!Soft Comfort에 대한 여러 가지 옵션을 선택할 수 있습니다.

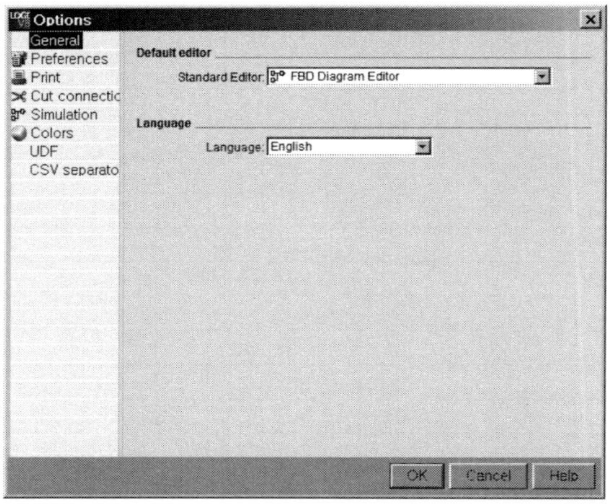

- General
- Preference
- Print
- Cut connections
- Simulation
- Colors
- UDF
- CSV Separator

■ 일반(General)

여기서 기본 편집기를 정의할 수 있습니다.

- FBD 다이어그램 편집기에서 항상 회로 다이어그램을 편집하십시오.
- LAD 편집기에서 항상 회로도를 편집하십시오.

여기서 사용자 인터페이스 언어를 정의할 수도 있습니다.

- 독일어로 사용자 인터페이스 표시
- 영어로 사용자 인터페이스 표시
- 스페인 사용자 인터페이스 표시
- 프랑스어로 사용자 인터페이스 표시
- 이탈리아어로 사용자 인터페이스 표시
- 중국어로 사용자 인터페이스 표시

새 언어를 설정하고 적용하려면 LOGO! Soft Comfort를 닫고 다시 시작해야 합니다.

노트

LOGO! Soft Comfort의 언어를 변경하기 전에 운영 체제 언어를 변경하십시오.

■ **환경 설정(Preference)**

여기서 원하는 디스플레이 설정을 정의할 수 있습니다.

- 주석 표시 여부
- 커넥터 이름 표시 여부
- 블록의 매개변수 표시 여부
- 도면에서 앤티 앨리어싱 사용 여부
- 표시된 선을 레이블링할지 여부
- 소프트웨어 인터페이스 및 작업 환경 저장 여부
- 다이어그램 탭 또는 프로젝트 탭에서 시작할지 여부

그 외의 설정들:

- Antialiasing: 안티앨리어싱 기능으로 코너 부분과 모서리 부분이 부드럽게 처리됩니다.

  View 〉 Select lines을 스위치 On 시키면 라인이 라벨링되는 예를 아래 그림에서 볼 수 있습니다.

  B007 〉 B006/2 의미: 연결이 2번 핀을 통해 블록 7에서 블록 6으로 이루어집니다. 연결이 이루어지는 타겟 블록이 바로 옆에 붙여 있으면 라벨링이 되지 않습니다.
- LOGO! Soft Comfort가 열려져 있는 다이얼로그 창의 위치와 크기를 알려주어야 하는지의 여부를 결정할 수 있습니다.
- LOGO! Soft Comfort가 전체 작업 환경(윈도우 위치, 열려 있는 사용자 프로그램 등)을 알려주어야 하는 지의 여부도 결정할 수 있습니다.

■ **인쇄(Print)**

여기에서 인쇄 회로 프로그램의 모양을 결정할 수 있습니다.

- 파일 → 등록 정보: 일반 아래의 주석 탭에 입력한 주석을 인쇄할지 여부
- 도구 -〉 이더넷 연결 (0BA7 및 이후 버전에만 해당)에서 구성한 이더넷 연결을 인쇄할지 여부

- 도구 -> 매개변수 VM 매핑 (0BA7 및 이후 버전에만 해당)에서 구성한 매개변수 VM 매핑을 인쇄할지 여부
- 회로도에서 커넥터 이름과 매개변수를 인쇄할지 여부
- 모든 블록의 매개변수 목록, 선택된 모든 블록 또는 특수 타이머 기능만 인쇄할지 여부
- 커넥터 이름 목록 인쇄 여부
- 빈 페이지를 표시하지 않을지 여부
- 인쇄에 필요한 줌 배율을 입력합니다.

■ **연결 끊기(Cut connections)**

잘라 내기/결합을 통해 수동 또는 자동으로 연결을 끊을 수 있습니다.

자를 수 있는 다음 유형의 연결 중 하나 또는 둘 다를 지정할 수 있습니다.

- 가져 오기 또는 업로드 시 연결
- 블록을 통해 라우팅 된 연결
- 구성 가능한 길이를 초과하는 연결

반경 텍스트 상자에서 반경 점을 직접 입력하거나 스크롤 막대를 사용하도록 선택할 수 있습니다. 이 설정을 확인하면 LOGO! Soft Comfort가 적절하게 연결을 끊습니다. 가져 오기 또는 업로드 중에 연결을 끊기 위해 LOGO! Soft Comfort를 구성한 경우 소프트웨어는 다음과 같은 경우 연결을 끊습니다.

- LOGO!에서 회로 프로그램을 업로드(전송)할 때! 로고에! 부드러운 컴포트
- LOGO! Soft Standard 또는 LOGO! Soft Comfort로 작성한 회로 프로그램을 가져올 때(열 때)

■ **시뮬레이션(Simulation)**

여기에서 시뮬레이션 매개변수 및 해당 상태를 구성할 수 있습니다.

시뮬레이션 시작:

- 시뮬레이션 모드로 전환할 때 시뮬레이션을 자동으로 시작할지 여부를 선택할 수

있습니다. 그렇지 않으면 녹색 화살표 아이콘을 눌러 시뮬레이션 모드에서 시뮬레이션을 시작해야 합니다.

- IP주소에 액세스할 수 있을 때 네트워크 통신을 자동으로 시뮬레이션할지 여부를 선택할 수 있습니다. 그렇지 않으면 네트워크에서 시뮬레이션을 시작하려면 아이콘을 눌러야 합니다.
- 시뮬레이션 시작 시 입출력 상태를 재설정할지 여부를 지정할 수 있습니다.

인터페이스 디스플레이:

- 시뮬레이션 모드에서 신호 상태 및 프로세스 변수 표시를 전환할지 여부를 지정할 수도 있습니다. 신호 상태와 프로세스 변수의 디스플레이를 비활성화할 때 LOGO! Soft Comfort가 이들 값을 연속적으로 계산할 필요가 없기 때문에 이를 끄면 시뮬레이션 성능이 향상됩니다.
- 또한, 문자 메시지에 대한 별도의 시뮬레이션창을 로고에 표시할지 여부를 지정할 수 있습니다! TD/로고! TDE. 이 옵션을 선택하면 시뮬레이션 모드에서 LOGO! 기본 모듈 및 로고! TD/로고! 별도의 창에서 TDE
- 시뮬레이션을 위한 경과 시간을 표준 12시간 형식으로 표시할지 여부를 지정할 수 있습니다.

■ **컬러(Colors)**

여기에서 색상 설정의 다음 요소를 정의할 수 있습니다.

- 데스크탑 색상
- 시뮬레이션 모드에서 논리적 "1"또는 "0" 신호를 전달하는 신호선의 색상
- 회로 프로그램에서 UDF 블록 프레임의 색상 설정
- 가능한 최대 블록 입력 4개와 블록 출력 각각에 대한 색상
- 기능 블록의 배경색
- 특수 플래그의 배경색
- 매개변수 상자의 색은 서로 매개변수 상자를 연결합니다.

견본, HSV, HSL, RGB, CMYK 및 표준에서 다른 색상 패널을 선택하여 선택한 필드에

서 색상을 재설정할 수 있습니다. 미리보기 영역에 색상 선택 항목이 표시됩니다.

- **UDF(0BA7 및 이후 버전에만 해당)**

  이 명령을 사용하여 UDF 라이브러리를 구성하십시오.

  UDF 라이브러리에는 단일 UDF (.lma) 파일과 여러 개의 UDF 파일이 있는 폴더라는 두 가지 유형의 요소가 포함될 수 있습니다.

  대화상자에서 UDF 파일 또는 폴더를 추가하거나 제거할 수 있습니다.

  UDF 라이브러리에 추가된 UDF는 블록 트리에 즉시 나타나며 회로 프로그램에서 사용할 수 있습니다.

- **CSV 구분 기호(CSV Separator)**

  이 명령을 사용하여 항목을 세미콜론 또는 쉼표로 CSV 형식 로그 파일에 분리할지 여부를 선택합니다.

2.11.6 Window 메뉴

Window 메뉴 개요:

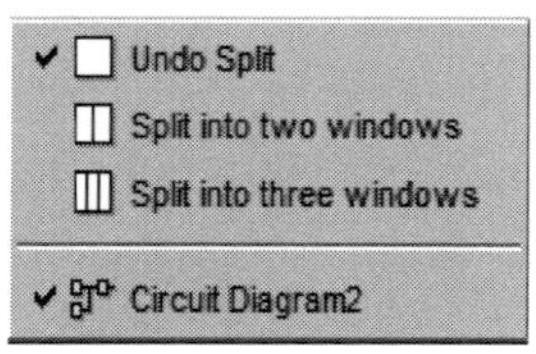

윈도우 메뉴에서 사용자 프로그램 윈도우를 정렬시킬 수 있습니다. 용량이 큰 프로그램을 좀 더 쉽고 분명하게 보기 위해 기존 사용자 프로그램을 중복해서 열거나 분할시킬 수 있습니다. 다음과 같은 윈도우 옵션이 제공됩니다.

1) Window -> Split Vertical:

용량이 큰 사용자 프로그램을 가지고 있고 넓게 분포된 오브젝트들을 보고 비교하는 경우 윈도우를 수직적으로 분할할 수 있습니다. 물론 이 분할은 그 윈도우에서만 적용되는 것이고 사용자의 프로그램에는 영향을 미치지는 않습니다. 분할된 윈도우에서 스크롤 바를 사용하여 사용자 프로그램에 있는 여러 명령어들을 보거나 수정할 수 있습니다 .

필요하다면 윈도우를 여러 부분으로 분할할 수도 있습니다. 각 윈도우를 수평적으로 또는 수직적으로 분할할 수 있으며 분할된 것 중 마우스가 마지막으로 동작한 곳이 현재 활성화된 부분입니다.

분할된 윈도우에서 사용자 프로그램을 수정할 수 있습니다. 변경된 부분은 전체 사용자 프로그램에 적용됩니다. 이는 윈도우가 분할된 것이지 프로그램이 분할된 것이 아니기 때문입니다.

2) Window -> Split Horizontal:

용량이 큰 사용자 프로그램을 가지고 있고 넓게 분포된 오브젝트들을 보고 비교하는 경우 윈도우를 수평적으로 분할할 수 있습니다. 물론 이 분할은 그 윈도우에서만 적용되는 것이고 사용자의 프로그램에는 영향을 미치지는 않습니다. 분할된 윈도우에서 스크롤 바를 사용하여 사용자 프로그램에 있는 여러 명령어들을 보거나 수정할 수 있습니다.

사용자는 필요하다면 윈도우를 여러 부분으로 분할할 수도 있습니다. 각 윈도우를 수평적으로 또는 수직적으로 여러 번 분할할 수 있으며, 분할된 것 중 마우스가 마지막으로 동작한 곳이 현재 활성화된 부분입니다.

분할된 윈도우에서 사용자 프로그램을 수정할 수 있습니다. 변경된 부분은 전체 사용자 프로그램에서 적용됩니다. 이는 윈도우가 분할된 것이지 프로그램이 분할된 것이 아니기 때문입니다.

3) Window -> Undo Split:

이 명령어 메뉴는 분할된 모든 사용자 프로그램 윈도우를 원상태로 되돌리기 위해 사용합니다.

2.11.7 Help 메뉴

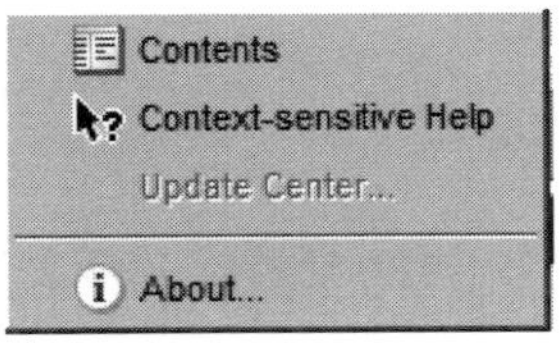

온라인 Help:

온라인 Help는 LOGO! Soft Comfort 에서 이루어지는 프로그램 설정, 툴, 사용자 프로그램 작성에 대한 정보를 빠르고, 신뢰할만하게 제공합니다.

1) Help -〉 Contents

온라인 Help 제목들:

사용자 인터페이스 단원에서 툴바가 있는 사용자 인터페이스와 LOGO! Soft Comfort 메뉴를 자세히 설명합니다.

LOGO! Soft Comfort 사용에 대한 기초적인 내용과 사용자 프로그램 작성에 대한 빠르고 쉬운 방법은 사용 설명서를 참조하십시오.

이 단원의 마지막 부분에서 심도 있는 실전 문제를 접하게 됨으로 사용자 프로그램 작성에 대한 모든 단계를 익히게 될 것입니다.

샘플 어플리케이션 장에서는 LOGO!를 활용한 몇 가지 예를 설명합니다. 레퍼런스 단원에서는 다음과 같은 내용이 포함됩니다.

- 컨스탄트와 터미널, 기본 펑션 (FBD 편집기만 해당), 특수 펑션, 항목에서 사용자 프로그램에 사용되는 여러 명령어들에 대해 설명합니다.
- 사용자 프로그램 단원에서는 필요한 메모리, LOGO!에 대한 사용자 프로그램 제한 사항, 블록에 대한 추가 정보들을 제공합니다.

팁과 트릭 절에서는 LOGO! Soft Comfort에서 빈번하게 사용되는 작업에 대해 설명합니다.

온라인 Help는 키워드와 용어를 기반으로 하는 색인(index)과 검색 기능(full text search)을 지원합니다.

블록에 대한 Help:

사용자 프로그램에서 하나의 블록을 더블 클릭하면 그 블록에 대한 파라미터와 설정 부분이 있는 윈도우가 열립니다. 이 윈도우의 Help 버튼을 클릭하면 이 블록에 대한 Help 정보를 얻을 수 있습니다. 이 윈도우에는 옆의 심벌들이 없습니다. 

조치: 사용자 프로그램에서 블록을 선택하고 오른쪽 마우스 버튼을 클릭한 후 Help 메뉴 명령어를 선택하십시오.

2) Help -〉 Context-sensitive help :

→ Help Context-sensitive help

오브젝트에 대한 도움말을 보려면 context - sensitive Help 아이콘을 클릭한 후 오브젝트를 클릭하십시오.

결과: 이 오브젝트 정보가 들어 있는 윈도우가 열립니다.

프로그래밍 인터페이스상에서 오브젝트를 선택하고 오른쪽 마우스 버튼을 누르면 Help 제목들이 바로 가기 메뉴로 표시되고 이 메뉴에서 원하는 Help 항목을 누르면 해당 정보가 보이게 됩니다.

이 메뉴 명령어에 대한 아이콘은 표준 툴바에도 있습니다.

3) Help -〉 Update Center

업데이트 센터:

업데이트 센터는 LOGO! Soft Comfort 관련 언어 추가, 프로그램 애드온, 서비스 팩과 새로운 버전 설치를 도와줍니다.

업데이트와 업그레이드:

동일한 버전 내에서 소프트웨어를 최신 것으로 만든다면 이것은 업데이트라고 합니다. 예를 들어 LOGO! Soft Comfort Version 4.0은 4.1로 업데이트될 수 있습니다. 업데이트는 인터넷을 통해서만 가능합니다.

소프트웨어를 최신 버전으로 올린다면 이것은 업그레이드라고 합니다. 예를 들어 LOGO! Soft Comfort Version 5.0은 6.1로 업그레이드됩니다. 사용자는 업데이트 센터나 CD-ROM을 통해 소프트웨어를 업그레이드할 수 있습니다.

업데이트 센터 이용:

업데이트나 업그레이드를 수행하려면 다음 단계들을 수행하십시오.

① 인터넷을 통해서 LOGO! Soft Comfort를 업그레이드를 할 것인지 업그레이드 파일(CDROM, 플로피, 혹은 하드디스크 드라이브)을 통해서 업그레이드를 할 것인지를 선택하십시오.

② 파일로 LOGO! Soft Comfort 를 업그레이드(업데이트)할 것을 선택하면 업그레이드(업데이트) 파일이 저장된 폴더 경로를 입력하기 위한 프름프트가 나타납니다.

LOGO! Soft Comfort를 인터넷을 통해 업데이트하는 경우 정확한 인터넷 어드레스를 인터넷 업그레이드(업데이트) 설정 항목에 입력해야 합니다. 만약 인터넷에 직접 연결이 되지 않으면 프록시 서버를 지정해야 합니다. 이 경우 네트워크 관리자의 도움을 받아 인터넷이 이루어지도록 하십시오.

③ 사용자의 소프트웨어 버전에서 할 수 있는 모든 업그레이드(업데이트) 정보를 보여줍니다.

원하는 업그레이드(업데이트)를 선택하십시오. 인터넷에서 LOGO! Soft Comfort를 업그레이드(업데이트)하는 경우 사용자가 선택한 업그레이드(업데이트)가 다운로드되고 설치될 것입니다.

④ 인터넷을 통해 LOGO! Soft Comfort를 업데이트하는 경우 이 작업들이 끝나면 인터넷 연결을 수동으로 종료할 것인지를 묻는 프롬프트가 나타납니다.

LOGO! Soft Comfort는 업그레이드(업데이트)가 완료되었을 때 자동으로 종료됩니다. 설치된 업그레이드(업데이트)의 기능들은 LOGO! Soft Comfort 를 다시 실행할 때 적용됩니다.

에러 발생:

업그레이드(업데이트) 작업 중 Does not agree with magic number 메시지가 발생하면 업그레이드(업데이트) 파일인 Setup.exe 가 완벽하게 수행되지 않았음을 의미합니다. 이 경우 인터넷에서 업그레이드(업데이트) 파일을 다시 한번 다운받은 후 설치하십시오.

4) Help -〉 About

General 탭은 사용하는 LOGO! Soft Comfort 소프트웨어의 버전과 릴리즈 버전을 보여줍니다.

System 탭은 사용되는 자바의 런-타임 버전, 프로그램 경로, 설치된 운영 체제와 사용되는 메모리에 대한 정보를 보여줍니다.

03

자습서(Tutorial)

자습서 사용을 위한 전제 조건

이 자습서를 사용하려면 PC 작동을 잘 알고 있어야 하며 펑션 블록 다이어그램을 작성하는 방법을 알아야합니다. 회로 프로그램을 다운로드하려면 PC 인터페이스, LOGO에 연결하기 위한 PC 케이블, SD 카드 또는 이더넷 케이블이 필요합니다.

프로그램 생성 시작하기

간단한 사용자 프로그램을 작성하여 PC에서 시뮬레이션해 봄으로써 LOGO! Soft Comfort의 기본적인 사용법을 배우게 될 것입니다. 이 단원의 마지막에서는 몇 개의 샘플 프로그램을 다루게 될 것이며 사용자 프로그램을 준비하고 전송하고 저장하는 내용을 배우게 될 것입니다.

필요하다면 본 사용 설명서 단원에 들어가기에 앞서 사용자 인터페이스를 다시 한번 리뷰하십시오.

- 공장 도어(Factory door)
- 공조 시스템(Air-conditioning system)
- 히팅 제어(Heating control)
- Filling 스테이션(Filling station)

3.1 사용자 프로그램 작성

사용자 프로그램을 작성할 때의 단계는 아래와 같습니다.

- 새로운 사용자 프로그램 생성
- 블록 선택

- 블록 갖다 놓기
- 블록 편집
- 블록 연결
- 사용할 수 있는 블록
- 매개변수 상자 개요
- 매개변수 상자 편집

노트: 모든 블록이 모든 환경에서 사용될 수 있는 것은 아님을 주지하십시오.

1) 새로운 사용자 프로그램 생성

LOGO! Soft Comfort를 실행시킨 후 바로 새로운 사용자 프로그램을 생성할 수 있습니다. 이를 위해서는 표준 툴바에 있는 File new 아이콘을 클릭하십시오.

 → File new + 회로 작성 형식 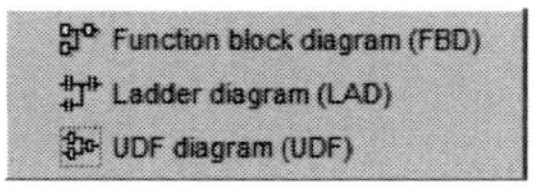

FBD 편집기(Tools/Options/Editor에서 지정한 디폴트 편집기)가 새로운 윈도우에서 열리고 새로운 사용자 프로그램을 작성할 수 있게 됩니다.

File new 아이콘의 오른쪽에 있는 작은 화살표를 클릭하면 FBD 편집기(혹은 LAD)가 열립니다.

2) 블록 선택

사용자 프로그램을 작성하는 첫 번째 단계는 블록들을 선택하는 것입니다. I/O들과 표준 SFB 블록들을 삽입하는 순서를 정하십시오.

프로그래밍 툴바의 Co에는 상수(Constants)와 터미널(LAD 편집기만 해당)이 있습니다. 즉 I/O들과 상수 목록이 있습니다. BF에는 이진연산을 위한 기본 논리연산 펑션들이 있고 SF에는 특수 펑션들이 있습니다. 펑션 키를 사용하여 각 펑션 그룹을 호출하는 것도 가능합니다.

 혹은 [F6] → Constants/Terminals

 혹은 [F8] → SFBs

 FBD 편집기만 해당  혹은 [F7] → Basic functions

3) 블록 갖다 놓기

원하는 블록들이 있는 아이콘 그룹을 클릭하거나 펑션키를 누르십시오. 선택한 펑션 그룹에 속한 모든 블록들이 프로그래밍 인터페이스 아래쪽에 보입니다.

FBD 편집기 예)

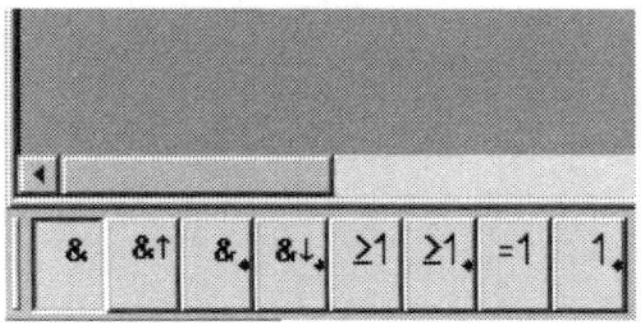

간단한 마우스 클릭으로 선택한 펑션을 프로그램 작업창에 삽입시킬 수 있습니다. 첫 번째 그룹 펑션이 디폴트로 설정되며 다른 펑션들도 마우스로 선택해서 갖다 놓을 수 있습니다.

FBD 편집기의 예)

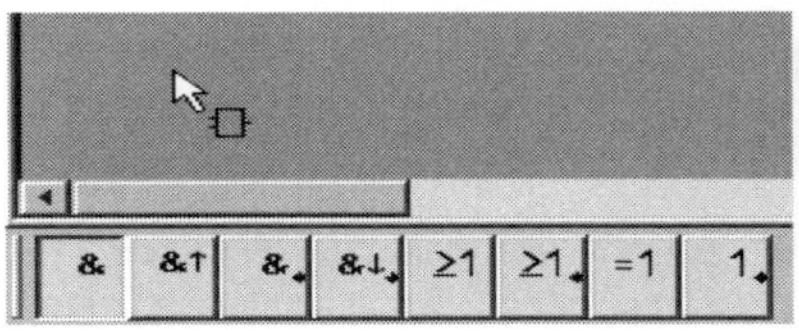

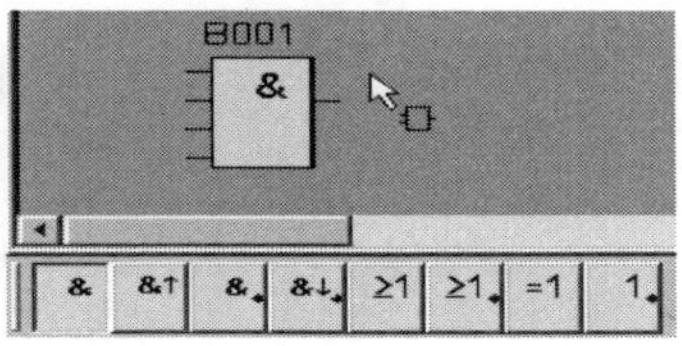

지금 블록들을 바로 정렬시킬 필요는 없습니다. 블록들을 서로 연결시키고 사용자 프로그램에 주석을 입력할 때 정렬시키면 됩니다.

4) 블록 편집

▷ 바로가기 메뉴

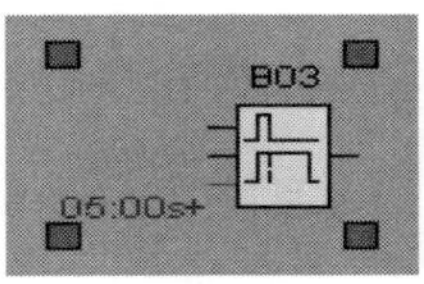

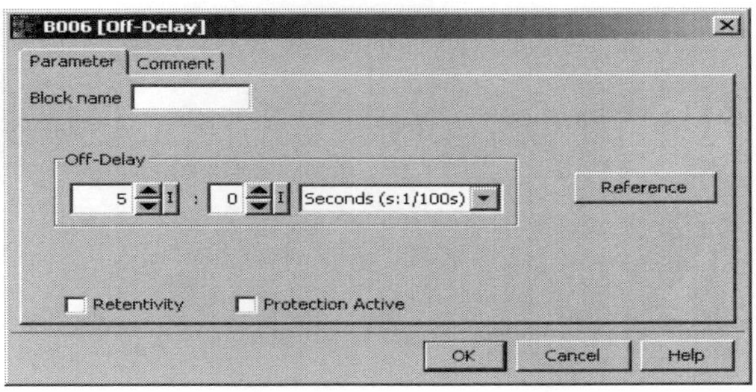

오브젝트 선택 후 오른쪽 마우스 버튼을 누르면 여러 편집 옵션을 제공하는 바로가기 메뉴가 나옵니다. 편집 옵션들은 오브젝트마다 다릅니다. 오브젝트는 블록과 연결 라인, 프로그래밍 인터페이스와 툴바 등을 의미합니다.

바로가기 메뉴에서 선택한 오브젝트에 대해 Help를 호출할 수 있습니다

▷ 블록 설정

블록 속성을 설정하려면 왼쪽 마우스 버튼을 더블클릭하십시오. 속성 다이얼로그 창에는 주석(Comment) 탭을 비롯하여 기본 펑션, 컨스탄트(상수)와 커넥터, SFB에 대한 여러 파라미터 탭들이 있습니다. 여기서 블록들에 대한 값과 설정을 입력할 수 있습니다. 관련 블록의 파라미터에 대한 도움말은 help 버튼을 클릭하면 호출됩니다.

특수 펑션은 프로그래밍 인터페이스에서 블록의 왼쪽에 있는 녹색 글자를 보고 확인할 수 있습니다.

5) 블록 연결

이제 블록들을 연결해야 합니다. 프로그래밍 툴바에서 블록 연결 아이콘을 선택하십시오.

FBD의 예)

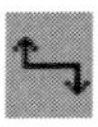 → Connector

마우스 포인터를 블록 커넥터에 위치시키십시오. 왼쪽 마우스 버튼을 누른 후 그 상태를 유지하면서 포인터를 소스 커넥터에서 타겟 커넥터로 이동시키십시오. 마우스 버튼을 놓으십시오. LOGO! Soft Comfort가 두개의 터미널을 연결시킵니다.

LAD의 예)

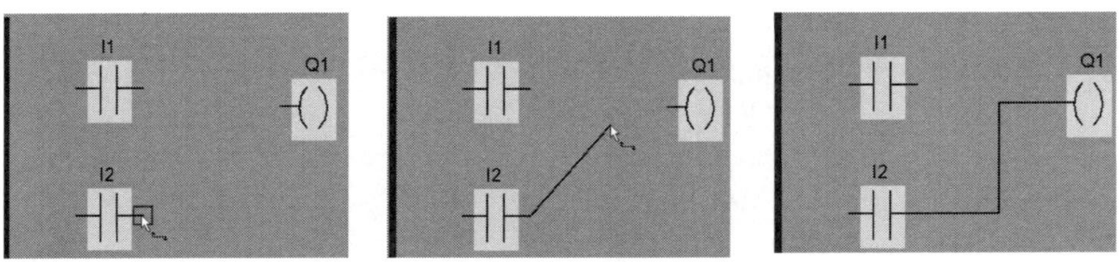

블록의 입력 단이나 출력 단을 선택하고 오른쪽 마우스 버튼을 누르면 여러 개의 블록 연결 옵션이 보입니다. 이 바로가기 메뉴에서 Connect to block 메뉴 명령어를 클릭하면 연결에 사용할 수 있는 모든 블록 목록이 나타납니다. 해당 타겟 블록을 클릭하면 LOGO! Soft Comfort가 연결 라인을 그리게 됩니다. 이는 프로그래밍 인터페이스상에서 서로 멀리 있는 소스 블록과 타겟 블록을 연결할 때 매우 편리합니다.

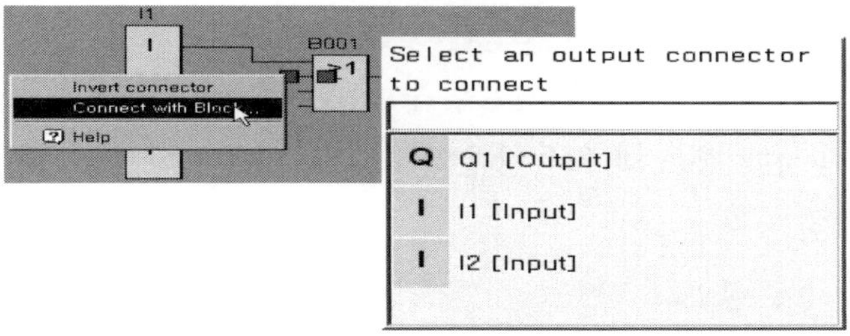

〈 LAD 편집기에서의 주의사항 〉

I/O들을 편집기 윈도우의 왼쪽에 있는 버스 바에 연결시켜야 함을 잊지 마십시오.

▷ 블록 연결에 대한 팁

출력에서 입력으로 라인을 연결시키거나 혹은 입력에서 출력으로 라인을 연결시킬 때 연결(connection)을 보여주는 팝업 툴 팁들이 열리게 됩니다. 이때 마우스 버튼을 놓으면 지정된 입력에 라인이 연결됩니다.

사용자 프로그램에 대한 추가 Help는 LOGO! Soft Comfort에 있는 간단한 정보(tool tip)를 참조하십시오. 마우스 포인터를 블록 위로 움직여 잠시 멈추면 블록의 이름이 보입니다. 마우스 포인터를 블록 입력단 쪽으로 이동하면 블록 입력의 이름이 보입니다.

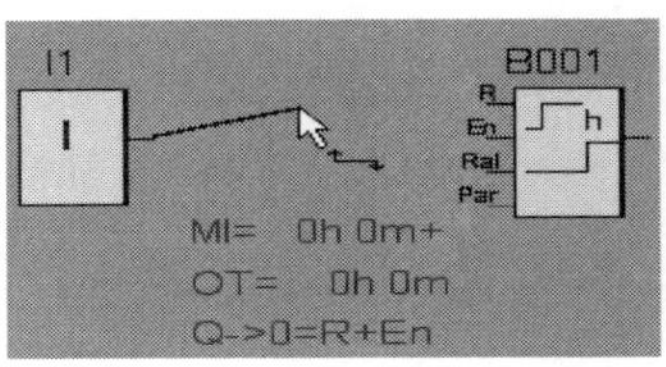

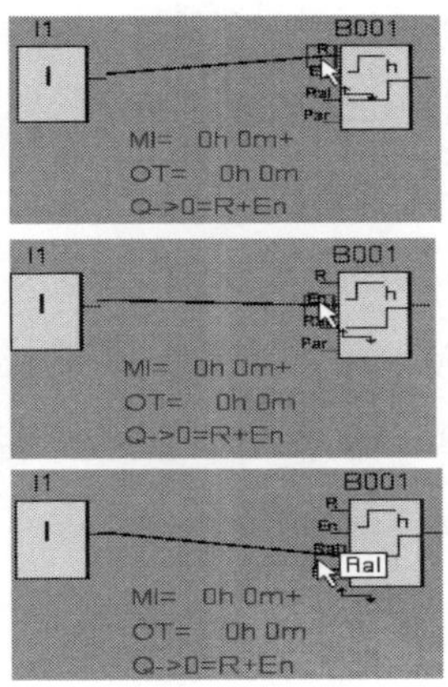

블록들 간의 연결을 쉽게 하기 위해 마우스 포인터가 입력단 핀에 의해 잡히게 되면 그 주위에 파란색 프레임이 나타납니다.

▷ 블록 연결 규칙

다음과 같은 규칙이 블록 연결에 적용됩니다.

- 싱글 입력을 복수 출력에 연결할 수 있습니다.
- 복수 입력을 싱글 출력에 연결할 수 없습니다.
- I/O를 동일한 경로 내에서 연결할 수 없습니다(무한루프). 무한루프는 허용되지 않습니다.
  필요한 경우 플래그나 출력을 연결하십시오.
- SFB도 녹색 "커넥터(connector)"를 가지고 있습니다. 이것들이 연결핀을 의미하는 것은 아니며 파라미터 설정값을 할당할 때 사용될 수 있습니다.
- 아날로그 I/O는 디지털 I/O에 연결할 수 없습니다.

▷ 복수 연결(Multiple connections)

I/O를 기존 연결된 부분에 연결할 수 있습니다.

6) 사용할 수 있는 블록

▷ 디폴트 하드웨어

LOGO!의 메모리 용량과 버전에 의해 다음이 결정됩니다.

- 사용자 프로그램에서 사용할 수 있는 블록 수
- 사용자 프로그램에서 생성할 수 있는 블록 타입

디폴트로는 최신의 LOGO!가 선택됩니다.

사용자 프로그램을 생성한 후에 Tools → Determine LOGO! 메뉴 명령어를 호출하거나 펑션 키 [F2]을 누르면 어떤 LOGO! 버전이 사용자의 프로그램을 실행시킬 수 있는지를 Info 윈도우로 보여줍니다.

선정된 LOGO!에서 사용할 수 없는 블록은 회색으로 처리됩니다.

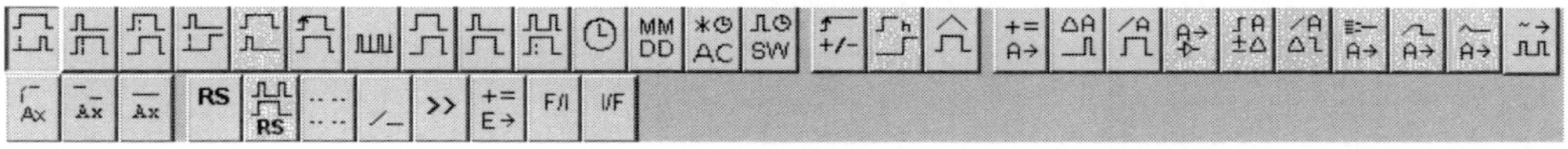

▷ **사용자 프로그램의 최적화**

사용자의 프로그램을 작성하는 중에 선정된 LOGO!가 그 프로그램을 실행시킬 수 없다고 판단되면 일단 사용자에게 제공되는 LOGO!의 모든 리소스를 활용해야 합니다. 예를 들어 메모리를 많이 차지하는 블록을 메모리가 적게 소요되는 여러 개의 블록으로 바꾸는 것입니다.

여러 최적화 시도가 성공하지 않으면 다른 LOGO! 버전을 사용하거나 사용자 프로그램을 최적화/단순화시켜야 합니다.

7) 매개변수 상자 개요

블록 아래의 작은 상자를 클릭하여 매개변수 상자를 엽니다. 모든 블록에 매개변수 상자가 있는 것은 아닙니다.

매개변수 상자는 이름, 값 및 단위를 포함하여 한 줄에 각 매개변수를 설명합니다.

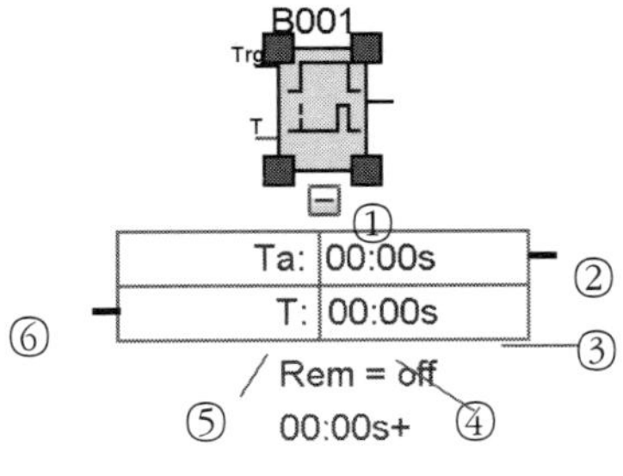

① 표시/숨기기 버튼(Show/Hide button)
② 출력 커넥터(Output connector)
③ 유닛(Unit)
④ 파라미터 값(Parameter value)
⑤ 파라미터 이름(Parameter name)
⑥ 입력 커넥터(Input connector)

매개변수 상자 사용에 대한 자세한 내용은 매개변수 상자 편집을 참조하십시오.

8) 매개변수 상자 편집

연결선을 작성, 절단 또는 삭제하려면 다음 단계를 따르십시오.

① 매개변수 상자의 커넥터를 클릭하고 마우스를 다른 매개변수 상자의 커넥터로 드래그하여 두 매개변수 상자를 연결하십시오.

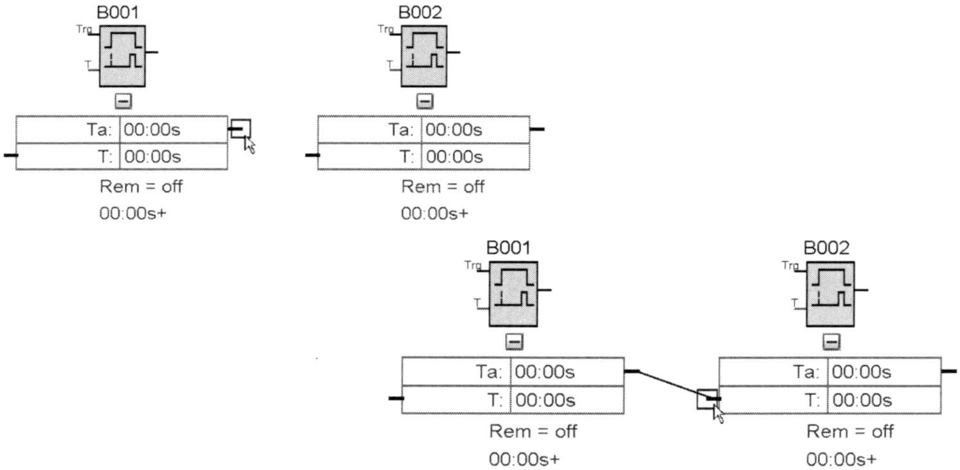

② 참조선을 자르고 다시 결합할 수 있습니다.

③ 참조선을 삭제할 수 있습니다. 연결선을 삭제한다는 것은 참조 관계를 삭제하는 것을 의미합니다.

④ 매개변수 상자 행을 숨기거나 표시할 수 있습니다.

▷ 맞춤형 기준선 색상

색상 옵션 대화상자에서 참조선 색상을 정의할 수 있습니다. 참조선의 색상을 설정하는 방법은 Tools -> Options: Colors 색상 섹션을 참조하십시오. 색상을 선택하면 LOGO! Soft Comfort는 모든 참조선에 해당 색상을 사용합니다.

▷ 매개변수 상자 연결 팁

출력 커넥터에서 입력 커넥터로 선을 연결하거나 그 반대로 연결하면 팝업 도구 설명이 열리고 연결이 표시됩니다. 마우스 버튼을 놓아서 해당 입력에 선을 맞추십시오. 회로 프로그래밍에 대한 추가 도움말은 LOGO! Soft Comfort의 간단한 정보(툴 팁)를 참조하십시오. 블록 위에 마우스를 올리면 블록의 이름을 볼 수 있습니다. 블록 입력 위로 마우스를 가져 가면 입력 이름을 볼 수 있습니다.

▷ 매개변수 상자 연결 규칙

다음 규칙이 블록 연결에 적용됩니다.

- 단일 입력을 여러 출력에 연결할 수 있습니다.

- 하나의 출력에 여러 입력을 연결할 수 없습니다.

■ **시간 단위를 변경하려면**

시간 유형 매개변수가 다른 매개변수를 참조할 때, 작은 화살표를 왼쪽으로 클릭하고 드롭다운 목록에서 원하는 단위를 선택하여 매개변수의 단위를 변경할 수 있습니다.

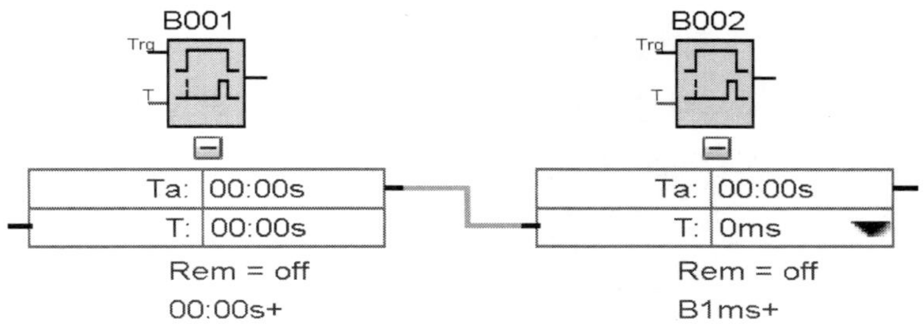

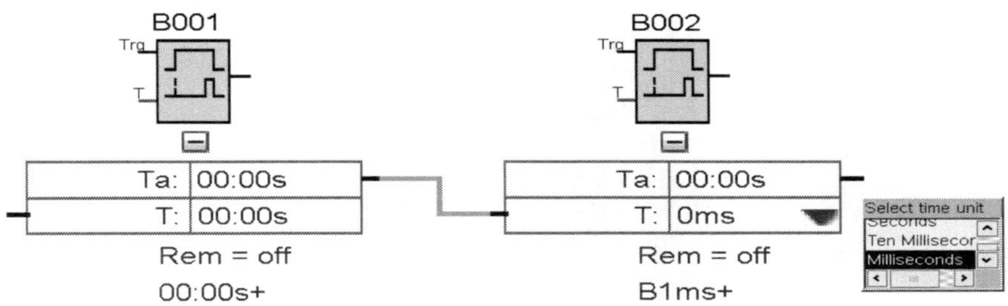

3.2 레이아웃 편집

1) 레이아웃 편집

사용자 프로그램에 블록들을 삽입하고 연결하여 실행시킬 준비가 되었어도 레이아웃을 최적화시키는 약간의 작업이 필요합니다. 사용자는 삽입한 블록과 라인의 위치를 다시 조정할 수 있습니다.

2) 오브젝트 선택

오브젝트를 이동하거나 정렬시키기 위해 먼저 그것들을 선택해야 합니다. 프로그래밍 툴바에서 선택 툴(Selection Tool)을 클릭하거나 [ESC] 키를 눌러 선택(Selection)을 활성화시키십시오.

 or [ESC] → Selection

마우스 클릭으로 하나의 블록과 연결라인을 선택할 수 있습니다. 마우스 포인터로 여러 개의 블록과 연결 라인들을 한 번에 선택할 수 있는데, 이는 왼쪽 마우스 버튼을 누른 상태에서 오브젝트 주위로 사각형 틀을 그린 후 버튼을 놓으면 됩니다. 선택된 오브젝트들은 구석마다 조그마한 적색 사각형으로 하이라이트 됩니다.

FBD 편집기 예

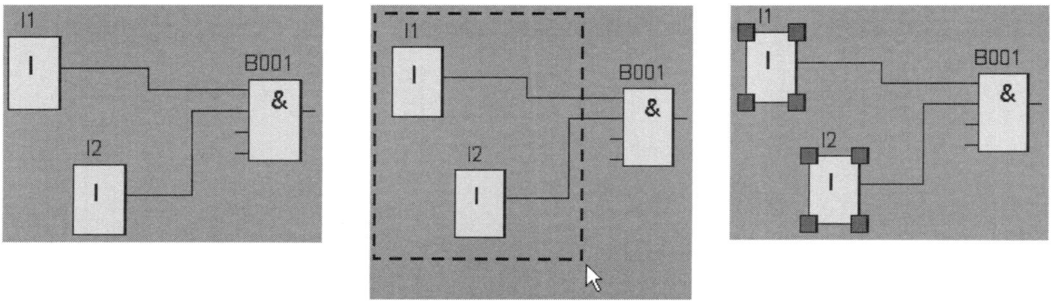

한 번의 마우스 클릭으로 하나의 오브젝트를 선택하거나 혹은 마우스를 드래그시켜 여러 개의 오브젝트 그룹들을 선택하는 것 외에 "optional selection"에서 [Ctrl] 키를 누른 상태에서 원하는 오브젝트들을 하나씩 선택하는 방법도 있습니다. 선택한 오브젝트를 해제하려면 [Ctrl] 키를 누른 상태에서 선택한 오브젝트를 다시 한번 누르면 됩니다.

3) 선택한 블록 편집

선택한 오브젝트나 오브젝트 그룹은 [Del] 키로 삭제할 수 있고 키보드를 사용하거나 마우스로 드래그 앤 드롭으로 이동시킬 수 있습니다. 키보드 커서키를 이용하면 아주 조금씩 위치를 이동시킬 수 있습니다. 그러나 이 작업을 수행할 때는 Format → Grid 메뉴에서 스냅(snap) 펑션이 설정되면 안 됩니다. 관련 툴바 아이콘을 사용하여 선택한 오브젝트들을 잘라내기, 복사하기, 붙여넣기를 할 수도 있습니다.

 → 선택한 오브젝트 잘라내기

 → 선택한 오브젝트 복사하기

 → 선택한 오브젝트 붙여넣기

▷ **선택한 연결 라인 편집**

연결 라인을 편집하기 위한 특별한 기능이 있습니다. 선택된 연결 라인은 원형과 사각형 푸른색으로 표시됩니다. 원형 핸들은 라인이 연장되는 방향으로 라인을 이동시킬 수 있습니다. 사각형 핸들은 라인의 시작과 끝을 다시 조정할 때 사용됩니다. 라인들은 원형 핸들에 의해 드래그되어 이동됩니다.

FBD 편집기 예)

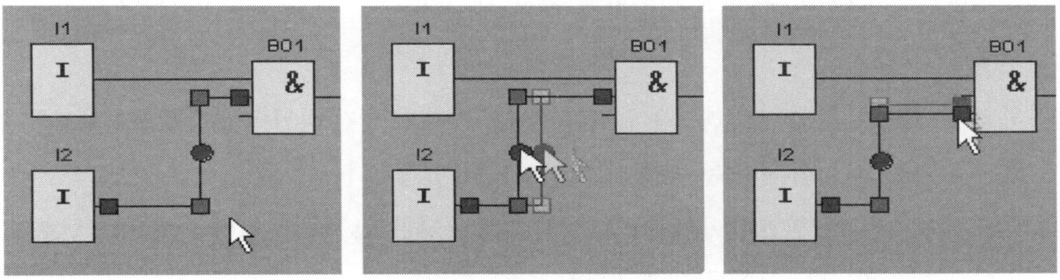

연결 라인의 끝이 타겟 커넥터에 연결되지 않으면 마우스 버튼을 놓을 때 초기 위치로 다시 돌아갑니다.

4) 블록 교체

블록을 다른 펑션으로 대체하는 방법

① 새로운 블록을 교체할 블록 위나 아래에 삽입합니다.

② 이전 블록의 연결 라인을 새로운 블록으로 다시 연결시킵니다.

③ 모든 연결 라인을 다시 와이어링한 후에 이전 블록을 삭제하고 새로운 블록을 이전 블록 위치에 놓으면 됩니다.

FBD 편집기 예)

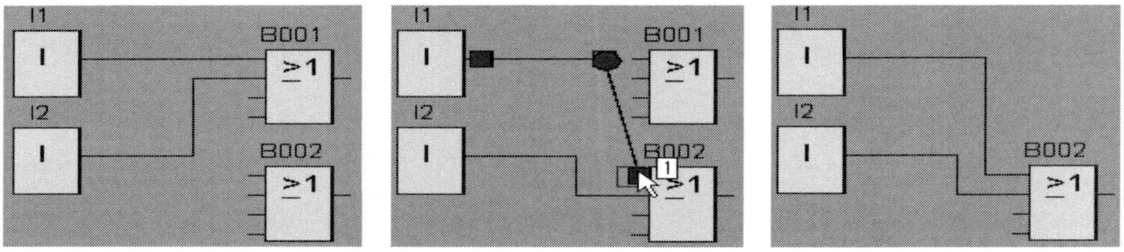

위와 같은 순서로 블록을 교체하면 연결 라인을 그대로 유지할 수 있습니다. 이전 블록을 먼저 삭제하면 연결 라인도 삭제가 되기 때문에 모든 연결 라인을 다시 생성해야 합니다.

5) 연결 라인 잘라내기

사용자 프로그램의 용량이 큰 경우 프로그램을 해석하는 것이 어려울 수 있습니다. 특히 연결 라인이 많은 경우 프로그램이 더욱 복잡하게 보입니다. 이때 프로그래밍 툴바의 "자르기/연결하기(Cut/Join)" 기능을 사용하여 연결 레이아웃을 정리할 수 있습니다.

 → Cut/Join

이 툴을 선택한 후에 연결 라인을 클릭하십시오. 선택된 연결 라인은 그래픽에서 분리됩니다. 그러나 블록 사이의 링크는 여전히 활성화되어 있습니다.

연결을 자르기 한 후 열리게 된 종단은 화살표 아이콘으로 보여 지며 화살표는 신호의 흐름 방향을 가리킵니다. 아이콘 위에 그 종단으로 연결되는 프로그램의 페이지 번호, 블록 이름, 블록터미널 번호 등의 크로스 레퍼런스 정보가 나타납니다.

또는 자르기를 원하는 두 블록 사이의 연결 라인을 선택한 후 오른쪽 마우스 버튼으로 바로가기 메뉴를 열고 잘라내기 명령어를 선택해도 됩니다.

Edit → Cut Connections 메뉴 명령어를 사용하여 연결 그룹을 잘라내기 할 수도 있습니다. 연결 라인을 자르기 하기 전에 자르기 할 영역을 지정하고 한 번에 자르기를 하는 것입니다. 한 예로 블록들을 통과해 지나가는 모든 연결 라인을 자르기 할 수 있습니다.

FBD 편집기 예)

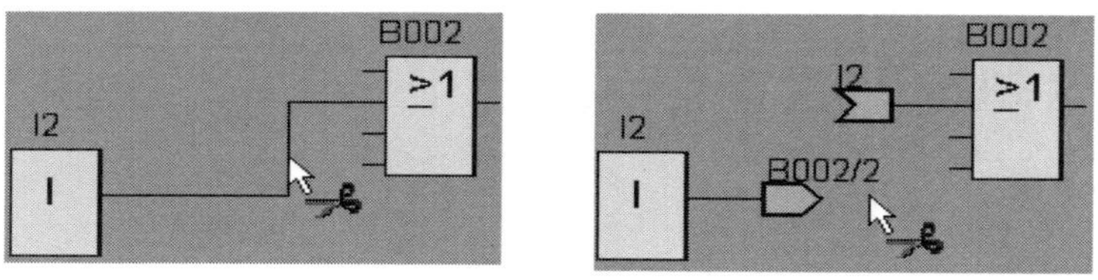

자르기/연결하기(Cut/Join) 툴이 활성화되는 동안 열려 있는 종단을 클릭하면 연결이 이루어지게 됩니다. 또는 열려 있는 종단을 선택한 후 오른쪽 마우스 버튼으로 바로가기 메뉴를 열고 Link 메뉴 명령어를 호출하면 연결이 이루어집니다.

FBD 편집기 예)

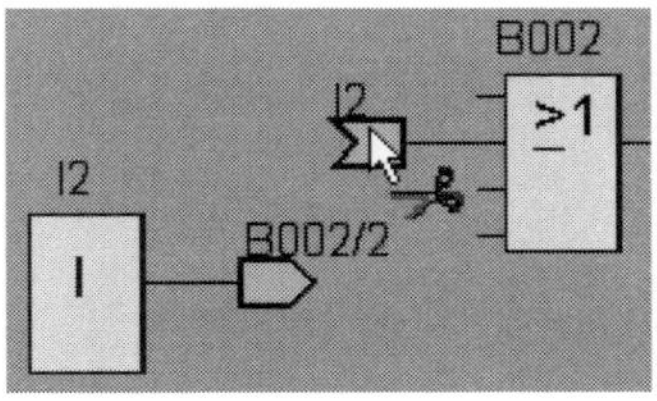

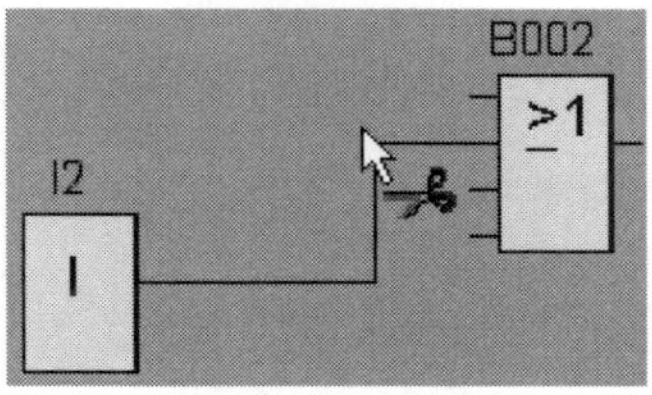

이 툴을 사용자 프로그램 용량을 적게 만들기 위해 사용하지 마십시오. 대부분의 경우 아이콘들을 재조정하는 것만으로도 레이아웃을 최적화시킬 수 있습니다.

▷ **적용과 장점**

용량이 크거나 복잡한 프로그램에는 연결 라인이 많아지게 되므로 프로그램 해석이 어렵게 됩니다. 이런 경우 자르기/연결하기(Cut/Join) 버튼으로 프로그램의 레이아웃을 정리하면 매우 효과적입니다. 자르기 명령에 의해 열려 있는 종단은 오른쪽 마우스 버튼으로 파트너 커넥터에 쉽게 연결될 수 있습니다. 오른쪽 마우스 버튼으로 바로가기 메뉴를 열고 Go To Partner 메뉴를 선택하면 자르기 파트너의 종단으로 점프하게 됩니다.

자르기/연결기(Cut/Join) 툴은 프로그램이 인쇄할 수 있는 페이지를 넘어가는 경우에 유용하게 사용할 수 있습니다. 두 개의 블록이 서로 다른 페이지에 있고 이 블록들이 연결 라인으로 연결되어 있다면 크로스 레퍼런스 정보(상호 관련 정보) 없이 분리됩니다. 그러나 자르기/연결기 (Cut/Join) 툴로 연결 라인을 자르기 하면 연결 소스 블록이나 파트너 블록에 크로스 레퍼런스 정보가 생겨납니다.

FBD 편집기 예)

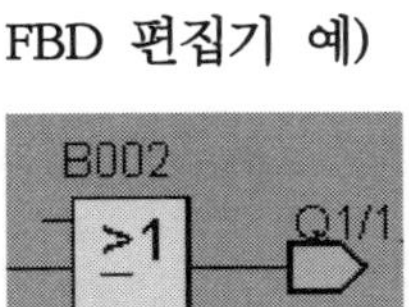

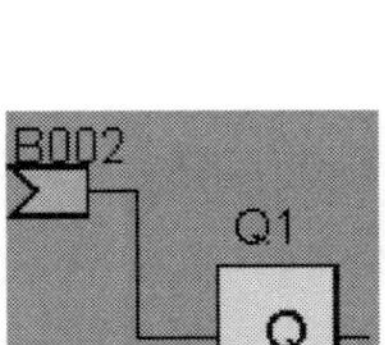

3.3 문서화와 저장

1) 사용자 프로그램의 문서화

▷ 라벨

프로그래밍 툴바에 있는 텍스트 툴을 사용하여 블록과는 상관없는 텍스트나 혹은 블록과 연관된 텍스트(라벨)을 생성할 수 있습니다. 이 작업을 하려면 텍스트 툴을 클릭하십시오.

A →Text tool

이 아이콘이 활성화되어 있을 때 프로그래밍 인터페이스상의 빈 영역을 클릭하여 텍스트 입력 박스를 여십시오. 여기에 라벨 텍스트를 입력한 후에 라벨 윈도우 밖 아무곳을 클릭하거나 [ESC] 키를 누르십시오. 윈도우가 닫히고 라벨 텍스트가 다이어그램에 보이게 될 것입니다.

이 라벨은 원하는 곳으로 이동할 수 있습니다.

FBD 편집기 예)

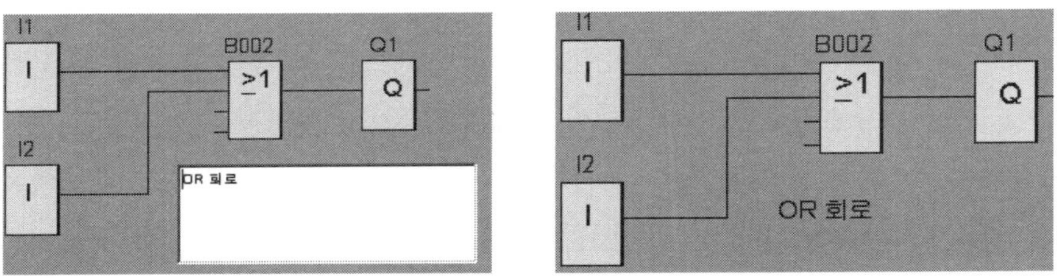

▷ 블록과 독립적인 텍스트와 블록과 연관된 텍스트

블록과 독립적인 라벨을 생성하려면 프로그래밍 인터페이스의 빈 영역을 클릭하십시오. 텍스트 툴을 선택하고 해당 라벨을 클릭하면 라벨을 편집할 수 있습니다.

텍스트 툴을 선택하고 블록을 클릭하면 블록 주석이라고 부르는 '블록과 연관된 라벨'이 생성됩니다. 이 라벨은 블록 속성 다이어그램 창의 주석(Comment) 탭에서도 주석을 입력하고 변경할 수 있습니다. 블록 주석은 블록에 이름을 부여하거나 블록의 기능을 설명하는 주석을 삽입할 때 사용합니다.

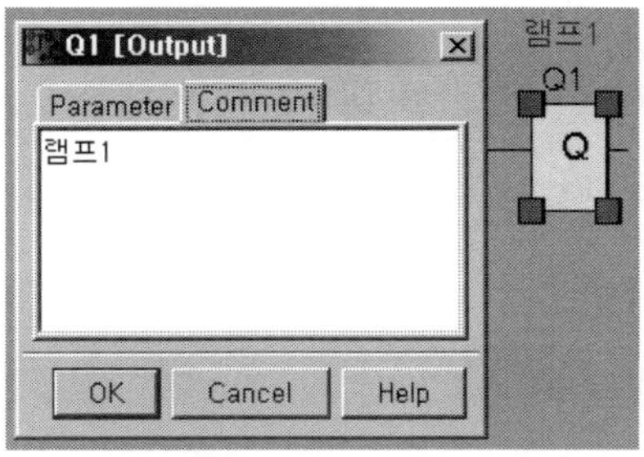

'블록과 연관된 라벨'이 있는 블록을 선택하면 그 라벨 텍스트는 마킹이 되지 않습니다. 그러나 블록을 옮기면 라벨도 옮겨집니다. 블록을 복사하거나 잘라내기 하면 블록 자체만 클립보드에 복사됩니다. 잘라내기 작업은 관련 라벨을 삭제합니다. 그러나 그 라벨을 개별적으로 선택, 이동, 복사, 잘라내기, 붙여넣기를 할 수 있습니다. 클립보드로부터 붙여넣기 한 '블록과 연관된 라벨'은 더 이상 그 블록과 관련이 없어집니다.

Edit → Input/Output Names에서 블록 번호와 I/O들의 커넥터 이름을 부여할 수 있습니다.

▷ **주석 링크 및 커넥터 주석**

텍스트 주석은 기능 블록 또는 커넥터 연결에 연결될 수 있습니다.

텍스트 블록과 기능 블록을 연결하려면 텍스트가 선택되었을 때 텍스트의 중앙에 있는 노란색 큐빅을 마우스 왼쪽 버튼으로 클릭하고 마우스 왼쪽 버튼을 누른 상태로 링크하려는 블록으로 포인터를 이동하십시오. 기능 블록 또는 잘라내기 커넥터가 주석에 링크되어 있으면 해당 프레임 색상이 녹색입니다.

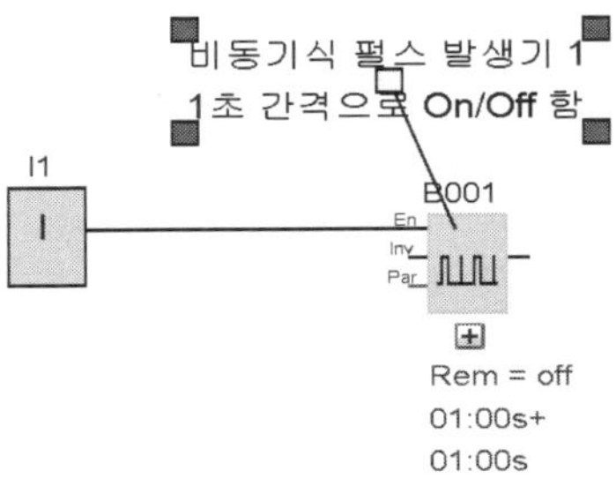

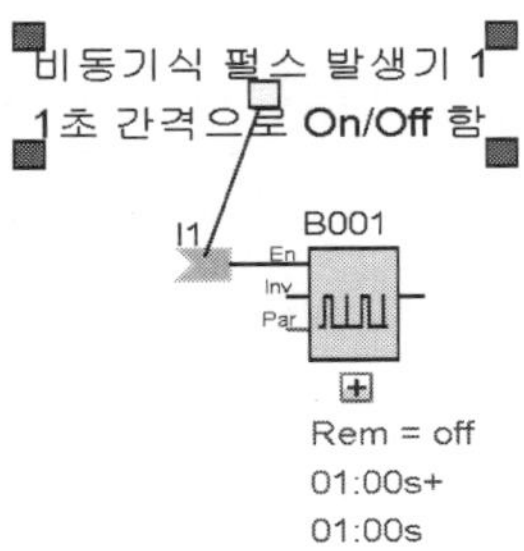

연결된 주석은 첨부된 그림과 일관되게 이동합니다. 블록 주석을 수행할 때 그림에 대한 주석의 상대적 위치를 조정할 수 있습니다.

2) 사용자 프로그램 열기와 저장

▷ **사용자 프로그램 저장**

표준 툴바의 저장 아이콘을 클릭하면 사용자 프로그램을 저장할 수 있습니다.

→ File Save

사용자 프로그램은 열렸을 당시의 이름으로 저장됩니다. 이전 내용은 오버라이트 됩니다. 저장을 처음 할 때는 프로그램 이름과 파일 디렉토리 경로를 묻는 프롬프트가 나타납니다.

▷ 사용자 프로그램 열기

File open 아이콘을 클릭하면 언제든지 사용자 프로그램을 열 수 있고 수정할 수 있습니다. 버튼에 있는 오른쪽 화살표 아이콘을 클릭하면 최근에 열렸던 사용자 프로그램 목록이 열립니다.

→ File Open

3.4 사용자 프로그램의 시뮬레이션

1) 시뮬레이션 실행

Tools → Simulation 메뉴 명령어나 프로그래밍 툴바에 있는 시뮬레이션 아이콘을 누르면 사용자 프로그램을 시뮬레이션할 수 있습니다.

시뮬레이션이 시작되면 LOGO! Soft Comfort는 사용자 프로그램을 체크해서 에러를 Info 윈도우에 표시합니다. Info 윈도우는 View → Info Window 메뉴 명령어나, [F4]를 눌러 호출할 수 있습니다. 또는 Info 윈도우에서 [F2] 펑션키를 눌러 사용자 프로그램을 실행시킬 수 있는 LOGO! 버전을 표시할 수도 있습니다.

시뮬레이션 모드에는 시뮬레이션 툴바와 상태 윈도우가 시뮬레이션을 실행시키거나 사용자 프로그램의 동작을 모니터링할 수 있습니다.

2) 입력 레이아웃

입력은 키 형식이나 스위치 아이콘으로 보입니다. 입력의 이름은 아이콘 밑에 표시됩니다. 열려 있는 입력 그림은 활성화되지 않은 스위치를 의미합니다. 아이콘을 클릭하면 활성화되고 스위치는 닫힌 상태로 나타납니다.

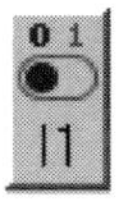

→ 푸시버튼 I1의 아이콘, 활성화되지 않음 → 입력 스위치 열림

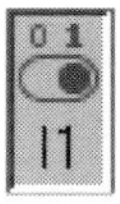

→ I1의 아이콘, 활성화됨 → 입력 스위치 닫힘

→ 푸시버튼 I2, 아이콘, 활성화되지 않음 → 입력 스위치 열림

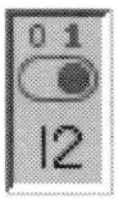

→ I2의 아이콘, 활성화됨 → 입력 스위치 닫힘

▷ **아날로그와 주파수 입력의 레이아웃**

슬라이드 저항으로 아날로그 값과 주파수 값 입력을 설정할 수 있습니다. 해당 블록을 클릭하면 슬라이드 제어기가 팝업되어 동작하게 됩니다. 좀 더 정밀할 값을 지정하려면 그 값을 직접 입력하거나 그림에 보이는 업/다운 화살표 키로 값을 직접 설정할 수 있습니다.

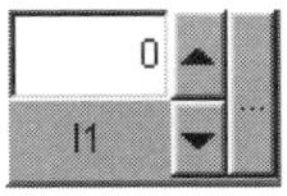

→ 입력 블록 I1 표시 → 주파수 입력

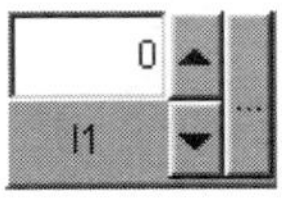

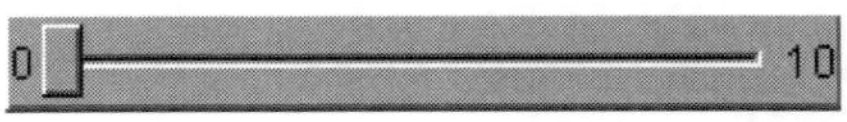

입력 펑션

Tools → Simulation Parameters 메뉴에서 시뮬레이션을 위한 입력 응답을 설정할 수 있습니다.

3) 출력 레이아웃

시뮬레이션 모드에서는 출력 Q와 플래그 M이 출력으로 표시됩니다.

출력이나 플래그의 상태는 밝은 전구나 어두운 전구 아이콘으로 표시됩니다. 출력의 이름은 아이콘 아래 표시됩니다.

 → 출력 Q1의 상태 표시 → 출력 스위치 오프

 → 출력 Q1의 상태 표시 → 출력 스위치 온

출력 상태는 이처럼 상태를 표시하기만 합니다. 여기서 아이콘을 클릭해서 출력을 스위치할 수는 없습니다. 사용자 프로그램에서 출력이 스위치되면 전구가 활성화되고 출력이 스위치 오프되면 전구도 또한 스위치 오프 됩니다.

4) 출력 세트

시뮬레이션 모드에서 블록의 디지털 출력에 마우스를 위치시킨 후 오른쪽 마우스 키로 Set output 명령어를 선택할 수 있습니다.

이 명령어는 블록의 현재 상태와 상관없이 출력을 세트시킬 수 있게 해 줍니다. 출력은 사용자가 이 명령어를 다시 활성화시키거나 시뮬레이션을 종료시키기 전까지 그대로 유지됩니다.

이런 식으로 시뮬레이션을 사용하여 사용자 프로그램이 어떤 상태에 대해 어떻게 응답하는지를 확인할 수 있습니다.

5) 전원 차단

전원이 차단되는 때를 시뮬레이션하기 위해 Power 아이콘을 클릭하여 입력단에 주어지는 전원을 차단할 수 있습니다.

 → 전원 아이콘, 동작하지 않았음

 → 전원 아이콘, 동작했음 → 전원 차단 시뮬레이션

이 기능은 전원이 차단되었다가 다시 인가되었을 때 사용자 프로그램의 응답과 메모리 유지 기능(Retentive)을 테스트하기 위해 사용합니다. 메모리 유지 기능(Retentive)은 시뮬레이션 실행 기능과는 달리 "전원 차단" 펑션과 관련됩니다. 시뮬레이션을 실행시키는 것은 LOGO!에서의 "Load Program" 펑션과 같습니다. 이때에는 유지 메모리를 포함한 모든 데이터가 리셋 됩니다.

6) 메시지 텍스트 레이아웃

시뮬레이션을 시작하면 시뮬레이션 도구 모음에는 메시지창을 표시하는 토글 버튼이 있습니다.

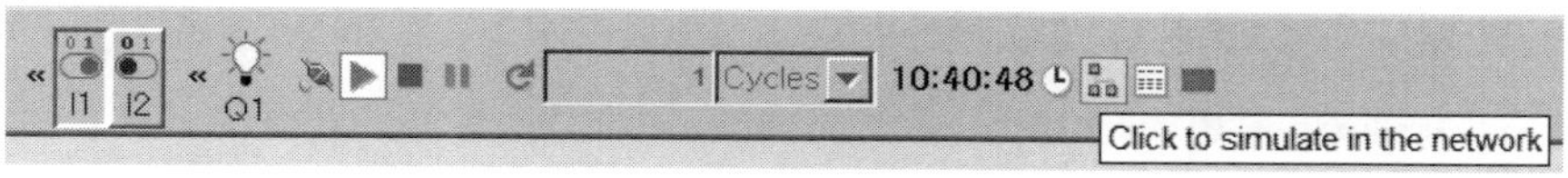

메시지 텍스트에 삽입된 블록을 오른쪽 마우스 버튼으로 누르면 그 블록들이 사용자 프로그램의 어디에서 사용된 것인지를 알 수 있습니다. 사용자 프로그램에서 이 블록을 선택(Go to Block)한 후 이 블록의 속성을 호출(Block Properties)할 수도 있습니다.

LOGO! 0BA6 또는 0BA7에서 메시지 텍스트를 설정했다면 메시지 텍스트가 LOGO! Display와 LOGO! TD 중 한 곳이나 또는 양쪽에 표시되도록 지정할 수 있습니다. 만약 한곳에만 표시되도록 지정하면 시뮬레이션 모드는 그곳에 보이는 메시지를 하나의 윈도우로 보여주고 양쪽에 지정하면 LOGO! Display와 LOGO! TD에 보이는 메시지를 두 개의 윈도우로 각각 보여줍니다. 만약 LOGO! 0BA5 메시지 텍스트를 사용한다면 메시지 텍스트는 LOGO! Display에만 표시됩니다.

▷ 표준 보기

다음 그림은 LOGO! Display에만 보이는 표준 보기입니다.

① 우선권을 보여주는 메시지 텍스트 탭

② 또 다른 메시지 텍스트 탭

여기서 우선권이 두 번째인 메시지 텍스트가 존재함을 볼 수 있습니다.

③ 메시지가 표시되는 디바이스 이름. 설정에 따라 "LOGO! Display"나 "LOGO! TD"가 될 수 있습니다.

④ Details 버튼

이 버튼을 클릭하면 보기 내용이 바뀌고 Detail View (아래 설명 참조)에서 더 자세한 내용을 볼 수 있습니다.

⑤ Enter value manually 심벌

이 펑션을 사용하기 전에 먼저 메시지 텍스트에서 변경하고자 하는 항목을 클릭해야 합니다. 그 후에 이 버튼을 사용하면 현재의 값을 변경할 수 있습니다.

또는 메시지 텍스트에서 해당 항목을 더블 클릭하여 수동으로 그 값을 변경할 수 있습니다.

⑥ Go to Block 심벌

이 버튼을 클릭하면 메시지에서 사용된 특수 펑션이 사용자 프로그램에서 선택됩니다.

⑦ 사용자 프로그램에서 문자 세트를 선정하기 위한 M27을 사용하지 않을 경우 다른 문자 세트를 사용하기 위한 옵션

▷ 자세히 보기

다음 화면은 LOGO! Display에만 보이는 메시지 텍스트 자세히 보기입니다.

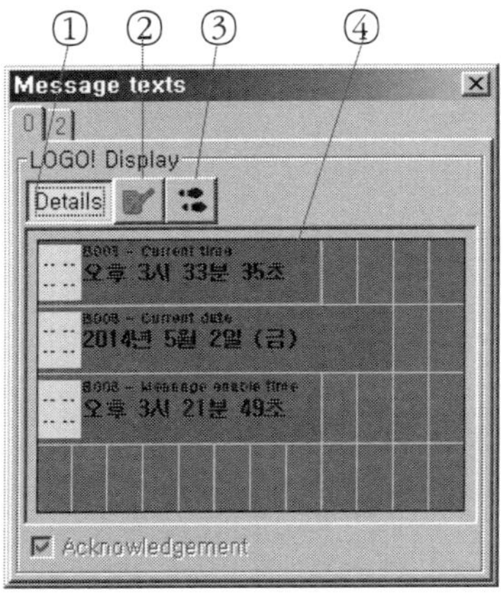

① Details 버튼

이 버튼을 클릭하면 표준 보기(위 설명 참조)로 돌아옵니다.

② Enter value manually 심벌

이 펑션을 사용하기 전에 먼저 메시지 텍스트에서 변경하고자 하는 항목을 클릭해야 합니다. 그 후에 이 버튼을 사용하면 현재의 값을 변경할 수 있습니다. 또는 메시지 텍스트에서 해당 항목을 더블클릭하여 수동으로 그 값을 변경할 수 있습니다.

③ Go to Block 심벌

이 버튼을 클릭하면 메시지에서 사용된 특수 펑션이 사용자 프로그램에서 선택됩니다.

④ 메시지 텍스트 항목이 어느 블록에서 발생했는지를 보여주는 항목

▷ LOGO! Display와 LOGO! TD 메시지 텍스트 디스플레이 각각 보기

Tools -> Options: Simulation 다이얼로그 창에서 "Show message text for the LOGO! TD in a separate window" 옵션을 선택하고 메시지 목적지를 LOGO! Display와 LOGO! TD 모두로 선택하면 시뮬레이션 모드는 두 개의 윈도우로 각 메시지 텍스트를 보여줍니다.

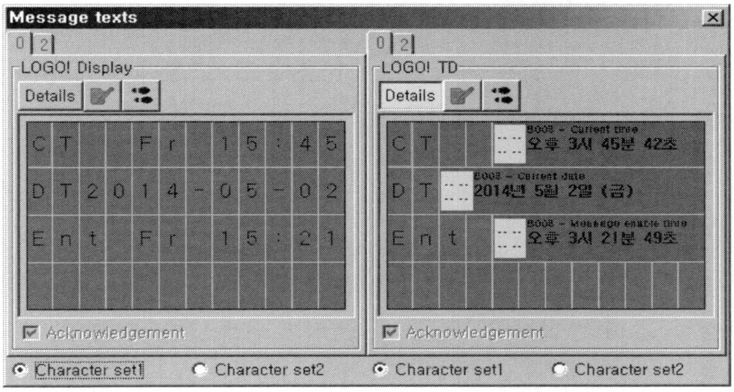

7) 시뮬레이션 모드에서의 파라미터 할당

시뮬레이션이 동작하는 동안에도 블록을 더블 클릭하면 블록 속성 다이얼로그 창이 열리게 됩니다. 여기서 주석과 파라미터를 수정할 수 있습니다.

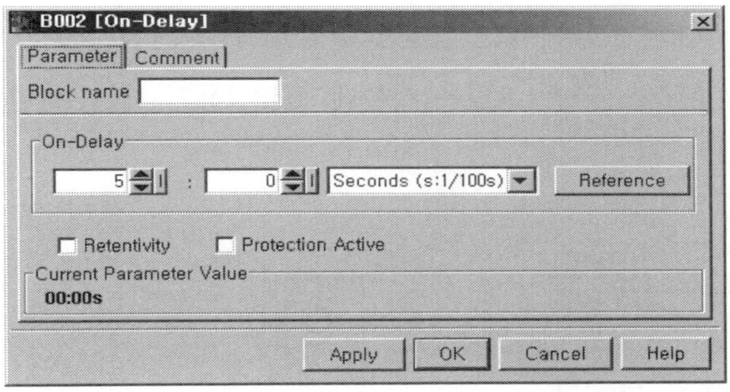

시뮬레이션 모드에서 실제 파라미터 값을 볼 수 있습니다. 이 기능으로 사용자 프로그램의 응답을 테스트할 수 있습니다. 사용자는 현재의 시뮬레이션 모드에서 동시에 여러 개의 파라미터 설정 윈도우를 열 수 있습니다.

8) 다른 동작 방법

스위치를 직접 클릭하여 그것들을 온 오프 시킬 수 있습니다.

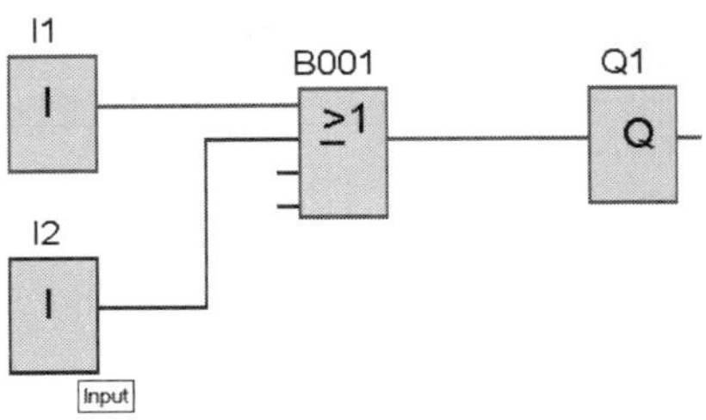

상태 윈도우를 마우스로 선택하거나 LOGO! Soft Comfort 밖으로 드래그 앤 드롭하여 별도의 윈도우로 만들 수 있습니다. 이는 많은 양의 I/O를 사용자 프로그램에서 조작하거나 I/O 레이아웃을 필요에 맞게 정렬할 때 매우 유용합니다.

9) 시뮬레이션 시간 조정

LOGO! Soft Comfort의 시뮬레이션 모드는 시간 기반이나 지정된 사이클 수를 기반으로 사용자 프로그램을 테스트할 수 있습니다. 타이머 기능을 테스트하기 위해 날짜와 시간을 변경할 수 있습니다. 자세한 내용은 시뮬레이션 툴바 장에 있는 시간 제어 항목을 참조하십시오.

10) 네트워크 통신 시뮬레이트 (0BA7 버전 이상)

시뮬레이션 모드에서 LOGO! Soft Comfort는 네트워크 시뮬레이션을 지원하기 위해 백 그라운드에서 가상 네트워크 시뮬레이션 그룹을 생성합니다. 하나 이상의 회로 프로그램을 이 그룹에 넣을 수 있습니다. 한 번에 하나의 시뮬레이션 그룹만 생성할 수 있으며 그룹의 각 회로 프로그램의 IP주소는 고유해야 합니다. 다음 그림은 시뮬레이션 그룹의 세 가지 회로 프로그램을 보여줍니다.

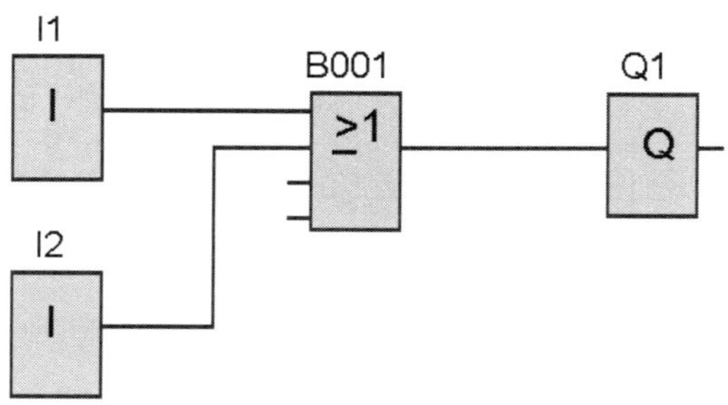

시뮬레이션을 시작하면 시뮬레이션 도구 모음에 토글 단추가 포함되며 이더넷 연결 정보를 구성한 후에만 사용할 수 있습니다.

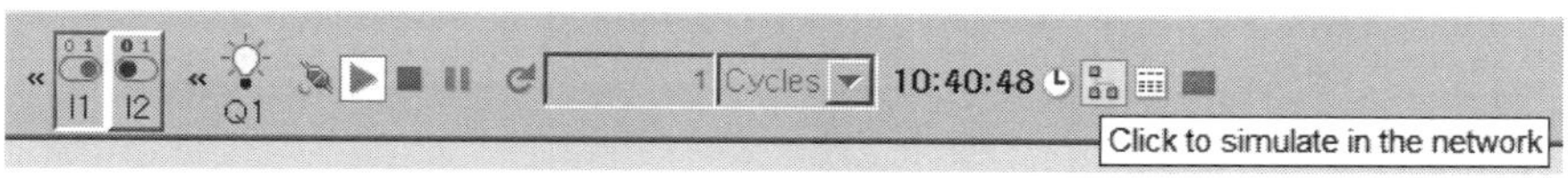

네트워크 시뮬레이션 버튼을 클릭하면 LOGO! Soft Comfort가 시뮬레이션 그룹의 회로 프로그램을 표시합니다. 다음 그림은 시뮬레이션 중인 회로 프로그램을 보여줍니다.

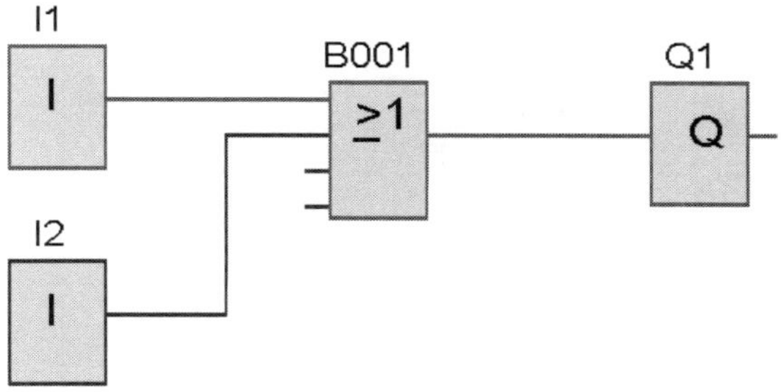

"네트워크 외부 시뮬레이션" 버튼을 클릭하여 시뮬레이션 그룹에서 다이어그램을 제거할 수 있습니다. 제거한 후에도 LOGO! Soft Comfort는 회로 프로그램을 계속 시뮬레이션하지만 다른 회로 프로그램과는 통신하지 않습니다.

11) 데이터 테이블 (0BA7 버전 이상)

데이터 테이블에서 VM(Variable Mapping) 값을 볼 수 있습니다. 시뮬레이션 도구 모음에는 데이터 표의 표시를 열거나 닫을 수 있는 토글 단추가 있습니다.

데이터 테이블에서 VM 주소를 입력하고 해당 데이터 유형을 선택할 수 있습니다. LOGO! Soft Comfort는 사용자가 제공한 VM 주소의 현재 값을 표시합니다. 기존 행을 마우스 오른쪽 단추로 클릭하거나 기존 행의 마지막 셀에서 Enter 키를 눌러 새 행을 추가할 수 있습니다. 기존 VM 주소의 새 값 열에 새 값을 입력할 수 있습니다.

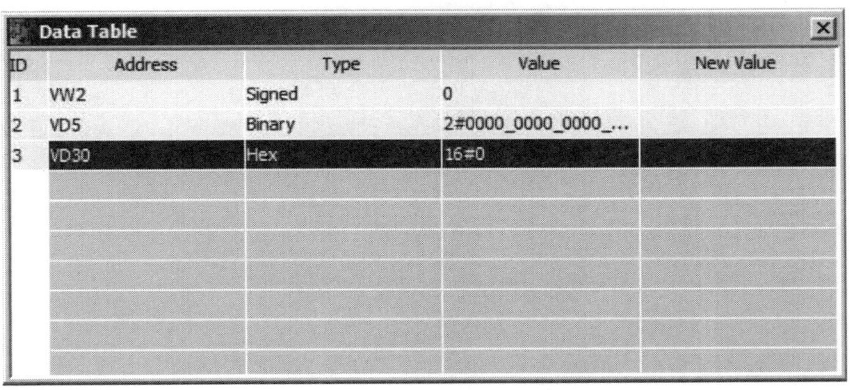
Data Table

ID	Address	Type	Value	New Value
1	VW2	Signed	0	
2	VD5	Binary	2#0000_0000_0000_...	
3	VD30	Hex	16#0	

아래 표는 유효한 주소 유형과 메모리 범위를 보여줍니다.

Address Type	Range
Bit	x.0 to x.7
VB	0 to 850
VW	0 to 849
VD	0 to 847
IB	0 to 2
QB	0 to 2
MB	0 to 7

시뮬레이션의 경우 데이터 테이블의 값이 사이클마다 업데이트됩니다. 온라인 테스트의 경우 각 통신 후에 값이 업데이트됩니다.

3.5 프로젝트 생성 및 시작하기

회로 프로그램 작성 소개

간단한 회로 프로젝트를 만들고 PC에서 시뮬레이션하여 LOGO! Soft Comfort로 작업하는 기본 사항을 배울 수 있습니다. 온라인 도움말에는 LOGO! Soft Comfort에 대한 몇 가지 샘플 응용 프로그램과 응용 프로그램 준비, 전송 및 보관 방법에 대한 정보가 포함되어 있습니다.

필요한 경우 자습서를 시작하기 전에 사용자 인터페이스의 요소를 검토하십시오.

1) 네트워크 프로젝트 만들기

이 절에는 다음 항목에 대한 정보가 포함되어 있습니다.

- 새 회로 프로젝트 만들기
- 회로 프로젝트 만들기
- 새 장치 추가
- 장치
- 회로 프로젝트 열기 및 저장

- 양면 프로그래밍

(1) 새 회로 프로젝트 만들기

LOGO! Soft Comfort를 시작하면 새로운 회로 프로젝트를 만들 수 있습니다.

새 프로젝트를 만들려면 파일 → 새로 만들기를 클릭하거나 프로젝트 모드의 표준 도구 모음에서 새로 만들기 버튼을 클릭합니다.

 → 파일 → 새로 만들기

노트

새 프로젝트를 만들면 현재 프로젝트가 닫힙니다. 현재 프로젝트를 저장하지 않았다면 LOGO! Soft Comfort는 저장하라는 메시지를 표시합니다.

(2) 회로 프로젝트 만들기

▷ 회로 프로젝트 개발은 다음 작업을 수행하여 회로 프로그램을 개발하십시오.

① 새 프로젝트를 만듭니다.

② 새 장치 추가

③ 장치에 대한 회로 프로그램 만들기

④ 프로젝트 저장

(3) 새 장치 추가

새 프로젝트를 만든 후에는 네트워크를 디자인하고 장치를 추가할 수 있습니다.

① 네트워크 프로젝트 트리에서 새 장치 추가를 두 번 누릅니다.

② 장치 목록에서 장치를 선택하십시오.

③ 구성 대화상자에서 장치의 IP주소, 서브넷 마스크 및 게이트웨이를 설정합니다. 이 창에서 장치 이름을 변경할 수도 있습니다.

또는 네트워킹 도구 모음에서 새 장치 추가 버튼을 클릭하여 새 장치를 추가할 수 있습니다.

노트:

프로젝트 모드의 네트워크 보기에서 새 장치를 추가하면 LOGO! Soft Comfort가 자동으로 새 회로 프로그램을 작성하여 다이어그램 편집기에 표시합니다.

(4) 장치(Devices)

▷ **로컬 PC:** 로컬 PC를 사용하여 프로젝트 및 회로 프로그램을 작성, 편집 및 구성합니다. 새 장치를 추가하면 LOGO! Soft Comfort는 장치와 로컬 PC 간의 이더넷 연결을 생성합니다. 네트워크 보기에서는 이더넷 연결선을 수정할 수 없습니다.

▷ LOGO! device

네트워크 보기에서 다음 유형의 로고를 추가할 수 있습니다! 장치:

- LOGO! 0BA7
- LOGO! 0BA7 slave
- LOGO! 0BA8
- LOGO! 0BA8 slave
- LOGO! 8.FS4
- LOGO! 8.FS4 slave
- LOGO! 8.FS5
- LOGO! 8.FS5 slave

다음 디스플레이는 LOGO!에 대한 장치 모델의 표준 보기를 보여줍니다.
0BA8, LOGO! 8.FS4, LOGO!! FS5 및 LOGO! 0BA7. 등

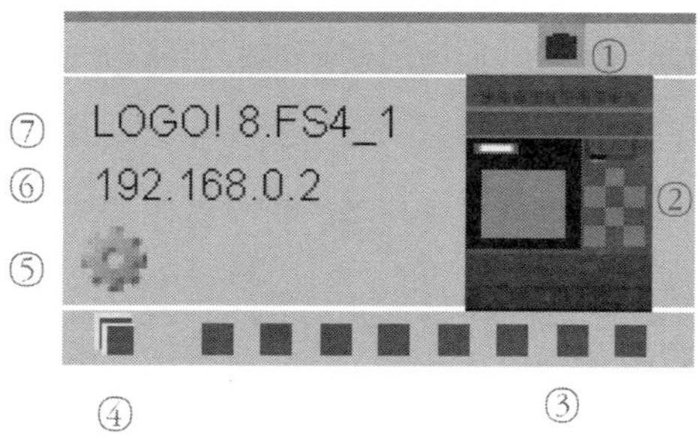

① 이더넷 포트: 이 포트는 다른 장치의 이더넷 포트를 보여줍니다.

② 장치 이미지: LOGO! 8 및 LOGO! 7

③ 일반 커넥터:

끌어서 놓기 조작을 통해 일반 커넥터를 연결하여 장치 간에 이더넷 연결을 생성할 수 있습니다. 일반 커넥터를 연결하는 방법은 이더넷 연결 구성, LOGO!를 참조하십시오.

참고:

일반 커넥터는 다른 장치의 커넥터에만 연결할 수 있습니다. 한 장치에서 다른 커넥터를 서로 연결할 수 없습니다.

④ 다이내믹 커넥터:

최대 8개의 일반 장치 커넥터로 동적 커넥터를 연결할 수 있습니다. 동적 커넥터와 다른 장치의 일반 커넥터 사이에 연결을 만들면 LOGO! Soft Comfort가 자동으로 연결 장치에 클라이언트 연결을 만듭니다.

참고:

0BA8 장치에만 동적 커넥터가 있습니다. 동적 커넥터는 다른 동적 커넥터와 연결할 수 없습니다.

⑤ 속성 아이콘

속성 아이콘을 마우스 왼쪽 버튼으로 클릭하여 장치 속성 패널을 열 수 있습니다.

⑥ 장치 IP:

다이어그램 모드에서 장치를 연결할 때는 장치에 대한 이더넷 연결을 만들기 전에 장치의 IP 주소를 할당해야 합니다.

네트워크 프로젝트 모드에서 새 장치를 프로젝트에 추가하면 LOGO! Soft Comfort는 기본 IP주소(예: 192.168.1.1)를 할당합니다.

⑦ 디바이스 명:

참고:

LOGO! Soft Comfort는 장치 이름 또는 장치 이름의 처음 11자를 표시합니다.

노트:

Modbus 장치는 LOGO에만 연결할 수 있습니다! 8.FS4 및 이후 버전 장치만 가능함.

LOGO! slave

LOGO! Soft Comfort에서는 LOGO!만 연결할 수 있습니다! SLAVE를 LOGO!에 장치를 드래그 앤 드롭하여 연결할 수 없습니다. 네트워크 블록을 연결해야만 연결을 생성할 수 있습니다.

▷ S7 호환 장치(S7 compatible device)

LOGO! Soft Comfort에서는 S7 장치를 LOGO에만 연결할 수 있습니다! 장치가 있지만 HMI, TDE 또는 LOGO는 아닙니다. SLAVE임.

S7 장치에는 LOGO! Soft Comfort에는 하나의 커넥터만 있지만 S7 장치와 LOGO 사이에 여러 개의 연결을 만들 수 있습니다. (최대 100개)

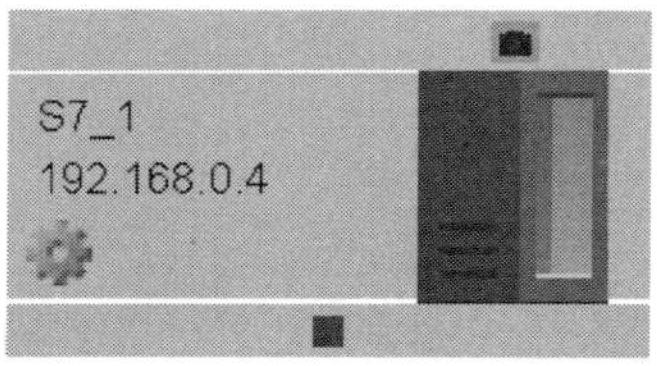

▷ 모드버스 호환 장치(Modbus compatible device)

LOGO! Soft Comfort에서는 Modbus 장치를 LOGO에만 연결할 수 있습니다! 8.FS4 장치. Modbus 장치는 LOGO! Soft Comfort에 하나의 커넥터만 있지만 Modbus 장치와 LOGO 사이에 여러 개의 연결을 만들 수 있습니다. 장치(최대 100개).

Modbus 장치 연결 방법은 이더넷 연결 구성, LOGO! Modbus 호환 장치 (LOGO! 8.FS4 및 이후 버전에만 해당).

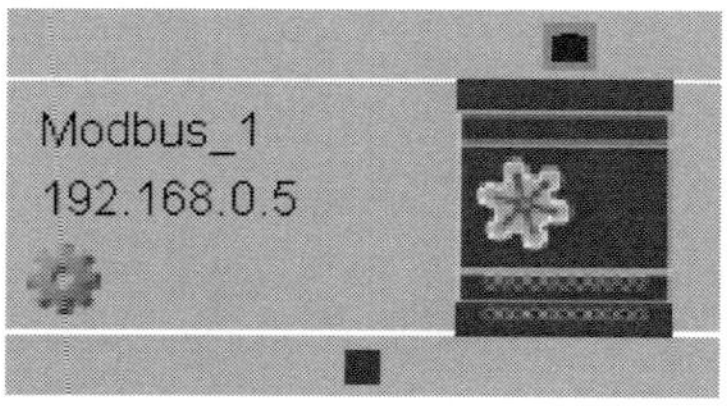

▷ HMI

LOGO! Soft Comfort에서는 HMI를 LOGO!에만 연결할 수 있습니다.

▷ LOGO! TDE (prior to LOGO! Soft Comfort V8.2)

LOGO! Soft Comfort에서 IP주소를 예약할 수 있습니다.

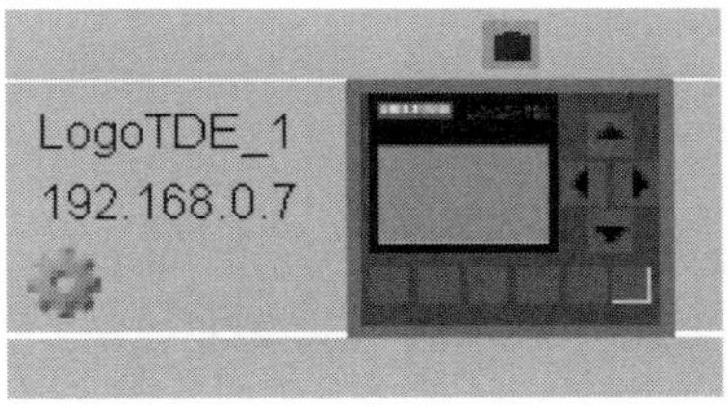

▷ **LOGO! TDE TDE 6ED1055-4MH08-0BA0 (LOGO! Soft Comfort V8.2만 해당)**

LOGO! Soft Comfort V8.2에서 LOGO!를 연결할 수 있습니다! LOGO!에 TDE 6ED1055-4MH08-0BA0 장치를 온라인 모드와 오프라인 모드 둘 다 사용할 수 있습니다.

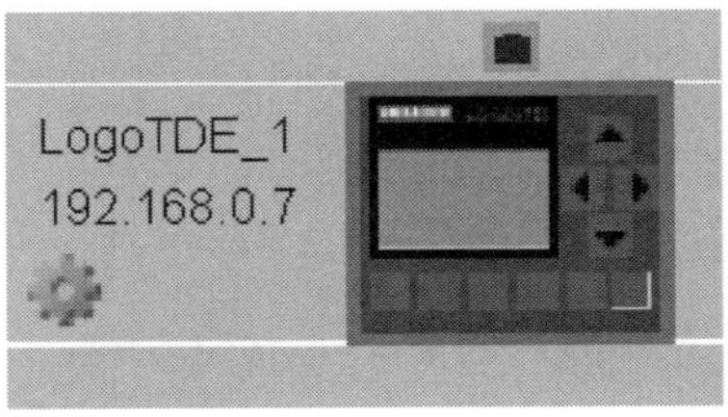

(5) 회로 프로젝트 저장 및 열기

▷ **프로젝트 저장하기**

프로젝트를 저장하려면 표준 툴바에서 저장 아이콘을 클릭하십시오.

 → 파일 저장

LOGO! Soft Comfort는 프로젝트를 연 이름으로 저장하고 이전 버전을 덮어씁니다. 프

로젝트를 처음 저장하면 LOGO! Soft Comfort는 프로그램 경로와 이름을 지정하라는 메시지를 표시합니다.

장치의 회로 프로그램 저장

장치를 마우스 오른쪽 단추로 클릭하고 바로가기 메뉴에서 내보내기를 선택하여 회로 프로그램을 저장합니다.

▷ 프로젝트 열기

파일 열기 아이콘을 클릭하여 추가 편집을 위해 회로 프로젝트를 열 수 있습니다.

 → 파일 열기

회로 프로그램을 프로젝트로 가져 오기

네트워크보기에서 빈 공간을 마우스 오른쪽 버튼으로 클릭하고 바로가기 메뉴에서 가져오기 ...를 선택하여 회로 프로그램을 가져옵니다.

노트

0BA7 및 0BA8 회로 프로그램 만 프로젝트로 가져올 수 있습니다.

(6) **양면 프로그래밍**(Two-side programming)

프로젝트 모드는 두 다이어그램 간의 네트워크 프로그래밍을 지원합니다. 드래그 앤 드롭으로 네트워크 연결 및 데이터 전송을 쉽게 만들 수 있습니다.

프로젝트 모드에서 0BA8 장치 간에는 양면 프로그래밍만 사용할 수 있습니다

▷ 양면 프로그래밍에 의한 두 다이어그램 간의 블록 데이터 전송

마우스 포인터를 기능 블록의 출력 커넥터에 놓습니다. 마우스 왼쪽 버튼을 누른 채로 있습니다. 포인터를 소스 커넥터에서 대상 입력 커넥터로 이동하십시오. 마우스 버튼을 놓습니다. LOGO! Soft Comfort는 두 터미널을 연결합니다.

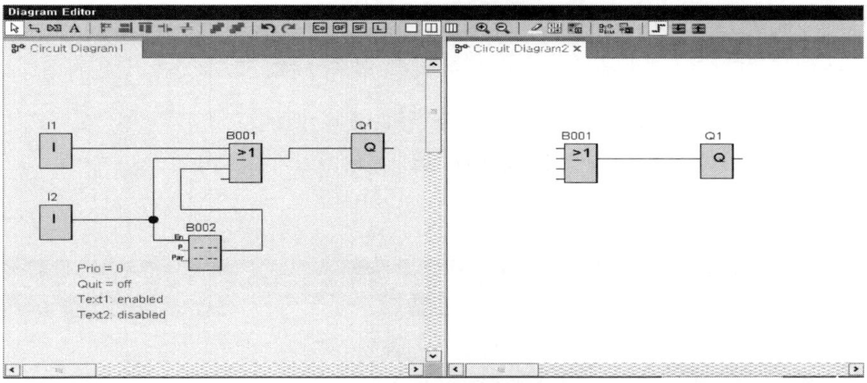

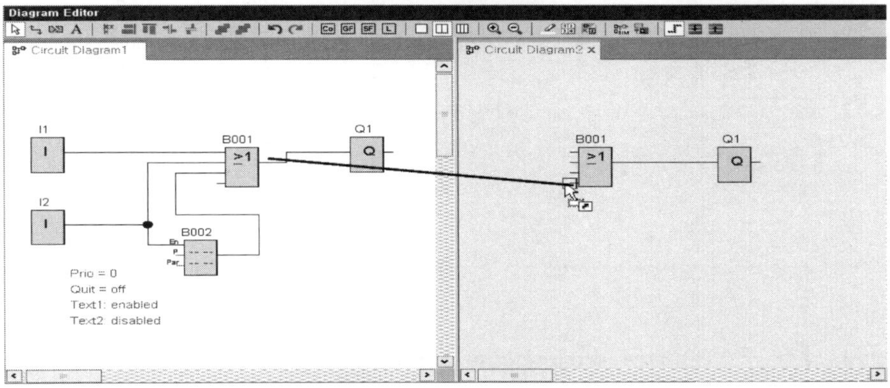

두 개의 개별 회로 다이어그램에 두 개의 기능 블록을 연결하면 LOGO! Soft Comfort는 이더넷 연결 및 데이터 전송 메커니즘을 포함하여 한 쌍의 네트워크 기능 블록을 생성합니다. 초록색은 로고! 두 회로의 장치가 LOGO! Soft Comfort로 연결됩니다. 네트워크 기능 블록이 LOGO! 장치가 다른 로고에 대한 연결을 잃습니다.

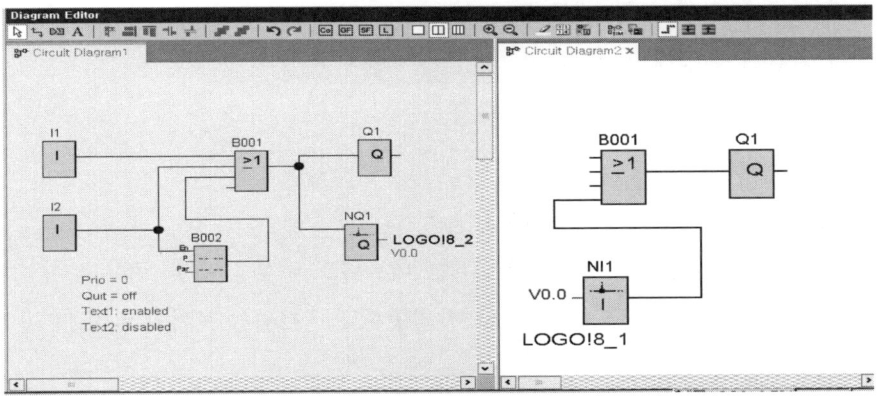

▷ **연결을 설정하는 다른 방법**

① 두 개의 다이어그램에 한 쌍의 네트워크 블록 (예: NI/NQ)을 삽입하십시오.

② 원격 값을 얻고 자하는 블록에 NI를 연결하십시오.

③ 데이터를 전송하려는 블록에 NQ를 연결하십시오.

④ NI와 NQ를 연결하십시오.

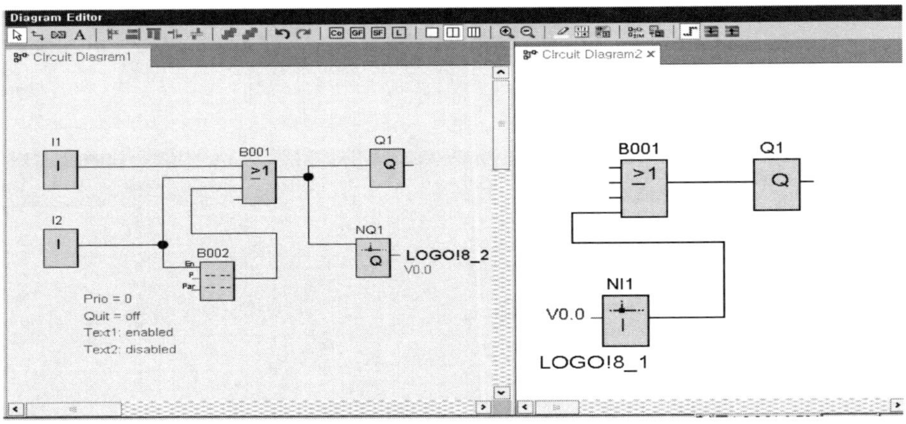

2) 장치 설정 구성(Device setting configuration)

이 절에는 다음 항목에 대한 정보가 포함되어 있습니다.

- PC 설정 구성하기
- LOGO 구성! 오프라인 설정
- LOGO 구성! 온라인 설정
- LOGO 구성! TDE 오프라인 설정
- LOGO 구성! TDE 온라인 설정
- 다른 표준 장치 설정 구성
- 장치 온라인 상태 감지
- 알 수 없는 장치에 대한 설정 구성

(1) PC 설정 구성하기

LOGO! Soft Comfort를 실행하는 로컬 PC는 네트워크 구성을 위한 로컬 장치입니다. 새 장치를 추가하면 LOGO! Soft Comfort가 자동으로 네트워크 보기의 로컬 PC에 연결됩니다.

그런 다음 네트워크보기에서 로컬 PC 이미지의 아이콘을 클릭하여 PC 설정을 구성할 수 있습니다.

로컬 PC를 LOGO에 연결하는 네트워크 인터페이스를 선택할 수 있습니다! 이 대화상자에서 기본 모듈을 선택하십시오.

(2) LOGO! 구성 오프라인 설정

로컬 PC 설정을 구성한 후, 네트워크 보기에서 장치 이미지의 아이콘을 클릭하여 장치 오프라인 설정을 구성할 수 있습니다.

(3) LOGO! 구성 온라인 설정

로컬 PC에 장치를 연결하면 네트워크보기 프레임에서 장치 이미지의 아이콘을 클릭하여 장치 온라인 설정을 구성 할수 있습니다.

(4) LOGO! 구성 TDE 오프라인 설정

네트워크보기 패널에서 새 장치를 추가한 후 장치 이미지의 아이콘을 클릭한 다음 LOGO! TDE 설정 대화상자가 표시됩니다.

LOGO!! TDE 설정 대화상자에서 LOGO를 구성할 수 있습니다. TDE 6ED1055-4MH08-0BA0

▷ 일반

이 탭에서 장치의 이름과 IP를 설정할 수 있습니다. 장치 이름을 LOGO!로 설정할 수 있습니다. TDE를 입력한 다음 IP주소, 서브넷 마스크 및 기본 게이트웨이 등

▷ 호스트IP:

이 탭에서 주소록 버튼을 클릭하여 호스트 IP주소를 입력하거나 주소록에서 IP주소를 선택할 수 있습니다.

▷ 메시지 텍스트:

이 탭에서 LOGO!에서 메시지 텍스트 설정을 구성할 수 있습니다. TDE. 일반 설정에는 세. 가지 옵션이 있으며 라디오 버튼을 클릭하여 옵션을 선택할 수 있습니다.

- 문자 집합 1: 메시지 텍스트의 기본 문자 집합을 지정합니다. 메시지 텍스트는 다음 중 하나의 문자로 구성됩니다. 문자 세트 1 또는 문자 세트 2. 문자 세트는 메시지 텍스트를 구성하기 위한 기본값이 될 수 있습니다.

- 문자 집합 2: 메시지 텍스트의 보조 문자 집합을 지정합니다. 메시지 텍스트는 문자 세트 1 또는 문자 세트 2의 문자로 구성됩니다. 문자 세트는 메시지 텍스트 구성을 위한 기본값이 될 수 있습니다.

- BM의 설정: 이 옵션은 BM의 설정을 따르도록 이끌 수 있습니다. BM의 메시지 텍스트 설정에 대한 자세한 내용은 파일 -〉 메시지 텍스트 설정을 참조하십시오.

▷ TDE 파워 온 스크린(오프라인)

이 탭에서 LOGO 전원 켜기 화면을 구성할 수 있습니다! TDE는 다음 두 가지 방식으로 제공됩니다.

- BM의 설정을 따르려면 BM 설정 사용 옆의 확인란을 클릭하십시오.
- TDE 파워 온 화면을 사용자 정의하려면 문자 세트를 선택한 다음 키보드를 사용하여 내용 영역에 문자를 입력하십시오. 전원 켜짐 화면에는 간단한 텍스트 문자열만 포함될 수 있습니다.

(5) LOGO!구성 TDE 온라인 설정

LOGO! TDE 설정 대화상자는 온라인 설정 탭과 오프라인 설정 탭으로 구성됩니다.

▷ 온라인 설정 탭을 시작하는 방법에는 두 가지가 있습니다.

방법 1: TDE 장치를 구성한 후, LOGO! TDE 및 LOGO! Soft Comfort가 성공적으로 설정되고 LOGO! TDE 설정 대화상자가 자동으로 나타납니다. 온라인 설정 탭을 편집할 수 있으며 오프라인 설정 탭에 액세스할 수 없습니다.

방법 2: 네트워크 보기 패널에서 새 장치를 추가한 후 장치 이미지의 아이콘을 클릭한 다음 LOGO! TDE 설정 대화상자가 표시됩니다.

▷ **TDE에 연결**

이 탭에서는 LOGO! 통신 인터페이스를 성공적으로 구성하기 위한 방법입니다.

방법 1: LOGO! Soft Comfort가 TDE에 성공적으로 연결되었습니다.

방법 2: 먼저 TDE에 연결해야 합니다.

▷ **FW 버전 표시**

이 탭에서 LOGO 펌웨어 버전을 확인할 수 있습니다.

▷ **IP주소 할당**

이 탭에서는 IP주소, 서브넷 마스크 및 기본 게이트웨이를 변경할 수 있습니다. TDE를 선택하고 Assign IP Address 버튼을 클릭하여 변경을 구현하십시오.

▷ **호스트 IP 할당**

이 탭에서 호스트 IP주소를 LOGO! TDE에서 호스트 IP주소를 입력하거나 주소록에서 IP주소를 선택한 다음 적용 버튼을 누릅니다.

▷ **메시지 텍스트 할당**

이 탭에서는 LOGO!에서 메시지 텍스트 설정을 지정할 수 있습니다. TDE, 일반 설정에는 세 가지 옵션이 있습니다. 라디오 버튼을 클릭하여 옵션을 선택할 수 있습니다.

문자 집합 1: 메시지 텍스트의 기본 문자 집합을 지정합니다. 메시지 텍스트는 문자 세트 1 또는 문자 세트 2의 문자로 구성됩니다. 문자 세트는 메시지 텍스트 구성을 위한 기본값이 될 수 있습니다.

문자 집합 2: 메시지 텍스트의 보조 문자 집합을 지정합니다. 메시지 텍스트는 문자 세트 1 또는 문자 세트 2의 문자로 구성됩니다. 문자 세트는 메시지 텍스트 구성을 위한 기본값이 될 수 있습니다.

BM의 설정: 이 옵션은 BM의 설정을 따르도록 이끌 수 있습니다.

▷ TDE 파워 온 스크린

이 탭에서 LOGO 전원이 켰을 때 화면을 구성할 수 있습니다. TDE는 다음 두 가지 방식으로 제공됩니다.

- BM의 설정을 따르려면 BM 설정 사용 옆에 있는 확인란을 클릭하십시오.
- TDE 파워 온 화면을 사용자 정의하려면 문자 세트를 선택한 다음 키보드를 사용하여 내용 영역에 문자를 입력하십시오. 전원 켜기 화면에는 간단한 텍스트 문자열 만 포함될 수 있습니다.

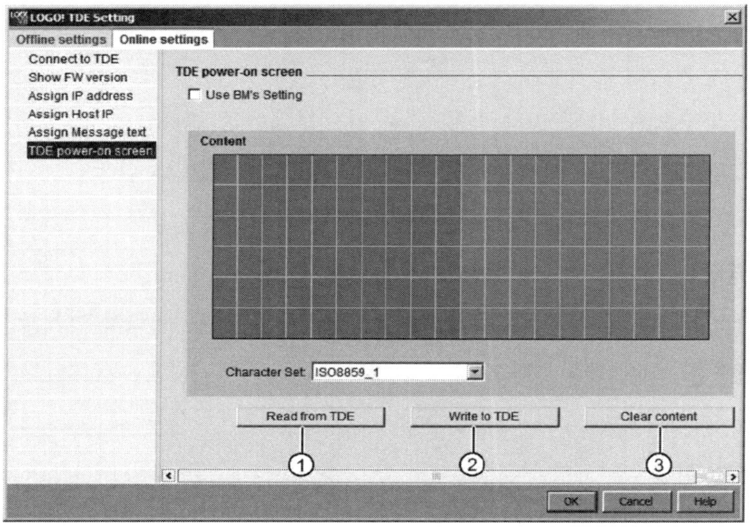

①을 클릭하면 LOGO! 메모리에 저장된 이전에 구성한 전원 켜기 화면을 읽을 수 있습니다.

②를 클릭하면 현재 구성된 화면을 LOGO! TDE 메모리. LOGO! TDE는 메모리에 저장된 전원 켜기 화면을 업데이트합니다.

③을 클릭하면 빈 화면으로 되돌아갑니다.

3) 다른 표준 장치에 대한 설정 구성

▷ 기타 표준 장치

SIMATIC HMI 디바이스, SIMATIC S7 디바이스, Modbus 디바이스를 추가한 경우, 로고! TDE 또는 네트워크 보기의 다른 장치를 편집하면 해당 장치의 장치 이름, IP주소,

서브넷 마스크 및 게이트웨이를 편집할 수 있습니다. 컴퓨터의 파일을 찾아보고 HMI 및 S7 장치에 대한 설정을 사용하여 프로젝트 파일을 가져올 수도 있습니다.

4) 기기 온라인 상태 감지

온라인 및 오프라인 설정을 구성한 후에는 온라인 상태가 되어 장치의 온라인 상태를 볼 수 있습니다.

연결된 모든 LOGO!에 대한 스캔을 시작하려면 장치를 온라인으로 밀어 넣으십시오.

LOGO! Soft Comfort는 프로젝트의 모든 장치를 액세스 가능하고 액세스할 수 없고 알 수 없는 장치로 탐지합니다. 장치가 발견되면 모든 장치의 온라인 상태 표시를 중지할 수 있습니다.

5) 알 수 없는 장치에 대한 설정 구성

알 수 없는 장치의 장치 이름, IP주소, 서브넷 마스크 및 게이트웨이를 구성하여 네트워크에서 정의할 수 있습니다.

노트:

일반적인 경우 네트워크 보기에서 로컬 PC와 연결된 장치 간의 연결선을 선택하고 표준 도구 모음에서 ✖버튼을 클릭하여 해당 장치를 삭제할 수 있습니다. 그러나 알 수 없는 장치와 연결 라인을 삭제할 때 네트워크 보기에서 삭제하는 대신 로컬 PC와 물리적으로 연결을 끊어야 합니다.

▷ 추가된 장치 업로드

추가된 장치를 프로젝트에 업로드하려면 네트워크 보기에서 해당 장치를 마우스 오른쪽 단추로 클릭하고 바로가기 메뉴에서 업로드를 선택하십시오. 이전 설정이 없으면 업로드된 장치는 위 단계에서 정의한 IP주소, 서브넷 마스크 및 게이트웨이를 사용할 수 있습니다. 완료 후에는 장치가 식별된 LOGO!로 표시됩니다.

노트

업로드된 장치의 IP주소가 기존 장치와 충돌하면 IP주소 충돌에 대한 경고 메시지가 튀어나오고 "LOGO! 온라인 설정 구성"에 따라 IP주소를 재설정해야 합니다.

6) 이더넷 연결 만들기(0BA8 전용 및 이후 버전)

이 절에는 다음 항목에 대한 정보가 포함되어 있습니다.

- 드래그 앤 드롭으로 이더넷 연결 생성
- 네트워크 블록으로 이더넷 연결 생성
- 양면 이더넷 연결 생성

▷ LOGO! Ethernet 연결

LOGO! Soft Comfort는 네트워크 보기 프레임에서 이더넷 연결을 만들 수 있도록 지원합니다.

다음과 같은 방법으로 프로젝트에서 장치를 연결할 수 있습니다.

- dag-and-drop으로 이더넷 연결 생성
- 이더넷 연결 생성, LOGO! 비 프로젝트 장치로
- 양면 프로그래밍으로 이더넷 연결 생성(0BA8 및 이후 버전 장치 전용)

▷ 교차 LAN 연결

LOGO! Soft Comfort를 사용하면 LAN 설정이 다른 장치를 동일한 네트워크 프로젝트에 추가할 수 있습니다.

교차(Cross) LAN 연결한 다음 라우터가 서로 통신할 수 있는지 확인하십시오.

노트

지멘스는 프로젝트에 크로스 케이블 사용을 권장하지 않습니다. LAN 외부 장치를 연결하려고 하면 추가 한 연결이 적용되지 않을 수 있습니다.

▷ 대상 장치에서 정의된 TSAP 사용

LOGO! 기본 모듈은 HMI 및 S7 호환 장치는 TSAP(교통 서비스 액세스 지점)를 다른 장치에 대한 액세스 지점의 식별 된 레이블로 사용합니다.

로고를 위한 TSAP! 실제 커넥터는 20.00에서 27.00 사이입니다.

로고를 위한 TSAP! 동적 커넥터는 00.01~18.FF입니다.

데이터 통신을 성공적으로 구축하려면 대상 장치에서 동일한 TSAP가 활성화되어 있는지 확인해야 합니다.

(1) dag-and-drop으로 이더넷 연결 생성

LOGO! Soft Comfort를 사용하면 네트워크 보기에서 끌어서 놓기로 이더넷 연결을 만들 수 있습니다.

소스 LOGO!의 커넥터를 클릭하기만 하면 됩니다. Base Module에서 대상 장치의 원하는 커넥터로 끌고 왼쪽 버튼을 뗍니다.

결과: LOGO! Soft Comfort는 두 장치 사이에 이더넷 연결 쌍을 생성하고 두 커넥터를 회선으로 연결합니다.

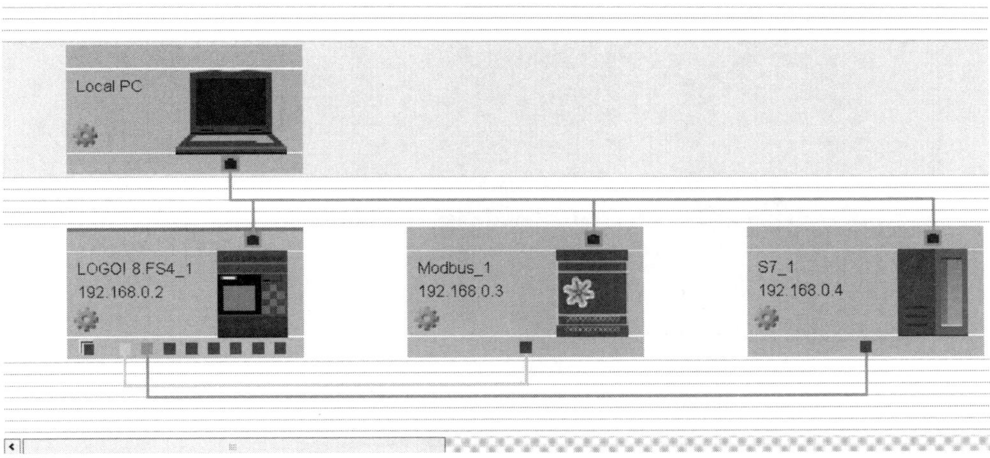

LOGO! Soft Comfort는 서로 다른 색상으로 서로 다른 연결선을 설정합니다.

Connections lines	Connection line color
PC to devices	green(녹)
LOGO! to LOGO! LOGO to S7 compatible devices	blue(청)
LOGO! to Modbus compatible device	yellow(황)

로고 소프트 컴 컴포트는 작업에 따라 서버와 클라이언트를 자동으로 식별합니다.

- 일반 커넥터를 동적 커넥터에 연결하면 LOGO! 동적 커넥터를 사용하는 장치가 서버입니다.
- 두 개의 일반 커넥터를 연결하면 시작 부분이 클라이언트입니다.

노트

HMI는 클라이언트로만 작동할 수 있습니다.

▷ 이더넷 연결 구성(LOGO! + LOGO!)

연결 설정을 구성하려면 연결 줄을 두 번 클릭하십시오.

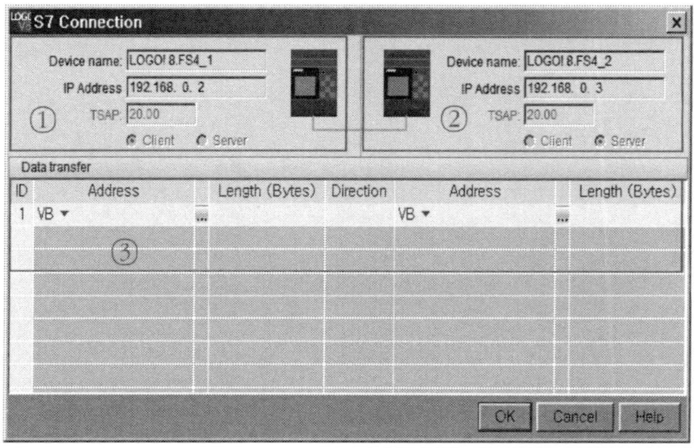

① 출발 지점(클라이언트):

모든 필드는 읽기 전용입니다.

② 종점(서버):

모든 필드는 읽기 전용입니다.

③ 데이터 전송표

See Tools -> Ethernet Connections(0BA7 이후 버전만 해당)

▷ 이더넷 연결 구성(LOGO! to S7 devices)

LOGO! Soft Comfort는 LOGO! 사이의 이더넷 연결 생성 및 구성을 지원합니다.

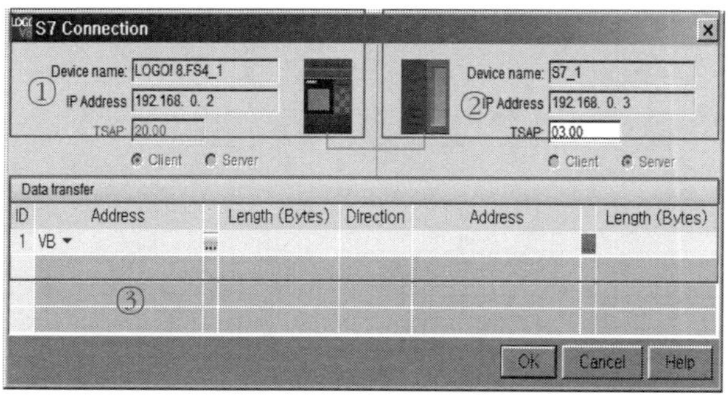

① 로고! 기본 모듈:

모든 필드는 읽기 전용입니다.

② S7 장치:

모든 필드는 읽기 전용입니다.

③ 데이터 전송표

▷ 이더넷 연결 구성(LOGO!+ Modbus 호환 장치) LOGO! 8.FS4 버전만 해당

LOGO! Soft Comfort는 LOGO! 사이의 이더넷 연결 생성 및 구성을 지원합니다.

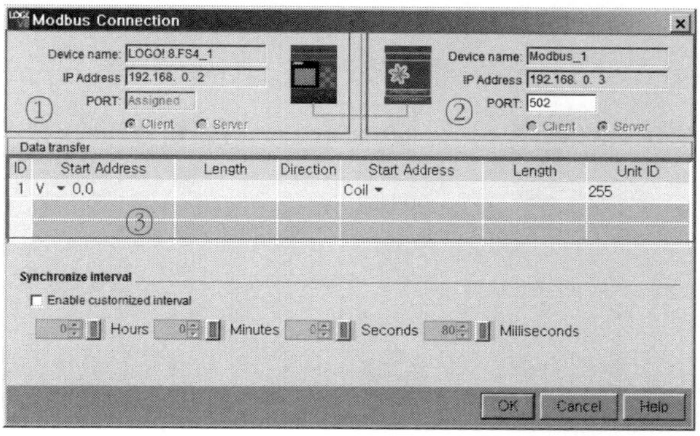

① 로고! 기본 모듈:

LOGO 기본 모듈은 기본적으로 클라이언트이며 여기에서 클라이언트 또는 서버로 설정할 수 있습니다.

② Modbus 장치:

Modbus 장치는 기본적으로 서버입니다. 여기서는 서버 또는 클라이언트로 설정할 수 있습니다.

③ 데이터 전송표

노트

장치가 S7 및 Modbus 연결을 모두 지원할 경우 Siemens는 장치를 LOGO에 연결할 것을 권장합니다.

노트

동적 커넥터를 Modbus 호환 장치에 연결하면 LOGO! Soft Comfort는 서버/클라이언트 확인란을 비활성화합니다. 로고! 동적 커넥터가 있는 기본 모듈은 항상 이 연결에서 서버입니다.

▷ 이더넷 연결 구성(LOGO! + HMI)

Siemens HMI (SIMATIC Panel) 장치를 로고에 연결해야 할 때 기본 모듈은 드래그 앤 드롭을 통해서만 연결할 수 있습니다.

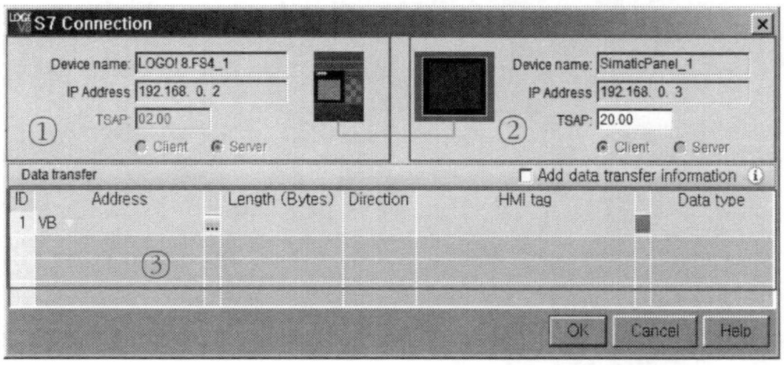

① 로고! 기본 모듈: 모든 필드는 읽기 전용입니다.

로고! 기본 모듈은 항상 서버입니다.

② HMI: 여기에서 TSAP 주소를 설정할 수 있습니다. 또는 연결 시작 지점의 TSAP를 표시합니다.

③ 데이터 전송표

데이터 전송표를 활성화하려면 "데이터 전송 정보 추가" 확인란을 선택하십시오.

데이터 전송 구성에 대한 자세한 내용은 Tools -> Ethernet Connections (0BA7 및 이후 버전 만 해당)

노트

로고! 기본 모듈은 항상 LOGO! 베이스 모듈 및 HMI 디바이스. 로고! 장치는 하나의 HMI에만 연결할 수 있습니다.

7) 네트워크 블록으로 이더넷 연결 생성

이 절에는 다음 항목에 대한 정보가 포함되어 있습니다.

- 이더넷 연결 구성, LOGO! 원격 장치로
- 이더넷 연결 구성, LOGO! 로고! slave

(1) 이더넷 연결 구성, LOGO! 원격 장치로

LOGO! Soft comfort는 베이스 모듈 - S7 호환 장치, Modbus 호환 장치 또는 LOGO! 및 로고! 네트워크 블록을 통해 슬레이브 장치에 연결합니다.

▷ 원격 연결 만들기

네트워크 블록을 추가하여 다른 장치와 통신하는 경우 다음과 같이 연결을 구성할 수 있습니다.

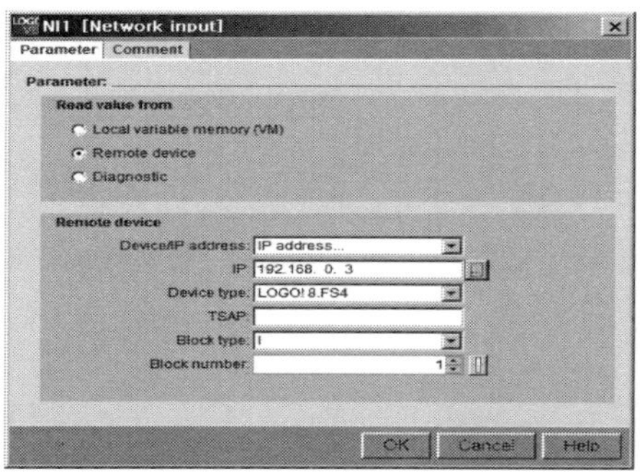

① 기능 블록을 마우스 오른쪽 버튼으로 클릭하고 이 블록의 블록 특성을 설정하십시오. 구성 항목은 다른 장치 유형에 따라 다릅니다. 예를 들어 Modbus 호환 장치를 연결하기 위해 포트와 장치 ID를 입력해야 합니다.

② 원격 장치로 연결할 장치를 정의하십시오.

③ 대상 장치의 장치 이름과 IP주소를 선택하십시오.

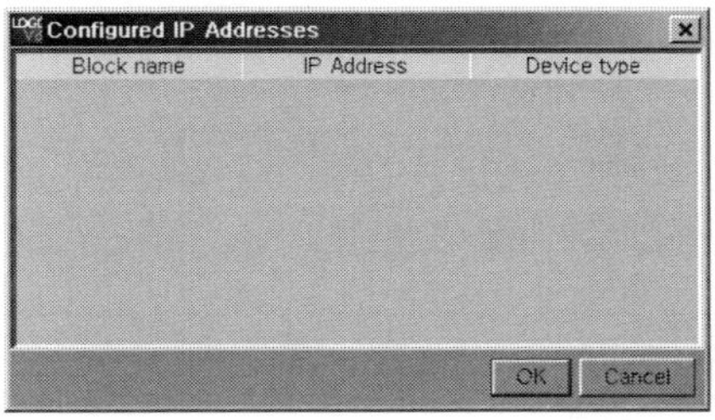

또는 이전에 구성된 장치를 찾아볼 수도 있습니다.

로고 Soft Comfort는 나열된 블록 유형 및 해당 값 범위에서 다음 원격 장치로 로컬 장치를 구성할 수 있도록 지원합니다.

NI 및 NAI의 경우:

Function Block	Local Device	Remote Device	Block Type and Value Range
NI	LOGO! 8.FS4	LOGO! 8.FS4	I:[1, 24]/Q:[1, 20]/M:[1, 64]/V:[0, 850].[0,7]
		LOGO! 0BA8	I:[1, 24]/Q:[1, 20]/M:[1, 64]/V:[0, 850].[0,7]
		LOGO! 0BA7	I:[1, 24]/Q:[1, 16]/M:[1, 27]/V:[0, 850].[0,7]
		Modbus Compatible device	Coil:[1, 65535]/DI:[1. 65535]
		S7 Compatible device	I:[0, 65535].[0,7]/Q:[0, 65535].[0,7]/M:[0, 65535].[0,7]/ V:[0, 65535].[0,7]/DB:[0, 16000].[0, 65535].[0,7]
		LOGO! 8.FS4 Slave	I:[1, 24]/Q:[1, 20]
		LOGO! 0BA8 Slave	I:[1, 24]/Q:[1, 20]
		LOGO! 0BA7 Slave	I:[1, 24]/Q:[1, 16]
	LOGO! 0BA8	LOGO! 8.FS4	I:[1, 24]/Q:[1, 20]/M:[1, 64]/V:[0, 850].[0,7]
		LOGO! 0BA8	I:[1, 24]/Q:[1, 20]/M:[1, 64]/V:[0, 850].[0,7]
		LOGO! 0BA7	I:[1, 24]/Q:[1, 16]/M:[1, 27]/V:[0, 850].[0,7]
		S7 Compatible device	I:[0, 65535].[0,7]/Q:[0, 65535].[0,7]/M:[0, 65535].[0,7] /V:[0, 65535].[0,7]/DB:[0, 16000].[0, 65535].[0,7]
		LOGO! 8.FS4 Slave	I:[1, 24]/Q:[1, 20]
		LOGO! 0BA8 Slave	I:[1, 24]/Q: [1,20]
		LOGO! 0BA7 Slave	I:[1, 24]/Q: [1,16]
	LOGO! 0BA7	LOGO! 0BA7 Slave	I:[1, 24]/Q: [1,16]
NAI	LOGO! 8.FS4	LOGO! 8.FS4	I:[1, 24]/Q: [1, 20]/M: [1, 64]/V: [0, 850].[0,7]
		LOGO! 0BA8	I:[1, 24]/Q:[1, 20]/M:[1, 64]/V:[0, 850].[0,7]
		LOGO! 0BA7	I:[1, 24]/Q:[1, 16]/M: [1, 27]/V:[0, 850].[0,7]
		Modbus Compatible device	Coil:[1, 65535]/DI:[1. 65535]
		S7 Compatible device	I:[0, 65534]/Q: 0, 65534]/M:[0, 65534]/V:[0, 65534]/ DB:[0, 16000].[0, 65534]
		LOGO! 8.FS4 Slave	AI:[1, 8]/AQ:[1, 8]
		LOGO! 0BA8 Slave	AI:[1, 8]/AQ:[1, 8]
		LOGO! 0BA7 Slave	AI:[1, 8]/AQ:[1, 2]

		LOGO! 8.FS4	V:[0, 849]
		LOGO! 0BA8	V:[0, 849]
		LOGO! 0BA7	V:[0, 849]
	LOGO! 0BA8	S7 Compatible device	I:[0, 65534]/Q:[0, 65534]/M:[0, 65534]/V:[0, 65534]/ DB:[0, 16000].[0, 65534]
		LOGO! 8.FS4 Slave	AI:[1, 8]/AQ:[1, 8]
		LOGO! 0BA8 Slave	AI:[1, 8]/AQ:[1, 8]
		LOGO! 0BA7 Slave	AI:[1, 8]/AQ:[1, 2]
	LOGO! 0BA7	LOGO! 0BA7 Slave	AI:[1, 8]/AQ:[1, 2]

NQ 및 NAQ의 경우:

Function Block	Local Device	Remote Device	Block Type and Value Range
NQ	LOGO! 8.FS4	LOGO! 8.FS4	I:[1, 24]/Q:[1, 20]/M:[1, 64]/V:[0, 850].[0,7]
		LOGO! 0BA8	I:[1, 24]/Q:[1, 20]/M:[1, 64]/V:[0, 850].[0,7]
		LOGO! 0BA7	V: [0, 850].[0,7]
		Modbus Compatible device	Coil: [1. 65535]
		S7 Compatible device	I:[0, 65535].[0,7]/Q:[0, 65535].[0,7]/M:[0, 65535].[0,7] /V:[0, 65535].[0,7]/DB:[0, 16000].[0, 65535].[0,7]
		LOGO! 8.FS4 Slave	Q:[1, 20]
		LOGO! 0BA8 Slave	Q:[1, 20]
		LOGO! 0BA7 Slave	Q:[1, 16]
	LOGO! 0BA8	LOGO! 8.FS4	I:[1, 24]/Q:[1, 20]/M:[1, 64]/V:[0, 850].[0,7]
		LOGO! 0BA8	I:[1, 24]/Q:[1, 20]/M:[1, 64]/V:[0, 850].[0,7]
		LOGO! 0BA7	V: [0, 850].[0,7]
		S7 Compatible device	I:[0, 65535].[0,7]/Q:[0, 65535].[0,7]/M:[0, 65535].[0,7] /V:[0, 65535].[0,7]/DB:[0, 16000].[0, 65535].[0,7]
		LOGO! 8.FS4 Slave	Q:[1, 20]
		LOGO! 0BA8 Slave	Q: [1,20]
		LOGO! 0BA7 Slave	Q: [1,16]
	LOGO! 0BA7	LOGO! 0BA7 Slave	Q:[1,16]
NAQ	LOGO! 8.FS4	LOGO! 8.FS4	V:[0, 849]
		LOGO! 0BA8	V:[0, 849]
		LOGO! 0BA7	V:[0, 849]
		Modbus Compatible device	HR: [1, 65535]
		S7 Compatible device	I:[0, 65534]/Q:[0, 65534]/M:[0, 65534]/V:[0, 65534]/DB:[0, 16000].[0, 65534]
		LOGO! 8.FS4 Slave	AQ:[1, 8]
		LOGO! 0BA8 Slave	AQ:[1, 8]

	LOGO! 0BA7 Slave	AQ:[1, 2]
LOGO! 0BA8	LOGO! 8.FS4	V:[0, 849]
	LOGO! 0BA8	V:[0, 849]
	LOGO! 0BA7	V:[0, 849]
	S7 Compatible device	I:[0, 65534]/Q:[0, 65534]/M:[0, 65534]/V:[0, 65534]/ DB:[0, 16000].[0, 65534]
	LOGO! 8.FS4 Slave	AQ:[1, 8]
	LOGO! 0BA8 Slave	AQ:[1, 8]
	LOGO! 0BA7 Slave	AQ:[1, 2]
LOGO! 0BA7	LOGO! 0BA7 Slave	AQ:[1, 2]

▷ 원격 연결 구성

이더넷 연결 구성, LOGO! 섹션과 같은 원격 연결 구성 방법을 따르십시오. LOGO! Soft Comfort를 사용하면 연결 대화상자에서 값(NI1/NQ1 ...)을 클릭하면 연결된 장치의 다이어그램으로 전환할 수 있습니다. 이 작업은 네트워크 블록에서만 사용할 수 있습니다.

(2) 이더넷 연결 구성(LOGO! to LOGO! slave)

LOGO! Soft Comfort는 로고 연결을 지원합니다! 기본 모듈을 로고에! 슬레이브는 네트워크 블록을 통해서만 대상 장치를 종속 모드로 전환하십시오. Tools -〉 Transfer -〉 Configure Master/Slave Mode (0BA7 이상 버전에서만)

이더넷 연결 구성과 동일한 단계를 수행하십시오. 대상 장치 및 로고를 선택하십시오! Soft Comfort는 자동으로 장치 유형을 슬레이브로 변경합니다.

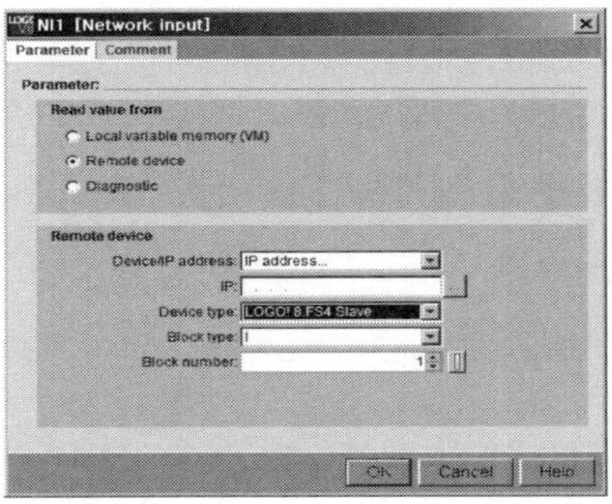

노트

LOGO! Base Module과 그 클라이언트는 네트워크 기능 블록 (NI/NQ/NAI/NAQ)을 사용합니다. 이 경우 드래그 앤 드롭 작업을 사용할 수 없습니다.

노트

0BA8 및 LOGO! 8.FS4는 24개의 NI와 20개의 NQ를 별도로 지원합니다. 그러나 NI나 NQ에 상관없이 총 32개의 데이터 연결을 가질 수 있습니다.

▷ **프로그래밍하는 양면 이더넷 연결 생성(0BA8 및 이후 버전 장치 전용)**

LOGO! Soft Comfort는 두 개의 LOGO 사이의 이더넷 연결 생성을 지원합니다! 양면 프로그래밍을 통한 기본 모듈. 두 개의 LOGO! 기본 모듈은 소스 블록의 커넥터를 클릭하고 대상 블록의 원하는 커넥터로 끌고 왼쪽 버튼을 놓습니다.

결과:

- LOGO! Soft Comfort는 두 개의 커넥터를 회색 선으로 연결하여 선이 읽기 전용임을 나타냅니다.
- LOGO! Soft Comfort는 소스 로고에 녹색 NQ 기능 블록을 추가합니다. 다이어그램 및 녹색 NI 함수 블록을 대상 LOGO! 도표

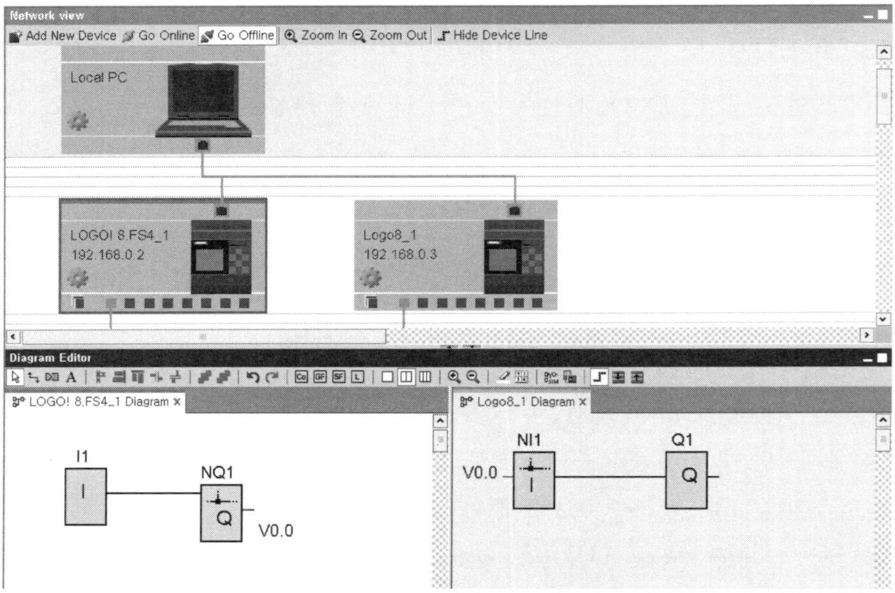

작업 중에 다음을 알아야 합니다.

LOGO! Soft Comfort는 왼쪽에서 오른쪽 순으로 연결선을 만듭니다.

관련 기능 블록을 추가 및 구성하여 서버/클라이언트 상태, 데이터 전송 주소 및 방향 만 변경할 수 있습니다.

추가된 NI 및 NQ 블록을 삭제하면 연결 라인만 제거할 수 있습니다. 이러한 도구 모음을 제거하려면 표준 도구 모음을 클릭할 수 없습니다.

두 개의 자동 추가 녹색 기능 블록 중 하나를 제거하면 다른 하나는 빨간색으로 변경되어 연결이 완료되지 않았음을 경고합니다.

▷ **이더넷 연결 만들기(LOGO! to non-project devices)**

LOGO! Soft Comfort는 LOGO! 사이의 이더넷 연결 생성 및 구성을 지원합니다.

원격 장치에 대한 연결 만들기

- 로고를 마우스 오른쪽 버튼으로 클릭하십시오! 기본 모듈 또는 해당 커넥터
- 서버 연결 또는 클라이언트 연결을 추가하도록 선택하십시오.
- S7 연결 또는 Modbus 연결을 추가하도록 선택하십시오.

▷ **서버 연결 추가**

아래 단계에 따라 서버 연결을 구성하십시오.

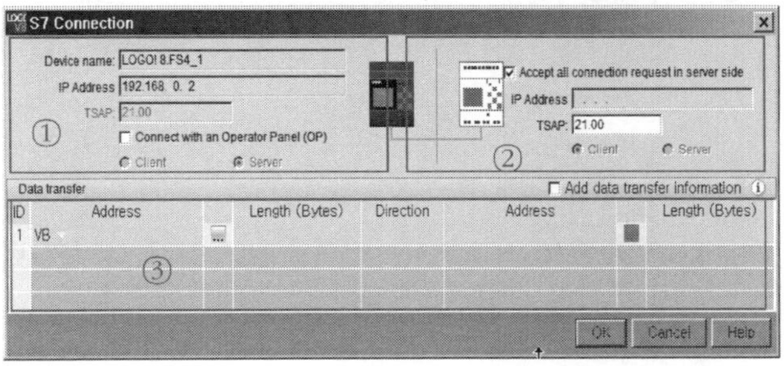

① LOGO! Base Module : 여기에서 SIMATIC Panel과 같은 사용자 패널에 연결하려는 경우 설정할 수 있습니다.

② 비 프로젝트 장치:

여기서 모든 요청의 액세스 허용 여부를 설정하거나 IP주소 및 TSAP 포트를 입력하여 비 프로젝트 장치에 연결할 수 있습니다.

LAN(근거리 통신망) 외부의 장치에 연결하려는 경우 모든 요청의 액세스를 허용해야 합니다.

③ 데이터 전송표

확인란을 사용하여 데이터 전송표를 활성화합니다.

▷ **클라이언트 연결 추가**

아래 단계에 따라 클라이언트 연결을 구성하십시오.

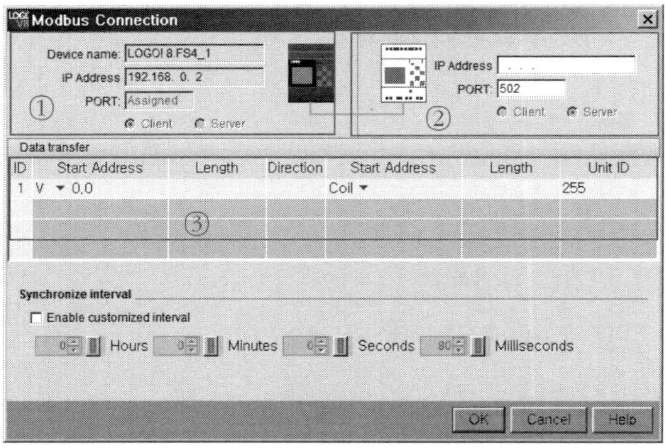

① LOGO! Base Module: 모든 필드는 읽기 전용입니다.

② 비 프로젝트 장치: IP주소 및 TSAP 포트를 입력하여 비 프로젝트 장치에 연결하십시오.

③ 데이터 전송표

데이터 전송 구성에 대한 자세한 내용은 Tools -> Ethernet Connections(0BA7 및 이후 버전만 해당)을 참조하십시오.

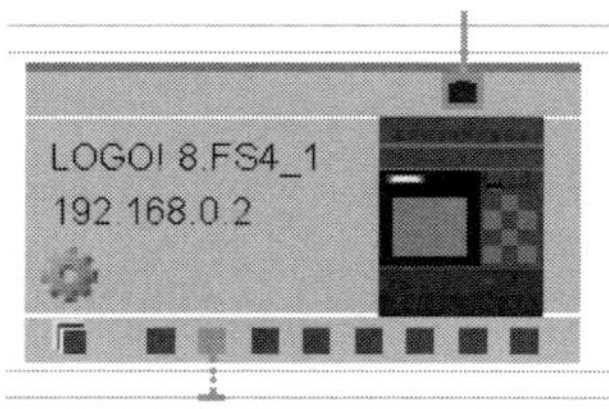

연결 결과

LOGO! Soft Comfort는 연결을 네트워크 보기의 터미널로 표시합니다.

(3) 장치 가져 오기 또는 내보내기(Import or export a device)

이 절에는 다음 항목에 대한 정보가 포함되어 있습니다.

- 기기 내보내기(Export a device)
- 기기 가져오기(Import a device)

▷ 기기 내보내기

프로젝트의 모든 기능 블록 정보와 네트워크 구성을 사용하여 장치를 내보낼 수 있습니다. 내보낸 장치를 다이어그램 모드로 열거나 다른 프로젝트로 가져올 수 있습니다. 기능 블록 NI/NQ/NAQ/NAI에서 구성된 원격 장치 이름은 내보내기 후에 IP로 변환됩니다.

장치 파일은 lsc 파일로 저장됩니다.

프로젝트에서 기기 내보내기

프로젝트에서 장치를 내보내려면 아래 단계를 수행하십시오.

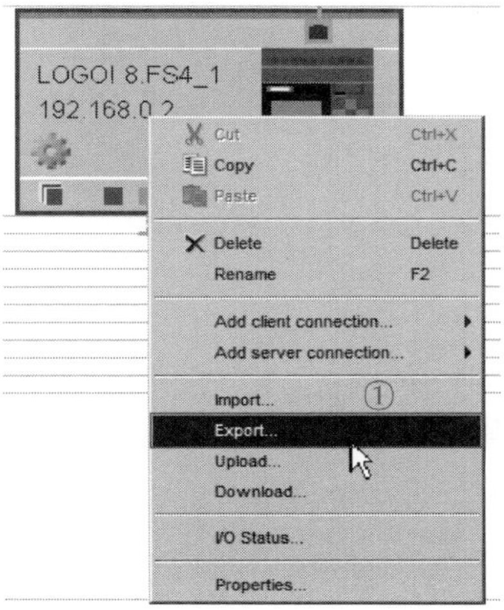

1. 장치를 마우스 오른쪽 버튼으로 클릭하고 ①을 클릭하십시오.
2. 장치 파일을 저장할 폴더를 찾은 다음 저장을 클릭하십시오.

▷ 기기 가져오기

회로 프로그램과 네트워크 구성을 네트워크 보기로 가져올 수 있습니다.

아래 단계에 따라 회로를 프로젝트로 가져옵니다.

1. 네트워크 보기에서 장치를 마우스 오른쪽 버튼으로 클릭하고 ①을 클릭하십시오. 컴퓨터에서 가져올 회로 프로그램을 선택하십시오.

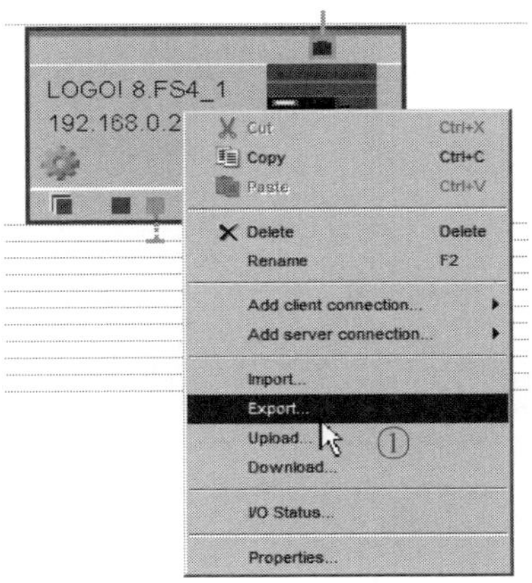

노트

회로 프로그램을 LOGO 장치로만 가져올 수 있습니다! 0BA7 및 이후 버전

노트

가져 오기 회로 프로그램은 이전 회로 프로그램을 LOGO! 장치로

회로 프로그램을 다른 하드웨어 버전의 장치로 가져오면 LOGO! Soft Comfort는 자신의 상태에 따라 하드웨어 버전을 동기화합니다. 네트워크 기능을 지원하지 않는 회로 프로그램의 경우 장치로 가져올 수 없습니다.

▷ **새로운 로고를 만드십시오! 8.FS4 회로 프로그램 가져오기**

새로운 로고를 만들 수 있습니다! 다음 방법 중 하나를 사용하여 8.FS4 프로그램을 수행합니다.

네트워크 보기에서 가져오기

네트워크 보기에서 빈 영역을 마우스 오른쪽 버튼으로 클릭하고 ①을 클릭하십시오.

컴퓨터에서 가져올 회로 프로그램을 선택하십시오.

회로 프로그램을 네트워크 프로젝트 트리로 드래그 앤 드롭 하십시오.

▷ **네트워크 연결 복구**

가져오는 동안 LSC는 가져오는 장치의 IP주소를 확인합니다. IP주소가 현재 네트워크 프로젝트에 존재하면 LSC는 IP주소 및 네트워크 구성을 업데이트해야 한다는 메시지를 표시합니다. 예를 클릭하면 LSC가 가져오는 장치에 새 IP주소를 할당합니다.

LSC는 다음 구성이 일치할 때 커넥터를 다시 연결합니다.

- 클라이언트 및 서버
- IP주소
- TSAP

네트워크 설정에 대한 자세한 내용은 이더넷 연결 만들기를 참조하십시오.

3.6 실습 예

1) 실습 예: 소개

용수 펌프 관련 실습 샘플 어플리케이션은 프로그램 작성을 단계별로 소개합니다. 앞에서 언급한 사용 설명서(Tutorial)와는 달리 여기서는 공부한 내용들을 실제 예에서 어떻게 적용하는지를 보여줍니다. 샘플 사용자 프로그램은 어플리케이션 예제 단원에 나와 있습니다.

2) 목표

어플리케이션:

식수 공급 외에 빗물은 국내 용수 공급 시스템에서 그 중요성이 커지고 있습니다. 이를 통해 비용을 절감하고 환경을 보호할 수 있기 때문입니다. 빗물은 다음과 같은 용도로 사용될 수 있습니다.

- 옷 세탁
- 정원 용수
- 실내 화초 용수
- 세차
- 화장실

식수를 대신할 빗물은 적합한 시스템으로 수집될 수 있습니다.

시스템 설명:

빗물을 수조에 모읍니다. 수조로부터 각 용수 공급 시스템으로 넘어갑니다. 여기서부터는 식수와 동일한 방법으로 처리됩니다. 수조에 빗물이 남아 있지 않으면 식수가 수조에 공급되어 시스템 기능이 유지됩니다. 이와 같은 설비의 요구 조건을 만족하는 제어 프로그램이 작성될 것입니다.

아래 그림은 용수 공급 시스템이 어떻게 이루어지는지를 보여줍니다.

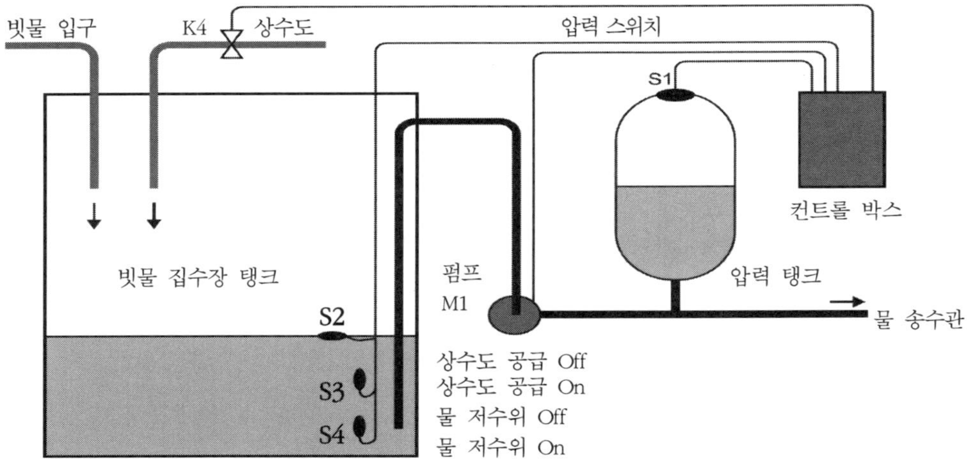

제어 시스템에 필요한 사항:

- 용수 공급은 항상 가능해야 합니다. 빗물이 모두 소모되는 등의 위급 상황이 오면 식수가 수조에 공급되도록 시스템이 전환되어야 합니다.
- 식수가 수조에 공급될 때 공급 용수가 식수 공급 라인으로 넘어가는 것을 방지해야 합니다.
- 공급 용수 수조에 물이 없는 경우 펌프는 가동되지 않아야 합니다(수위 감시).

3) 솔루션 레이아웃

펌프와 솔레노이드 밸브는 공급 용수 수조에 설치된 압력 스위치와 3개의 플로트 스위치에 의해 제어됩니다. 펌프는 수조 압력이 최소 이하로 떨어지면 가동되어야 하고 운전 압력에 도달하면 몇 초의 트레킹 타임 이후에 가동이 중지되어야 합니다. 트레킹 타임은 용수가 출렁거릴 때 어느 정도 시간 여유를 줌으로 펌프가 진동하는 것을 방지해 줍니다.

보조회로:

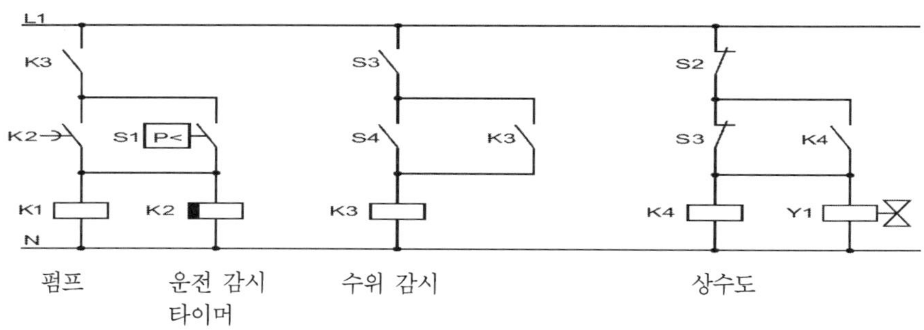

4) LOGO!를 이용한 솔루션

필드 디바이스 연결:

LOGO! 디바이스 외에 필요한 것은 펌프를 제어하기 위한 압력 스위치와 플로트 스위치입니다.

3상 AC모터를 사용하는 경우 모터 동작을 위한 마그네틱 스위치(MC)가 필요합니다. 단상 AC 펌프를 사용하는 시스템에서는 AC 펌프의 전류가 Q1 용량을 초과하는 경우 출력 마그네틱 스위치(MC)를 반드시 설치해야 합니다. 솔레노이드 밸브는 전력 소모가 낮기 때문에 LOGO!에서 직접 제어가 가능합니다.

연결 다이어그램:

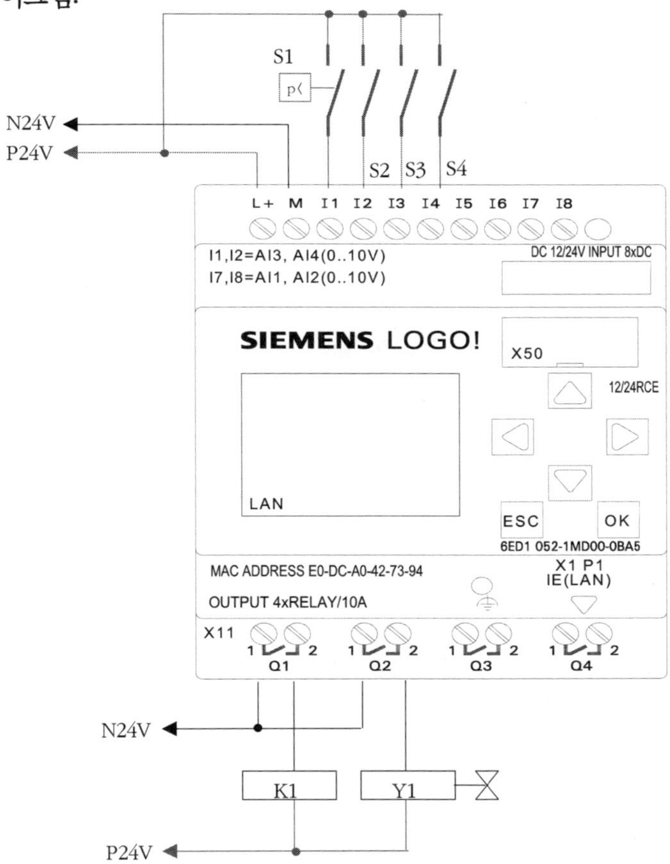

K1: 펌프

Y1: 상수도 밸브

블록 다이어그램:

아래 블록 다이어그램은 펌프와 솔레노이드를 어떻게 연결할 것인지를 보여줍니다. 이 레이아웃은 사용자 프로그램 내용과 같습니다.

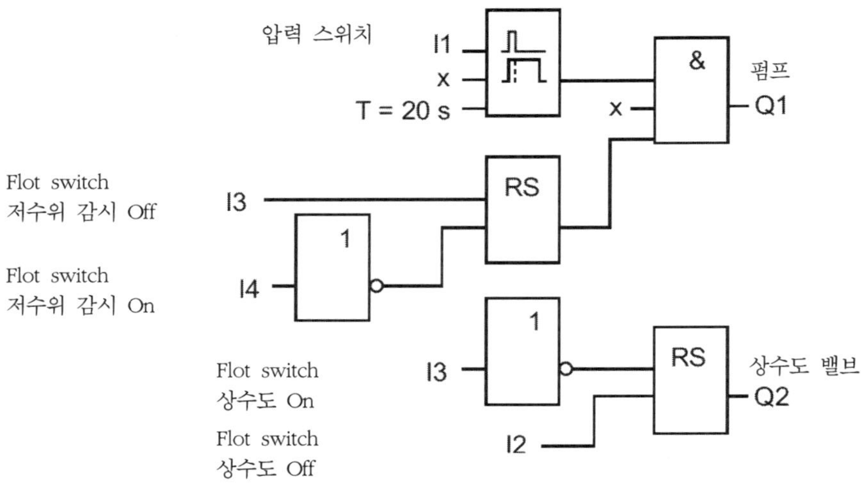

옵션:

특정한 어플리케이션에서는 별도의 스위치 기어(Switchgear)로 설정해야 하는 추가 기능을 LOGO!에서 구현할 수 있습니다.

- 펌프를 특정한 시간에만 예를 들면 여름 기간 몇 달 동안 혹은 하루 중 특정 시간에만 동작시킬 수 있습니다.
- 용수 공급 부족 알림
- 시스템 에러 메시지

5) 프로젝트 데이터 입력

프로젝트를 계획한 다음에는 LOGO!Soft Comfort로 프로그램을 작성해야 합니다. 프로그래밍을 시작하기 전 먼저 메뉴 다이얼로그 창에서 프로젝트 관련 데이터를 입력할 수 있습니다.

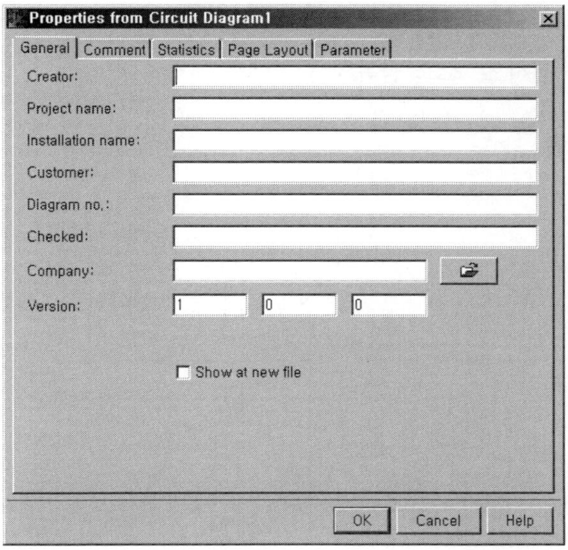

단계별로 프로그래밍 작업을 할 때 일정한 간격으로 사용자 프로그램을 저장해야 합니다. 추후에 다른 옵션을 테스트할 때 가장 최근에 수정된 프로그램 버전을 열기 원할 수도 있기 때문입니다.

6) 블록 위치시키기

다음 단계에서는 원하는 블록을 프로그래밍 인터페이스에 갖다 넣습니다. 표준 펑션과 특수 펑션 외에 I/O 블록도 필요합니다. 지금 단계에서는 블록들을 나중에 연결할 것을 고려하여 블록들을 적당히 위치시켜도 됩니다. 최적의 위치를 찾는 것은 모든 연결이 이루어진 후에 수행합니다.

FBD 편집기

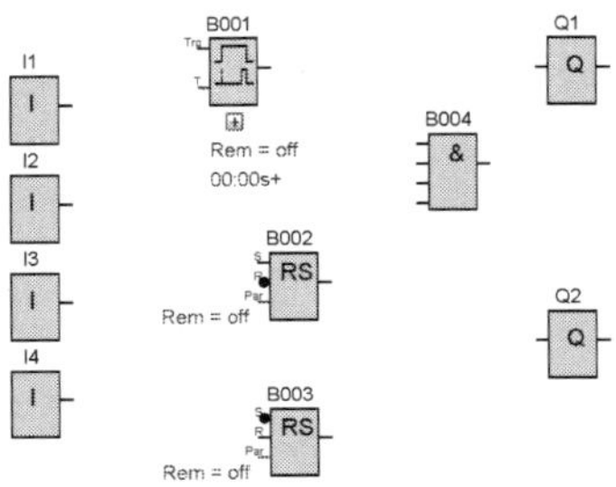

LAD 편집기

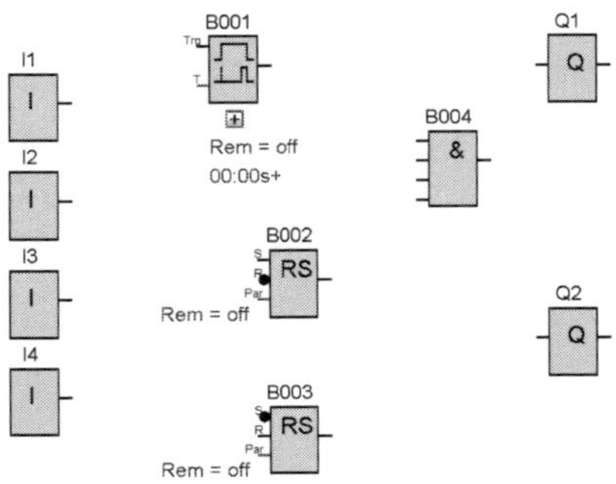

7) 블록 연결하기

사전에 계획한 대로 블록들을 연결하십시오. 소스 블록의 출력에서 시작하여 타겟 블록의 입력으로 들어가도록 연결하십시오. 연결할 때 커넥터의 이름이 보이는데 이는 여러 SFB 커넥터를 다룰 때 매우 유용합니다.

FBD 편집기

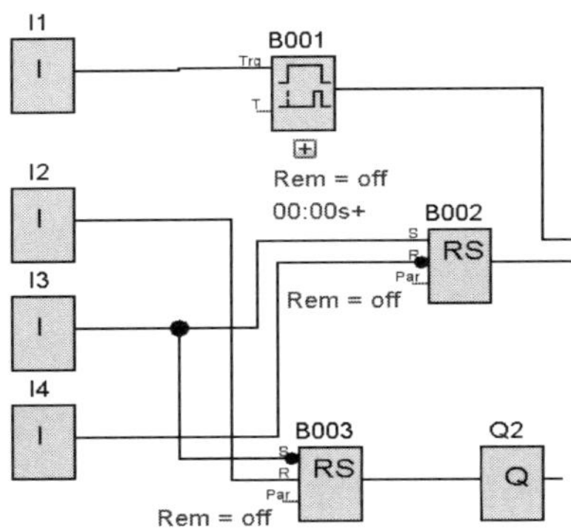

LAD 편집기

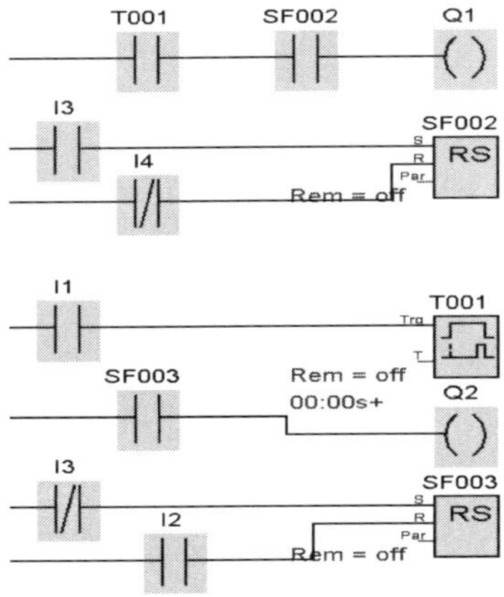

8) 프로그램 인터페이스 화면 정리

연결 라인들이 블록들을 통과해 넘어가는 경우도 생길 수 있습니다. 현재 사용자 프로그램의 레이아웃이 깨끗하게 정리되지는 않았습니다. 프로그래밍 인터페이스 화면을 정리하기 위해 연결 라인과 블록들을 이동시키고 정렬시켜 프로그램을 가능한 한 최적화시키십시오.

FBD 편집기

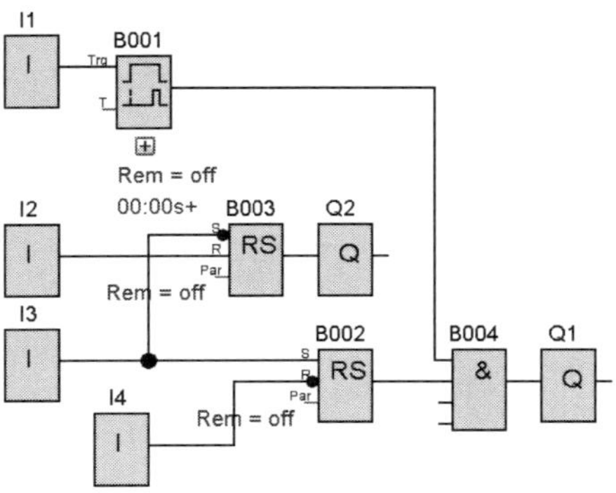

LAD 편집기

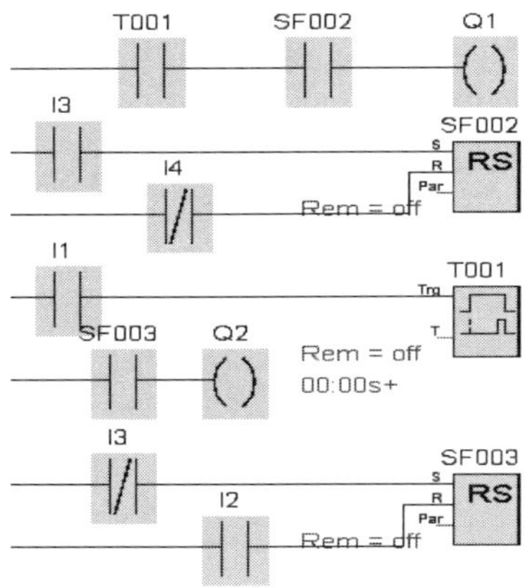

9) 보기 최적화

원하지 않지만 꼭 사용해야만 하는 라인 크로스(블록을 넘어가는 라인)에는 잘라내기/붙여넣기(Cut/Join) 툴을 사용할 경우 오버 뷰 보기를 개선할 수 있습니다.

FBD 편집기

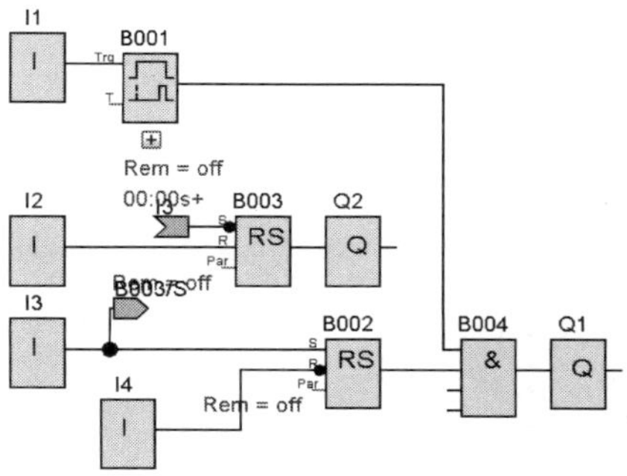

이제 사용자 프로그램을 완성했습니다. 모든 연결 부분을 다시 한번 확인하고 필요에 맞도록 블록 파라미터를 설정하십시오.

10) 사용자 프로그램 테스트

사용자 프로그램을 시뮬레이션 모드에서 실행시킨 후 프로그램에 에러가 없는지를 확인하십시오.

FBD 편집기의 예

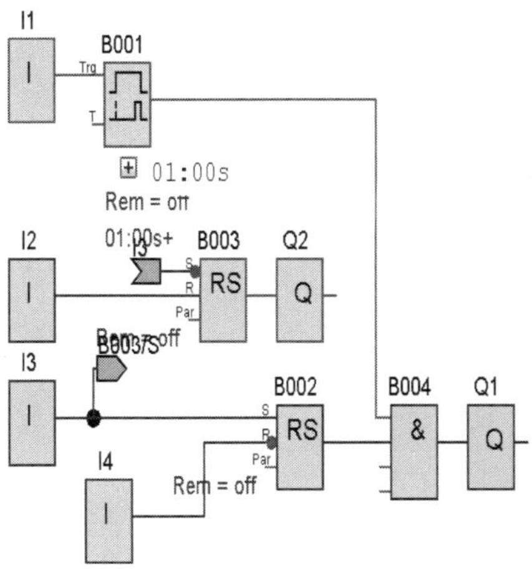

프로그램을 LOGO!에서 실행시킬 수 있다고 생각되더라도 프로그램이 원하는 대로 동작하는지를 확인해야 할 필요가 있고 일부 파라미터를 수정하기 원할 수도 있습니다. 시뮬레이션을 통해 프로그램을 여러 입력값으로 실행시켜 보고 전원 차단시의 시스템 반응을 테스트하며 사용자가 계산한 값이나 기대 응답을 시뮬레이션 응답과 비교해 보십시오. 시뮬레이션 툴바와 상태 윈도우 윈도우는 이러한 작업에 필요한 기능을 지원합니다.

플로트와 압력 스위치는 원래 모멘터리 동작만 합니다.

그러나 테스트를 목적으로 사용자 프로그램을 시뮬레이션시킬 때는 입력 기능을 모멘토리 동작에서 스위칭 동작으로 변경할 수 있습니다

모든 연결을 마치고 프로그램이 원하는 대로 실행되면 사용자 프로그램을 문서화시킬 수 있습니다.

11) 사용자 프로그램 문서화

프로그램 명령어

이제 텍스트 툴(Text tool)을 사용하여 사용자 프로그램에 주석을 입력할 수 있습니다. I/O에 주석을 입력하면 프로그램 이해를 도울 수 있습니다. 커넥터 이름을 화면에 표시할 필요는 없지만 커넥터에 이름을 부여하면 나중에 연결 목록(Connection list)을 인쇄할 수 있습니다. File → Properties 다이얼로그 창의 comment 탭에서 사용자 프로그램에 주석을 입력할 수 있으며 이 주석을 사용자 프로그램을 인쇄 시 인쇄 내용에 포함시킬 수 있습니다.

FBD 편집기 예

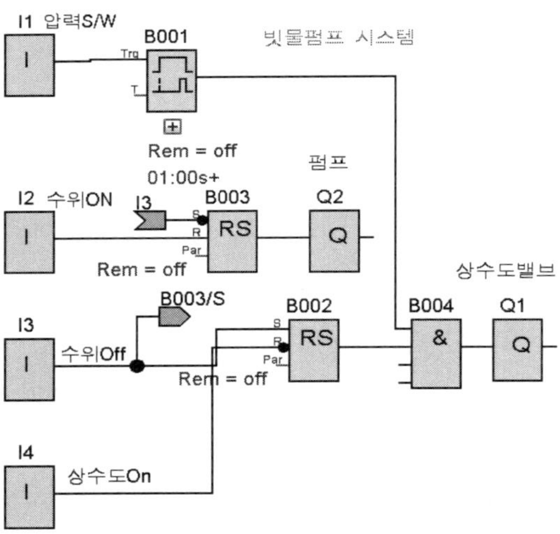

저장 매체에 파일 저장하기:

사용자 프로그램을 전송하기 전에 다시 한번 저장해야 합니다. 메뉴바에서 해당 명령어를 선택하여 프로그램 이름과 경로를 입력하십시오.

사용자 프로그램 인쇄:

File → Print 명령어를 사용하여 사용자 프로그램을 인쇄하십시오. 이 다이얼로그 창에서 인쇄 포맷을 지정하고 포함할 부분과 포함시키지 않을 부분을 지정하십시오.

12) 사용자 프로그램 전송

패스워드 보호

사용자의 프로세스 솔루션을 보호하고 인가받지 않은 자의 접근을 막기 위해 패스워드를 LOGO!로 전송할 수 있습니다.

패스워드 File → Properties 메뉴 다이얼로그 창에서 Parameter 탭에서 부여합니다. 패스워드를 입력한 후 OK로 확인하십시오.

패스워드 보호는 사용자 프로그램을 LOGO!로 전송할 때 사용되며 LOGO!가 전송 모드를 종료하면 패스워드 보호 기능이 활성화됩니다.

패스워드는 LOGO!에 들어 있는 사용자 프로그램을 보호합니다. 데이터 값이나 파라미터를 편집하는 것, LOGO!에 들어 있는 사용자 프로그램을 보는 것, 또는 LOGO!에서 PC로 업로딩하는 작업은 패스워드를 입력한 후에라야 가능합니다.

사용자 프로그램 전송:

이제 사용자 프로그램을 적합한 LOGO! 버전으로 전송하고 모듈을 연결하십시오. LOGO!를 주변 디바이스와 연결하십시오.

매우 짧은 시간에 LOGO! Soft Comfort에서 사용자 프로그램을 작성하였고 기존의 방법과 비교할 때 많은 시간과 노력이 절감되었음을 확인할 수 있습니다.

13) 사용자 프로그램 온라인 테스트

사용자 프로그램 시뮬레이션에 만족하고 그 프로그램을 LOGO!에 다운로드하였다면 프로그램에 대한 온라인 테스트를 실행할 수 있습니다. 온라인 테스트는 시뮬레이션과 비슷하여 입력, 출력, 블록 파라미터를 볼 수 있습니다. 다른 점은 시뮬레이션은 PC에서 시뮬레이션된 입력으로 프로그램을 실행시킨다는 것이고 테스트는 실제 입력(Live 입력)으로 실행시킨다는 것입니다.

다음 예는 연습으로 작성한 사용자 프로그램 예를 온라인 테스트하는 것을 보여줍니다. 이 예에서 입력 I1이 On이 된 다음 Off가 되었고 I1이 Off가 되자 오프 딜레이 타이머가 동작을 시작하였습니다.

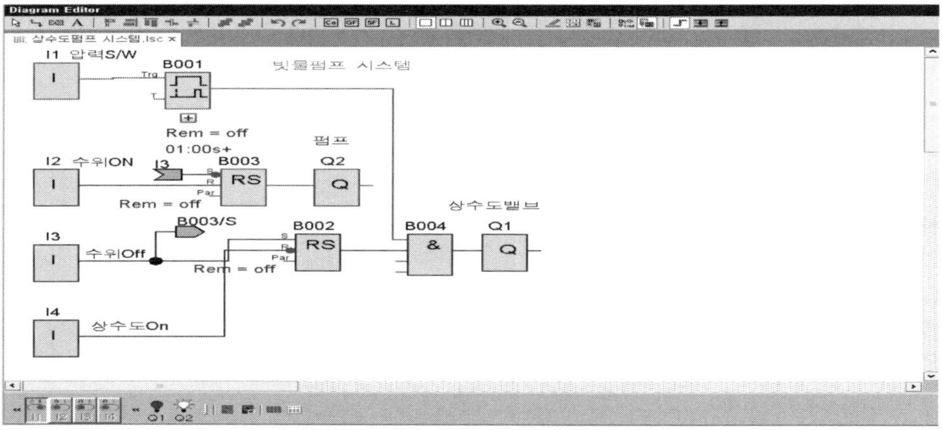

온라인 테스트 중 LOGO! Soft Comfort를 사용하여 기능 블록의 매개변수를 수정할 수 있습니다. 매개변수를 수정이 이루어지면 LOGO!는 수정된 매개변수를 동기화합니다. LOGO! 에서 매개변수를 수정할 수도 있습니다. Base Module 및 LOGO! Soft comfort는 수정 된 매개변수를 동기화합니다.

매개변수 변경 예)

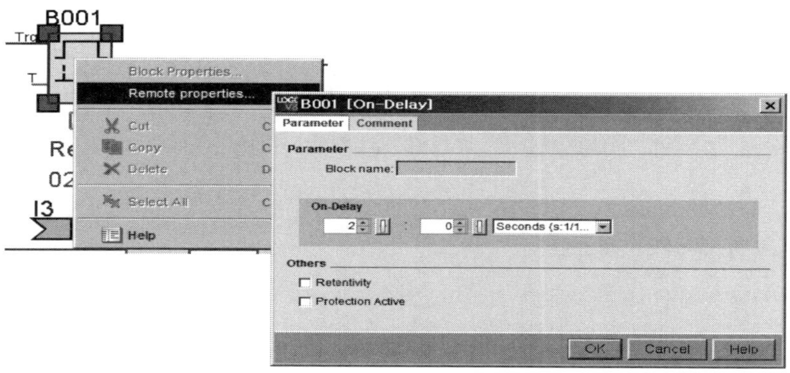

노트

로고! 기본 모듈은 여전히 "매개변수 설정" 모드에 있으며 LOGO! Soft Comfort에서 수정한 내용을 동기화할 수 없습니다.

04

어플리케이션 예제

샘플 어플리케이션 - 오버뷰

소개:

LOGO! Soft Comfort에는 LOGO!의 다양한 기능을 소개하기 위해 사용 설명서에서 제시한 용수 펌프 어플리케이션 등의 소규모 어플리케이션들이 포함되어 있습니다.

이 온라인 Help는 간단하게 작업 내용들을 설명하고 LOGO! Soft Comfort로 작성된 솔루션을 제공합니다. 이러한 사용자 프로그램들은 LOGO! Soft Comfort CD-ROM의 ..\Samples 폴더에 들어 있습니다. 또한, CD-ROM에는 여러 샘플에 관한 문서도 있습니다.

더 많은 샘플 프로그램들은 인터넷 사이트 http://www.siemens.com/logo의 "Products and Solutions" 아래 "Applications"에 있습니다.

노트:

LOGO! 샘플 어플리케이션은 무료입니다. 그러나 그 내용들에 대해서는 책임지지 않으며 다만 LOGO! 모듈과 LOGO! Soft Comfort 소프트웨어로 구현이 가능한 여러 어플리케이션 정보를 제공하고자 합니다. 사용자 맞춤 솔루션은 샘플과 다를 수 있습니다.

사용자는 자신의 책임하에 시스템을 운전해야 합니다. 우리는 국가별 표준과 시스템 관련 설치 규정을 참조하고 있습니다.

이 장은 다음과 같은 샘플 어플리케이션을 제공합니다.

- 공조 시스템(Air-conditioning system)
- 공장 도어(Factory door)
- 히팅 제어(Heating control)
- 필링 스테이션(Filling station)

용수 공급 펌프 예도 참조하십시오.

4.1 공조 시스템(Air-conditioning system)

공조 시스템을 위한 사전 조건:

공조 시스템은 오염된 공기를 배출하고 신선한 공기를 해당 공간 안으로 공급합니다. 다음 샘플 시스템을 참조하십시오.

- 룸에는 공기배출 팬과 신선한 공기를 공급하는 팬이 있습니다.
- 각 팬은 Flow 센서에 의해 모니터링됩니다.
- 룸 안의 압력은 대기압 이상으로 올라갈 수 있습니다.
- 신선한 공기를 공급하는 팬은 Flow 센서가 배기 팬의 운전 상태가 안전하다는 신호를 줄 때에만 스위치 On이 됩니다.
- 경고등은 팬 중 하나가 고장 났음을 보여줍니다.

일반적인 솔루션:

팬은 Flow 센서에 의해 모니터링 됩니다. 어느 짧은 시간 동안 공기 흐름이 감지되지 않으면 시스템은 스위치 Off 되고 에러 메시지가 발생합니다. 이 에러는 오프 버튼을 누르면 해제됩니다.

팬 모니터링에는 Flow 센서 외에 여러 스위칭 디바이스가 있는 분석기 회로 기기가 필요합니다. LOGO!는 이러한 분석회로를 대체할 수 있습니다.

LOGO! Soft Comfort 솔루션:

LOGO!를 사용하면 몇 개의 스위치기어를 줄일 수 있습니다. 이로 인해 설치 시간과 제어 패널에서의 설치 공간을 줄일 수 있게 해줍니다. 처음부터 작은 제어 패널을 사용할 수도 있습니다.

LOGO!를 통해 시스템이 오프가 되면 팬들이 차례로 오프가 되는 것을 구현할 수 있습니다.

LOGO! Soft Comfort에서의 사용자 프로그램:

시스템은 입력 I1과 I2에서 스위치 On, Off 될 수 있습니다. 팬은 출력 Q1과 Q2로 연결됩니다. Flow 센서는 입력 I3과 I4로 연결됩니다. 블록 B007과 B008은 Flow 센서가 폴트 출력 Q3을 보낸 이후의 감시 타이머(Watchdog Timer)를 설정하는 데 사용됩니다.

Air-conditioning system

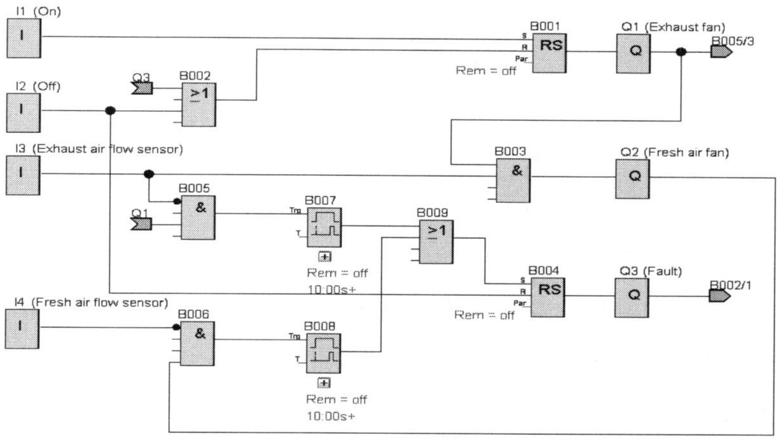

출력 Q3을 반전시켜 Q4에서 출력 메시지를 내보내는 데 사용할 수 있습니다. 릴레이 Q4는 메인 전원이 차단되거나 시스템에 폴트가 생겼을 때에만 드롭됩니다. 그러므로 이 출력은 리모트 메시지로 사용될 수 있습니다.

4.2 공장 도어(Factory door)

게이트 제어 시스템을 위한 사전 조건:

많은 공장에서 롤 게이트 제어가 사용되고 있습니다. 이 게이트는 자동차가 출입할 때만 열리며 게이트 키퍼에 의해 제어됩니다.

- 슬라이딩 게이트는 푸시버튼에 의해 열리고 닫힙니다. 게이트 키퍼는 게이트 운전을 감시합니다.
- 롤 게이트는 일반적으로 완전히 열리고, 닫힙니다. 그러나 순간적으로 정지될 수도 있습니다.
- 플래싱 라이트는 게이트가 움직이기 전 5초 동안과 움직이는 동안 동작합니다.
- 안전 압력 스트립(safety pressure strip)은 게이트가 닫히는 동안 사람이 다치는 것과 다른 물체가 게이트에 닿아서 파손되는 것을 막아줍니다.

일반적인 솔루션

자동문 운전에 대한 제어 시스템은 종류가 많습니다. OPEN과 CLOSE 버튼은 이미 게이트가 반대 방향으로 동작을 시작하지 않은 경우 해당 방향으로 게이트를 동작시킵니다. 게이트의 움직임은 STOP 버튼이나 관련 리밋 스위치에 의해 멈추게 됩니다.

LOGO! Soft Comfort 솔루션:

LOGO! 프로그램은 일반제어에 비해 많은 기능을 제공합니다. 안전 바가 동작하면 게이트가 멈춥니다. 게이트가 열리거나 닫히기 전 5초 동안 플래싱 라이트가 동작함으로 게이트가 동작을 시작했음을 알립니다. 플래싱 라이트는 게이트가 멈추기 전까지 계속합니다.

일반적인 솔루션과는 달리 LOGO!는 더 쉽고 경제적으로 제어 시스템을 변경할 수 있는 방법을 제공합니다.

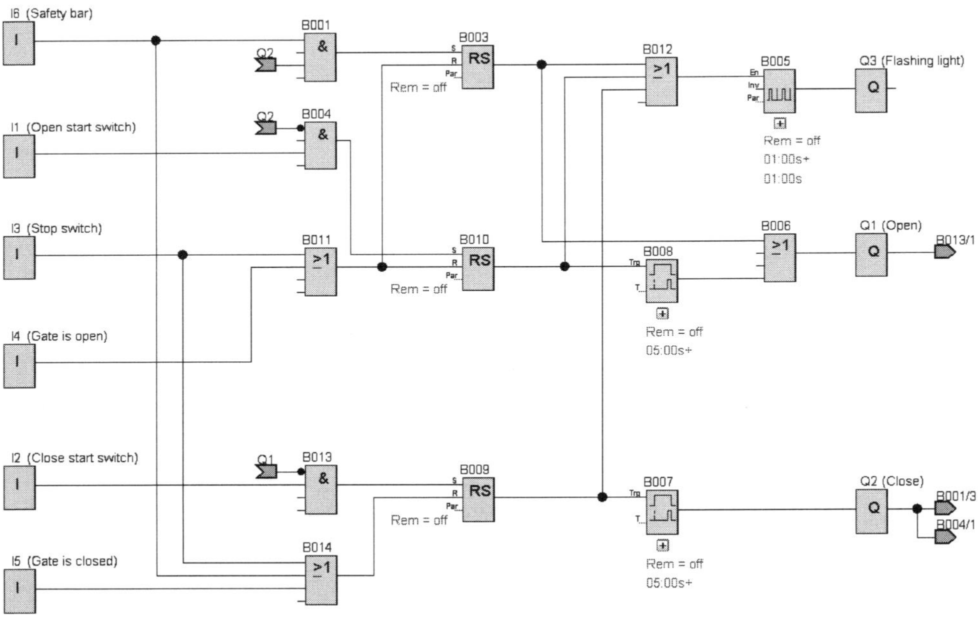

4.3 히팅 제어(Heating control)

히팅 제어를 위한 사전 조건:

이 예에서는 히터의 유체 온도가 외부 온도에 반비례하게 제어되어야 하는 곳의 히팅 관리 예를 보여줍니다. 이는 외부 온도가 낮을수록 히터의 유체 온도는 높아져야 하는 것을 의미합니다.

PT100 센서는 외부 온도와 유체 온도를 측정합니다.
외부 온도 0℃에서 유체 온도는 50℃가 되어야 합니다.
외부 온도가 4℃ 아래로 떨어지면 히팅 스위치가 On 되어야 합니다.

LOGO! Soft Comfort 솔루션:

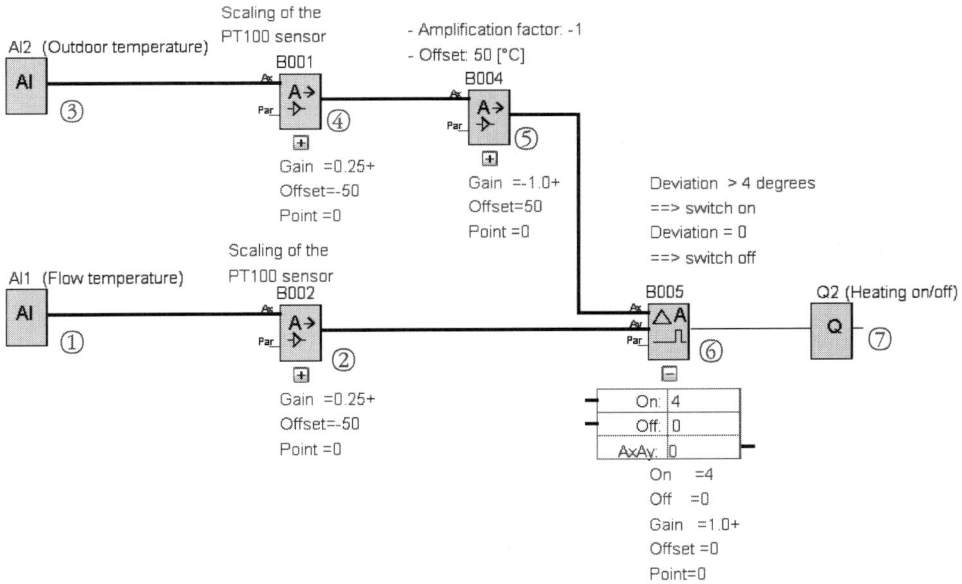

① PT100 센서가 히터의 유체 온도를 측정하는 AI1에 연결됩니다.

② 아날로그 증폭기 파라미터는 다음과 같이 설정됩니다.

- 센서: PT100
- 측정 범위와 파라미터는 PT100 센서에 의해 정해집니다.
- 단위: 섭씨

- 해상도: x 1

  증폭기는 센서에 의해 측정된 실제 온도를 출력에 내보냅니다.

③ PT100 센서가 외부 온도를 측정하는 AI2에 연결됩니다.

④ 아날로그 증폭기 파라미터는 다음과 같이 설정됩니다.

- 센서: PT100
- 측정 범위와 파라미터는 PT100 센서에 의해 정해집니다.
- 단위: 섭씨
- 해상도: x 1

  증폭기는 센서에 의해 측정된 실제 온도를 출력에 내보냅니다.

⑤ 아날로그 증폭기 파라미터는 다음과 같이 설정됩니다.

- 센서: 센서 없음
- Gain: -1 (B001 아날로그 증폭기 출력값의 부호를 변경시킵니다.)
- 오프셋: 50

  B004에서의 증폭 파라미터는 두 온도의 합이 50인 경우 비교된 온도의 차이가 0이 되게 합니다.

⑥ 아날로그 비교기의 파라미터는 다음과 같이 설정됩니다.

- 센서: 센서 없음
- Gain: 1
- 오프셋: 0
- 온 스레스홀드 값: 4
- 오프 스레스홀드 값: 0

  히터의 유체 온도와 표준 외부 온도의 차이가 4℃를 넘으면 아날로그 비교기는 출력 Q2를 스위치 On 시킵니다.

  온도 차가 0℃ 아래로 떨어지면 아날로그 비교기는 출력 Q2를 다시 Off 시킵니다.

⑦ 출력 Q2는 히팅 작업을 스위치 On-Off 시킵니다.

운전 모드:

외부 온도가 떨어지면 B004 아날로그 증폭기로 입력되는 값이 떨어진 외부 온도만큼 증가하게 됩니다. 이로 인해 아날로그 비교기에서의 히터의 유체와 외부 온도 간 차이는 증가하게 됩니다.

만약 온도 차가 4℃를 초과하게 되면 히팅 작업이 on 됩니다.

히팅 작업을 On 시키면 히터의 유체 온도는 증가하게 됩니다. 이는 아날로그 비교기에서 히터의 유체와 외부 온도와의 차이를 감소시킵니다(외부 온도가 히터의 유체 온도가 증가하는 것보다 더 느리게 떨어지는 경우).

온도 차가 0℃ 이하로 떨어지면 히팅 작업이 Off 됩니다.

파라미터 변경:

아날로그 증폭기에서의 오프셋 파라미터는 외부 온도 0℃일 때 사용자가 원하는 히터의 유체 온도에 따라 다르게 됩니다. 또한, 히팅 작업 On 스레스홀드와, Off 스레스홀드는 B005 아날로그 비교기의 On/Off 스레스홀드 값에 의해 변경될 수 있습니다.

실행시켜 보십시오!

LOGO!Soft Comfort CD-ROM에 이 예제가 들어 있습니다. 이 프로그램을 LOGO! Soft Comfort에 로딩시킨 후 시뮬레이션 모드에서 실행시켜 보십시오.

4.4 Filling 스테이션

Filling 스테이션을 위한 사전 조건:

하나의 박스에 두 개의 서로 다른 아이템을 각각 지정된 양만큼 채워져야 합니다. 모든 아이템 들이 박스에 채워지면 포장 스테이션으로 이송됩니다. 컨베이어 벨트는 2가지 타입의 아이템을 박스로 이송시킵니다(이 예에서는 Filling 컨베이어벨트 부분은 예외로 합니다). 이 프로그램을 위해 각 타입의 아이템을 계수하기 위한 업/다운 카운터를 사용하며 아날로그 연산 명령어를 사용하여 전체 아이템 개수를 합산합니다. 각 타입의 아이템 개수와 이제까지 계수된 전체 개수를 LOGO! Display와 LOGO! TD(텍스트 디스플레이)에 표시합니다.

처리 과정은 다음과 같습니다.

- 박스를 채우기 위해 각 아이템은 컨베이어벨트로 박스까지 이송됩니다(이 예제에서는 이 부분은 예외로 합니다).
- 아이템이 박스로 떨어지는 것은 일정한 순서 없이, 무작위로 떨어집니다.
- 박스로 떨어지는 아이템은 센서로 계수됩니다.
- LOGO! Display와 LOGO! TD에서 각 아이템이 얼마나 많이 계수되었으며 박스에 담긴 전체 아이템 개수는 몇 개인지를 표시해야 합니다.

LOGO! Soft Comfort에서의 사용자 프로그램:

라이트 배리어가 두 개의 디지털 입력 I1과 I2에 연결되어 있어서 아이템이 박스에 떨어지는 것을 감지하게 됩니다. 두 개의 카운터(B001과 B002)는 박스에 떨어지는 두 개의 아이템을 계수합니다. 각 카운터의 온 스레스홀드는 각 아이템의 최대 개수를 지정합니다. 박스가 다 차게 되면 컨베이어벨트가 10초간 동작을 하여 채워진 박스를 포장 스테이션으로 이송을 하고 빈 박스가 필링 스테이션(Filling station)으로 이송됩니다.

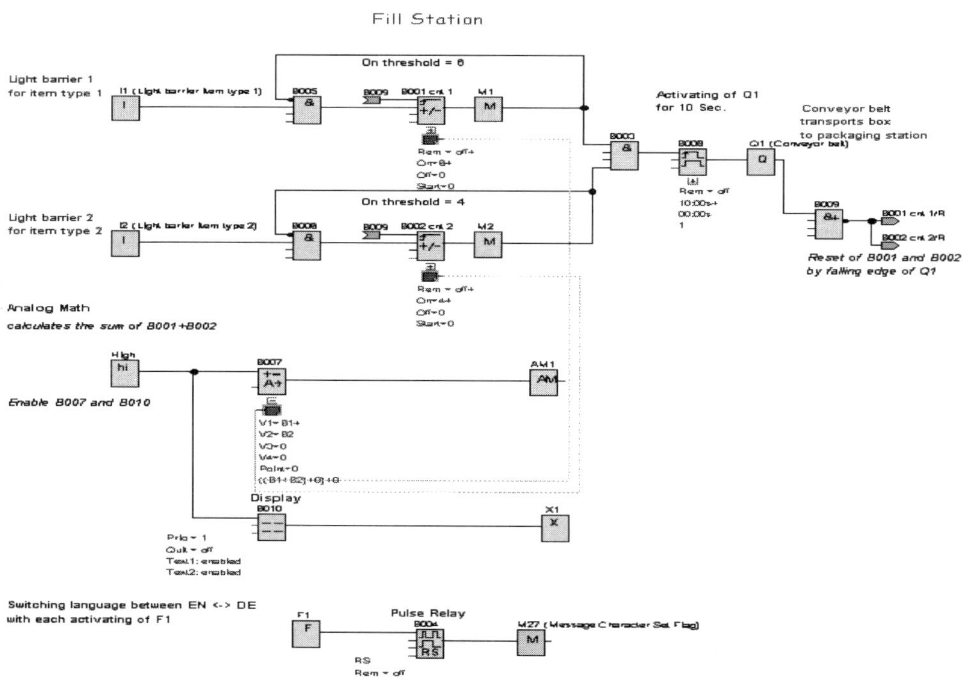

사용자 프로그램은 메시지 텍스트 펑션 블록을 사용하여 전체 얼마나 많은 아이템이 계수되었는지 또 각 아이템이 얼마나 많이 계수되었는지를 표시합니다. 메시지 텍스트에서는 계수된 아이템의 바 그래프와 계수된 텍스트를 번갈아 가며 표시하기 위해 "ticking" 기능을 사용합니다. 메시지 텍스트는 현재 설정된 문자 세트에 따라 영어나 독일어로 보입니다.

펑션 블록의 파라미터:

다음과 같은 파라미터를 사용합니다.

- 온 트레스홀더 카운터 B001과 B002는 박스에 담기는 각 아이템의 개수를 지정합니다.
- 에지 트리거 wiping 릴레이의 펄스 폭(pulse width -TH)은 컨베이어벨트의 이송 시간을 정의합니다.
- 전체 아이템을 계산하는 아날로그 연산 펑션 블록 B007은 다음과 같이 프로그램 됩니다.
  - 값 1은 B001의 현재 값을 위한 레퍼런스 파라미터입니다.
  - 값 2는 B002의 현재 값을 위한 레퍼런스 파라미터입니다.
  - 연산자 1은 두 개의 카운터를 합산하는 "+"입니다.
  - 우선권 1은 높은 우선권 순위를 의미합니다(이는 이 펑션 블록 내에서 유일한 연산이기 때문에 이 경우 우선권은 의미가 없습니다).
  - 남은 연산자와 피연산자는 "+ 0"로 설정되므로 방정식의 출력에는 영향을 미치지 않습니다.

메시지 텍스트:

메시지 텍스트 블록 B010은 메시지 텍스트를 화면에 디스플레이시키는데 4개의 라인이 "라인별 Ticking"을 하기 때문에 두 개의 화면이 차례로 표시됩니다. 첫 번째 화면에서는 각각 계수된 아이템(B001과 B002 현재 값)에 대한 바-그래프와 B007로 연산되어 더해진 전체 아이템에 대한 바 그래프를 보여줍니다. 두 번째 화면은 그 값을 숫자와 텍스트로 보여줍니다.

메시지 텍스트 펑션 블록은 두개의 문자 세트로 설정됩니다. 첫 번째 문자 세트에 대한 메시지 텍스트는 영어 텍스트로 설정되며 두 번째 문자 세트에 대한 메시지 텍스트는 독일어로 설정됩니다. File → Message Text Settings에서 문자 세트를 선택할 수 있습니다. 예제의 경우 영어 문자나 독일어 문자 중 한 가지 문자 세트가 선택될 것입니다. LOGO!가 런 모드에 있을 경우 현재의 문자 세트 지정에 따라 디스플레이 될 메시지가 결정됩니다.

05

LOGO! Functions

5.1 상수와 커넥터(Constants and connectors)

-**Co** 프로그래밍 인터페이스에서 입력 블록, 출력 블록, 플래그 또는 상수 (high, low) 등을 배치하려면 이 도구를 선택해야합니다. 이 도구를 선택할 때 나타나는 추가 도구 막대에서 삽입할 특정 유형의 블록을 선택할 수 있습니다.

1) **디지털 입력**(Digital Inputs) "I"

디지털 입력은 "I"로 표시하며, 디지털 입력(I1, I2, …) 수는 설치된 순서대로 자동으로 할당된다. 다음은 고속 디지털 입력으로 사용된다. (I3, I4, I5, I6)

2) **아날로그 입력**(Analog Inputs) "AI"

아날로그 입력은 "AI"로 표시하며, LOGO! 12/24RCE, 버전은 입력 I1(AI3), I2(AI4), I7(AI1), I8(AI2)을 아날로그 입력으로도 사용 가능하다,

추가로 연결되는 아날로그 모듈의 입력은 이미 존재하는 아날로그 입력에 따라 넘버링 되고, 프로그래밍 모드에서 아날로그 입력을 취하는 특수 함수의 입력신호를 선택하면 LOGO! 에서는 아날로그 입력 AI1 … AI8, 아날로그 플래그 AM1 …AM6, 아날로그 출력 AQ1과 AQ2, 아날로그 출력이 있는 함수의 블록번호를 제공한다.

3) **디지털 출력**(Digital Ouputs) "Q"

디지털 출력은 "Q"로 표시하며, 출력 수(Q1, Q2, … Q16)는 설치된 순서대로 자동으로 할당 된다.

4) **아날로그 출력**(Analog Ouputs) "AQ"

아날로그 출력은 "AQ"로 표시하며, AQ1, AQ2 2개의 아날로그 출력이 사용 가능합니다. 아날로그 출력은 함수의 아날로그 입력, 아날로그 플래그 AM, 아날로그 출력 커넥터에만 연결될 수 있습니다, 다음 그림은 예를 들어 LOGO~를 보여줍니다.

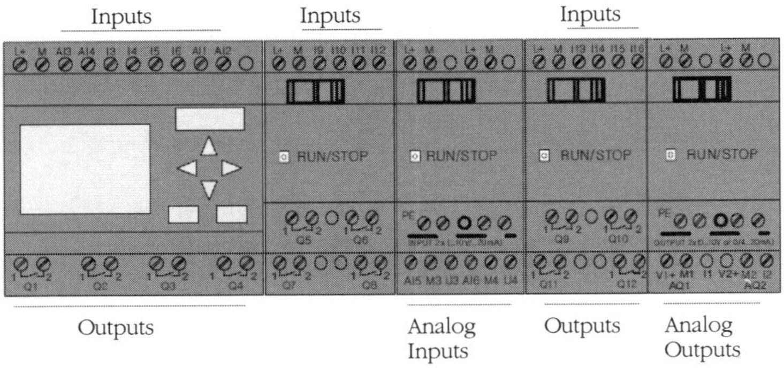

구성 및 회로 프로그램의 입력과 출력의 넘버링

5) 플래그 블록(Flag blocks) “M”, “AM”

플래그 블록은 문자 “M” 혹은 “AM”으로 표시되고, 흔히 내부 릴레이로 알려져 있다. 이러한 블록들은 가상 출력이며 그들의 입력값을 출력합니다. 0BA7은 27개의 디지털 플래그 M1 ~ M27과 16개의 아날로그 플래그 AM1 ~ AM16을 제공합니다. 0BA8은 64개의 디지털 플래그 M1 ~ M64와 64개의 아날로그 플래그 AM1 ~ AM64를 제공합니다.

다음 특수 플래그는 배경색이 다릅니다.

- M8 = 초기화 플래그 (LOGO! Soft Comfort에서 파란색으로 표시)
- M25 = LOGO! 흰색 백라이트를 표시합니다.
- M26 = LOGO! TD 백색 백라이트
- M27 = LOGO! 문자 세트 플래그(LOGO! Soft Comfort에서 녹색으로 표시)
- M28 = LOGO! 황색 백라이트를 표시합니다.
- M29 = LOGO! 빨간색 백라이트를 표시합니다.
- M30 = LOGO! TD 황색 백라이트
- M31 = LOGO! TD 빨간색 백라이트

(1) 스타트업 플래그(Startup flag)

플래그 M8은 사용자 프로그램의 첫 번째 사이클로 설정되며 사용자 프로그램에서 스타트업 플래그로 사용될 수 있습니다. 이 신호는 사용자 프로그램이 첫 번째 사이클을 완료 했을 때 자동적으로 리셋됩니다.

M8 플래그는 일반 플래그처럼 첫 번째 사이클 이후 모든 사이클에서 프로시저를 설정하거나 삭제하거나 판단할 때 사용하면 편리하다.

(2) 백라이트 플래그(Backlight flags)

플래그 M25, M28 및 M29는 로고! 온-보드 디스플레이. 플래그 M26, M30 및 M31은 로고! TDE.

타이머, 메시지 텍스트 또는 다른 기능 블록의 출력을 사용하여 백라이트 플래그를 활성화할 수 있습니다. 여러 조건을 사용하여 장치의 백라이트를 제어하려면 여러 기능 블록을 병렬 또는 순서대로 사용할 수 있습니다.

(3) 메시지 문자 설정 플래그(Message text character set flag)

M27 플래그를 사용하면 기본 문자 세트 또는 보조 문자 세트의 메시지 텍스트를 표시할지 여부를 결정합니다.

두 개의 문자 세트를 LOGO! 또는 LOGO! Soft Comfort의 File → Message Text 설정 메뉴 명령을 선택하십시오.

그런 다음 메시지 텍스트를 구성할 때 특정 메시지 텍스트가 기본 문자 집합(문자 집합 1) 또는 보조 문자 집합(문자 집합 2)의 문자로 구성되는지 여부를 선택합니다.

회로 프로그램에서 M27을 사용하여 기본 또는 보조 문자 집합의 메시지 텍스트를 활성화하고 다른 문자의 메시지 텍스트를 비활성화 할 수 있습니다. M27 = 0 (low)이면 LOGO! 기본 문자 집합의 메시지 텍스트만 표시합니다. M27 = 1(high)이면 LOGO! 보조 문자 세트의 메시지 텍스트만 표시합니다.

(4) 아날로그 플래그: AM1 ~ AM64

아날로그 플래그는 아날로그 입력 또는 아날로그 명령 블록의 마커로 사용할 수 있습니다. 아날로그 플래그는 단순히 아날로그 값을 입력으로 받아들이고 그 값을 출력합니다.

주의

M8, M25, M26, M27, M28, M29, M30 및 M31은 UDF 편집기에서 사용할 수 없습니다.

6) 시프트 레지스터 비트(Shift register bits)

로고! 0BA8 디바이스는 회로 프로그램에서 읽기 전용 속성이 할당된 8개의 시프트 레지스터 비트 S1에서 S8을 제공합니다. 시프트 레지스터 비트의 내용은 시프트 레지스터 특수 기능을 통해서만 수정할 수 있습니다.

로고! 0BA7 및 로고! 0BA8 디바이스는 최대 32개의 시프트 레지스터 S1.1 ~ S4.8비트를 제공합니다.

7) 커서 키(Cursor keys)

C ▲, C ▶ , C ▼ , C ◀ ("C" = "Cursor") 4개의 커서 키를 사용 가능합니다. 커서 키는 다른 입력처럼 사용자 프로그램에서 프로그램할 수 있습니다. 시스템이 RUN에 있는 동안 커서를 해당 디스플레이에서 또 액티브된 메시지 텍스트(ESC+키)에서 설정할 수 있습니다.

커서 키는 스위치와 입력을 저장할 수 있으며 사용자 프로그램에서 오퍼레이터 제어가 가능하게 해줍니다.

8) LOGO! TD 함수 키(LOGO! TD function keys) "F1, F2, F3, F4"

LOGO! TD는 사용자 프로그램에서 사용할 수 있는 4개의 함수 키를 가지고 있으며 사용자는 다른 입력과 동일한 방법으로 키에 대한 프로그램을 할 수 있습니다.

커서 키와 마찬가지로 LOGO!가 RUN 모드에 있을 때 이 키들을 누르면 사용자 프로그램의 동작에 영향을 줄 수 있으며 스위치와 입력을 저장할 수 있습니다.

이 키들은 F1, F2, F3, F4 로 표시됩니다.

9) 레벨(Levels) "Hi", "Lo"

전압 레벨은 hi와 lo로 표시됩니다. 블록에서 상수 "1" = hi 혹은 "0" =lo 상태는 영속전압 레벨 혹은 상수값 hi 혹은 lo에 의해 설정될 수 있습니다.

10) 오픈 커넥터(Open connectors) "x"

사용하지 않는 블록 커넥터는 x로 표시될 수 있습니다.

11) 네트워크 입, 출력(0BA7 버전 이상)

LOGO! Soft Comfort을 통해 다음과 같은 네트워크 입, 출력을 구성할 수 있습니다.

LOGO! 회로 프로그램은 디지털, 아날로그 입, 출력의 네트워크에 대한 Parameter에서 상대 디바이스의 관계를 설정합니다.

(1) 네트워크 디지털 입력(Network digital inputs): "NI"

네트워크 디지털 입력은 NI로 식별됩니다. 64개의 네트워크 디지털 입력을 지원합니다. 선두 어드레스는 NI1으로 시작합니다.

(2) 네트워크 아날로그 입력(Network analog inputs): "NA"

네트워크 아날로그 입력은 NAI로 식별됩니다. 32개의 네트워크 아날로그 입력을 지원합니다. 선두 어드레스는 NAI1으로 시작합니다.

(3) 네트워크 디지털 출력(Network digital outputs): "NQ"

네트워크 디지털 출력은 NQ로 식별됩니다. 64개의 네트워크 디지털 출력을 지원합니다.

선두 어드레스는 NQ1로 시작합니다.

(4) 네트워크 아날로그 출력(Network analog outputs): "NAQ"

네트워크 아날로그 출력은 NAQ로 식별됩니다. 16개의 네트워크 아날로그 출력을 지원합니다.

선두 어드레슨 NAQ1로 시작합니다.

5.2 요소 명령어

I C F S lo hi Q X M

심벌	명칭	심벌	명칭
I	Inputs (입력)	lo	Permanent logical levels (hi = high) 영구적 상시 On논리
C	Cursor keys	hi	Permanent logical levels (lo = low) 영구적 상시 Off 논리
F	LOGO! TD function keys	Q	Outputs (출력)
S	Shift register bits (비트 이동 레지스터)	X	Open connectors
		M	Flags (플래그)

1) 입력(Inputs)

I

입력 블록은 LOGO!의 입력 터미널을 가리킵니다. 24개의 디지털 입력을 지원하며, 블록 설정에서 이 입력 터미널을 사용하지 않았다면 입력 블록에 새로운 입력 터미널을 할당할 수 있습니다.

2) 커서 키(Cursor keys)

C

최대 4개의 커서 버튼을 사용할 수 있습니다. 커서 키가 다른 입력과 동일한 방식으로 회로 프로그램이 프로그래밍됩니다. 커서 버튼 스위치 및 입력을 저장하고, 회로 프로그램의 운영자 제어를 허용할 수 있습니다.

LOGO!의 4개의 커서 키 TD는 LOGO에 동일한 커서 키 입력입니다. 기본 모듈 LOGO 하나에, 예를 들어, ESC + 커서 버튼 중 하나를 누르면 TD이나 LOGO! 커서 키에 대한 하나의 입력을 활성화합니다.

3) 로그 TD 기능키(LOGO! TD function keys)

F

LOGO! TD 모듈은 사용자 프로그램에서 디지털 입력을 사용할 수 있는 4개(F1, F2, F3, F4)의 기능키가 있습니다. 사용자 프로그램의 다른 입력과 동일한 방식으로 기능키를 프로그램 대입해서 사용됩니다.

4) 비트이동 레지스터(Shift register bits)

S

LOGO!는 S1에서 S8까지 시프트 레지스터 비트를 지원합니다. 이 비트들은 사용자 프로그램에서 읽기 속성으로만 제공됩니다.

5) 상시 On(Permanent logical levels Hi)

hi

상시 On: 블록 입력을 논리Hi(Hi=hIgh)로 놓으면 이 입력은 영구적으로 논리 "H" 상태(상시 On)가 됩니다.

6) 상시 Off(Permanent logical levels Lo)

lo

상시 Off: 블록 입력을 논리Lo(Lo=Low)로 놓으면 이 입력은 영구적으로 논리 "L" 상태(상시 Off)가 됩니다.

7) 출력(Outputs)

Q

출력 블록은 LOGO!의 출력 터미널을 가리킵니다. 16개의 디지털 출력을 지원하며, 블록 설정에서 이 출력 터미널을 사용하지 않았다면 출력 블록에 새로운 출력 터미널을 할당할 수 있습니다.

8) 열림 접점(Open connectors)

X

오픈 커넥터: 사용하지 않는 블록(예를 들면 메시지 텍스트)의 출력은 오픈 커넥터(Open connector)블록으로 연결하십시오.

9) 플래그(Flags)

M

일종의 내부 메모리(릴레이)에 말하며 LOGO!는 27개의 디지털 플래그를 사용할 수 있으며 이 중에서 M8은 최초의 프로그램 사이클에서(First Scan) 한 번 On

됐다가 Off되는 Start Up 플래그입니다. 다음 사이클부터는 일반 M1~M7과 동일합니다. TD 백라이트 플래그 M25~M26, 메시지 텍스트 문자 셋 플래그 M27이 있으며, 사용법은 해당 명령어를 참조하여 주십시오.

5.3 아날로그 & 네트워크 명령어

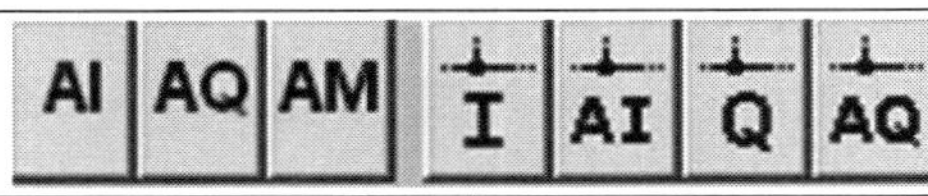

심벌	명칭	심벌	명칭
AI	Analog inputs (아날로그 입력)	I	Network inputs
AQ	Analog outputs (아날로그 출력)	AI	Network analog inputs
AM	Analog Flags (아날로그 플래그)	Q	Network outputs
		AQ	Network analog outputs
	Data Log Profile (로그 데이터 기록)		

1) 아날로그 입력(Analog inputs)

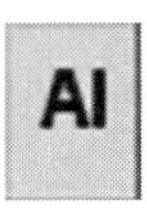

LOGO! 버전 12/24 RC, 12/24 RCo, 24, 24o, 확장 모듈 AM2 12/24는 아날로그 신호를 처리합니다. 8개의 아날로그 입력까지 지원합니다. 블록 설정에서 터미널을 이미 사용하지 않았다면 입력 블록에 새로운 입력 터미널을 할당할 수 있습니다.

2) 아날로그 출력(Analog outputs)

AQ1과 AQ2 2개의 아날로그 출력이 사용 가능합니다. 아날로그 출력이 있는 함수나 아날로그 플래그 AM이 있는 함수에서만 아날로그 출력값을 설정할 수 있습니다. 아날로그 값의 디지털 변환값은 0~1000입니다. 로그의 프로그램 STOP 모드 일 때 아날로그 출력 동작을 설정할 수 있습니다. Stop 모드일 때 아날로그 최솟값을 유지하거나 AQ1과 AQ2에 설정된 특정 값을 갖도록 설정될 수도 있습니다.

3) 아날로그 플래그(Analog Flags)

아날로그 플래그 AM1~AM8: 아날로그 플래그는 아날로그 입력과 아날로그 명령어 블록의 마커(Marker)로서 사용될 수 있습니다. 아날로그 플래그는 단순히 아날로그 값을 입력이자 출력으로 받아들입니다.

다음의 예에서 네트워크 명령어의 사용법을 예제로 설명합니다.

4) 네트워크 입력(Network Inputs) - 0BA7 이후 버전에만 해당

LOGO! 0BA8 또는 LOGO! 0BA7 기본 모듈이 슬레이브 모드에 있으면 마스터의 네트워크 출력을 구성하여 원격 장치의 디지털 출력을 제어할 수 있습니다. 최대 64개의 네트워크 출력을 구성 할 수 있습니다.

▷ LOGO! 8.FS4

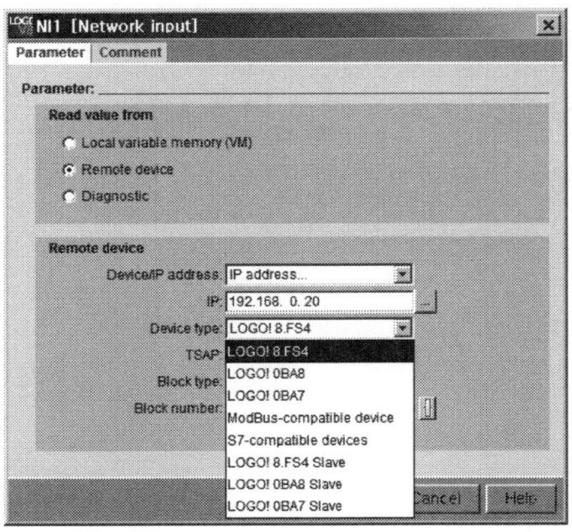

LOGO! 0BA8이면 네트워크 출력은 다음 유형에 값을 쓸 수 있습니다.

- VM: VM에 값을 쓸 때 VB 주소 범위는 0에서 850입니다.
- 원격 장치: 원격 장치에 값을 쓸 때 먼저 장치 IP주소를 입력하거나 기존 장치를 선택해야 합니다.

사용 가능한 장치 유형과 블록 유형은 다음과 같습니다.

Device type	Block type
LOGO! 0BA8.FS4	I1 to I24, Q1 to Q20, M1 to M64 and VB0.0 to VB 850.7
LOGO! 0BA8	I1 to I24, Q1 to Q20, M1 to M64 and VB0.0 to VB 850.7
LOGO! 0BA7	VB0 to VB850
ModBus-compatible devices	Coil1 to Coil65535
S7-compatible devices	IB0.0 to IB65535.7, QB0.0 to QB65535.7, MB0.0 to MB65535.7, VB0.0 to VB65535.7, DB0.DBB0.0 to DB16000.DBB65535.7
LOGO! 8.FS4 Slave	Q1 to Q20
LOGO! 0BA8 Slave	Q1 to Q20
LOGO! 0BA7 Slave	Q1 to Q16

- LOGO의 원격 장치 유형! 0BA8

  LOGO! 0BA8 장치는 Modbus 호환 장치에서 값을 읽을 수 없습니다. Modbus 호환 장치를 제외한 다른 모든 장치 유형과 블록 유형은 LOGO! 0BA8입니다.

- LOGO! 0BA7

  LOGO! 0BA7 네트워크 출력은 LOGO에만 값을 쓸 수 있습니다! 0BA7 슬레이브. 슬레이브 기본 모듈에 값을 쓰는 경우 슬레이브 IP주소를 입력하거나 기존의 LOGO! 0BA7 슬레이브, 블록 번호는 Q1에서 Q16까지입니다.

▷ 진단

진단 정보에서 값을 읽을 때 다음 그림과 같이 진단 유형을 먼저 선택해야 합니다. 진단 유형은 VM 영역의 비트에 해당합니다. 각각의 비트는 1 또는 0으로 설정되며, 이는 각각이 유형의 오류가 있음을 나타냅니다.

[LOGO! 0BA8 진단 유형]

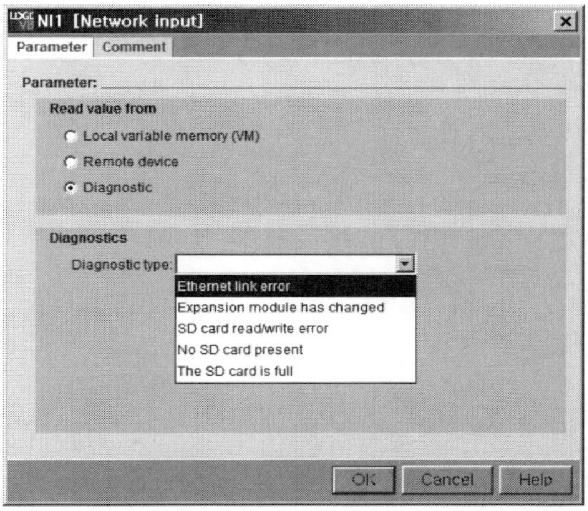

5) 네트워크 아날로그 입력(Network Analog Inputs) - 0BA7 이후 버전에만 해당

네트워크 아날로그 입력을 블록 입력에 연결할 수 있습니다. 최대 32개의 네트워크 아날로그 입력을 구성할 수 있습니다.

네트워크 아날로그 입력은 다음 유형의 값을 읽을 수 있습니다.

- VM: VM에서 값을 읽을 때 VW 주소 범위는 0에서 849입니다.
- 원격 장치: 원격 장치에서 값을 읽을 때 IP주소를 입력하거나 기존 장치 유형을 선택해야 합니다.

[LOGO의 원격 장치 유형 LOGO! 8.FS4]

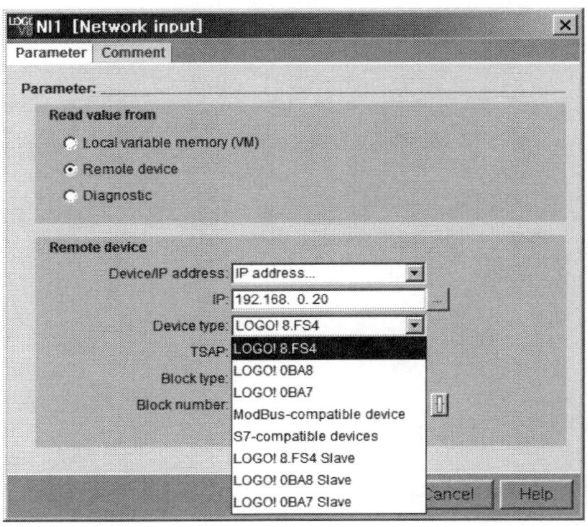

사용 가능한 장치 유형과 블록 유형은 다음과 같습니다.

Device type	Block type
LOGO! 0BA8.FS4	VW0 to VW849
LOGO! 0BA8	VW0 to VW849
LOGO! 0BA7	VW0 to VW849
ModBus-compatible devices	IR1 to IR65535, HR1 to HR65535
S7-compatible devices	IW0 to IW65534, QW0 to QW65534, MW0 to MW65534, VW0 to VW65534, DB0 to DB16000, and .DBW0 to .DBW65534
LOGO! 8.FS4 Slave	AI1 to AI8 and AQ1 to AQ8
LOGO! 0BA8 Slave	AI1 to AI8 and AQ1 to AQ8
LOGO! 0BA7 Slave	AI1 to AI8 and AQ1 to AQ2

- LOGO의 원격 장치 유형! 0BA8

  LOGO! 0BA8 장치는 Modbus 호환 장치에서 값을 읽을 수 없습니다. Modbus 호환 장치를 제외한 다른 모든 장치 유형과 블록 유형은 LOGO! 0BA8입니다.

- LOGO의 원격 장치 유형! 0BA7

  LOGO! 0BA7, 네트워크 아날로그 입력은 LOGO의 값만 읽을 수 있습니다! 0BA7 슬레이브. 슬레이브 기본 모듈에서 값을 읽는 경우 슬레이브 IP주소를 입력하거나 기존 로고를 선택해야 합니다. 0BA7 프로젝트의 슬레이브, 네트워크 아날로그 입력은 슬레이브 기본 모듈의 AI1 ~ AI8 또는 AQ1 ~ AQ2 값을 읽을 수 있습니다.

6) 네트워크 출력(Network Outputs) - 0BA7 이후 버전에만 해당

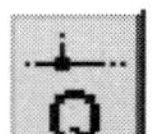

LOGO! 0BA8 또는 LOGO! 0BA7 기본 모듈이 슬레이브 모드에 있으면 마스터의 네트워크 출력을 구성하여 원격 장치의 디지털 출력을 제어할 수 있습니다. 최대 64개의 네트워크 출력을 구성할 수 있습니다.

▷ LOGO! 0BA8 .FS4

LOGO! 0BA8이면 네트워크 출력은 다음 유형에 값을 쓸 수 있습니다.

- VM: VM에 값을 쓸 때 VB 주소 범위는 0에서 850 사이입니다.

- 원격 장치: 원격 장치에 값을 쓸 때 먼저 장치 IP주소를 입력하거나 기존 장치를 선택해야 합니다.

[LOGO의 원격 장치 유형 LOGO! 8.FS4]

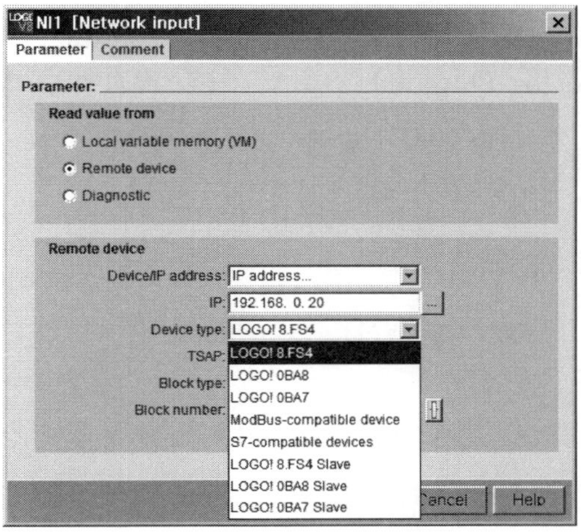

사용 가능한 장치 유형과 블록 유형은 다음과 같습니다.

Device type	Block type
LOGO! 0BA8.FS4	I1 to I24, Q1 to Q20, M1 to M64 and VB0.0 to VB 850.7
LOGO! 0BA8	I1 to I24, Q1 to Q20, M1 to M64 and VB0.0 to VB 850.7
LOGO! 0BA7	VB0 to VB850
ModBus-compatible devices	Coil1 to Coil65535
S7-compatible devices	IB0.0 to IB65535.7, QB0.0 to QB65535.7, MB0.0 to MB65535.7, VB0.0 to VB65535.7, DB0. DBB0.0 to DB16000.DBB65535.7
LOGO! 8.FS4 Slave	Q1 to Q20
LOGO! 0BA8 Slave	Q1 to Q20
LOGO! 0BA7 Slave	Q1 to Q16

- LOGO의 원격 장치 유형! 0BA8

  LOGO! 0BA8 장치는 Modbus 호환 장치에서 값을 읽을 수 없습니다. Modbus 호환 장치를 제외한 다른 모든 장치 유형과 블록 유형은 LOGO! 0BA8입니다.

- LOGO! 0BA7

  로고 들어! 0BA7, 네트워크 출력은 LOGO에만 값을 쓸 수 있습니다! 0BA7 슬레이브. 슬레이브 기본 모듈에 값을 쓰는 경우 슬레이브 IP주소를 입력하거나 기존의 LOGO! 0BA7 슬레이브, 블록 번호는 Q1에서 Q16까지입니다.

7) 네트워크 아날로그 출력(Network Analog Outputs) - 0BA7 이후 버전에만 해당

LOGO! 0BA7 기본 모듈(또는 이후 버전 BM)이 슬레이브 모드에 있는 경우 마스터의 네트워크 아날로그 출력을 구성하여 슬레이브의 아날로그 출력을 제어할 수 있습니다. 최대 16개의 네트워크 아날로그 출력을 구성할 수 있습니다.

▷ **LOGO! 8.FS4.**

LOGO! 0BA8 및 이후 버전 장치의 경우 네트워크 아날로그 출력은 다음 유형에 값을 쓸 수 있습니다.

- VM: VM에 값을 쓸 때 VW 주소 범위는 0에서 849입니다.
- 원격 장치: 원격 장치에 값을 쓸 때 먼저 장치 IP주소를 입력하거나 기존 장치를 선택해야 합니다.

[LOGO의 원격 장치 유형 LOGO! 8.FS4]

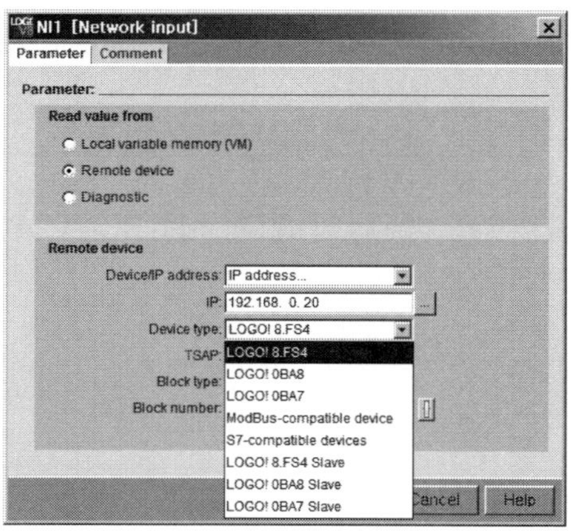

사용 가능한 장치 유형과 블록 유형은 다음과 같습니다.

Device type	Block type
LOGO! 0BA8.FS4	VW0 to VW849
LOGO! 0BA8	VW0 to VW849
LOGO! 0BA7	VW0 to VW849
ModBus-compatible devices	HR1 to HR65535
S7-compatible devices	W0 to IW65534, QW0 to QW65534, MW0 to MW65534, VW0 to VW65534, DB0 to DB16000 and .DBW0 to .DBW65534
LOGO! 8.FS4 Slave	AQ1 to AQ8
LOGO! 0BA8 Slave	AQ1 to AQ8
LOGO! 0BA7 Slave	AQ1 to AQ2

- LOGO의 원격 장치 유형! 0BA8

  LOGO! 0BA8 장치는 Modbus 호환 장치에서 값을 읽을 수 없습니다. Modbus 호환 장치를 제외한 다른 모든 장치 유형과 블록 유형은 LOGO! 0BA8입니다.

- LOGO! 0BA7

  LOGO! 0BA7, 네트워크 아날로그 출력은 LOGO에만 값을 쓸 수 있습니다! 0BA7 슬레이브. 슬레이브 기본 모듈에 값을 쓰는 경우 슬레이브 IP주소를 입력하거나 기존의 LOGO! 0BA7 슬레이브, 블록 번호는 AQ1에서 AQ2까지입니다.

5.4 기본 함수(Basic function) - GF(F7)

기본 함수는 이진(Binary)연산의 간단한 논리 요소(Logic Element)를 의미합니다.

각 기본 함수(Function)의 입력을 반전시킬 수 있습니다. 즉 입력에서의 논리 "1"을 논리 "0"로 반전시킵니다. 입력에서 "0"로 설정되면 프로그램은 논리 "1"로 설정합니다.

GF 목록은 LOGO! 프로그램에 사용할 수 있는 기본 기능 블록을 포함하며 다음과 같은 기본 기능을 사용할 수 있습니다.

FBD 명령어 & | &↑ | &• | &↓• | ≥1 | ≥1• | =1 | 1•

심벌	명칭	심벌	명칭
&	AND (논리적)	≥1	OR (논리화)
&↑	AND with edge evaluation (엣지 기능이 있는 AND)	≥1•	NOR (OR의 반전)
&•	NAND (AND의 반전)	=1	XOR (배타적 OR)
&↓•	NAND with edge evaluation (엣지 기능이 있는 NAND)	1•	NOT (논리반전)

LD 명령어 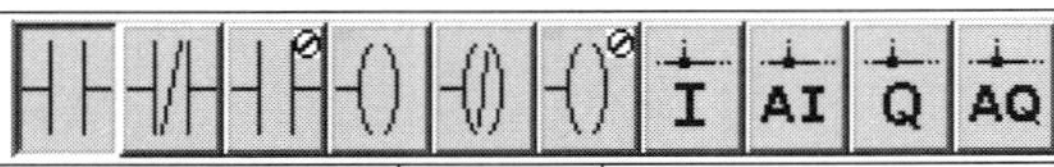

심벌	명칭	심벌	명칭
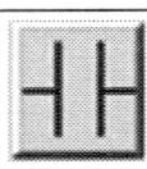	Make contact ("a" 접점)	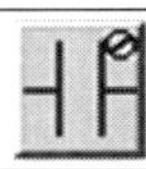	Analog contact (아날로그 접점)
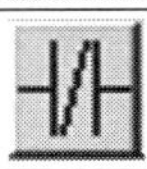	Break contact ("b" 접점)		Analog output (아날로그 출력)
	Relay coil (출력코일)	I	Network inputs (네트워크 입력)
	Inverted output (반전출력코일)	Q	Network outputs (네트워크 출력)
		AI	Network analog inputs (네트워크 아날로그 입력)
		AQ	Network analog outputs (네크워크 아날로그 출력)

[시퀀스 회로와 논리식 관계]

시퀀스 다이어그램	LOGO!에서 보기	기본 함수 이름
 직렬회로 메이크 접점	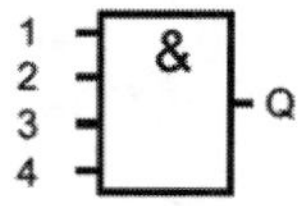	AND
	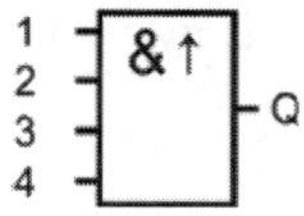	엣지 기능이 있는 AND
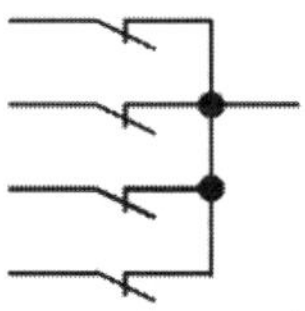 브레이크 접점으로 이루어진 병렬회로	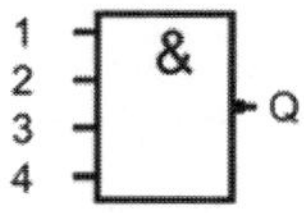	NAND (AND의 반전)
	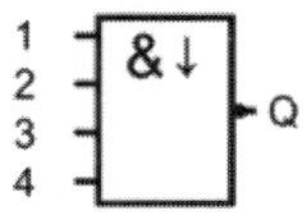	DPT지 기능이 있는 NAND
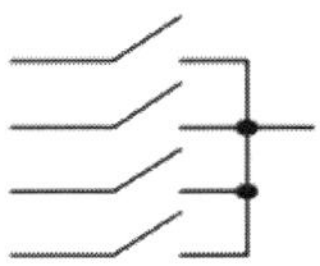 메이크 접점으로 이루어진 병렬회로	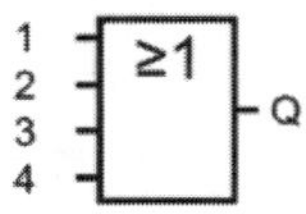	OR
 브레이크 접점으로 이루어진 직렬회로	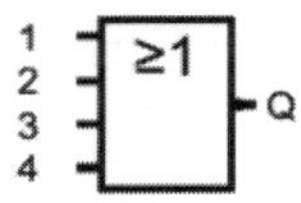	NOR (OR의 반전)
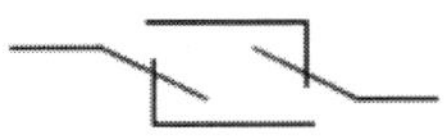 이중 체인지오버 접점	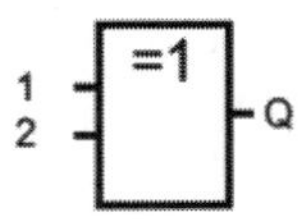	XOR (exclusive OR)
 브레이크 접점	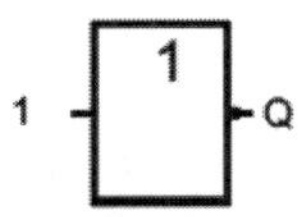	NOT (반전 inverter)

1) AND(논리적)

여러 메이크 접점(Make contact)으로 이루어진 직렬회로 다이어그램

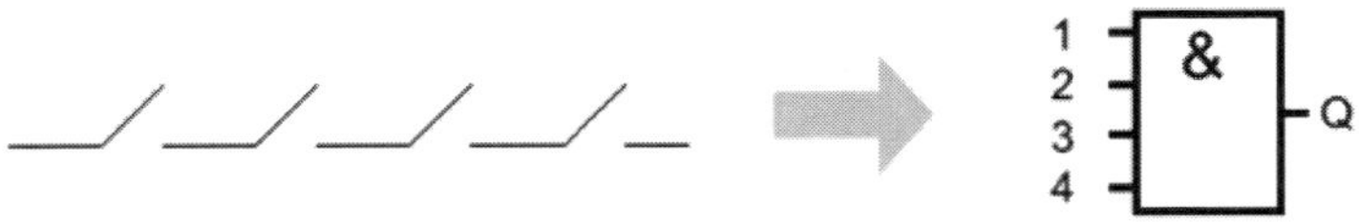

AND 출력은 모든 입력이 1인 경우, 즉 모든 접점이 닫히는 경우에만 1입니다.

사용하지 않는 블록 입력 (x): x = 1

[AND 함수 로직 테이블]

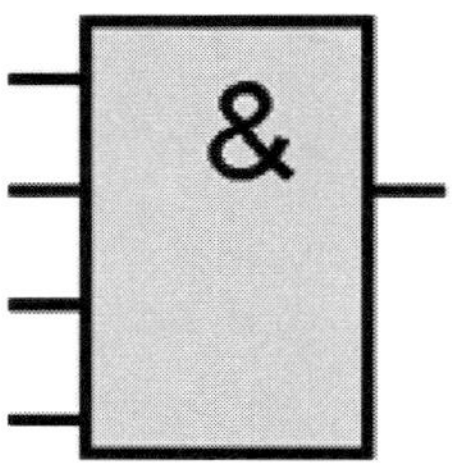

1	2	3	4	Q
0	0	0	0	0
0	0	0	1	0
0	0	1	0	0
0	1	1	0	0
0	1	0	0	0
0	1	1	0	0
0	1	1	1	0
1	0	0	0	0
1	0	0	1	0
1	0	1	1	0
1	1	0	0	0
1	1	0	0	0
1	1	0	0	0
1	1	1	0	0
1	1	1	1	1

2) 엣지 기능이 있는 AND

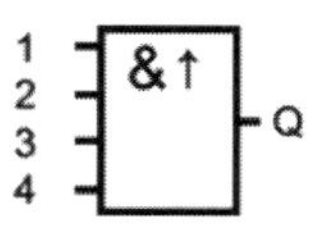

엣지 트리거 출력 AND는 모든 입력이 1이고 이전 사이클에서 최소 하나 이상의 입력이 0이었던 경우에만 1입니다. 사용하지 않는 블록 입력 (x): x = 1

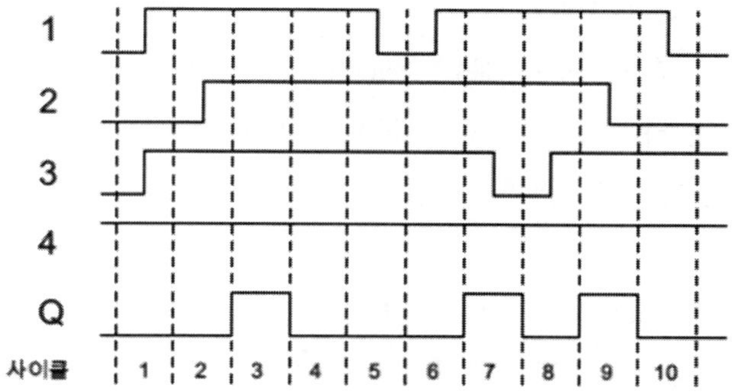

3) NAND(Not AND)

사용자 프로그램에서 여러 브레이크 접점으로 이루어진 병렬회로

NAND 출력은 모든 입력이 1인 경우, 즉 모든 접점이 닫히는 경우에만 0입니다.

사용하지 않는 블록 입력 (x): x = 1

[NAND 함수 로직 테이블]

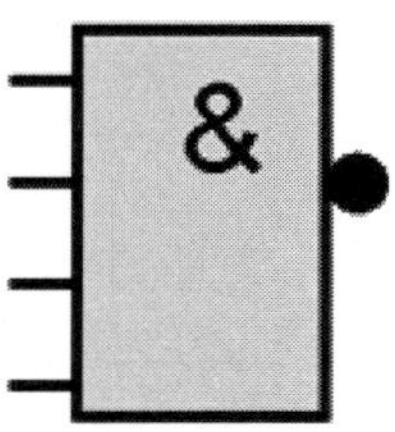

1	2	3	4	Q
0	0	0	0	1
0	0	0	1	1
0	0	1	0	1
0	1	1	1	1
0	1	0	0	1
0	1	0	1	1
0	1	1	1	0
1	0	0	0	1
1	0	0	1	1
1	0	1	0	1
1	1	0	0	1
1	1	0	1	1
1	1	1	0	1
1	1	1	0	1
1	1	1	1	0

4) 엣지 기능이 있는 NAND

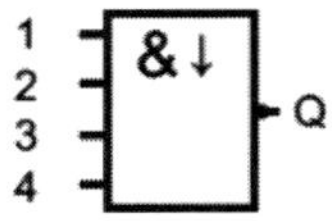

엣지 기능이 있는 NAND의 출력 상태는 최소 하나의 입력이 0이고 이전 사이클에서 모든 입력이 1이었던 경우에만 1입니다. 사용하지 않는 블록 입력 (x): x = 1

[엣지 기능이 있는 NAND 의 타이밍 다이어그램]

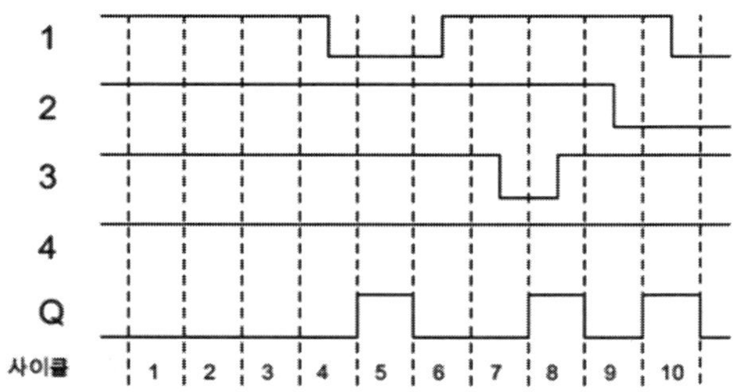

5) OR(논리화)

여러 메이크 접점으로 이루어진 병렬회로의 다이어그램

OR 엘리먼트의 출력 상태는 최소 하나의 입력이 1인 경우 즉, 최소 하나의 접점이 닫힌 경우에만 1입니다. 사용하지 않는 블록 입력 (x): x = 0

[OR 함수 로직 테이블]

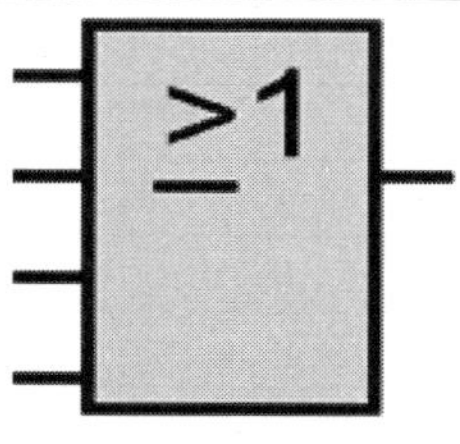

1	2	3	4	Q
0	0	0	0	1
0	0	0	1	1
0	1	0	0	1
0	1	0	1	1
0	1	1	0	1

0	1	1	1	1
1	0	0	0	1
1	0	0	1	1
1	0	1	0	1
1	0	1	1	1
1	1	0	0	1
1	1	1	0	1
1	1	1	0	1
1	1	1	1	0

6) NOR(Not OR)

여러 브레이크 접점으로 이루어진 직렬회로의 다이어그램

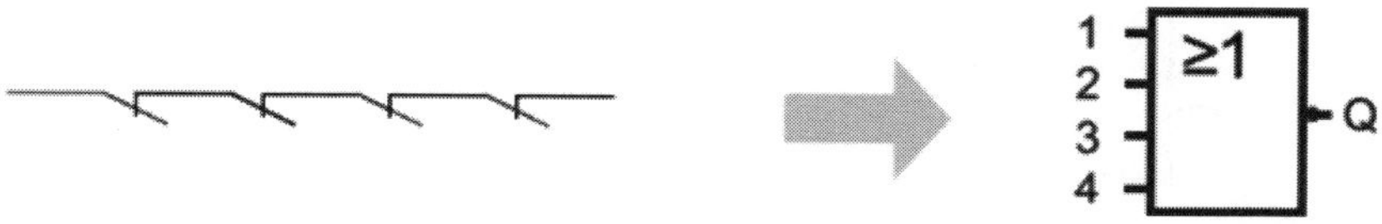

NOR의 출력 상태는 모든 입력이 0인 경우 즉, 모든 스위치가 오프인 경우에만 1입니다. NOR 출력은 하나 이상의 입력이 스위치 온 된 경우(로직 1 상태)에 0으로 설정됩니다.

사용하지 않는 블록 입력 (x): x = 0

[NOR 함수 로직 테이블]

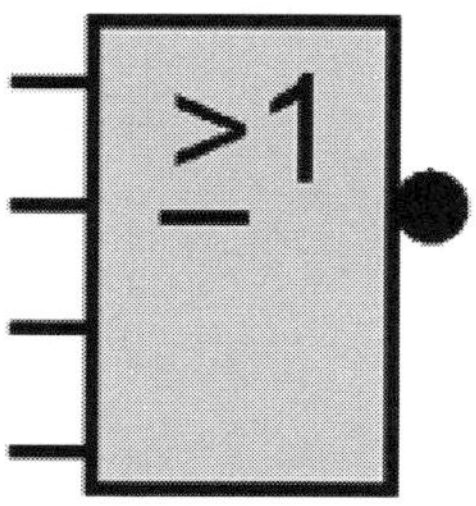

1	2	3	4	Q
0	0	0	0	1
0	0	0	1	0
0	1	0	0	0
0	1	0	1	0
0	1	1	0	0
0	1	1	1	0
1	0	0	0	0
1	0	0	1	0
1	0	1	0	0
1	0	1	1	0
1	1	0	0	0
1	1	1	0	0
1	1	1	0	0
1	1	1	1	0

7) XOR(exclusive OR)

사용자 프로그램에서의 XOR, 2개의 체인지 오버 접점으로 이루어진 직렬 다이어그램

XOR 출력 상태는 입력들이 동일하지 않은 경우 1입니다.

사용하지 않는 블록 입력 (x): x = 0

[XOR 함수 로직 테이블]

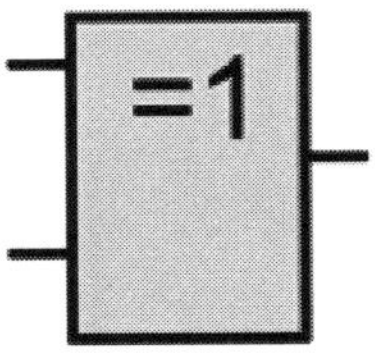

1	2	Q
0	0	0
0	1	1
1	0	1
1	1	0

8) NOT(반전, inverter)

사용자 프로그램에서의 브레이크 접점

출력 상태는 입력이 0인 경우 1입니다. NOT 블록은 입력 상태를 반전시킵니다.

NOT 블록의 장점, 응용 사례: LOGO!는 브레이크 접점이 필요하지 않습니다. 단순히 메이크 접점과 NOT 블록을 사용하면 브레이크 점점으로 사용할 수 있습니다.

[NOT 함수 로직 테이블]

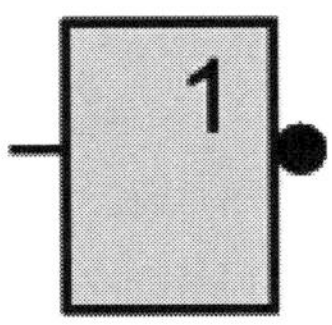

1	Q
0	1
1	0

5.5 특수 함수(Special functions list) SF

입력 지정 방식이 다르기 때문에 기본 함수와 특수 함수 사이에 차이가 있다는 것을 바로 알 수 있을 것입니다. 특수 함수(SFs)에는 타이머를 포함 적산 기능과 다양한 파라미터 지정으로 자신의 요구에 맞게 프로그램을 작성할 수 있습니다.

특수 함수(SF)에 대한 기초적인 정보와 입력 표현 방식의 아래와 같이 대해 설명합니다.

1) **입력의 명칭(Designation of the inputs)**

입력 논리: 여기서는 다른 블록이나 LOGO! 유닛의 입력에 연결하는데 사용되는 커넥터에 대해 설명합니다.

- S (Set): 입력 S에서의 신호는 출력을 논리 "1"로 세트 시킵니다.
- R (Reset): 리셋 입력 R은 다른 모든 입력에 대해 우선권을 가지며 출력을 리셋 시킵니다.
- Trg (Trigger): 이 입력은 함수를 트리거 시키는데 사용됩니다.
- Cnt (Count) : 이 입력은 펄스를 카운팅하는데 사용됩니다.
- Fre (Frequency): F 측정될 주파수 입력이 이 입력에 인가됩니다.
- Dir (Direction): 이 입력은 +/- 방향을 지정합니다.
- En (Enable): 이 입력은 블록을 이네이블(허용) 시킵니다. 이 입력이 0이면 블록으로 입력되는 다른 신호는 무시됩니다.
- Inv (Invert): 이 입력의 신호는 블록의 출력 신호를 반전시킵니다.
- Ral (Reset all): 모든 내부 값이 리셋됩니다.
- Lap (for the stopwatch function): 이 입력에서 신호가 스톱워치를 일시 중지합니다.

노트: 특수 함수의 사용하지 않는 논리 입력은 논리 0 값이 됩니다.

SF 입력에서의 커넥터 X: 커넥터 x에 연결된 SF 입력은 low로 세트됩니다. 즉 입력이 'lo' 신호를 가져옵니다.

파라미터 입력: 몇몇 입력에는 아무 신호도 인가하지 않습니다. 대신 관련 블록 값을 구성합니다.

- Par(Parameter): 이 입력은 연결되지 않습니다. 여기서 관련 블록 파라미터를 설정합니다. [타임, 온/오프 트레스홀드(Threshold) 등]
- No(Cam) : 이 입력은 연결되지 않습니다. 여기서 타임 패턴을 지정합니다.
- P(Priority) : 이것은 오픈된 입력입니다. 여기서 우선권을 정의하거나 RUN 중에 메시지가 인지될 것인지 아닌지를 지정합니다.

2) 타임 응답(Time response)

타이머 T: 어떤 SF에서는 타임 값 T을 구성하는 것이 가능합니다. 타임을 지정하는 경우 사용자 입력 타임 값은 타임 베이스를 기반으로 합니다.

타임 베이스	_ _ : _ _
s (seconds), 초	seconds: 1/100 seconds
m (minutes), 분	minutes: seconds
h (hours), 시간	hours: minutes

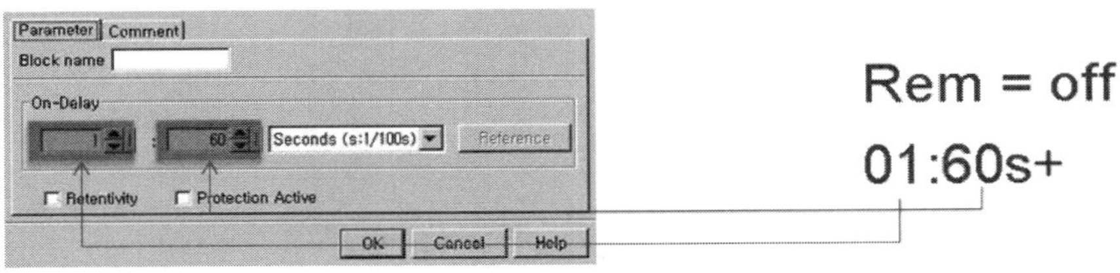

T의 정확도(Accuracy of T):

전자부품의 특성으로 발생하는 미세한 차이로 인해 설정 타임 T가 차이가 날 수 있습니다. 이와 같은 차이에 대한 설명은 "온 딜레이" 단원을 참조하십시오.

타이머의 정확도 주간, 연간 타이머(Accuracy of the timer (weekly/yearly timer)):

C 버전에서 리얼타임 클록의 부정확성을 방지하기 위해 타이머 값은 지속적으로 높은 정확도의 타임베이스와 비교되고 교정됩니다. 최대 타이밍 부정확도는 ±5 s/day입니다.

3) 리얼타임 클록백업(Backup of the real-time clock):

LOGO!의 내부 리얼타임 클록이 백업이 되기 때문에 전원이 차단된 이후에도 클록은 지속적으로 동작합니다. 주변 온도가 백업 타임에 영향을 줍니다. 25℃ 온도에서 백업 타임은 보통 80시간입니다.

LOGO!에서 전원 차단이 80시간(hours)을 넘어서는 경우 아래와 같이 모델별로 내부 클록이 다르게 동작합니다.

- 시리즈 0BA0: 재기동이 되면 클록은 "Sunday 00:00 1 January"으로 설정됩니다. 타임이 동작을 시작합니다. 이를 통해 시스템은 필요 시 액션을 트리거 시키는 타임 스위칭을 수행하게 됩니다.
- 시리즈 0BA1 이후: 재기동이 되면 클록은 "Sunday 00:00 1 January"으로 설정됩니다. 타임이 정지되고 점멸하게 됩니다. LOGO!는 전원 차단 이전의 상태로 돌아갑니다. RUN 상태에서 시스템은 위에서 말한 타임으로 파라미터 작업이 된 카운터를 동작시킵니다. 클록은 그러나 여전히 정지되어 있습니다.
- 시리즈 0BA6: 옵션 배터리 카드나 LOGO! 메모리/배터리 콤비 카드를 사용한다면 LOGO!는 이년까지 클록 타임을 유지할 수 있습니다. 이러한 카드는 0BA6부터 지원합니다.

4) **유지(Retentivity):**

스위칭 상태, 카운터, 여러 SF의 타임 값 유지되도록 설정될 수 있습니다. 이는 현재의 데이터 값이 전원차단 이후에도 유지되며 블록은 프로그램 차단 시점부터 다시 시작함을 의미합니다. 타이머는 리셋되지 않으며 남은 시간 동안 동작을 계속합니다.

예를 들면:
이 응답을 이네이블 시키려면 관련 함수가 메모리 유지 기능으로 설정되어야 합니다.
두 가지 옵션이 가능합니다.
R: 데이터가 유지됩니다.
/ : 현재 데이터가 유지되지 않습니다(디폴트). 메모리 유지 기능의 이네이블과 디세이블은 운전 시간 카운터, 주간 타이머, 연간 타이머, PI 제어기 SF들은 항상 메모리가 유지됩니다.

5) 파라미터 보호(Parameter protection):

파라미터 보호 설정에서 파라미터가 디스플레이될 것인지 LOGO 파라미터 모드에서 편집될 수 있게 할 것인지를 결정할 수 있습니다. 두 가지 옵션이 가능합니다.

+: 파라미터 속성은 파라미터 할당 모드(디폴트)에서 읽기/쓰기를 허용합니다.

-: 파라미터 속성은 파라미터 할당 모드에서 읽기/쓰기가 금지되어 있으며 프로그래밍 모드에서만 편집될 수 있습니다.

노트

파라미터 보호는 "Set Param." 윈도우에서만 지원합니다. 보호되는 특수 함수의 변수가 메시지 텍스트에 삽입된다면 그 변수는 메시지 텍스트에서도 편집될 수 있습니다. 이러한 변수들을 보호하기 위해 메시지 텍스트 보호를 활성화시킬 수도 있습니다.

6) 아날로그 값의 Gain과 오프셋 계산(Calculating the gain and offset of analog values)

센서가 아날로그 입력에 연결되며 프로세스 값이 전기적인 신호로 변환됩니다. 이 신호 값은 이 센서의 일반적인 범위 안에 놓이게 됩니다.

LOGO!는 항상 아날로그 입력에서의 전기적인 신호를 0에서 1000까지의 디지털 값으로 변환시킵니다.

입력 AI로 들어오는 0에서 10V 전압은 내부적으로 0에서 1000으로 변환됩니다. 10V을 넘어서는 입력 전압은 내부 값 1000으로 표기됩니다.

그러나 LOGO!에서 사전에 지정한 대로 값의 범위를 항상 0에서 1000까지로 처리할 수 없기 때문에 그 값에 이득 값으로 곱하고 그 값의 범위의 제로를 시프트 시킵니다(오프셋).

이를 통해 아날로그 값을 LOGO! 디스플레이에 출력시킬 수 있으며 이는 실제 프로세스 값에 비례합니다.

파라미터	최소	최대
입력 전압 (V)	0	≥ 10
내부 값	0	1000
이득	-10.00	+10.00
오프셋	-10000	+10000

수학 규칙(Mathematical rule):

실제값 Ax =

(입력 Ax에서의 내부값 x Gain) + 오프셋

Gain과 오프셋 계산(Gain and offset calculation):

Gain과 오프셋은 함수의 하이(Hi) 값과 로우(Lo) 값에 기반을 두고 계산됩니다.

Ex 1)

사용 가능한 써모커플(Thermocouples)은 다음과 같은 기술 데이터를 가지고 있습니다. -30에서 +70℃, 0에서 10VDC (즉, LOGO!의 0에서 1000)

실제값 = (내부값 x Gain) + 오프셋, 그러므로

-30 = (0 x A) + B, 즉, 오프셋 B = -30

+70 = (1000 x A) -30, 즉, Gain A = 0.1

Ex 2)

압력 센서는 1000m/bar를 전압 0으로 변환시키고 압력 5000m/bar를 10V 전압으로 변환시킵니다.

실제값 = (내부값 x Gain) + 오프셋, 그러므로

1000 = (0 x A) + B, 즉 오프셋 B = 1000

5000 = (1000 x A) +1000, 즉 Gain A = 4

[아날로그 값의 예(Example of analog values)]

프로세스 변수	전압(V)	내부값	Gain(이득)	오프셋	보여 지는 값(Ax)
-30 ℃	0	0	0.1	-30	-30
0 ℃	3	300	0.1	-30	0
+70 ℃	10	1000	0.1	-30	70
1000 mbar	0	0	4	1000	1000
3700 mbar	6.75	675	4	1000	3700
5000 mbar	10	1000	4	1000	5000

	0 5 10	0 500 1000	0.01 0.01 0.01	0 0 0	0 5 10
	0 5 10	0 500 1000	1 1 1	0 0 0	0 5000 10000
	0 5 10	0 500 1000	10 10 10	0 0 0	0 5000 10000
	0 5 10	0 500 1000	0.01 0.01 0.01	5 5 5	5 10 15
	0 5 10	0 500 1000	1 1 1	500 500 500	500 1000 15000
	0 5 10	0 500 1000	1 1 1	-200 -200 -200	-200 300 800
	0 10	0 1000	10 10	-10000 -10000	-10000 0
	0.02 0.02 0.02 0.02	2 2 2 2	0.01 0.1 1 10	0 0 0 0	0 0 2 20

5.6 타이머(Timer)

심벌	명칭	심벌	명칭
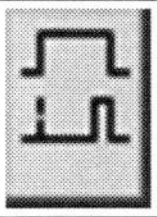	On-delay (온 딜레이)	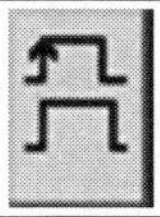	Edge triggered wiping relay (상승엣지펄스릴레이)
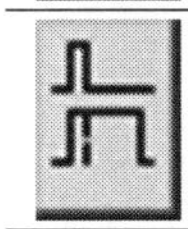	Off-delay (오프 딜레이)		Asynchronous pulse generator (비동기 펄스 발생기)
	On-Off delay (온-오프 딜레이)	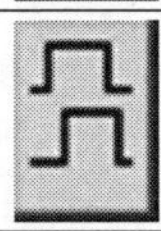	Random generator (랜덤 발생기)
	Retentive on-delay (유지 온 딜레이)	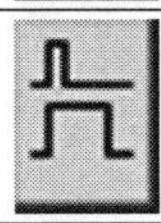	Stairway lighting switch (계단 조명 스위치)
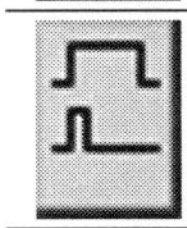	Wiping relay(pulse output) (와이핑 릴레이-펄스출력)	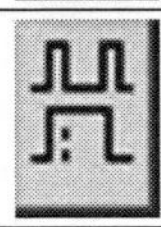	Multiple function switch (멀티 함수 스위치)
	Weekly timer (주간 타이머)		
	Yearly timer (연간 타이머)		
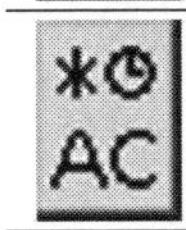	Astronomical clock (천문 타이머)		
	Stopwatch (스톱워치)		

1) 온 딜레이(On-delay)

구성된 지연 시간이 다 지나야 출력이 On 됩니다.

LOGO!에서의 심벌	배선	설명
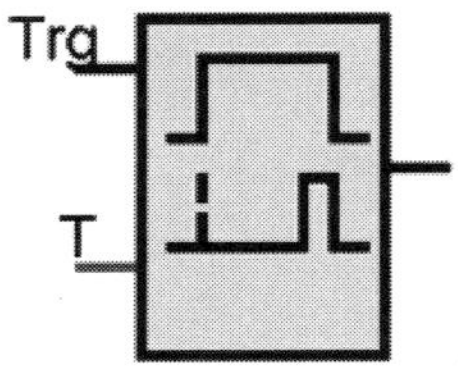	입력 Trg	Trg (Trigger)의 신호에 의해 온 딜레이 타이머가 시작됩니다.
	파라미터	T는 이시간이 지나야 출력이 스위치 온이 되는 온 딜레이 타임 값입니다(0에서 1로 출력 신호 변환). 메모리 유지: / = 메모리 유지 안됨 R = 상태가 메모리 유지됩니다.
	출력 Q	Q는 Trg가 세트된 상태에서 지정된 시간 T가 지나야 출력이 On 됩니다.

파라미터 T :

타임 응답 단원에 있는 파라미터 T의 디폴트를 참조하십시오.

파라미터 T의 타임 값은 이미 사용된 다른 함수의 실제 값으로 제공될 수 있습니다. 다음 함수의 실제값을 사용할 수 있습니다.

- 아날로그 비교기(실제값 Ax - Ay)
- 아날로그 트레스홀드 트리거(실제값 Ax)
- 아날로그 증폭기(실제값 Ax)
- 아날로그 멀티플렉서(실제값 AQ)
- 아날로그 램프(실제값 AQ)
- 아날로그 연산(실제값 AQ)
- PI 제어기(실제값 AQ)
- 업/다운 카운터(실제값 Cnt)

T = parameter인 경우 사용 가능한 타임베이스 범위

타임 베이스	최댓값	최소 해상도	정확도
s (seconds)	99:99	10 ms	+ 10 ms
m (minutes)	99:59	1s	+ 1 s
h (hours)	99:59	1 min	+ 1 min

타이밍 다이어그램

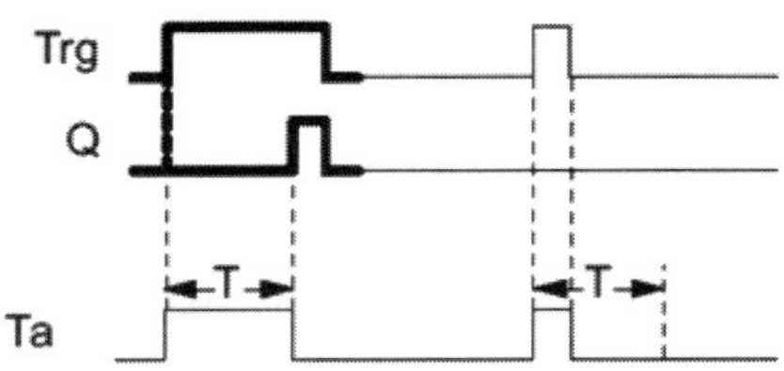

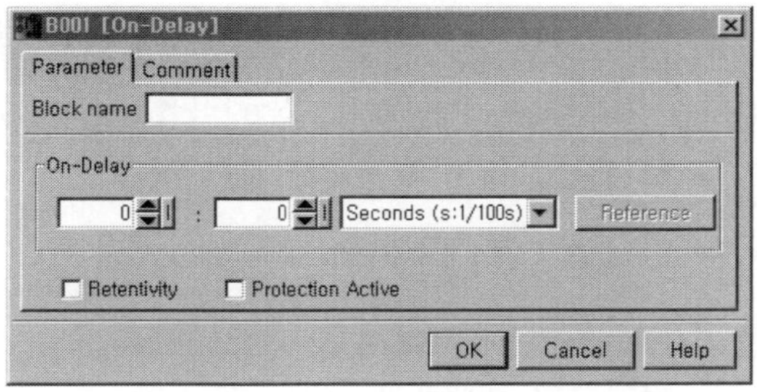

기능 설명:

타임 Ta는 입력 Trg이 0에서 1로 변환될 때 시작됩니다(Ta는 LOGO!의 현재 시간).

입력 Trg의 상태가 구성된 시간 이상으로 1인 상태를 유지하면 타임 값에 도달했을 때 출력이 1이 됩니다(출력은 입력이 온이 된 후 시간 지연이 있은 후에 온이 됩니다).

타임 T가 지난 후 입력 Trg가 0으로 변하면 타임 값은 리셋됩니다.

입력 Trg가 0이 될 때 출력은 0로 리셋됩니다.

메모리 유지 기능이 설정되지 않았다면 출력 Q와 진행된 시간은 전원 차단 후 리셋됩니다.

2) 오프 딜레이(Off-delay)

입력 Tag가 Off 된 순간부터 지정된 시간이 흐르면 출력은 리셋됩니다.

LOGO!에서의 심벌	배선	설명
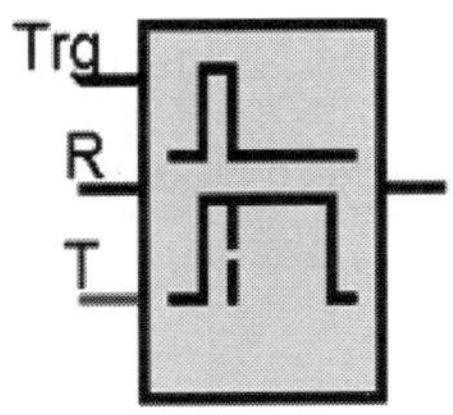	입력 Trg	입력 Trg(Trigger)의 네거티브 에지로 오프 딜레이 타이머가 동작합니다(1에서 0으로 변환).
	입력 R	R(Reset) 입력으로 온 딜레이 타이머와 출력을 리셋시킵니다.
	파라미터	출력은 딜레이 타임 T가 지난 후에 스위치 Off 됩니다(출력 신호 변환: 1에서 0로 출력 신호 변환). 메모리 유지: / = 메모리 유지 안 됨 R = 상태가 메모리 유지됩니다.
	출력 Q	Q는 입력 Trg의 신호로 세트됩니다. Q는 T가 지나기까지 그 상태를 유지합니다.

파라미터 T:

타임 응답 단원에 있는 파라미터 T의 디폴트를 참조하십시오.

파라미터 T의 타임 값은 이미 사용된 다른 함수의 실제값으로 제공될 수 있습니다. 다음 펑션의 실제값을 사용할 수 있습니다.

- 아날로그 비교기(실제값 Ax - Ay)
- 아날로그 트레스홀드 트리거(실제값 Ax)
- 아날로그 증폭기(실제값 Ax)
- 아날로그 멀티플렉서(실제값 AQ)
- 아날로그 램프(실제값 AQ)
- 아날로그 연산(실제값 AQ)

타이밍 다이어그램

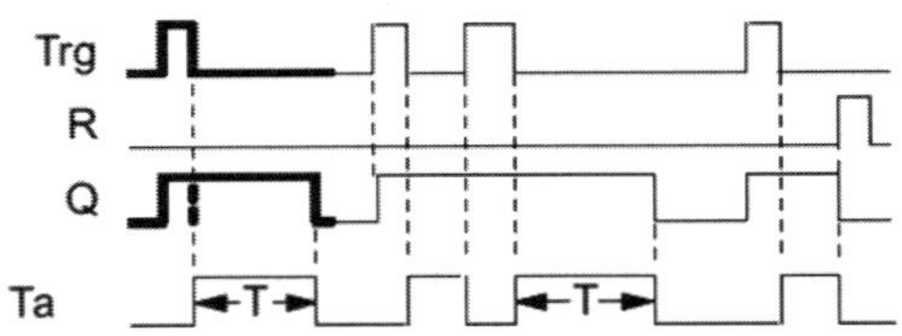

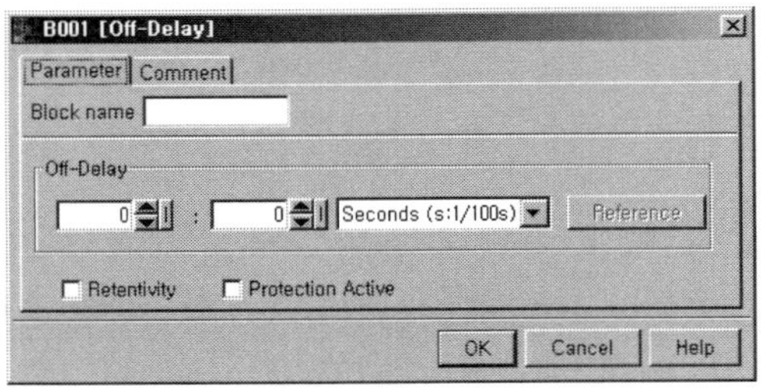

기능 설명:

출력 Q는 입력 Trg가 hi로 변환될 때 즉시 hi로 설정됩니다.

입력 Trg가 1에서 0가 되면 LOGO!는 실제 타임 Ta를 트리거 시킵니다. 출력은 세트 상태를 유지합니다. 출력 Q는 Ta가 (Ta=T)에서 지정한 값에 도달했을 때 0로 리셋됩니다.

타임 Ta는 입력 Trg에 펄스 입력이 들어오면 다시 트리거 됩니다.

타임 Ta가 지나기 전에 입력 R(Reset)을 통해 Ta와 출력을 리셋 시킬 수 있습니다.

메모리 유지 기능이 설정되지 않았다면 출력 Q와 진행된 시간은 전원 차단 후 리셋됩니다.

3) 온-오프 딜레이(On-Off delay)

온/오프 딜레이 함수는 구성된 온 딜레이 타임이 지나면 출력을 세트시킵니다. 그 후 두 번째로 구성된 시간이 지나면 다시 리셋됩니다.

LOGO!에서의 심벌	배선	설명
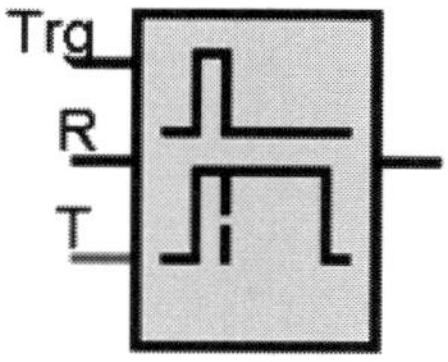	입력 Trg	입력 Trg(Trigger)에서의 포지티브에지(0에서 1로 변환)로 온 딜레이 타이머(TH)가 트리거 됩니다. 입력 Trg(Trigger)에서의 네거티브에지(1에서 0으로 변환)로 오프 딜레이타임어가 TL이 트리거 됩니다.
	파라미터	TH는 출력이 hi로 세트되는 타임입니다(출력신호 0에서 1로 변환). TL은 출력이 리셋되는 타임입니다(출력신호1에서 0으로 변환) 메모리 유지: / = 메모리 유지 안 됨 R = 상태가 메모리 유지 됩니다.
	출력 Q	Q는 Trg가 계속 세트된 상태에서 지정한 타임 TH가 지나면 세트 됩니다. Trg가 다시 세트가 되지 않은 상태에서 지정한 시간 TL이 지나면 Q는 리셋됩니다.

파라미터 TH 와 TL:

파라미터 TH와 TL에 대한 프리셋 값은 타임 응답을 참조하십시오.

TH와 TL에 대한 온 딜레이 타임과 오프 딜레이 타임은 이미 사용된 다른 함수의 실제값으로 제공될 수 있습니다.

다음 함수의 실제값을 사용할 수 있습니다.

- 아날로그 비교기(실제값 Ax - Ay)
- 아날로그 트레스홀드 트리거(실제값 Ax)
- 아날로그 증폭기(실제값 Ax)

  필요한 함수를 블록 번호로 선택합니다. 타임베이스는 조정이 가능합니다.
- 아날로그 멀티플렉서(실제값 AQ)
- 아날로그 램프 (실제값 AQ)
- 아날로그 연산(실제값 AQ)
- PI 제어기(실제값 AQ)
- 업/다운 카운터(실제값 Cnt)

기능 설명:

타임 TH는 입력 Trg가 0에서 1로 변환될 때 시작됩니다.

입력 Trg의 상태가 지정된 시간 TH 동안 1이 되면 출력은 TH 시간이 지난 이후에 논리 1로 세트 됩니다(출력은 온 딜레이 후에 입력을 따르게 됩니다).

타임 TH가 지난 후 입력 Trg가 0으로 변하면 타임 값은 리셋됩니다. TL는 출력이 1에서 0으로 변환되면 트리거됩니다.

입력 Trg의 상태가 지정된 시간 TL 동안 0이 되면 출력은 TL 시간이 지난 이후에 논리 0으로 세트 됩니다(출력은 오프 딜레이 후에 입력을 따르게 됩니다).

타임 TL가 지난 후 입력 Trg가 1으로 변하면 타임 값은 리셋됩니다.

메모리 유지 기능이 설정되지 않았다면 출력 Q와 진행된 시간은 전원 차단 후 리셋됩니다.

타이밍 다이어그램

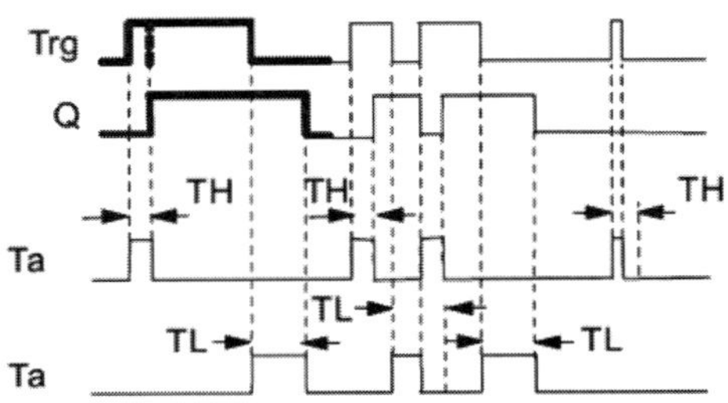

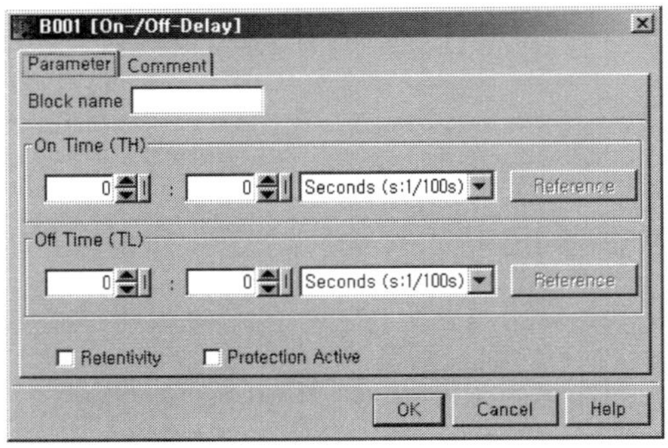

기능 설명:

타임 TH는 입력 Trg가 0에서 1로 변환될 때 시작됩니다.

입력 Trg의 상태가 지정된 시간 TH 동안 1이 되면 출력은 TH 시간이 지난 이후에 논리 1로 세트됩니다(출력은 온 딜레이 후에 입력을 따르게 됩니다).

타임 TH가 지난 후 입력 Trg가 0으로 변하면 타임 값은 리셋됩니다.

TL는 출력이 1에서 0로 변환되면 트리거 됩니다.

입력 Trg의 상태가 지정된 시간 TL 동안 0이 되면 출력은 TL 시간이 지난 이후에 논리 0으로 세트 됩니다(출력은 오프 딜레이 후에 입력을 따르게 됩니다).

타임 TL가 지난 후 입력 Trg가 1으로 변하면 타임 값은 리셋됩니다.

메모리 유지 기능이 설정되지 않았다면 출력 Q와 진행된 시간은 전원 차단 후 리셋됩니다.

4) **유지 온-딜레이(Retentive On-delay)**

입력에 펄스 신호를 주면 구성 가능한 온 딜레이 타임이 트리거 됩니다. 이 시간이 지나면 출력이 세트 됩니다.

LOGO!에서의 심벌	배선	설명
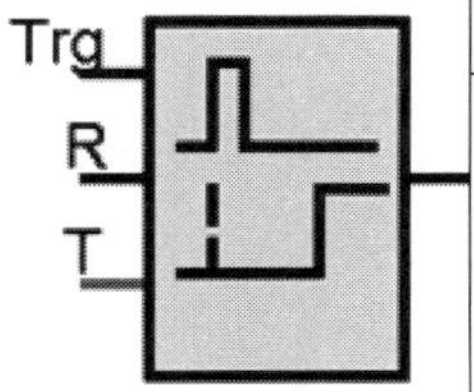	입력 Trg	Trg(Trigger)의 신호에 의해 온 딜레이 타이머가 시작 됩니다.
	입력 R	R(Reset) 입력으로 온 딜레이 타이머와 출력을 리셋 시킵니다.
	파라미터	T는 출력을 위한 온 딜레이 타임입니다(출력 신호가 0에서 1로 변환됩니다). 메모리 유지: / = 메모리 유지 안 됨 R = 상태가 메모리 유지됩니다.
	출력 Q	Q는 타임 T가 지난 후에 스위치 온 됩니다.

파라미터 T:

타임 응답 단원에 있는 디폴트를 참조하십시오.

파라미터 T의 타임 값은 이미 사용된 다른 함수의 실제값으로 제공될 수 있습니다. 다음 함수의 실제값을 사용할 수 있습니다.

- 아날로그 비교기(실제값 Ax - Ay)
- 아날로그 트레스홀드 트리거(실제값 Ax)
- 아날로그 증폭기(실제값 Ax)
- 아날로그 멀티플렉서(실제값 AQ)
- 아날로그 램프(실제값 AQ)
- 아날로그 연산(실제값 AQ)
- PI 제어기(실제값 AQ)
- 업/다운 카운터(실제값 Cnt)

타이밍 다이어그램

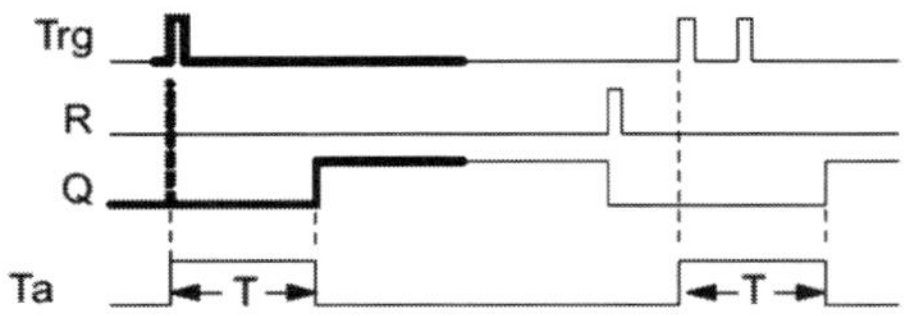

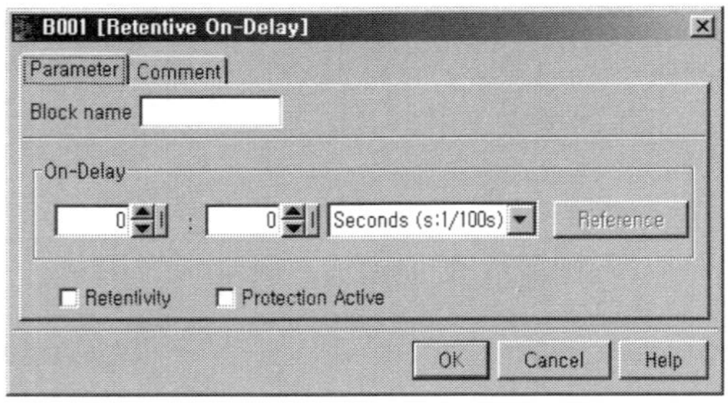

기능 설명:

입력 Trg이 0에서 1로 변환되면 타임 Ta가 트리거 됩니다. Ta = T이면 출력 Q는 세트됩니다. 입력 Trg에 다른 펄스가 입력되어도 Ta에 영향을 주지 않습니다.

출력과 타임 Ta은 입력 R이 1이 될 때에 리셋됩니다.

메모리 유지 기능이 설정되지 않았다면 출력 Q와 진행된 시간은 전원 차단 후 리셋 됩니다.

5) 와이핑 릴레이(Wiping relay /pulse output)

입력 신호에 의해서 지정된 시간 만큼의 출력 신호를 발생시킵니다.

LOGO!에서의 심벌	배선	설명
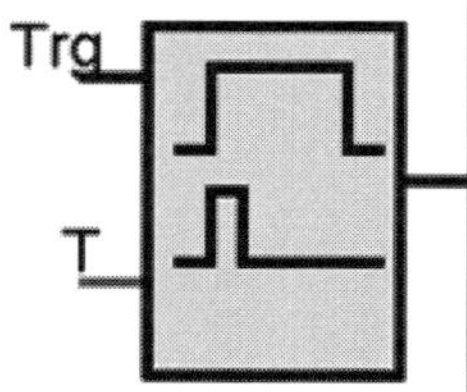	입력 Trg	입력 Trg(Trigger)의 신호로 와이핑 릴레이의 타임이 트리거 됩니다.
	파라미터	타임 T에 도달하면 출력이 리셋됩니다(출력 신호가 1에서 0으로 리셋). 메모리 유지: / = 메모리 유지 안 됨 R = 상태가 메모리 유지됩니다.
	출력 Q	Trg에 신호가 입력되면 Q를 세트 시킵니다. 입력 신호 = 1이면 출력 Q는 타임 Ta 동안 유지됩니다.

파라미터 T:

타임 응답 단원에 있는 파라미터 T에 대한 내용을 참조하십시오.

파라미터 T의 타임 값은 이미 사용된 다른 함수의 실제값으로 제공될 수 있습니다. 다음 함수의 실제값을 사용할 수 있습니다.

- 아날로그 비교기(실제값 Ax - Ay)
- 아날로그 트레스홀드 트리거(실제값 Ax)
- 아날로그 증폭기(실제값 Ax)
- 아날로그 멀티플렉서(실제값 AQ)
- 아날로그 램프(실제값 AQ)
- 아날로그 연산(실제값 AQ)
- PI 제어기 (실제값 AQ)
- 업/다운 카운터(실제값 Cnt)

필요한 함수를 블록 번호로 선택합니다. 타임베이스는 조정이 가능합니다.

타이밍 다이어그램

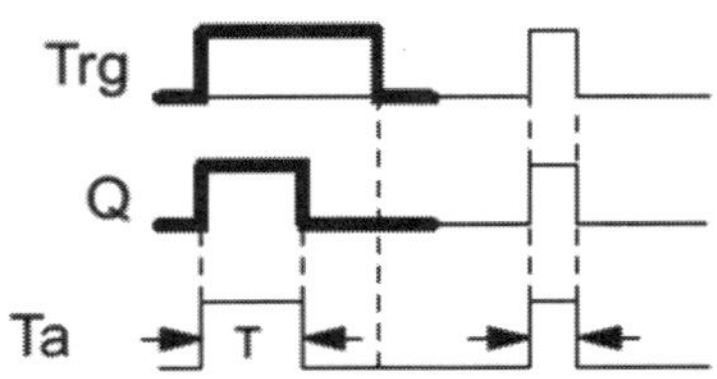

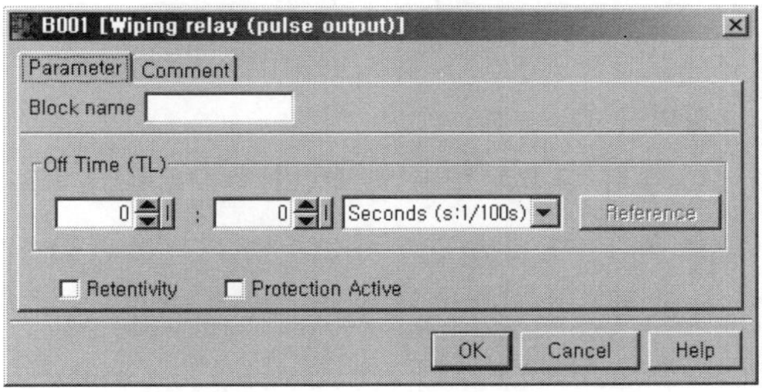

기능 설명:

입력 신호 Trg가 0에서 1로 변환되면 출력이 세트 되고 출력이 세트 되어 있는 동안 Ta가 트리거 됩니다. 출력 Q는 Ta가 (Ta=T)에서 지정한 값에 도달했을 때 lo(펄스 출력)로 리셋 됩니다.

지정된 타임이 다 지나기 전에 입력 Trg의 신호가 1에서 0으로 변환되면 출력은 즉시 리셋됩니다. 메모리 유지 기능이 설정되지 않았다면 출력 Q와 진행된 시간은 전원 차단 후 리셋됩니다.

6) 에지 트리거 와이핑 릴레이(Edge trigger Wiping relay)

입력 펄스는 구성된 시간이 다 지나면 정해진 수와 정해진 pulse/pause 비율을 가진 출력 펄스를 발생시킵니다.

LOGO!에서의 심벌	배선	설명
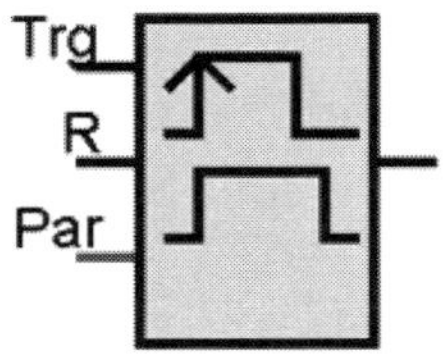	입력 Trg	입력 Trg(Trigger)의 신호로 에지 트리거 와이핑 릴레이의 타임이 트리거 됩니다.
	입력 R	R(Reset) 입력으로 현재 타임(Ta)과 출력이 리셋됩니다.
	파라미터	펄스 폭 TL와 내부 펄스폭 TH는 조정이 가능합니다. N은 pulse/pause 사이클 TL/TH의 수를 의미합니다: 값의 범위: 1 ~ 9 메모리 유지: / = 메모리 유지 안 됨. R = 상태가 메모리 유지됩니다.
	출력 Q	출력 Q는 TL이 다 지나면 세트가 되고 TH가 다 지나면 리셋됩니다.

파라미터 TH와 TL

타임 응답 단원에 있는 파라미터 T에 대한 내용을 참조하십시오.

펄스 폭 TH과 내부 펄스 폭 TL은 이미 사용된 다른 함수의 실제값으로 제공될 수 있습니다. 다음 함수의 실제값을 사용할 수 있습니다.

- 아날로그 비교기(실제값 Ax -Ay)
- 아날로그 증폭기(실제값 Ax)
- 아날로그 램프(실제값 AQ)
- PI 제어기(실제값 AQ)
- 아날로그 트레스홀드 트리거(실제값 Ax)
- 아날로그 멀티플렉서(실제값 AQ)
- 아날로그 연산(실제값 AQ)
- 업/다운 카운터(실제값 Cnt)

타이밍 다이아그램 A

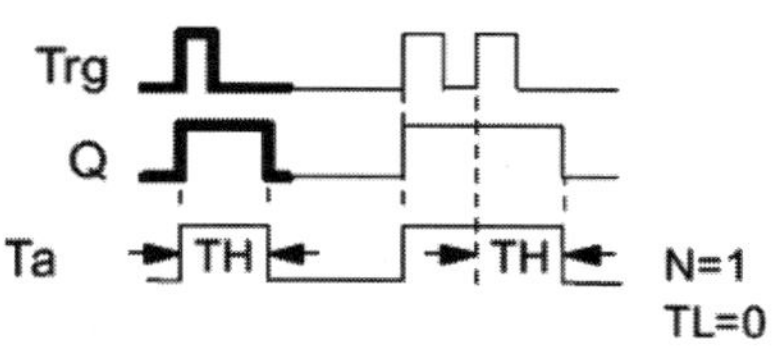

타이밍 다이아그램 B

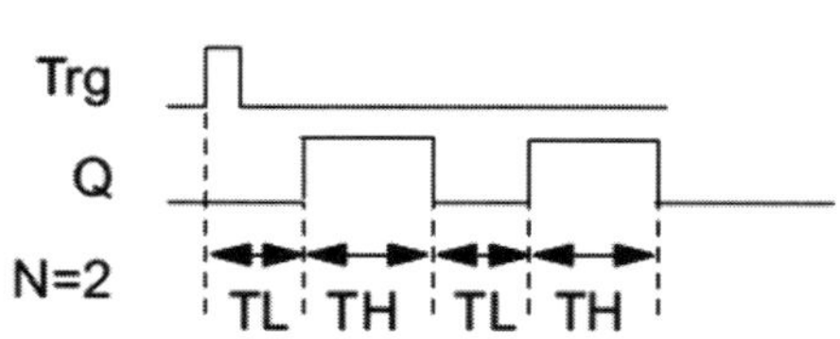

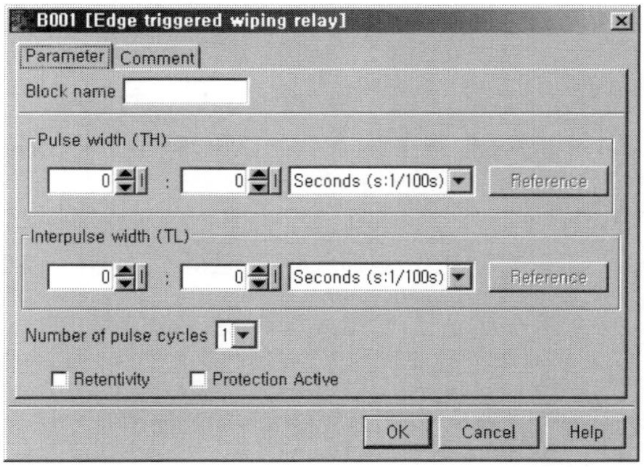

기능 설명:

입력 Trg가 0에서 1로 변환되면 타임 TL이 트리거 됩니다(Time Low). 타임 TL이다 지나면 출력 Q는 TH 동안 세트 됩니다(Time High). 입력 Trg가 지정된 타임 (TL + TH)이 다 지나기 전에 0에서 1로 다시 변환되면(다시 트리거 되면) 타임 Ta는 리셋되고 pulse/pause 주기는 다시 시작됩니다.

메모리 유지 기능이 설정되지 않았다면 출력 Q와 타임은 전원 차단 후 리셋됩니다.

7) 비동기 펄스 발생기(Asynchronous pulse generator)

출력에서의 펄스 모양은 구성 가능한 pulse/pause 비율에 의해 변경될 수 있습니다.

LOGO!에서의 심벌	배선	설명
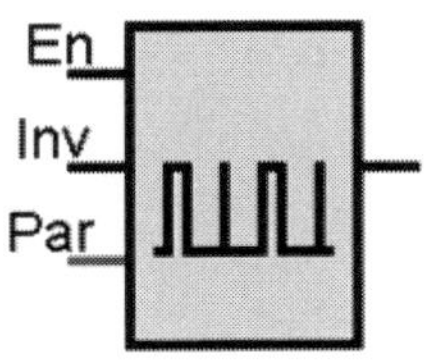	입력 En	입력 En의 신호로 비대칭형 펄스 발생기를 인에이블/디세이블시킬 수 있습니다.
	입력 INV	Inv 입력은 활성화된 비대칭 펄스 발생기의 신호를 반전시킬 때 사용합니다.
	파라미터	펄스 폭 TH와 내부 펄스 폭 TL을 조정할 수 있습니다. 메모리 유지: / = 메모리 유지 안 됨 R = 상태가 메모리 유지됩니다.
	출력 Q	Q는 pulse/pause 타임 TH와 TL로 주기적으로 온 오프를 반복합니다.

파라미터 TH와 TL:

타임 응답 단원에 있는 파라미터 T에 대한 내용을 참조하십시오.

펄스 폭 TH과 내부 펄스 폭 TL은 이미 사용된 다른 함수의 실제값으로 제공될 수 있습니다. 다음 함수의 실제값을 사용할 수 있습니다.

- 아날로그 비교기(실제값 Ax - Ay)
- 아날로그 트레스홀드 트리거(실제값 Ax)
- 아날로그 증폭기(실제값 Ax)
- 아날로그 멀티플렉서 (실제값 AQ)
- 아날로그 램프(실제값 AQ)
- 아날로그 연산(실제값 AQ)
- PI 제어기(실제값 AQ)
- 업/다운 카운터(실제값 Cnt)

필요한 함수를 블록 번호로 선택합니다. 타임 베이스는 조정이 가능합니다.

타이밍 다이어그램

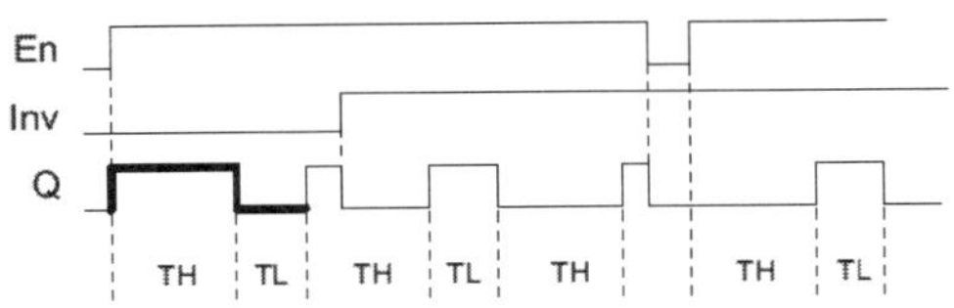

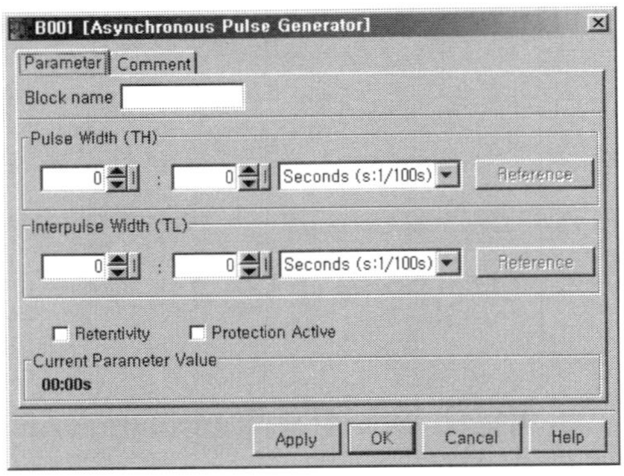

기능 설명:

TH(Time High)와 TL(Time Low) 파라미터에서 pulse/pause 비율을 설정할 수 있습니다.

입력 INV는 블록이 입력 EN에 의해 이네이블 되었을 때 출력 신호를 반전시키기 위해 사용합니다. 메모리 유지 기능이 설정되지 않았다면 출력 Q와 진행된 시간은 전원 차단 후 리셋됩니다.

8) 랜덤 발생기(Random generator)

랜덤 발생기의 출력은 지정된 시간 내에서 세트되거나 리셋됩니다.

LOGO!에서의 심벌	배선	설명
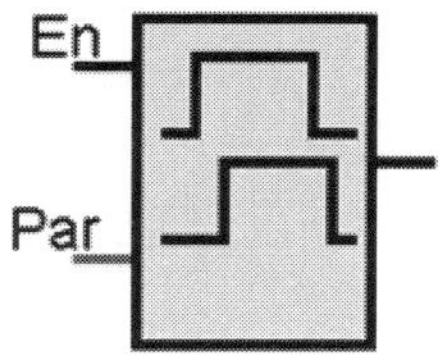	입력 En	입력 Trg(Trigger)에서의 포지티브 에지(0에서 1로 변환)로 랜덤 발생기의 온 딜레이 타임이 트리거 됩니다. 입력 Trg(Trigger)에서의 포지티브 에지(1에서 0로 변환)로 랜덤 발생기의 오프 딜레이 타임이 트리거 됩니다.
	파라미터	온 딜레이가 0s와 TH 값 사이의 한 값에서 랜덤으로 세트 됩니다. 온 딜레이가 0s와 TL 값 사이의 한 값에서 랜덤으로 세트됩니다.
	출력 Q	En이 계속해서 세트되어 있는 상태에서 온 딜레이의 시간이 다 지나면 Q는 세트 됩니다. En이 다시 세트가 되지 않고 그동안 오프딜레이 타임이 다 지나면 다시 리셋됩니다.

파라미터 TH와 TL

타임 응답 단원에 있는 파라미터 T에 대한 내용을 참조하십시오.

펄스 폭 TH과 내부 펄스 폭 TL은 이미 사용된 다른 함수의 실제값으로 제공될 수 있습니다. 다음 함수의 실제값을 사용할 수 있습니다.

- 아날로그 비교기(실제값 Ax - Ay)
- 아날로그 증폭기(실제값 Ax)
- 아날로그 램프(실제값 AQ)
- PI 제어기(실제값 AQ)
- 아날로그 트레스홀드 트리거(실제 값 Ax)
- 아날로그 멀티플렉서(실제 값 AQ)
- 아날로그 연산(실제 값 AQ)
- 업/다운 카운터(실제 값 Cnt)

필요한 함수를 블록 번호로 선택합니다. 타임 베이스는 조정이 가능합니다.

타이밍 다이어그램

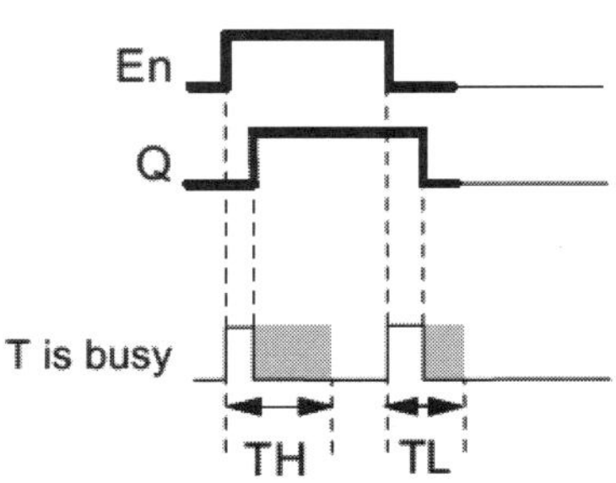

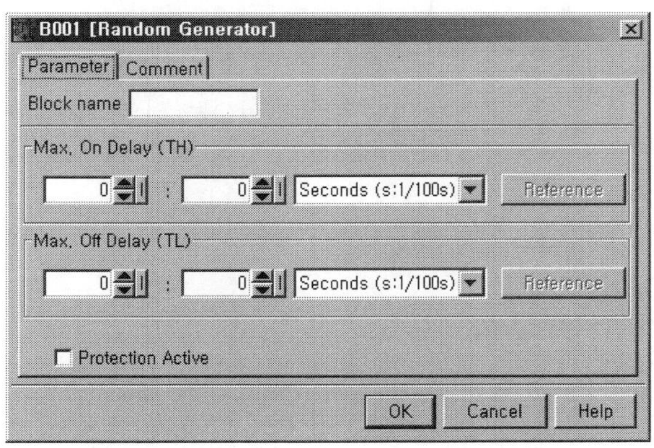

기능 설명:

입력 En이 0에서 1로 변환되면 0s와 TH 사이의 랜덤 타임이 세트되고 트리거 됩니다.

온 딜레이의 시간 동안 En의 상태가 hi이면 온 딜레이 타임이 다 지났을 때 출력은 세트가 됩니다.

타임은 온 딜레이 타임이 다 지나기 전에 입력 En이 리셋되면 리셋됩니다.

입력 En이 1에서 0로 변환되면 0s와 TL 사이의 랜덤 오프 딜레이 타임이 트리거 됩니다.

오프 딜레이 타임의 시간 동안 입력 En의 상태가 lo이면 오프 딜레이 타임이 다 지날 때 출력 Q는 리셋됩니다.

오프 딜레이 타임이 다 지나기 전에 En의 상태가 1로 돌아오면 타임은 리셋됩니다.

지나간 시간은 전원이 차단되면 리셋됩니다.

9) 계단 전등 스위치(Stairway lighting switch)

입력 펄스의 에지로 구성 가능한 타임이 트리거 됩니다. 이 시간이 지나면 출력이 리셋됩니다. 이 시간에 도달하기 전에 셧-다운을 경고하기 위해 경고 신호가 출력될 수 있습니다

LOGO!에서의 심벌	배선	설명
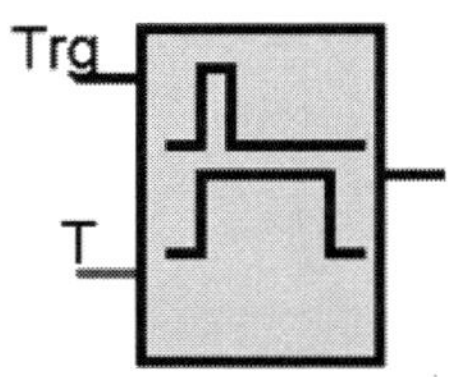 	입력 Trg	입력 Trg(Trigger)의 신호로 계단 라이팅 스위치의 오프 딜레이 타임이 트리거 됩니다.
	파라미터	T는 출력을 위한 오프 딜레이 타임입니다 (출력 신호가 1에서 0로 변환됩니다). T!는 사전 경고를 위한 트리거링 타임을 결정합니다. T!L은 사전 경고 시간 길이를 결정합니다. 메모리 유지: / = 메모리 유지 안 됨 R = 상태가 메모리 유지됩니다.
	출력 Q	Q는 타임 T가 지난 후에 리셋됩니다. 이 시간이 도달하기 전에 경고 신호가 출력될 수 있습니다.

파라미터 TH와 TL:

타임 응답 단원에 있는 파라미터 T에 대한 내용을 참조하십시오.

펄스 폭 TH과 내부 펄스 폭 TL은 이미 사용된 다른 함수의 실제값으로 제공될 수 있습니다. 다음 함수의 실제값을 사용할 수 있습니다.

- 아날로그 비교기(실제값 Ax - Ay)
- 아날로그 증폭기(실제값 Ax)
- 아날로그 램프(실제값 AQ)
- PI 제어기(실제값 AQ)
- 아날로그 트레스홀드 트리거(실제값 Ax)
- 아날로그 멀티플렉서(실제값 AQ)
- 아날로그 연산(실제값 AQ)
- 업/다운 카운터(실제값 Cnt)

필요한 함수를 블록 번호로 선택합니다. 타임 베이스는 조정이 가능합니다.

타이밍 다이어그램

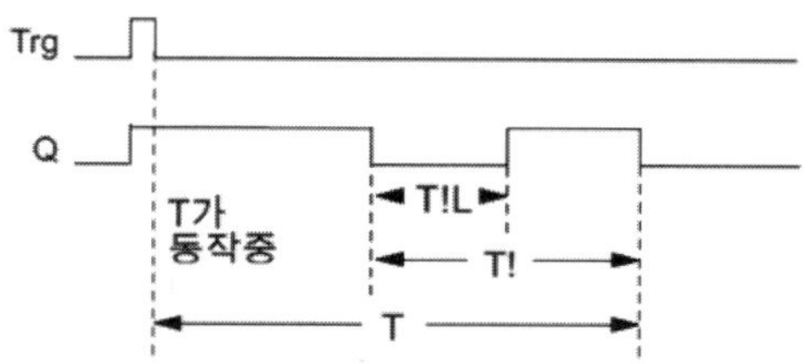

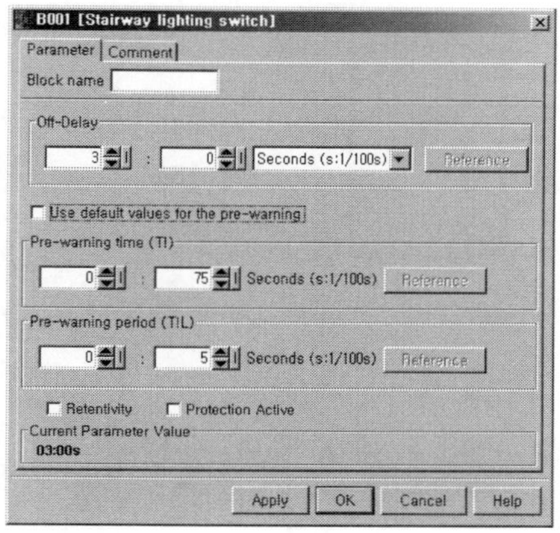

기능 설명

입력 Trg에서 신호가 0에서 1로 변환될 때 출력 Q는 세트됩니다. 입력 Trg에서 신호가 1에서 0로 변환되면 현재 구성된 시간 Ta가 트리거 되고 출력 Q는 세트를 유지합니다.

Ta = T이면 출력 Q는 리셋됩니다. 오프 딜레이 타임(T - T!)이 다 지나기 전에 오프 사전 경고 타임 T!L 동안 Q를 리셋시키는 사전 경고를 출력시킬 수 있습니다. Ta 중에 입력 Trg에 추가 one-shot이 있으면 Ta을 트리거 시킵니다.

메모리 유지 기능이 설정되지 않았다면 출력 Q와 진행된 시간은 전원 차단 후 리셋됩니다.

10) 멀티함수 스위치(Multiple function switch)

두 개의 다른 함수 간 스위칭

- 오프 딜레이가 있는 펄스 스위치
- 스위치(지속적인 라이팅)

LOGO!에서의 심벌	배선	설명
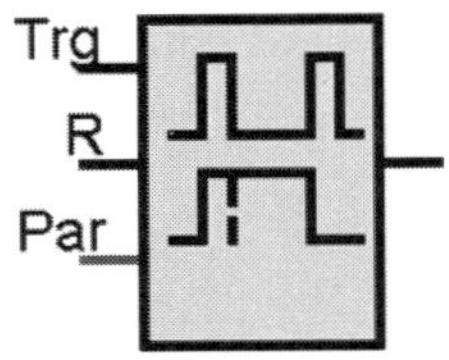	입력 Trg	입력 Trg(Trigger)에 신호가 인가되면 출력 Q(영구적인 라이팅)를 세트 시키거나 혹은 오프 딜레이가 있는 Q를 리셋시킵니다. 출력 Q는 활성화되었을 때 입력 Trg에서의 신호로 리셋될 수 있습니다.
	입력 R	R의 입력으로 현재 타임 Ta과 출력이 리셋됩니다.
	파라미터	T는 오프 딜레이 타임을 결정합니다. T 시간이 지나고 나면 출력이 리셋됩니다(1에서 0으로 변환). TL은 영구적인 라이트 펑션을 인에이블시키기 위해 입력이 세트 되어야만 하는 주기를 결정합니다. T!은 사전 경고 타임을 위한 온 딜레이 타임을 결정합니다. T!L은 사전 경고 시간 길이를 의미합니다. 메모리 유지: / = 메모리 유지 안 됨 R = 상태가 메모리 유지됩니다.
	출력 Q	입력 Trg의 신호에 의해 출력 Q가 세트 됩니다. Trg에서의 입력의 길이에 따라 출력이 다시 영구적으로 스위치 오프 되거나, 스위치 온 될 수 있고 혹은 입력 Trg에서 다른 신호에 의해서 리셋됩니다.

파라미터 T, TL, T! 그리고 T!L :

타임 응답 단원에 있는 파라미터 T의 디폴트를 참조하십시오.

오프 딜레이 타임 T, 영구적인 라이트 타임 TL, 온 딜레이 사전 경고 타임 T! 그리고 사전 경고 주기 T!L는 이미 사용된 다른 함수의 실제값으로 제공될 수 있습니다. 다음 함수의 실제값을 사용할 수 있습니다.

- 아날로그 비교기(실제값 Ax - Ay)
- 아날로그 증폭기(실제값 Ax)
- 아날로그 램프(실제값 AQ)
- PI 제어기(실제값 AQ)
- 아날로그 트레스홀드 트리거(실제값 Ax)
- 아날로그 멀티플렉서(실제 값AQ)
- 아날로그 연산(실제값 AQ)
- 업/다운 카운터(실제값 Cnt)

타이밍 다이어그램

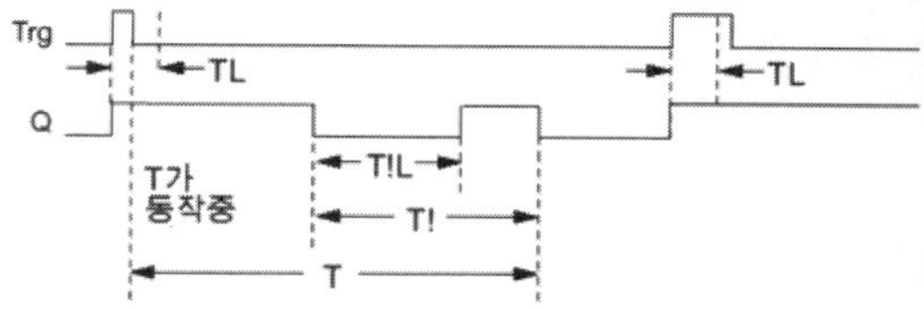

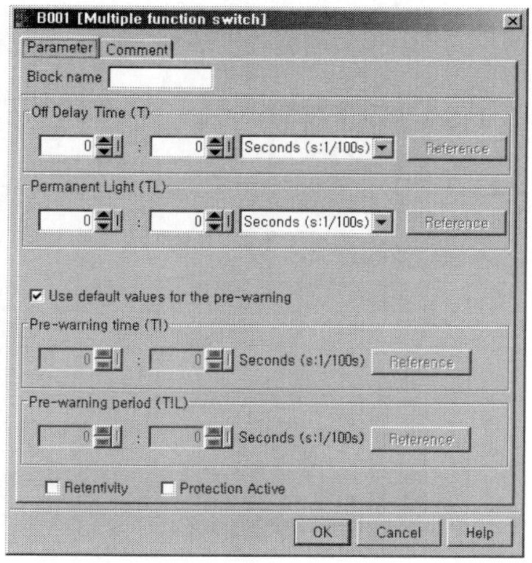

기능 설명:

입력 Trg에서의 신호가 0에서 1로 변환될 때 출력 Q는 세트 됩니다.

출력 Q = 0이고 TL 동안 입력 Trg가 hi로 세트되면 영구적인 라이팅 함수가 이네이블 되고 그에 따라 출력 Q가 세트 됩니다.

TL 타임이 다 지나기 전에 입력 Trg의 상태가 0로 변환되면 오프 딜레이 타임 T가 트리거 됩니다.

Ta = T이면 출력 Q는 리셋됩니다.

오프 딜레이 타임(T - T!)이 다 지나기 전에 오프 경고 신호를 출력할 수 있으며 오프 사전 경고 타임 T!L 동안 Q를 리셋시킬 수 있습니다. 입력 Trg에서의 새로운 신호는 항상 T와 출력 Q를 리셋시킵니다.

메모리 유지 기능이 설정되지 않았다면 출력 Q와 진행된 시간은 전원 차단 후 리셋됩니다.

11) 주간 타이머(Weekly timer)

출력은 구성 가능한 온/오프 날짜로 제어됩니다. 이 함수는 모든 주간 요일의 조합을 지원합니다. 비활성화된 요일을 숨기고 활성화된 요일을 선택합니다.

LOGO!에서의 심벌	배선	설명
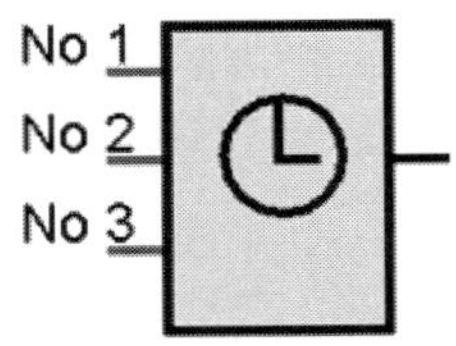	캠 파라미터1, 2, 그리고 3	Cam 파라미터에서 각 Cam 스위치에 대한 주간 타이머의 온 오프 타임을 설정합니다. 여기서 온 오프 타임에 대한 요일과 시간도 지정합니다.
	Par	타이머가 활성화되었을 때 한 사이클 동안 펄스를 내보내고 그다음 리셋을 시킬 것인지를 지정합니다. 펄스 파라미터는 세 개의 캠 모두에 적용됩니다.
	출력 Q	구성된 캠이 동작을 하면 Q가 세트 됩니다.

타이밍 다이어그램(3가지의 예)

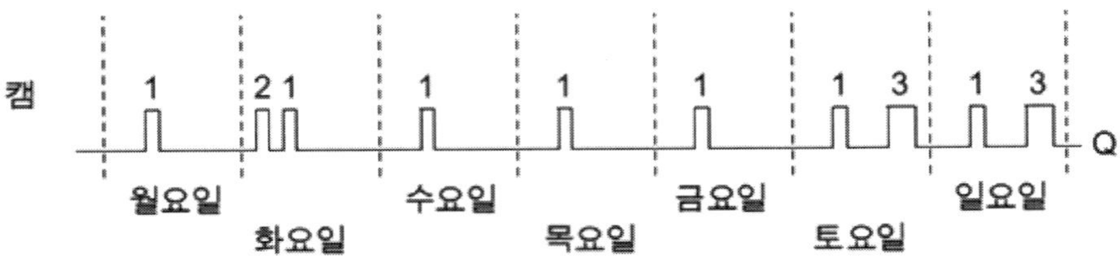

캠 1:	**매일:**	**06:30 h 에서 8:00 h**
캠 2:	**화요일:**	**03:10 h 에서 04:15 h**
캠 3:	**토요일과 일요일:**	**16:30: h 에서 23:10 h**

캠1 매일

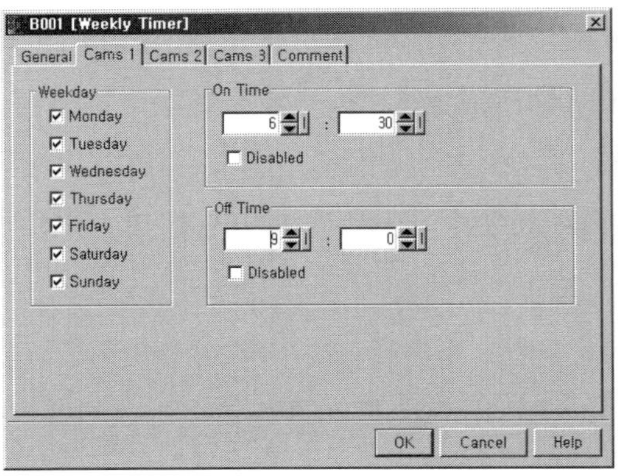

캠2 화요일

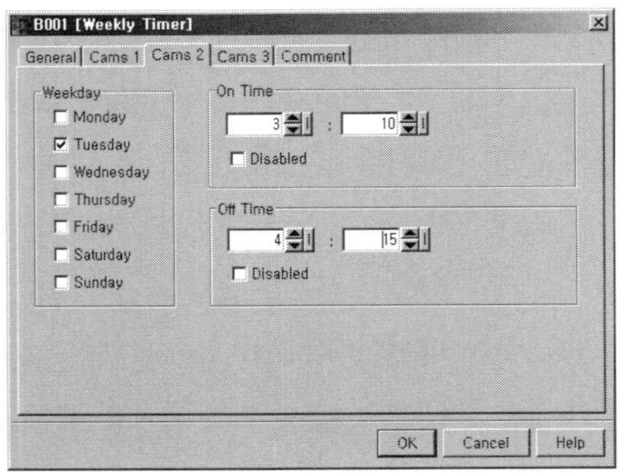

캠3 토요일과 일요일

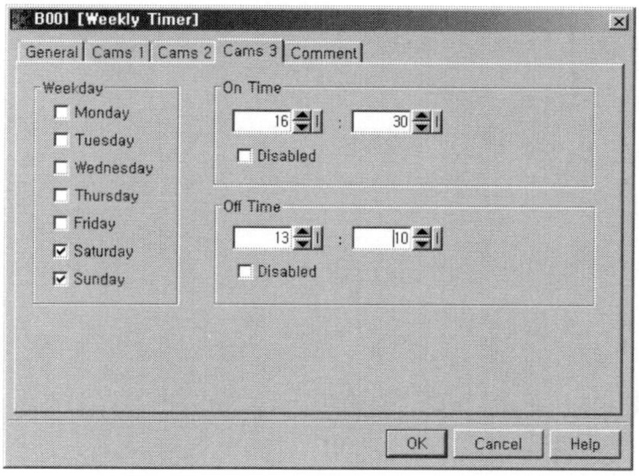

기능 설명:

각 주간 타이머에는 각 캠에 대해 타임 히스테리시스를 구성할 수 있는 3개의 캠이 있습니다. 캠 파라미터에서 온 오프 히스테리시스를 설정합니다. 주간 타이머는 구성된 시간에 출력을 세트 시킵니다.

주간 타이머는 오프 타임이 구성되었다면 오프 타임 시에 혹은 펄스 출력이 지정되었으면 사이클 마지막에 출력을 리셋시킵니다. 다른 캠과 온 타임과 오프 타임이 동일하면 충돌이 발생합니다. 이 경우 캠 3이 2번보다 우선권을 가지며 캠 2번이 1번보다 우선권을 갖습니다.

주간 타이머의 스위칭 상태는 3개 캠 모두의 상태에 의해 결정됩니다.

주간 요일

"D=" (Day) 글자는 다음을 의미합니다.

- M: Monday(월요일)
- T: Tuesday(화요일)
- W: Wednesday(수요일)
- T: Thursday(목요일)
- F: Friday(금요일)
- S: Saturday(토요일)
- S: Sunday(일요일)

대문자는 주간 중 지정된 날을 의미합니다. 는(=) 주간 요일 중 선택한 것이 없음을 의미합니다.

온/오프 타임: 00:00 h과 23:59 h 중 어떤 시간도 가능합니다. 온 타임이 펄스 신호가 될 수 있도록 구성할 수도 있습니다. 타이머 블록이 특정한 시간에 한 사이클 동안만 동작을 하고 그 후 출력을 리셋시킬 수 있습니다.

- -:- - 의미 온 오프 타임이 설정되지 않았습니다.

12) 연간 타이머(Yearly timer)

출력은 구성 가능한 On-Off 날짜로 제어됩니다. 타이머는 연별, 월별, 혹은 사용자가 정의한 시간을 기반으로 동작하도록 구성할 수 있습니다. 어느 모드에서건 지정된 시간 주기 동안 펄스 출력을 내도록 구성할 수도 있습니다. 시간 주기는 시작 년부터 미래의 99년까지 구성할 수 있습니다. 예) 2014년 6월 31일에서 2113년 6월 31일

LOGO!에서의 심벌	배선	설명
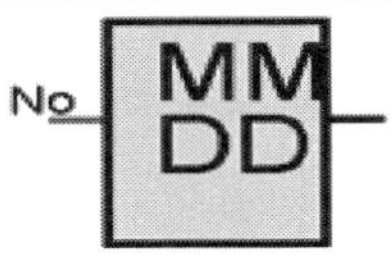	캠 파라미터	캠 파라미터에서 타이머 모드, 타이머의 온/오프 시간, 그리고 출력이 펄스 출력인지를 구성합니다.
	출력 Q	구성된 캠이 동작을 하면 Q가 세트 됩니다.

타이밍 다이어그램

예 1) Yearly 모드 온, Monthly 모드 오프, Pulse 오프, 온 타임 = 2014-06-01, 오프 타임 = 2017-08-31: 매년 6월 1일에는 타이머 출력이 스위치 온 되어 8월 31일까지 유지됩니다.

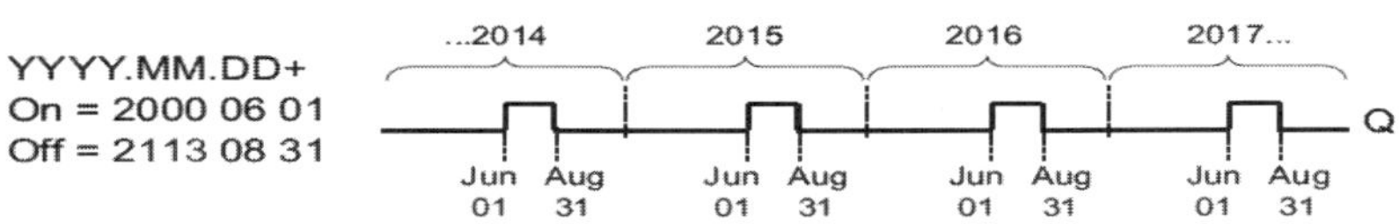

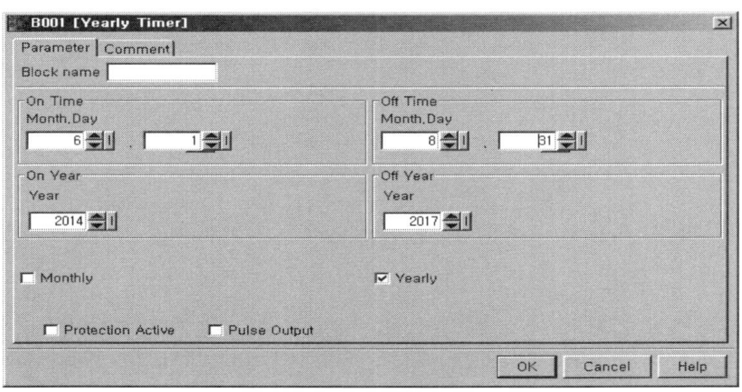

예 2) Yearly 모드 온 Monthly 모드 오프, Pulse 온, 온 타임 = 2014-03-15, 오프 타임 = 2017-**-**: 매년 3월 15일에는 타이머 출력이 한 사이클 동안 스위치 On 됩니다.

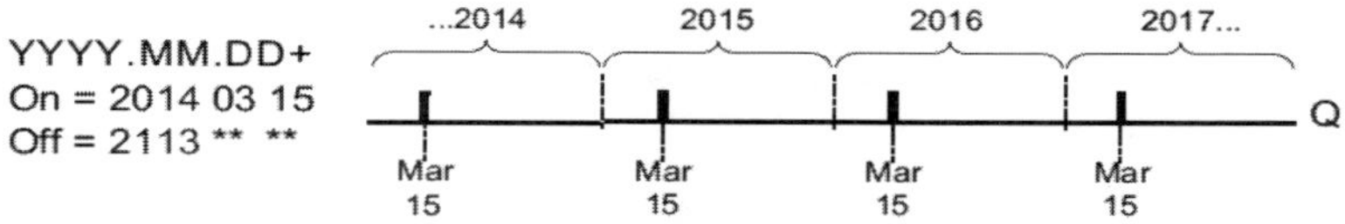

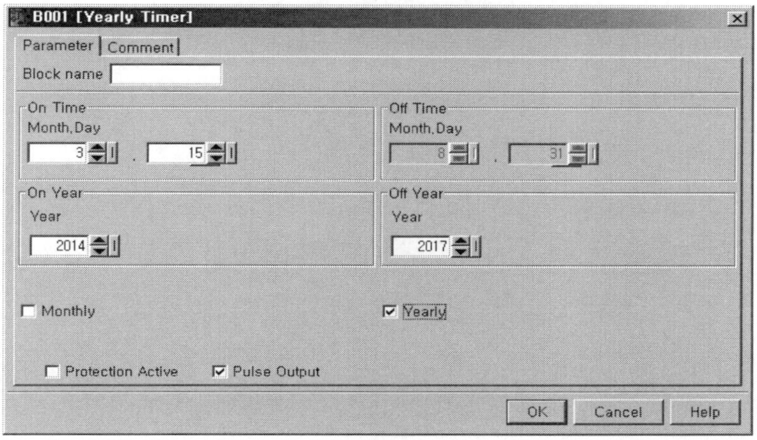

예 3) Yearly 모드 온, Monthly 모드 오프, Pulse 오프, 온 타임 = 2014-06-01, 오프 타임 = 2016-08-31: 2014, 2015, 2016년 유월 일일에 타이머 출력이 스위치 On 되어 8월 31일까지 유지됩니다.

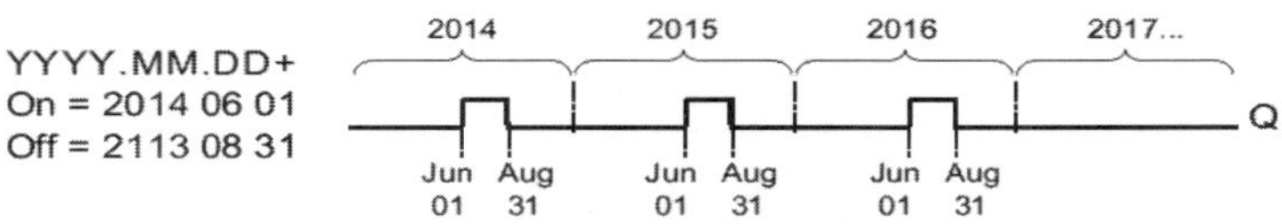

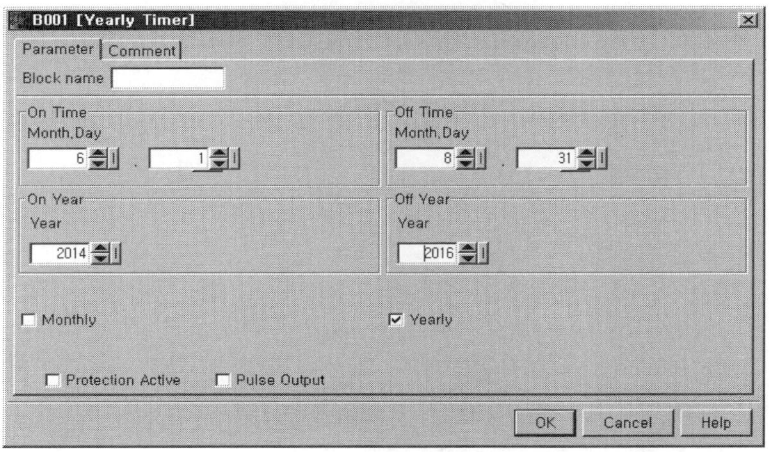

예 4) Yearly 모드 온, Monthly 모드 오프, Pulse 온, 온 타임 = 2014-03-15, 오프 타임 = 2017-**-**: 2014, 2015, 2016년 3월 15일에는 타이머 출력이 한 사이클 동안 스위치 On 됩니다.

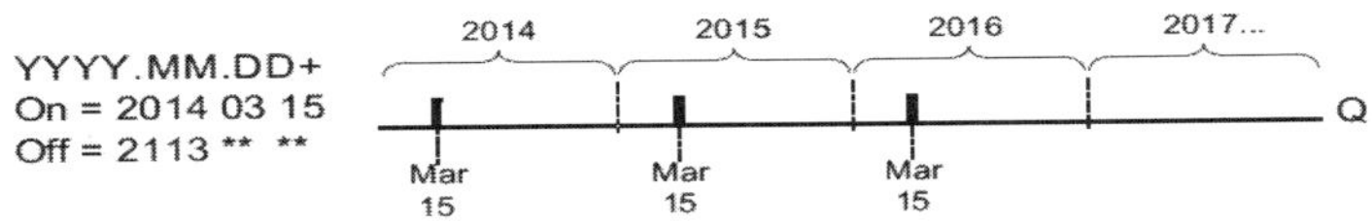

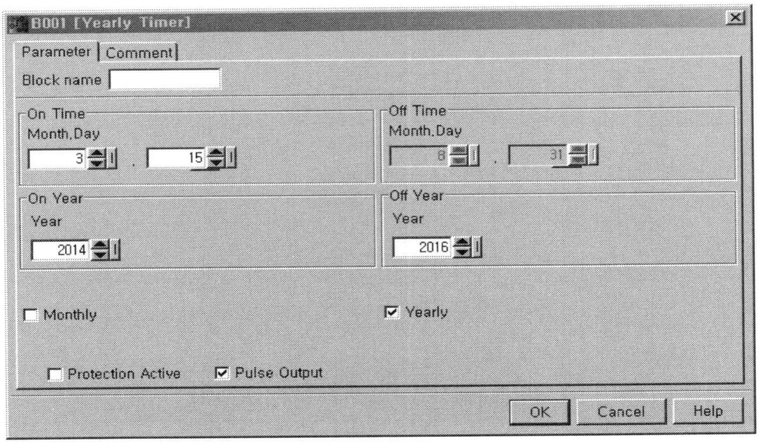

예 5) Yearly 모드 온, Monthly 모드 오프, Pulse 오프, 온 타임 = 2014-06-01, 오프 타임 = 2017-08-31: 2014년 6월 1일에 타이머 출력이 스위치 On 되어 2016년 8월 31일까지 유지됩니다.

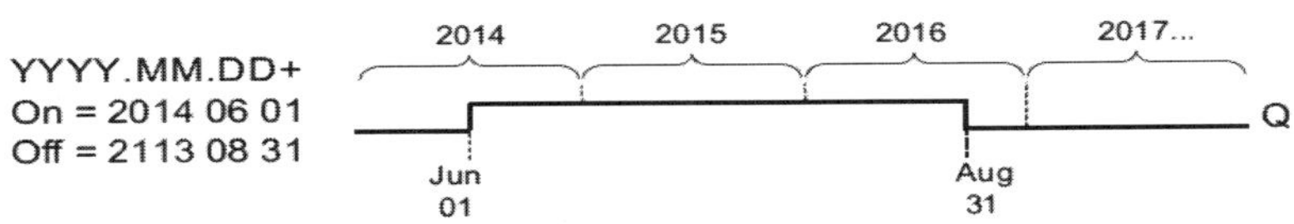

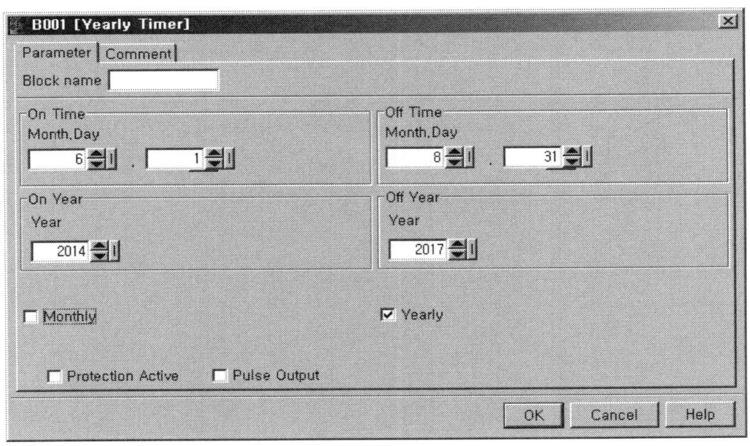

예 6) Yearly 모드 오프, Monthly 모드 오프, Pulse 선택, 온 타임 = 2014-03-15, 오프 타임 = ****-**-**: 2014년 3월 15일에 타이머 출력이 한 사이클 동안 스위치 On 됩니다. 왜냐하면, 타이머가 월간 동작이나 연간 동작이 없고 타이머 펄스 출력이 지정된 온 타임에 한 번만 나가기 때문입니다.

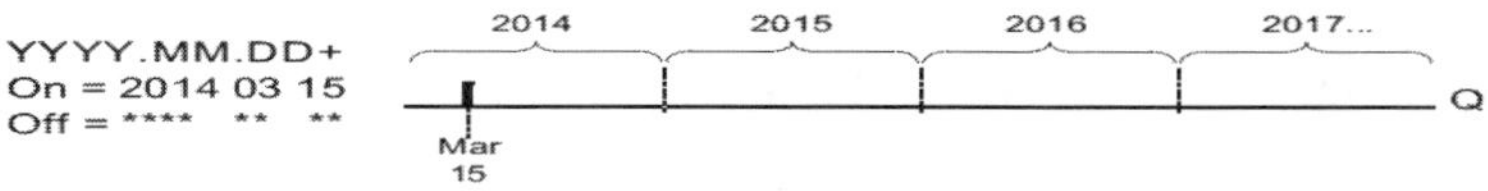

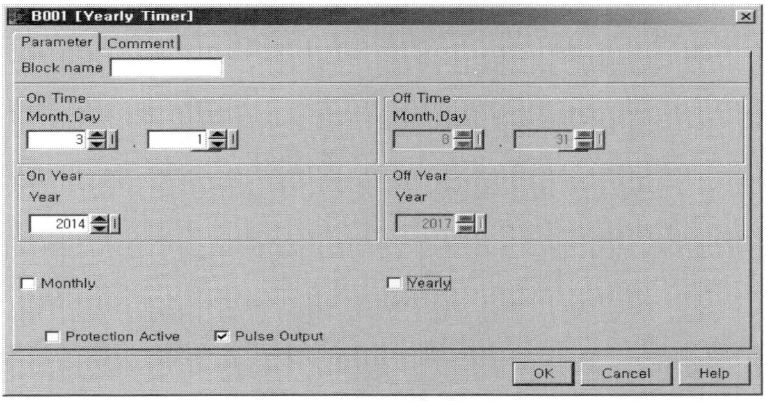

예 7) Yearly 모드 온, Monthly 모드 오프, 펄스 오프, 온 타임 = 2014-12-15, 오프 타임 = 2016-01-07: 2014, 2015년 12월 15일에 타이머 출력이 스위치 On 되고 다음 해 1월 7일까지 On으로 유지됩니다. 타이머 출력이 2016 년 1월 7일에 오프가 되면 다음 해 12월 15일에 다시 On 되지는 않습니다.

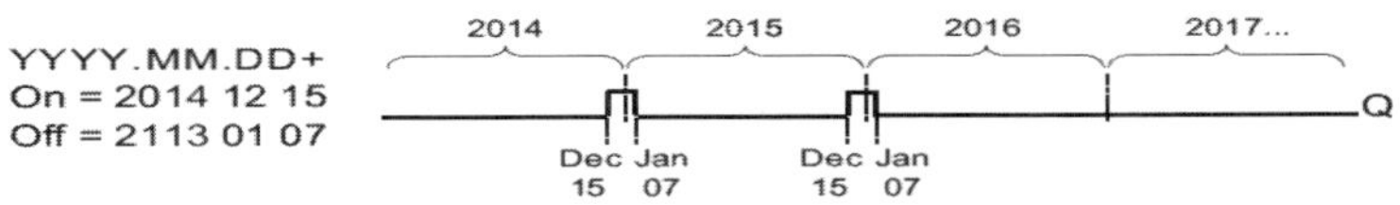

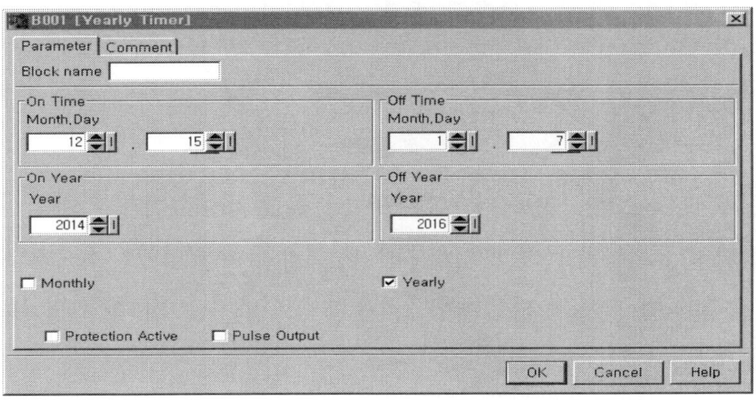

예 8) Yearly 모드 온, Monthly 모드 온, 온 타임 = 2014-**-01, 오프 타임 = 2016-**-05: 2014년부터 각 달(월)의 첫 번째 날에 타이머 출력이 On 되고 그달 5일에 Off 됩니다. 타이머는 이러한 패턴으로 2016년 마지막 달까지 계속됩니다.

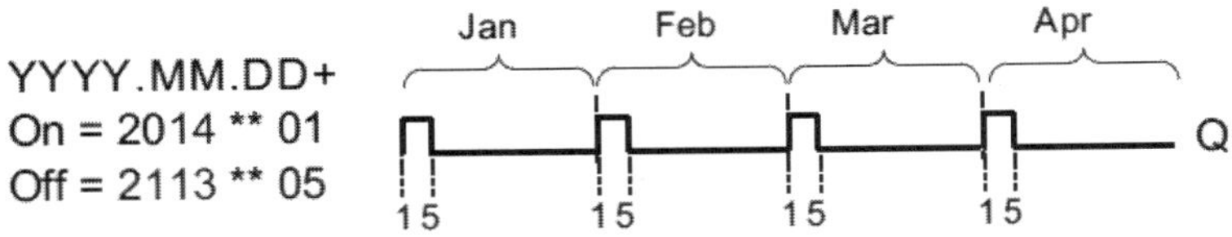

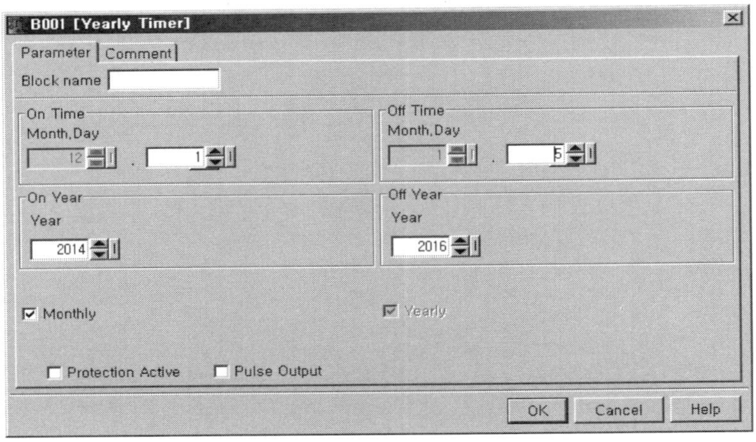

기능 설명:

연간 타이머는 지정한 On/Off 날짜에 출력을 세트 시키고 리셋시킵니다. 00:00에 세트와 리셋이 실행됩니다. 사용자 프로그램 작성 시 다른 시간 설정이 필요하다면 연간 타이머와 함께 주간 타이머를 사용하십시오.

온 타임은 타이머가 세트될 때의 월과 일을 지정합니다. 오프 타임은 출력이 다시 리셋될 때의 월과 일을 의미합니다. 온과 오프 타임 시간 지정 시 필드의 순서에 유의하십시오. 첫 번째 필드가 년, 두 번째 필드가 월, 세 번째 필드가 일을 표시합니다.

Monthly 모드를 On으로 설정하면 타이머 출력은 매달 지정된 날짜의 시작 시간에 스위치 On 되고 Off 타임의 지정된 날짜까지 유지됩니다. On Year는 타이머가 동작하기 시작하는 연도를 지정합니다. Off Year는 타이머가 동작을 멈추는 마지막 연도를 의미합니다. 최대 연도는 2113입니다.

Yearly 모드를 On으로 설정하면 타이머 출력은 매달 지정된 월과 날짜의 시작 시간에 스위치 On 되고 Off 타임의 지정된 월과 날짜까지 유지됩니다. On Year는 타이머가 동작하기 시작하는 연도를 지정합니다. Off Year는 타이머가 동작을 멈추는 마지막 연도를 의미합니다. 최대 연도는 2113입니다.

Pulse 모드를 선택하면 타이머 출력은 지정된 On 타임에 한 사이클 동안만 스위치 On 되고 그 후에는 리셋됩니다. 타이머를 월간이나 연간 기반으로 펄스를 주거나 단 1회 펄스를 주도록 선택할 수 있습니다

Monthly, Yearly 혹은 Pulse 체크 박스 중 하나도 모드 On을 설정하지 않았다면 On 타임과 Off 타임의 타임 주기를 사용자가 지정할 수 있습니다. 어떤 타임 주기라도 지정할 수 있습니다.

연중 여러 번 발생하지만 비주기적으로 스위치 On/Off를 해야 되는 프로세스에서는 멀티 연간 타이머를 정의할 수 있습니다. 이 타이머는 여러 개의 연간 타이머를 사용하여 출력을 OR 함수로 연결시킨 것입니다.

13) 천문 타이머(Astronomical clock)

천문 타이머 기능은 일출 시간(TR)과 일몰 시간에 LOGO! 호스트 모듈에 사용되는(TS)의 출력 사이에이 높음으로 설정됩니다. LOGO! 지리적 위치에 기초하여, 자동 여름/겨울 변환 설정 및 모듈의 현재 시간이 자동으로 시간을 계산합니다.

LOGO!에서의 심벌	배선	설명
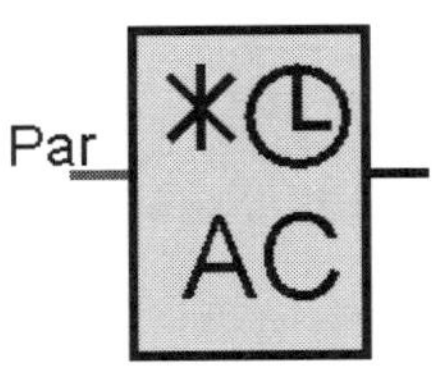	파라미터	경도, 위도 및 시간대를 지정합니다. **경도(Longitude):** 방향: EAST 또는 WEST 값 범위: 0-180도에서, 0~59분, 0-59초 **위도(Latitude):** 방향: 북(NORTH) 또는 남(SOUTH) 값 범위: 0-90도에서 0~59분, 0-59초 **지역(Zone):** 값 범위: -11 ~ 12
	출력 Q	일출의 현재 시간 LOGO! 호스트 모듈에서 Q(TR)과 일몰 사이의 시간 사이에 (TS)가 설정된다, "1."

참조:

LOGO! Soft Comfort에서 원하는 날짜 변경선을 지정할 수 있습니다. 그러면 LOGO! Soft Comfort는 위도와 경도의 정보를 이용하여 천문학 타이머에 적용됩니다.

타이밍 다이어그램

이하 현재 시간 Ta LOGO! 호스트 모듈을 나타내는 타이밍도의 예입니다.

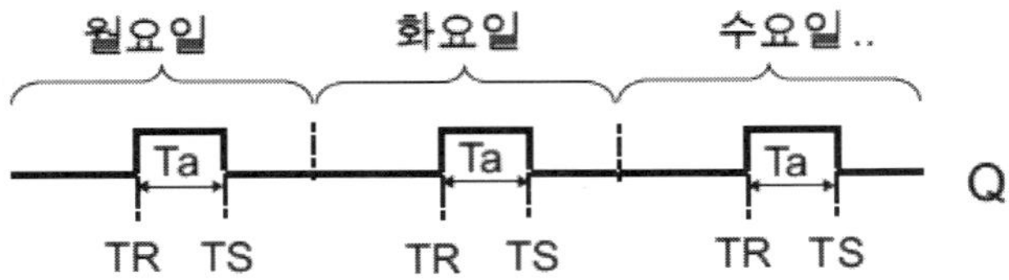

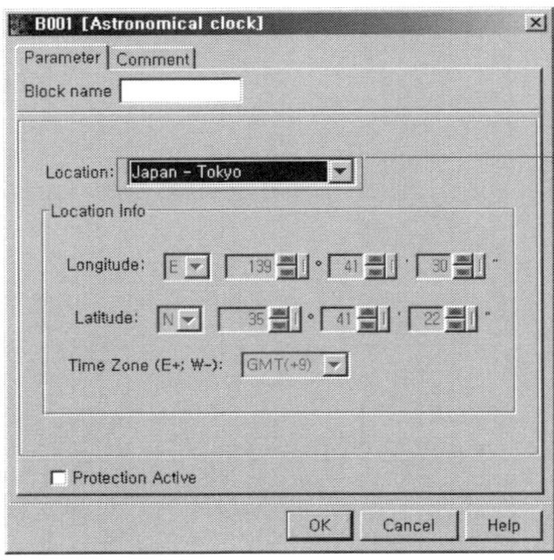

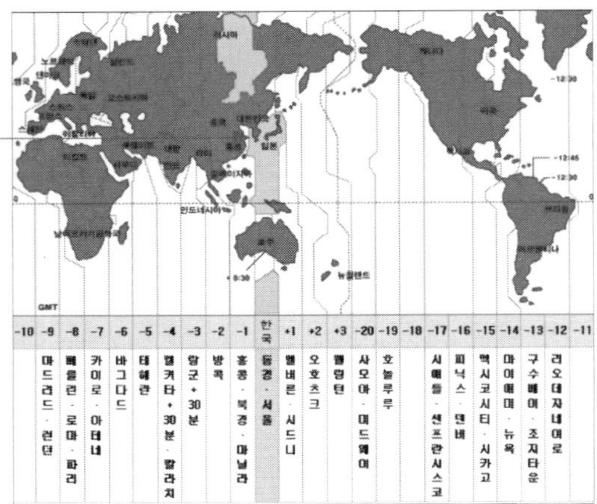

기능 설명:

함수 입력에서 TR 및 TS 값을 계산하고, Ta(Ta LOGO! 현재시간) TR 및 TS 사이에 있을 때 Q를 설정하지 않으면, 함수는 Q를 재설정합니다.

자동 여름/겨울 전환이 활성화되어 있을 경우 TR과 TS 값을 계산할 때, 함수는 고려해서 구성된 시간의 차이를 적용됩니다.

14) 스톱워치(Stopwatch) (0BA7 이후 버전만 해당)

스톱워치가 활성화된 이후 경과된 시간을 기록합니다.

LOGO!에서의 심벌	배선	설명
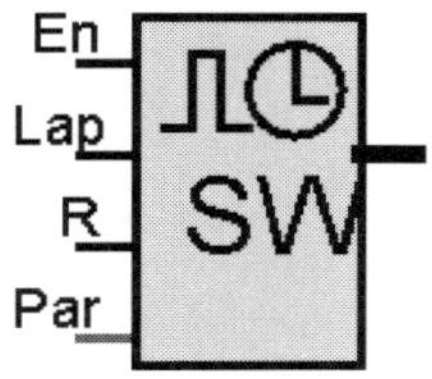	입력 En	입력 EN의 신호는 지금까지 경과 시간 AQ의 아날로그 출력을 시작합니다.
	입력 Lap	입력Lap(0에서 1로 변할 때)의 상승에지는 스톱워치를 일시 정지, 입력Lap(1에서 0으로 변할 때)에서 하강에지 스톱워치를 다시 활성화합니다.
	입력 R	경과 시간의 리셋 단자 R에 입력 신호
	파라미터	스톱워치 기본 TB를 설정할 수 있습니다. 가능한 시간축 설정: 10 MS, S, M, 및 H 유지: / = 비유지 R = 유지
	출력 AQ	Lap 신호에서 Lap까지 입력값(AQ)이 유지됩니다. R의 신호가 On 되면 AQ 값을 0으로 됩니다.

파라미터 TB:

당신은 아래의 기준을 설정하는 시간에서 컬렉션을 기반으로 할 수 있습니다.

- 10 ms(10 milliseconds)
- S (seconds)
- M (minutes)
- h (hours)

타이밍 다이어그램

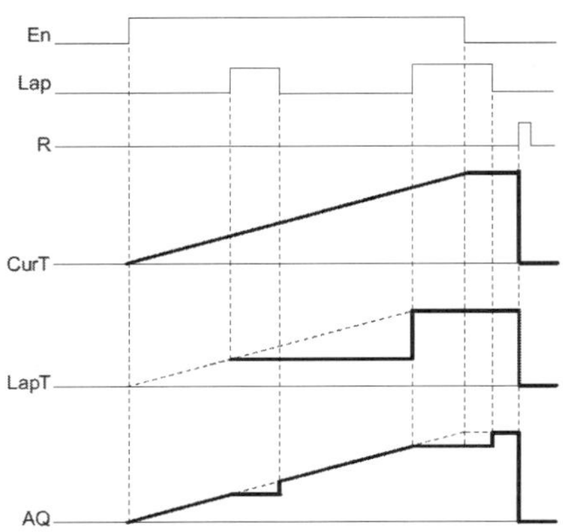

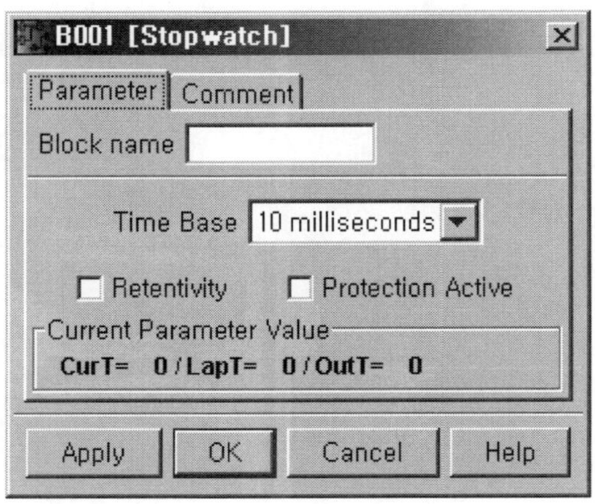

기능 설명:

En = 1: 현재 시간이 증가한다.

En = 0: 현재 시간 일시 정지한다.

En = 1 and Lap = 0: 출력 AQ는 현재 경과 시간 값을 출력한다.

En = 1 and Lap = 1: 현재 시간은 계속 증가하고 출력 AQ는 Lap 타임의 값을 출력한다.

En = 0 and Lap =1: 출력 AQ로 Lap 타임의 값을 출력한다.

En = 0 and Lap = 0: 출력 AQ 최신 현재 시간의 값을 출력한다.

R = 1: 현재 시간과 Lap 시간을 모두가 재설정됩니다.

프로그램 예 :

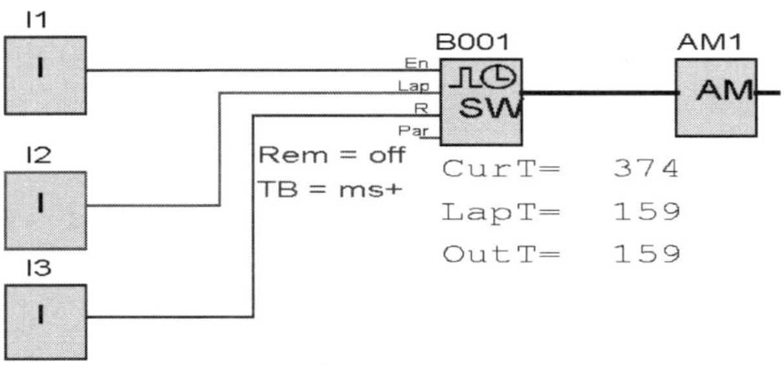

I1: En(스타트)

I2: Lap(데이터 기록)

I3: R(데이터 삭제)

5.7 카운터(Counter)

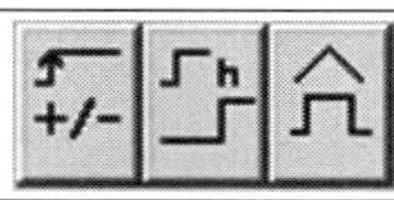

심벌	명칭	심벌	명칭
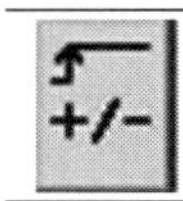	Up/Down counter (업/다운 카운터)		Threshold trigger (임계값 트리거)
	Hours counter (운전시간 카운터)		

1) 업/다운 카운터(Up/Down counter)

파라미터 설정에 따라 입력 펄스가 내부값을 증가시키거나 감소시킵니다. 구성된 트레스홀드에 도달하면 출력이 세트되거나 리셋됩니다. 카운트 방향은 Dir 입력 신호로 변경될 수 있습니다.

LOGO!에서의 심벌	배선	설명
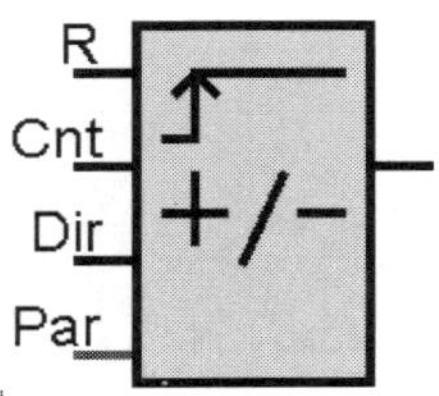	입력 R	R에 신호가 입력되면 출력과 내부 카운터 값을 스타트 값으로 리셋시킵니다.
	입력 Cnt	이 함수는 입력 Cnt의 값이 0에서 1로 변환되면 카운팅을 합니다. 1에서 0으로 변환되는 것은 카운팅하지 않습니다. 이용: - 고속 카운팅을 위해서는 I3, I4, I5, I6을 사용하십시오.(LOGO! 12/24RC/RCo, LOGO! 24/24o, LOGO! 24C/24Co에서만 지원): 최대 5 kHz. - 저속 카운팅을 위해서는 아무 입력이나 명령어를 사용하십시오. (일반적으로 4 Hz)
	입력 Dir	입력 Dir은 카운팅 방향을 결정합니다. Dir = 0: 업 카운트 Dir = 1: 다운 카운트
	파라미터	온: 온 트레스홀드 값의 범위: 0 ~ 999999 오프: 오프 트레스홀드 값의 범위: 0 ~ 999999 StartVal: 상향이나 하향으로 카운팅되는 초깃값 내부 카운트 값 Cnt를 위한 메모리 유지 / = 메모리 유지 안 됨, R = 상태가 메모리 유지됩니다.
	출력 Q	Q는 Cnt에서의 실제값과 지정한 트레스홀드에 따라 세트되고 리셋됩니다.

파라미터 On과 Off

온 트레스홀드 On과 오프 트레스홀드 Off는 값은 이미 사용된 다른 함수의 실제값으로 제공될 수 있습니다. 다음 함수의 실제값을 사용할 수 있습니다.

- 아날로그 비교기(실제값 Ax - Ay)

- 아날로그 증폭기(실제값 Ax)
- 아날로그 램프(실제값 AQ)
- PI 제어기(실제값 AQ)
- 아날로그 트레스홀드 트리거(실제값 Ax)
- 아날로그 멀티플렉서(실제값 AQ)
- 아날로그 연산(실제값 AQ)
- 업/다운 카운터(실제값 Cnt)

필요한 함수를 블록 번호로 선택합니다.

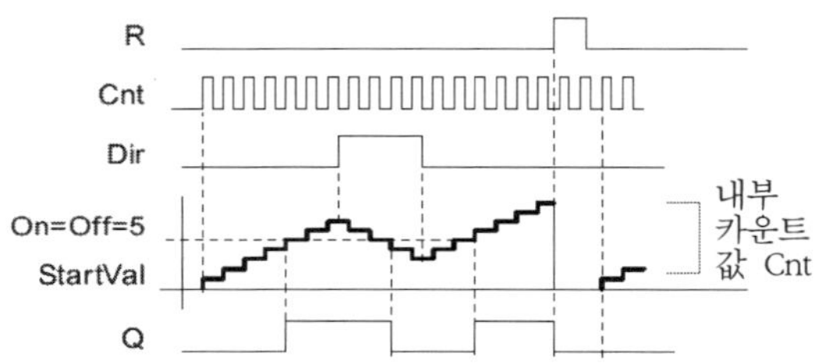

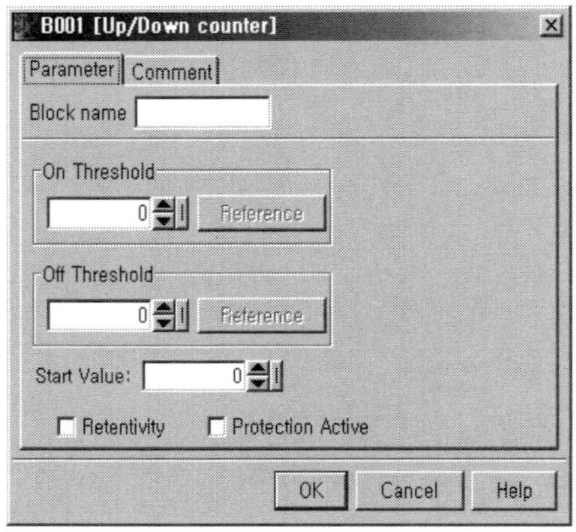

기능 설명:

이 함수는 입력 Cnt에 포지티브 에지 신호가 들어올 때마다 내부 카운터를 증가시키거나(Dir = 0) 감소시킵니다. (Dir = 1) 리셋 입력 R에 신호를 주면 내부 카운터 값을 스타트 값으로 리셋시킬 수 있습니다.

R=1이면 출력 Q는 0이고 입력 Cnt에서의 펄스는 카운팅 되지 않습니다.

메모리 유지 기능이 설정되지 않았다면 출력 Q와 진행된 시간은 전원 차단 후 리셋됩니다.

Q는 Cnt에서의 실제 값과 지정한 트레스홀드에 따라 세트 되고 리셋됩니다. 계산 규칙은 다음과 같습니다.

계산 규칙:

- 온 트레스홀드 ≥ 오프 트레스홀드 이면:

Q = 1, Cnt ≥ 온일 때

Q = 0, Cnt < 오프일 때

- 온 트레스홀드 < 오프 트레스홀드이면 Q = 1, 온 ≤ Cnt ≤ 오프일 때

주) 이 함수는 각 사이클마다 한 번씩 카운터의 리밋 값을 체크합니다.
그러므로 고속 카운터 입력 I3, I4, I5, I6에서의 펄스가 스캔 사이클 타임보다 빠르면 이 특수 함수는 지정된 리밋 값이 초과되어야 스위칭 됩니다.

예: 사이클마다 100까지의 펄스가 카운팅 될 수 있습니다. 이제까지 900개의 펄스가 카운팅 되었습니다. 온 = 950, 오프 = 10000입니다. 값이 1000에 도달하면 그다음 사이클에서 출력이 세트 됩니다 (오프 = 980이면 출력은 세트되지 않습니다).

2) 운전시간 카운터(Hours counter)

구성된 시간은 모니터링 입력에서 신호에 의해 트리거 됩니다. 이 시간이 지나면 출력이 세트 됩니다.

LOGO!에서의 심벌	배선	설명
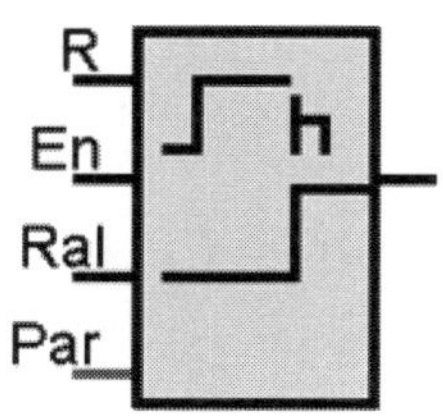	입력 R	입력 R에 포지티브 에지(0에서 1로 변환)가 입력되면 출력 Q가 리셋되고 진행해야 될 남은 시간(MN)을 카운터에 구성된 값 MI에 설정합니다.
	입력 En	En은 모니터링 입력입니다. LOGO!는 이 입력의 온 타임을 확인합니다.
	입력 Ral	입력 Ral(Reset all)에 포지티브 에지가 입력되면 운전시간 카운터(OT)와 출력이 리셋되고 진행해야 될 남은 시간을 구성된 정비 간격 (MI)시간에 설정합니다. 출력 Q = 0, 측정된 운전 시간 OT = 0, 남은 정비 간격 시간 MN = MI
	파라미터	MI: 시와 분 단위로 지정되는 정비간격 시간 값의 범위: 0000...9999h, 0...59m OT: 누적된 전체 운전 시간. 시작 시간 이후의 시간이 시와 분 단위로 지정될 수 있습니다. 값의 범위: 00000 ~ 99999h, 0 ~ 59m Q → 0: - "R"이 선택되었을 때:

	Q = 1, MN = 0일 때; Q = 0, R = 1 혹은 Ral = 1일 때 - "R+En"이 선택되었을 때: Q = 1, MN = 0일 때; , Q = 0, R = 1 혹은 Ral = 1 혹은 En = 0일 때
출력 Q	진행해야 될 남은 시간 MN = 0인 경우 출력이 세트됩니다(타이밍 다이어그램 참조). 다음의 경우에 출력이 리셋됩니다. - "Q→0:R+En"인 경우, R = 1 혹은 Ral = 1 혹은 En = 0일 때 - "Q→:R" 인 경우 R = 1 혹은 Ral = 1일 때

MI = 구성된 타임 간격

MN = 남은 시간

OT = 입력 Ral에서 최근 hi 신호 이후 흐른 전체 시간

이러한 값들은 항상 메모리 유지가 됩니다!

파라미터 MI:

정비 간격 파라미터 MI는 이미 사용된 다른 함수의 실제값으로 제공될 수 있습니다. 다음 함수의 실제값을 사용할 수 있습니다.

- 아날로그 비교기(실제값 Ax - Ay)
- 아날로그 트레스홀드 트리거(실제값 Ax)
- 아날로그 증폭기(실제값 Ax)
- 아날로그 멀티플렉서(실제값 AQ)
- 아날로그 램프(실제값 AQ)
- 아날로그 연산(실제값 AQ)
- PI 제어기(실제값 AQ)
- 업/다운 카운터(실제값 Cnt)

필요한 함수를 블록 번호로 선택합니다.

타이밍 다이어그램

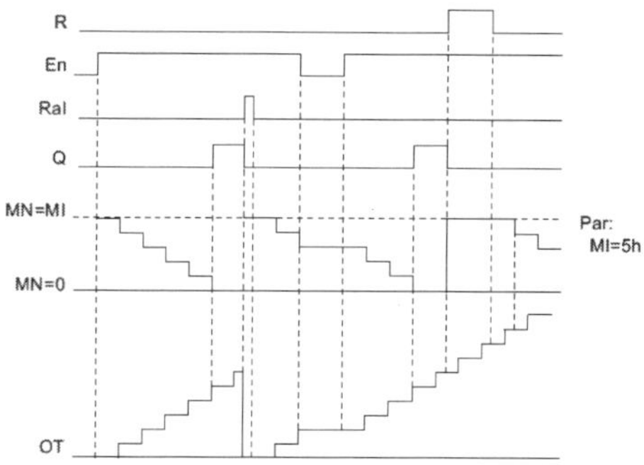

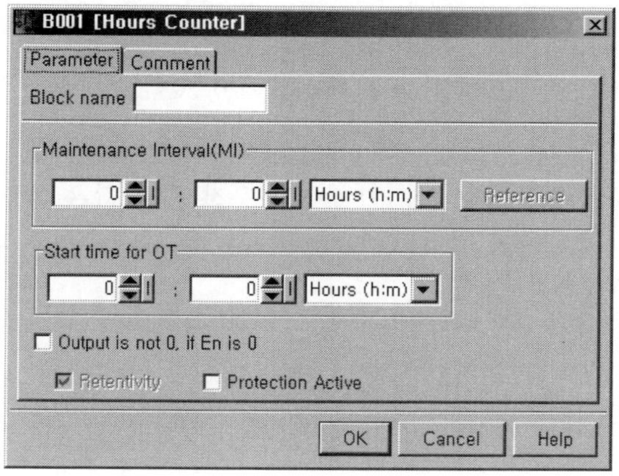

MI = 구성된 시간 간격

MN = 남은 시간

OT = 입력 Rel에서 최근 hi 신호 이후 지난 전체 시간

기능 설명:

운전 시간 카운터는 입력 En을 모니터링 합니다. En = 1이면 LOGO!는 지나간 시간과 진행해야 될 남은 시간 MN 시간을 계산합니다.

LOGO!는 파라미터 할당에서 이 시간을 디스플레이합니다. 진행해야 될 남은 시간 MN = 0인 경우 출력 Q가 세트 됩니다.

입력 R에 신호가 입력되면 출력 Q가 리셋되고, 진행해야 될 남은 시간 카운터가 지정된 값 MI로 설정됩니다. 운전 시간 카운터 OT는 영향을 받지 않은 상태로 남아 있습니다.

입력 Ral에 신호가 입력되면 출력 Q가 리셋되고, 진행해야 될 남은 시간 카운터가 지정된 값 MI로 설정됩니다. 운전 시간 카운터 OT는 제로로 리셋됩니다.

Q 파라미터의 구성에 따라 출력은 입력 R이나 Ral("Q →0:R")에 신호가 입력되는 경우 혹은 리셋 신호가 hi이거나 En 신호가 lo("Q →0:R+En")인 경우에 리셋됩니다.

MI, MN, OT 값 보기:

- LOGO! Basic: 시스템이 RUN 모드에 있을 때 파라미터 할당 모드를 오픈하고 MI, MN, OT의 실제값을 볼 수 있습니다.
- LOGO! Pure") LOGO! Soft Comfort에서 온라인 테스트를 사용하여 이 같은 값들을 읽을 수 있습니다.

- LOGO! Soft Comfort에서 "Tools -> Transfer: Hours counter" 메뉴 명령어로 운전 시간 카운터를 읽을 수 있습니다.

OT의 리밋 값: OT에서의 운전 시간 값은 입력 R에 신호가 입력되어 운전 시간 카운터가 리셋될 때에도 계속 유지됩니다. 운전 시간 카운터 OT는 Ral의 신호가 0에서 1로 변경되면 제로로 리셋됩니다. OT는 리셋 입력 R의 상태와 상관없이 En=1이면 카운팅을 계속합니다. OT의 리미트 값은 99999h입니다. 이 값에 도달할 때 운전 시간 카운터는 정지됩니다. 프로그래밍 모드에서 OT의 초깃값을 설정할 수 있습니다. MN은 리셋 입력 R이 이네이블 되지 않으면 다음 공식에 의해 계산됩니다. MN = MI - (OT % MI). % 연산자는 정수 나누기의 나머지를 제공해 줍니다.

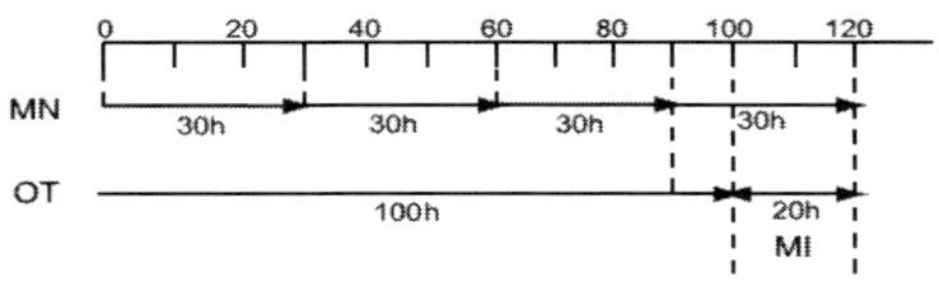

예:

MI = 30h, OT = 100h

MN = 30 - (100 % 30)

런-타임 모드에서 OT 값은 사전에 설정될 수 없습니다. MI 값이 변하면 MN에 대한 계산을 할 수 없게 되고 MN은 MI의 값을 갖게 됩니다. MN은 MI의 값을 취합니다.

3) 트레스홀드 트리거(Threshold trigger)

출력이 구성 가능한 트레스홀드 트리거에 의해 세트 되거나 리셋됩니다.

LOGO!에서의 심벌	배선	설명
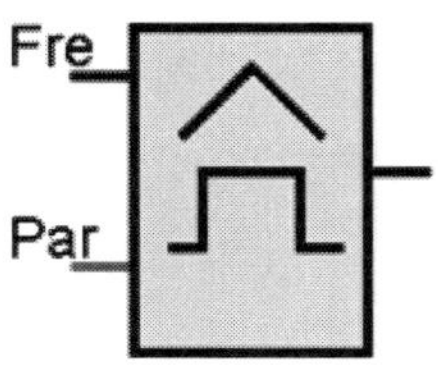	입력 Fre	이 함수는 입력 Fre의 값이 0에서 1로 변환되면 카운팅을 합니다. 1에서 0으로 변환되는 것은 카운팅하지 않습니다. - 고속 카운팅을 위해서는 I3, I4, I5, I6을 사용하십시오.(LOGO!12/24RC/RCo, LOGO! 24/24o, LOGO! 24C/24Co에서만 지원) 최대 5kHz - 저속 카운팅을 위해서는 아무 입력이나 명령어를 사용하십시오. (일반적으로 4Hz)

파라미터	온: 온 트레스홀드 값의 범위: 0000...9999 오프: 오프 트레스홀드 값의 범위: 0000...9999 G_T: 입력 펄스가 측정되는 동안의 타임 간격 혹은 게이트 시간 값의 범위: 00:05 s...99:99 s
출력 Q	Q는 트레스홀드에서 세트되거나 리셋됩니다.

파라미터 G_T:

게이트 타임 G_T는 이미 사용된 다른 함수의 실제값으로 제공될 수 있습니다. 다음 함수의 실제값을 사용할 수 있습니다.

- 아날로그 비교기(실제값 Ax - Ay)
- 아날로그 증폭기(실제값 Ax)
- 아날로그 램프(실제값 AQ)
- PI 제어기(실제값 AQ)
- 아날로그 트레스홀드 트리거(실제값 Ax)
- 아날로그 멀티플렉서(실제값 AQ)
- 아날로그 연산(실제값 AQ)
- 업/다운 카운터(실제값 Cnt)

필요한 함수를 블록 번호로 선택합니다.

타이밍 다이어그램

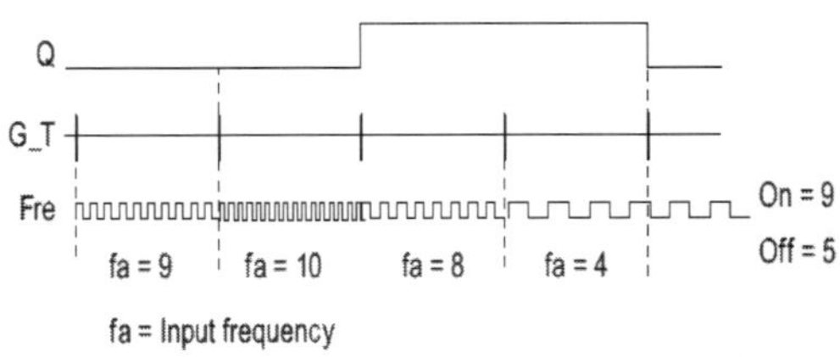

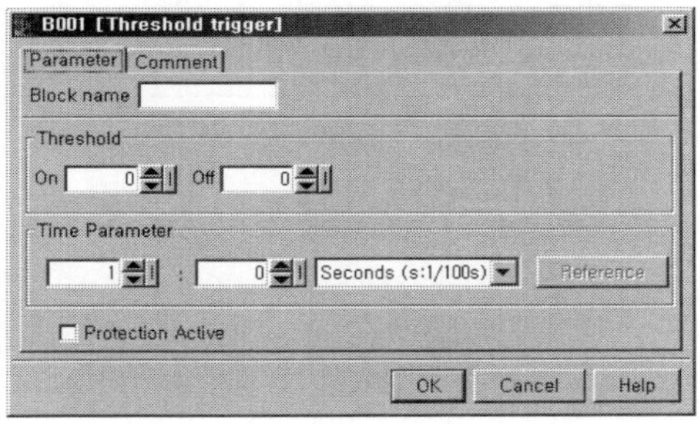

기능 설명:

트레스홀드 트리거는 입력 Fre의 신호를 측정합니다. 구성 가능한 시간 G_T 동안의 펄스들이 기록됩니다. Q는 세트 트레스홀드에 따라 세트되거나 리셋됩니다. 계산 규칙은 다음과 같습니다.

계산 규칙:

- 온 트레스홀드 ≥ 오프 트레스홀드이면:

  Q = 1, fa 〉 On일 때

$Q = 0$, $fa \le Off$일 때

- 온 트레스홀드 〈 오프 트레스홀드이면 $Q = 1$

  $On \le fa$ 〈 Off일 때

5.8 아날로그(Analog)

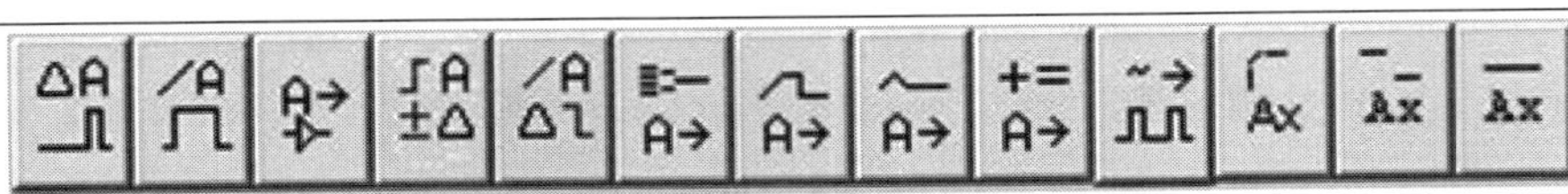

심벌	명칭	심벌	명칭
	Analog comparator (아날로그 비교기)		Analog multiplexer (아날로그 멀티플렉서)
	Analog threshold trigger (아날로그 임계 트리거)		Analog Ramp 아날로그 램프
	Analog amplifier (아날로그 증폭기)		PI controller 비례/ 적분 제어)
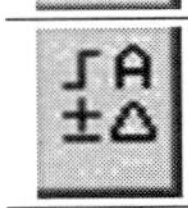	Analog watchdog (아날로그 감시)	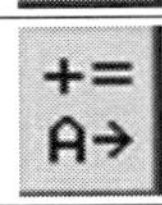	Mathematic instruction (아날로그 연산-수학 명령어)
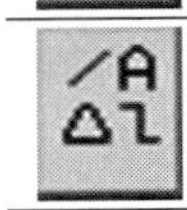	Analog differential trigger (아날로그 차분 트리거)	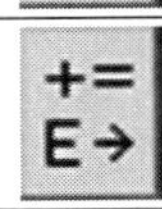	Mathematic instruction error detection (아날로그 연산 에러 검출)
	Pulse Width Modulator(PWM) (펄스 폭 변조)		
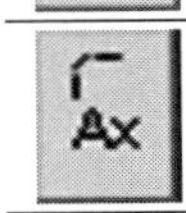	Analog filter (아날로그 필터)		
	Max/Min (상한/하한)		
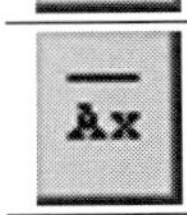	Average value (평균 값)		

1) **아날로그 트레스홀드 트리거**(Analog threshold trigger)

출력이 구성 가능한 두 개의 트레스홀드(임계값) 트리거에 의해 세트 되거나 리셋됩니다.

LOGO!에서의 심벌	배선	설명
	입력 Ax	입력 Ax에 아날로그 신호를 연결합니다. 아날로그 입력 AI1…AI8 (*), 아날로그 플래그 AM1…AM6, 아날로그 출력 처리 함수 블록번호, 아날로그 출력 AQ1과 AQ2를 사용하십시오.
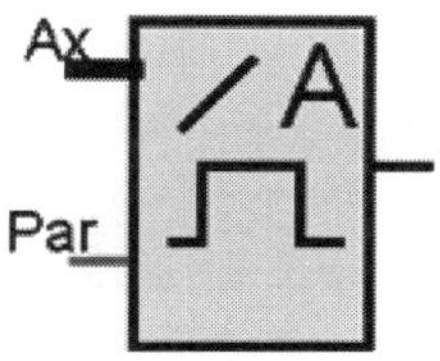	파라미터	A: Gain(이득) 값의 범위: ±10.00 B: 제로 오프셋 값의 범위: ±10,000 온: 온 트레스홀드 값의 범위: ±20,000 오프: 오프 트레스홀드 값의 범위: ±20,000 p: 소수점 이하 자릿수 값의 범위: 0, 1, 2, 3
	출력 Q	Q는 트레스홀드와 차분 값에 따라 세트 되고 리셋됩니다.

* AI1…AI8: 0 - 10 V 는 0 - 1000(내부 값)에 해당합니다.

이득과 오프셋 파라미터: 이득과 오프셋에 대한 자세한 내용은 "아날로그 값의 이득과 오프셋 계산" 단원을 참조하십시오.

파라미터 On과 Off:

온과 오프 파라미터는 이미 사용된 다른 함수의 실제값으로 제공될 수 있습니다. 다음 함수의 실제값을 사용할 수 있습니다.

- 아날로그 비교기(실제값 Ax - Ay)
- 아날로그 트레스홀드 트리거(실제값 Ax)
- 아날로그 증폭기(실제값 Ax)
- 아날로그 멀티플렉서(실제값 AQ)

- 아날로그 램프(실제값 AQ)
- 아날로그 연산(실제값 AQ)
- PI 제어기(실제값 AQ)
- 업/다운 카운터(실제값 Cnt)

필요한 함수를 블록 번호로 선택합니다.

파라미터 P (소수점 이하 자릿수)

메시지 텍스트에 디스플레이될 On, Off, Ax 값에는 적용되지 않습니다.

온 오프 값의 비교에는 적용되지 않습니다(비교 함수에서는 소수점을 무시합니다).

타이밍 다이어그램

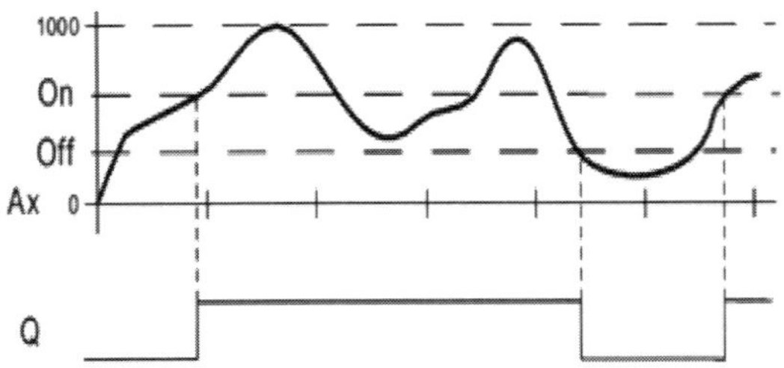

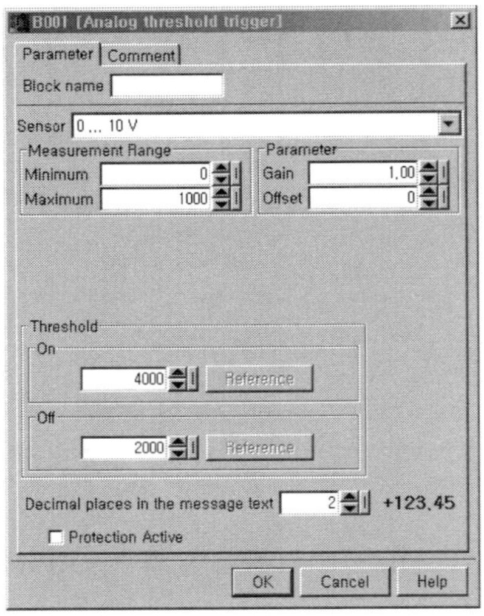

기능 설명:

이 함수는 입력 Ax에서 아날로그 신호를 가져옵니다.

Ax는 A(이득) 파라미터의 값으로 곱해지고 그 결과에 파라미터 B(오프셋)의 값이 더해집니다. 즉 (Ax * 이득) + 오프셋 = Ax의 실제값 Q는 세트 트레스홀드 설정에 따라 세트되거나 리셋됩니다. 계산 규칙은 다음과 같습니다.

계산규칙 :

- 온 트레스홀드 ≥ 오프 트레스홀드이면:

Q = 1, 실제값 Ax 〉 On일 때

Q = 0, 실제값 Ax ≤ Off일 때

- 온 트레스홀드 〈 오프 트레스홀드이면 Q = 1

  On ≤ 실제값 Ax 〈 Off일 때

2) 아날로그 차분 트리거(Analog differential trigger)

구성 가능한 트레스홀드와 차분 값에 따라 출력이 세트 되고 리셋됩니다.

LOGO!에서의 심벌	배선	설명
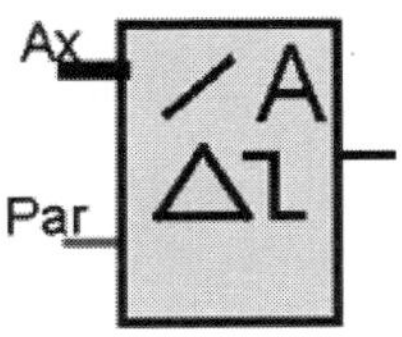	입력 Ax	입력 Ax에 아날로그 신호를 연결합니다. 아날로그 입력 AI1...AI8 (*), 아날로그 플래그 AM1...AM6, 아날로그 출력 처리 함수 블록번호, 아날로그 출력 AQ1과 AQ2를 사용하십시오.
	파라미터	A: 이득 값의 범위: ±10.00 B: 제로 오프셋 값의 범위: ±10,000 온: 온 트레스홀드 값의 범위: ±20,000 오프: 오프 트레스홀드 값의 범위: ±20,000 p: 소수점 이하 자릿수 값의 범위: 0, 1, 2, 3
	출력 Q	Q는 트레스홀드와 차분 값에 따라 세트 되고 리셋됩니다.

* AI1...AI8: 0 - 10 V는 0 - 1000(내부값)에 해당합니다.

이득과 오프셋 파라미터: 이득과 오프셋에 대한 자세한 내용은 "아날로그 값의 이득과 오프셋 계산" 단원을 참조하십시오.

Par 파라미터 설정: 이득과 오프셋 파라미터는 센서를 관련 어플리케이션에 맞추기 위해 사용됩니다.

파라미터 P(소수점 이하 자릿수): 메시지 텍스트에 디스플레이될 On, Off, Ax 값에는 적용되지 않습니다.

타이밍 다이어그램 A:

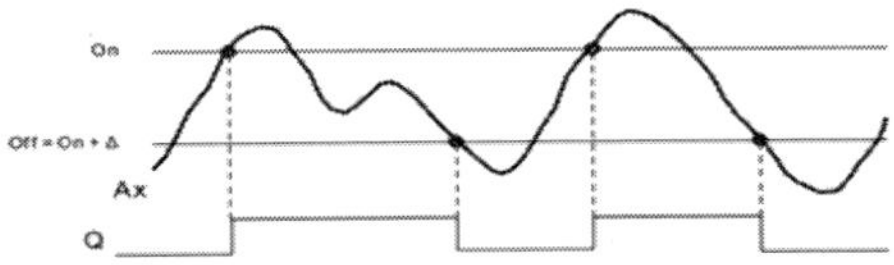

타이밍 다이어그램 B:

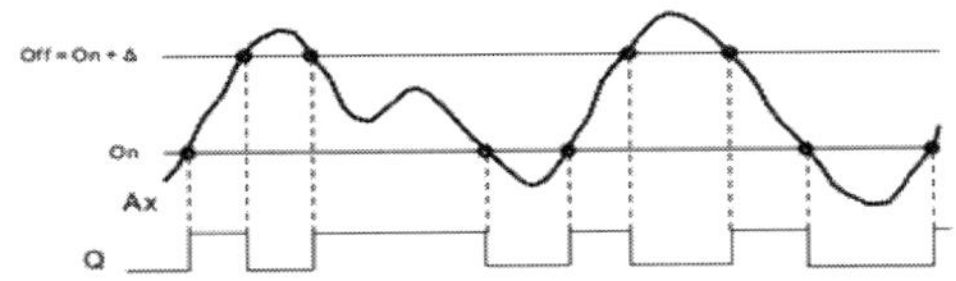

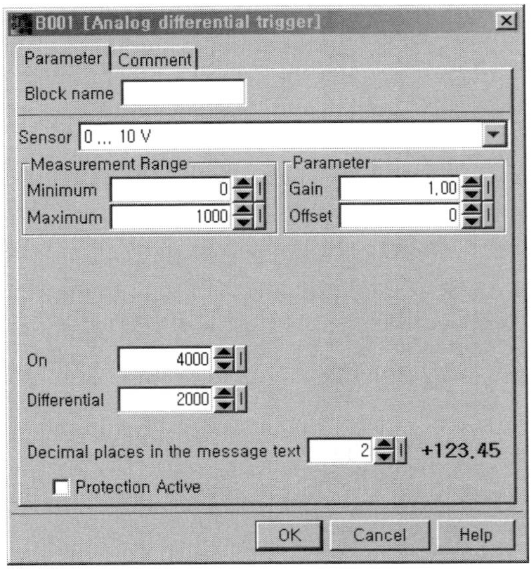

기능 설명:

이 함수는 입력 Ax에서 아날로그 신호를 가져옵니다.

Ax는 A(이득) 파라미터의 값으로 곱해지고 그 결과에 파라미터 B(오프셋)의 값이 더해집니다. 즉 (Ax * 이득) + 오프셋 = Ax의 실제값 Q는 트레스홀드 세트와 차분 값(Δ)에 따라 세트 되고 리셋됩니다. 이 함수는 자동적으로 오프 파라미터를 계산합니다. 오프 = 온 + Delta, 여기서 Δ 포지티브나 네거티브가 될 수 있습니다. 계산 규칙은 다음과 같습니다.

계산 규칙

- 온 트레스홀드 ≥ 오프 트레스홀드이면:

  Q = 1, 실제값 Ax 〉 On일 때

  Q = 0, 실제값 Ax ≤ Off일 때

타이밍 다이어그램 A를 참조하십시오.

- 온 트레스홀드 〈 오프 트레스홀드이면 Q = 1

  On ≤ 실제값 Ax 〈 Off일 때

타이밍 다이어그램 A를 참조하십시오.

3) 아날로그 비교기(Analog comparator)

출력은 Ax - Ay 차이와 두 개의 구성 가능한 트레스홀드에 따라 세트 되거나 리셋됩니다.

LOGO!에서의 심벌	배선	설명
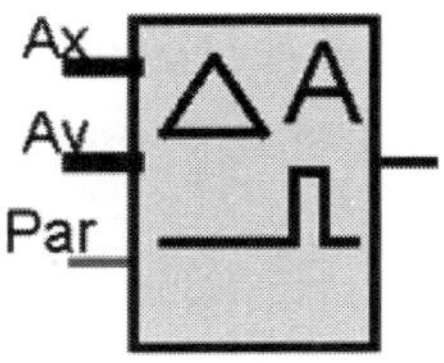	입력 Ax와Ay	차이를 분석하기 원하는 아날로그 신호를 입력 Ax와 Ay에 입력하십시오. 아날로그 입력 AI1...AI8 (*), 아날로그 플래그 AM1...AM6, 아날로그 출력 처리 함수 블록번호, 아날로그 출력 AQ1과 AQ2를 사용하십시오.
	파라미터	A: 이득(Gain) 값의 범위: ±10.00 B: 제로 오프셋 값의 범위: ±10,000 온: 온 트레스홀드 값의 범위: ±20,000 오프: 오프 트레스홀드 값의 범위: ±20,000 p: 소수점 이하 자릿수 값의 범위: 0, 1, 2, 3
	출력 Q	Q는 Ax - Ay 차이와 세트 트레스홀드에 따라 세트되고 리셋됩니다.

* AI1...AI8: 0 - 10 V는 0 - 1000(내부 값)에 해당합니다.

이득과 오프셋 파라미터:

이득과 오프셋에 대한 자세한 내용은 "아날로그 값의 이득과 오프셋 계산" 단원을 참조하십시오.

파라미터 On과 Off:

온 트레스홀드 On과 오프 트레스홀드 Off는 값은 이미 사용된 다른 함수의 실제값으로 제공될 수 있습니다. 다음 함수의 실제값을 사용할 수 있습니다.

- 아날로그 비교기(실제값 Ax - Ay)
- 아날로그 트레스홀드 트리거(실제값 Ax)
- 아날로그 증폭기(실제값 Ax)
- 아날로그 멀티플렉서(실제값 AQ)
- 아날로그 램프(실제값 AQ)
- 아날로그 연산(실제값 AQ)
- PI 제어기(실제값 AQ)
- 업/다운 카운터(실제값 Cnt)

필요한 함수를 블록 번호로 선택합니다.

파라미터 P (소수점 이하 자릿수):

메시지 텍스트에 디스플레이될 On, Off, Ax, Δ 값에는 적용되지 않습니다.

온 오프 값의 비교에는 적용되지 않습니다(비교 함수에서는 소수점을 무시합니다).

타이밍 다이어그램

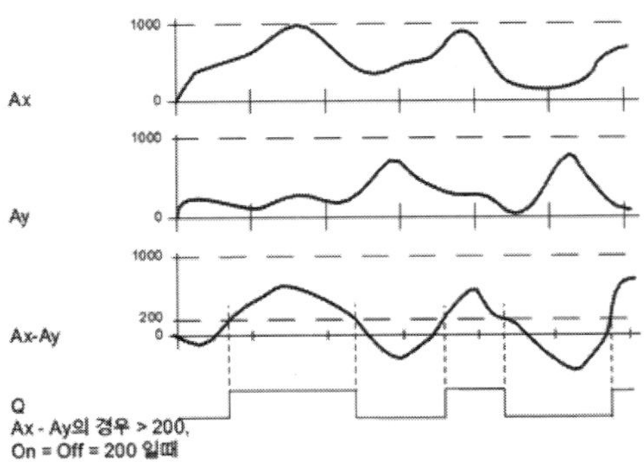

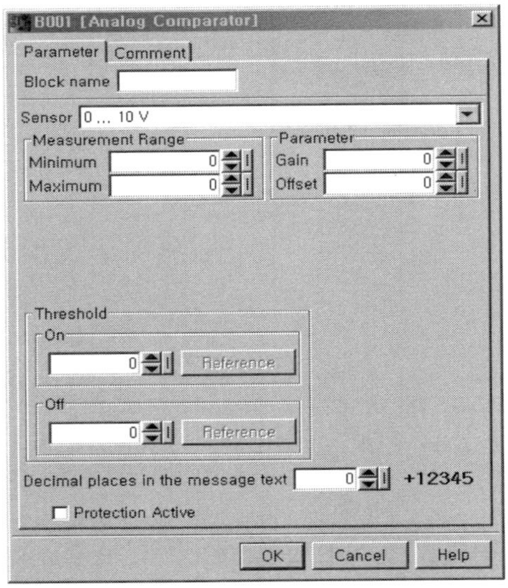

기능 설명:

이 함수는 입력 Ax와 Ay에서 아날로그 신호 값을 읽습니다.

Ax와 Ay는 각각 파라미터 A(이득)에 의해 곱해지며 그 결과가 파라미터 B(오프셋)의 값이 더해집니다. 즉 (Ax •이득) + 오프셋 = 실제값 Ax 혹은 (Ay •이득) + 오프셋 = 실제값 Ay 함수에서 Ax -Ay 실제값 사이의 차이("Δ")를 구합니다.

Q는 실제값 Ax - Ay 차이와 세트 트레스홀드에 따라 세트 되고 리셋됩니다. 계산 규칙은 다음과 같습니다.

계산 규칙:

- 트레스홀드 온 〉= 트레스홀드 오프이면:
  Q = 1,
  (실제값 Ax - 실제값 Ay) 〉 On일 때
  Q = 0,
  (실제값 Ax - 실제값 Ay) ≤ Off일 때
- 온 트레스홀드 〈 오프 트레스홀드이면 Q = 1
  On ≤ (실제값 Ax - 실제값 Ay) 〈 Off일 때

Par 파라미터 설정:

이득과 오프셋 파라미터는 센서를 관련 어플리케이션에 맞추기 위해 사용됩니다.

프로그래밍 모드에서의 보기:

예) 히팅 제어 시스템에서 Tv 인가와 회수 라인 온도 Tr가 AI2에서의 센서로 비교가 될 것입니다. 인가 온도와 회수 라인 온고가 15℃를 넘으면 제어 신호가 트리거 될 것입니다(예를 들어 "히터 온 heater On"). 제어 신호는 온도차가 5℃보다 작을 때 리셋됩니다.

온도의 프로세스 값이 파리미터 할당 모드에 나타납니다.

사용 가능한 써머커플은 다음과 같은 기술 데이터를 가지고 있습니다. -30에서 +70℃, 0에서 10V DC

어플리케이션	내부 매핑
-30에서 +70℃ = 0에서 10V DC	0에서 1000
0℃	300 → 오프셋 = -30
값의 범위: -30에서 +70℃ = 100	1000 → 이득 = 100/1000 = 0.1
온 트레스홀드 = 15℃	트레스홀드 = 15
오프 트레스홀드 = 5℃	트레스홀드 = 5

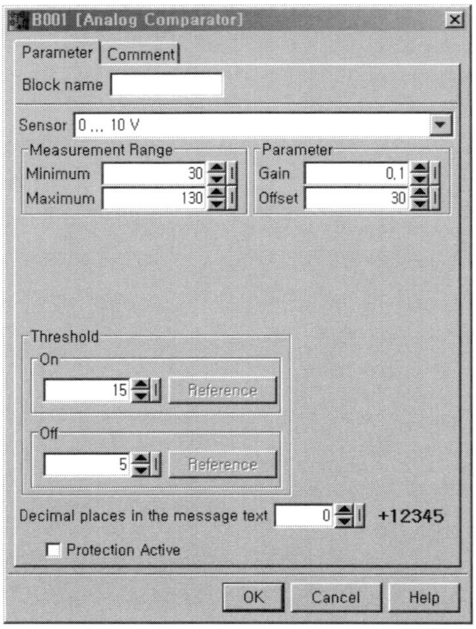

센서 타입(Sensor): 0~10V

측정 범위(Measurement Range)
최고(Minihum): −30
최고(Maximum): 70

매개변수(Parameter)
이득(Gain)　　　: 0.10
오프 셋(Offset): −30

임계값(Threshold)
On: 15
Off: 5
메시지 텍스트에서의 소수점: +1234.5

보호 모드:

아날로그 비교기의 입력 민감도 줄이기:

"온 딜레이"와 "오프 딜레이" 특수 함수를 통해서 아날로그 비교기의 출력을 선택적으로 지연시킬 수 있습니다. 입력 trg(= 아날로그 비교기의 출력)에서 신호의 펄스 폭이 온 딜레이 타임보다 길 때만 출력 Q가 세트 되도록 설정할 수 있습니다.

이 방법을 통해 가상 히스테리시스를 설정하여 짧은 시간의 신호에 대한 입력 응답을 민감도를 줄일 수 있습니다.

함수 블록 다이어그램

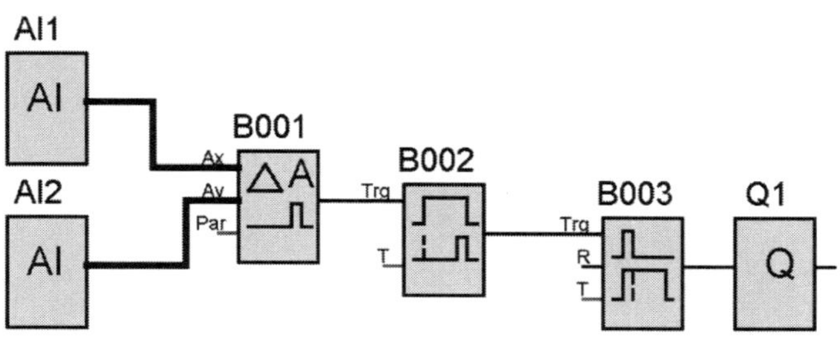

4) 아날로그 감시(Analog watchdog)

이 특수한 함수는 아날로그 입력의 프로세스 값을 메모리에 저장한 후 출력값이 이 값에 구성된 오프셋을 더한 값을 초과하거나 그 아래로 떨어질 때 출력을 세트 시키는 것입니다.

LOGO!에서의 심벌	배선	설명
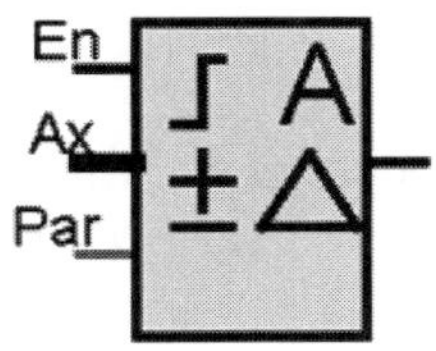	입력 En	En에 포지티브 에지(0에서 1로의 변환) 신호가 입력되면 Ax("Aen")의 아날로그 값을 메모리로 저장하고 아날로그 범위 Aen - ⊿2에서 Aen+ ⊿1의 모니터링을 시작합니다.
	입력 Ax	모니터링할 아날로그 신호를 입력 Ax에 연결합니다. 아날로그 입력 AI1...AI8 (*), 아날로그 플래그 AM1...AM6, 아날로그 출력 처리 함수 블록번호, 아날로그 출력 AQ1과 AQ2를 사용하십시오.
	파라미터	A: 이득: 값의 범위: ±10.00 B: 제로 오프셋: 값의 범위: ±10,000 ⊿1: Aen 위에 있는 차분 값: 온/오프 트레스홀드 온/오프 트레스홀드 값의 범위: 0-20,000 0-20,000 ⊿2: Aen 위에 있는 차분 값: 온/오프 트레스홀드 온/오프 트레스홀드 값의 범위: 0-20,000 p: 소수점 이하 자릿수 값의 범위: 0, 1, 2, 3 메모리 유지: / = 메모리 유지 안 됨 R = 상태가 메모리에 유지됩니다.
	출력 Q	Q는 저장된 아날로그 값과 오프셋에 따라 세트/리셋 됩니다.

* AI1...AI8: 0 - 10V는 0 - 1000(내부 값)에 해당합니다.

이득과 오프셋 파라미터:

이득과 오프셋에 대한 자세한 내용은 "아날로그 값의 이득과 오프셋 계산" 단원을 참조하십시오.

파라미터 델타 1과 델타 2

델타 1과 델타 2 파라미터는 이미 사용된 다른 함수의 실제값으로 제공될 수 있습니다. 다음 함수의 실제값을 사용할 수 있습니다.

- 아날로그 비교기(실제값 Ax - Ay)
- 아날로그 트레스홀드 트리거(실제값 Ax)
- 아날로그 증폭기(실제값 Ax)
- 아날로그 멀티플렉서(실제값 AQ)
- 아날로그 램프(실제값 AQ)
- 아날로그 연산(실제값 AQ)
- PI 제어기(실제값 AQ)
- 업/다운 카운터(실제값 Cnt)

필요한 함수를 블록 번호로 선택합니다.

파라미터 P (소수점 이하 자릿수):

메시지 텍스트에 디스플레이되는 Aen, Ax, Δ1과 Δ2 값에만 적용됩니다.

함수블록 다이어그램

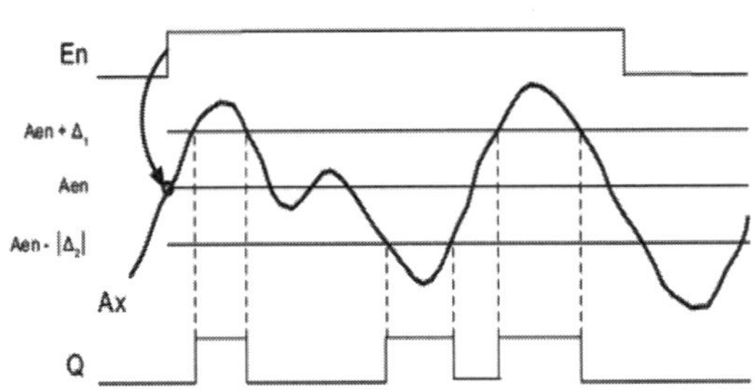

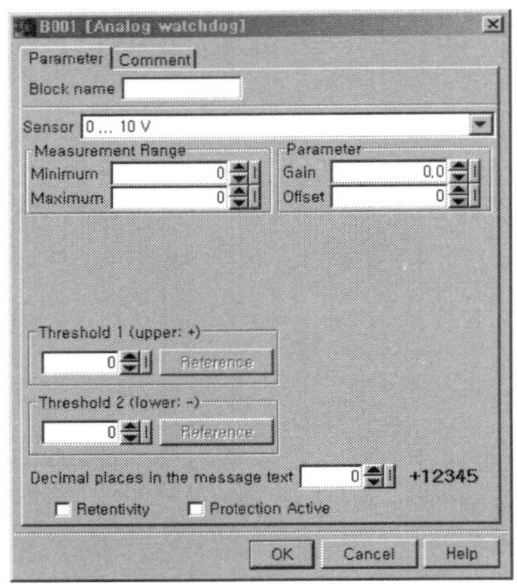

기능 설명:

입력 En이 0에서 1로 변환되면 아날로그 입력 Ax의 신호값이 저장됩니다. 이렇게 저장된 프로세스 값을 "Aen"이라고 부릅니다. 아날로그 실제값 Ax와 Aen는 파라미터 A(이득)의 값에 의해 곱해지고 그 결괏값에 파라미터 B(오프셋)를 더합니다.

(Ax •이득) + 오프셋 = 실제값 Aen, 입력 En이 0에서 1로 변환될 때 혹은 (Ax •이득) + 오프셋 = 실제값 Ax 일 때 입력 En = 1이고 입력 Ax의 실제값 Aen - Δ2에서 Aen + Δ1 범위를 벗어나면 출력 Q는 세트 됩니다.

입력 Ax의 실제값 Aen - Δ2에서 Aen+ Δ1 범위에 놓이거나 입력 En의 신호가 lo로 변환되면 출력 Q는 리셋됩니다.

5) 아날로그 증폭기(Analog amplifier)

이 특수 함수는 아날로그 입력을 증폭시켜 아날로그 출력으로 내보냅니다.

LOGO!에서의 심벌	배선	설명
	입력 Ax	입력 Ax에 증폭된 아날로그 신호를 연결합니다. 아날로그 입력 AI1...AI8 (*), 아날로그 플래그 AM1...AM6, 아날로그 출력 처리 함수 블록번호, 아날로그 출력 AQ1과 AQ2를 사용하십시오.
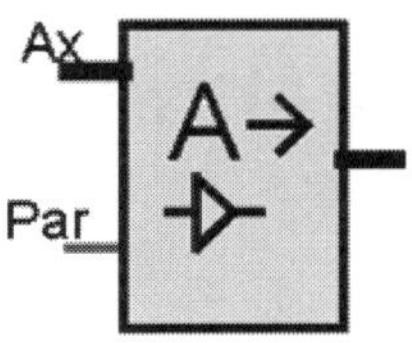	파라미터	A: 이득 값의 범위: ±10.00 B: 제로 오프셋 값의 범위: ±10,000 p: 소수점 이하 자릿수 값의 범위: 0, 1, 2, 3
	출력 AQ	이 특수 함수는 아날로그 출력을 가지고 있습니다! 이 출력은 함수의 아날로그 입력, 아날로그 플래그 또는 아날로그 출력 커넥터(AQ1, AQ2)에만 연결될 수 있습니다. AQ 값의 범위: -32767...+32767

* AI1...AI8: 0 - 10V는 0 - 1000(내부 값)에 해당합니다.

Gain과 오프셋 파라미터:

이득과 오프셋 파라미터에 대한 자세한 내용은 "아날로그 값의 이득과 오프셋" 계산 단원을 참조하십시오.

파라미터 P(소수점 이하 자릿수)

메시지 텍스트에서의 AQ 값에만 적용됩니다.

기능 설명:

이 함수는 입력 Ax의 아날로그 신호를 가져옵니다.

이 값은 이득 파라미터 A(이득)에 의해 곱해지며 그 결괏값에 파라미터 B(오프셋)가 더해집니다. (Ax * 이득) + 오프셋 = 실제값 Ax. Ax의 실제값이 AQ 출력입니다.

아날로그 출력:

이 특수 함수를 실제 아날로그 출력에 연결하는 경우 아날로그 출력은 0에서 1000까지의 값만을 처리합니다. 이 경우 특수 함수의 아날로그 출력과 실제 아날로그 출력 사이에 별도의 증폭기를 연결해야 합니다. 이 증폭기로 특수 함수의 출력 범위를 0에서 1000으로 표준화시킬 수 있습니다.

아날로그 입력값 스케일링:

아날로그 증폭기와 아날로그 플래그에 아날로그 입력을 연결함으로 포텐셔미터의 아날로그 입력값에 영향을 줄 수 있습니다.

- 추가 사용을 위해 아날로그 증폭기에서 아날로그 값을 스케일 합니다.
- 예를 들어 타임 함수(온/오프 딜레이 파라미터 T의 타임 베이스나 혹은 업/다운 온/오프 리미트 값을 스케일된 아날로그 값에 연결합니다.

파라미터 변수 지정 모드 (예)에서 보기 :

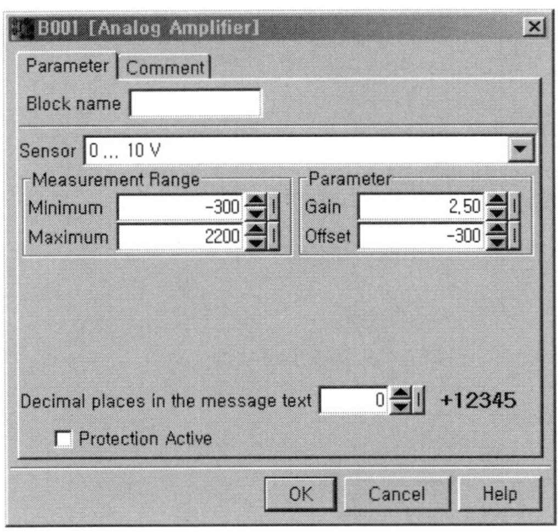

6) 아날로그 멀티플렉서(Analog multiplexer)

이 특수 함수는 0이나 사전에 저장된 4개 아날로그 값 중 하나를 아날로그 출력에 출력합니다.

LOGO!에서의 심벌	배선	설명
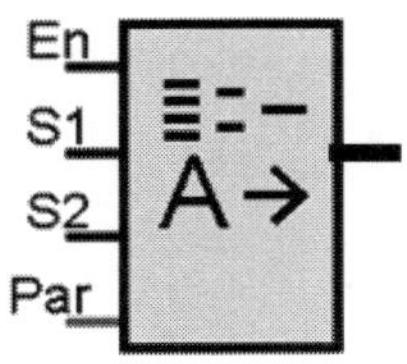	입력 En	입력 En(Enable)이 0에서 1로 변환되면 S1과 S2의 값에 따라 파라미터링된 아날로그 값이 AQ로 출력됩니다.
	입력 S1 과 S2	출력될 아날로그 값을 위한 S1과 S2(셀렉터) · S1 = 0 과 S2 = 0: 1 값이 출력됩니다. · S1 = 0 과 S2 = 1: 2 값이 출력됩니다. · S1 = 1 과 S2 = 0: 3 값이 출력됩니다. · S1 = 1 과 S2 = 1: 4 값이 출력됩니다.
	파라미터	V1...V4: 출력될 아날로그 값: 값의 범위: -32768...+32767 p: 소수점 이하 자릿수 값의 범위: 0, 1, 2, 3
	출력 AQ	이 특수 함수는 아날로그 출력을 가지고 있습니다. 아날로그 출력은 함수의 아날로그 입력, 아날로그 플래그 AM, 아날로그 출력 커넥터(AQ1, AQ2)에만 연결될 수 있습니다. AQ 값의 범위: -32768 ~ +32767

파라미터 V1…V4:

V1…V4의 아날로그 값은 이미 사용된 다른 함수에 의해 제공될 수 있습니다. 다음 함수의 실제값을 사용할 수 있습니다.

- 아날로그 비교기(실제값 Ax - Ay)
- 아날로그 트레스홀드 트리거(실제값 Ax)
- 아날로그 증폭기(실제값 Ax)
- 아날로그 멀티플렉서(실제값 AQ)
- 아날로그 램프(실제값 AQ)

- 아날로그 연산(실제값 AQ)
- PI 제어기(실제값 AQ)
- 업/다운 카운터(실제값 Cnt)

필요한 함수를 블록번호로 선택합니다. 파라미터 디폴트에 대한 내용은 온 딜레이 단원을 참조하십시오.

파라미터 P(소수점 이하 자릿수):

메시지 텍스트에서의 값에만 적용됩니다.

타이밍 다이어그램

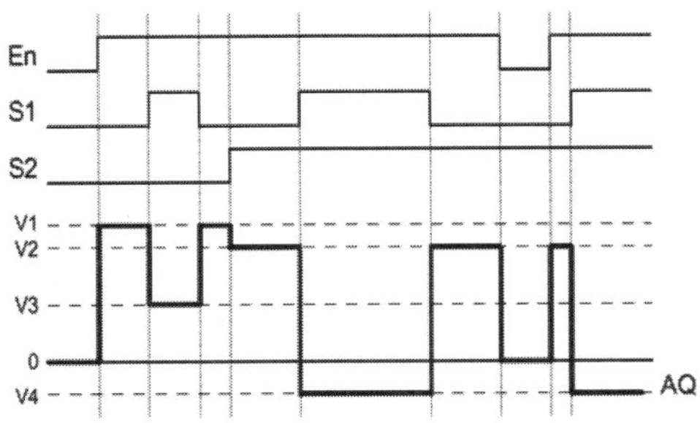

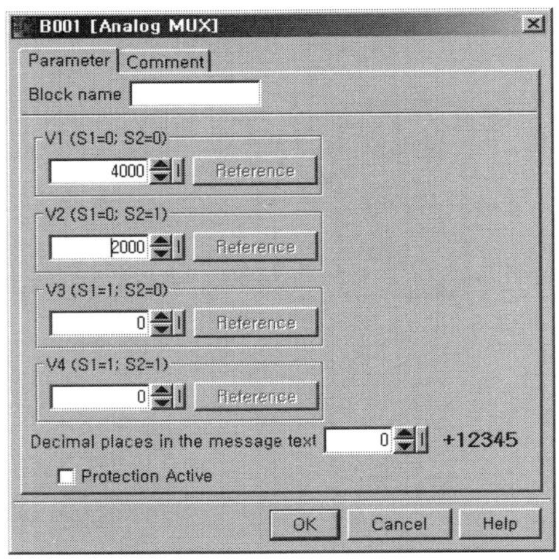

기능 설명:

입력 En이 On 되면 함수는 S1과 S2의 값에 따라 V1에서 V4의 4개 아날로그 값 중 하나를 출력 AQ에 출력합니다.

입력 En이 On 되지 않으면 함수는 출력 AQ에 아날로그 값 0를 출력합니다.

아날로그 출력:

이 특수 함수를 실제 아날로그 출력에 연결하는 경우 아날로그 출력은 0에서 1000까지의 값만을 처리합니다. 이 경우 특수 함수의 아날로그 출력과 실제 아날로그 출력 사이에 별도의 증폭기를 연결해야 합니다. 이 증폭기로 특수 함수의 출력 범위를 0에서 1000으로 표준화시킬 수 있습니다.

7) **아날로그 램프**(Analog lamp)

아날로그 램프함수는 출력을 현재 레벨에서 선택한 레벨로 지정된 속도로 변경시킵니다.

LOGO!에서의 심벌	배선	설명
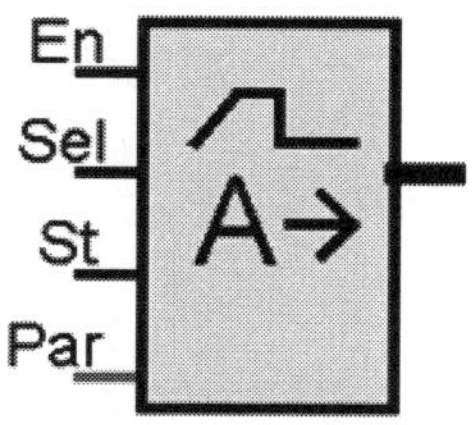	입력 En	입력 En(Enable)의 상태가 0에서 1로 변환되면 start/stop 레벨 (오프셋 "B" + StSp)을 100 ms 동안 출력하고 선택한 레벨로 램프 운전을 시작합니다. 상태가 1에서 0으로 변환되면 즉시 현재 레벨을 오프셋 "B"로 설정하며 이로 인해 출력 AQ가 0가 됩니다.
	입력Sel	SeI = 0: 레벨 1이 선택됩니다. SeI = 1: 레벨 2가 선택됩니다. Sel의 상태가 변환되면 현재의 레벨이 선택된 레벨로 지정된 속도로 변경되게 만듭니다.
	입력 St	입력 St(Decelerated Stop)에서의 상태가 0에서 1로 변환되면 현재의 레벨이 일정한 속도로 start/ stop 레벨(오프셋 "B" + StSp)에 도달할 때까지 감소하게 됩니다. start/stop 레벨은 100 ms 동안 유지되고 그 후 현재 레벨이 오프셋 "B"로 설정되며 이로 인해 출력 AQ가 0가 됩니다.
	파라미터	Level 1과 Level 2: 도달할 레벨 각 레벨의 값의 범위: -10,000에서 +20,000 MaxL: 어떤 경우에도 초과해서는 안 될 최댓값 값의 범위: -10,000에서 +20,000 StSp: Start/Stop 오프셋: 오프셋 "B"에 더해져서 Start/Stop 레벨을 생성하는 값. Start/Stop 오프셋이 0이면 start/stop 레벨은 오프셋 "B"입니다. 값의 범위: 0에서 +20,000 Rate: level 1, level 2 혹은 오프셋에 도달하는 속도 Steps/seconds 로 나타납니다. 값의 범위: 1에서 10,000 A: 이득 값의 범위: 0에서 10.00 B: 오프셋: 값의 범위: ±10,000 p: 소수점 이하 자릿수 값의 범위: 0, 1, 2, 3
	출력 Q	출력 AQ은 아래 공식을 사용하여 스케일 됩니다. AQ 값의 범위: 0 에서 +32767 (현재 Level - 오프셋 "B")/이득 "A “ 값의 범위: 0에서 +32767 노트: AQ 가 파라미터 모드나 메시지 모드에서 디스플레이되면 스케일 되지 않은 값이 보입니다(엔지니어링 단위: 현재 레벨).

파라미터 L1, L2:

L1과 L2의 아날로그 값은 이미 사용된 다른 함수에 의해 제공될 수 있습니다. 다음 함수의 실제값을 사용할 수 있습니다.

- 아날로그 비교기(실제값 Ax - Ay)
- 아날로그 트레스홀드 트리거(실제값 Ax)
- 아날로그 증폭기(실제값 Ax)
- 아날로그 멀티플렉서(실제값 AQ)
- 아날로그 램프(실제값 AQ)
- 아날로그 연산(실제값 AQ)
- PI 제어기(실제값 AQ)
- 업/다운 카운터(실제값 Cnt)

필요한 함수를 블록 번호로 선택합니다. 파라미터 디폴트에 대한 내용은 온 딜레이 단원을 참조하십시오.

파라미터 P(소수점 이하 자릿수):

메시지 텍스트에 삽입될 AQ, L1, L2, MaxL, StSp, Rate 값을 디스플레이할 때에만 적용됩니다.

타이밍 다이어그램

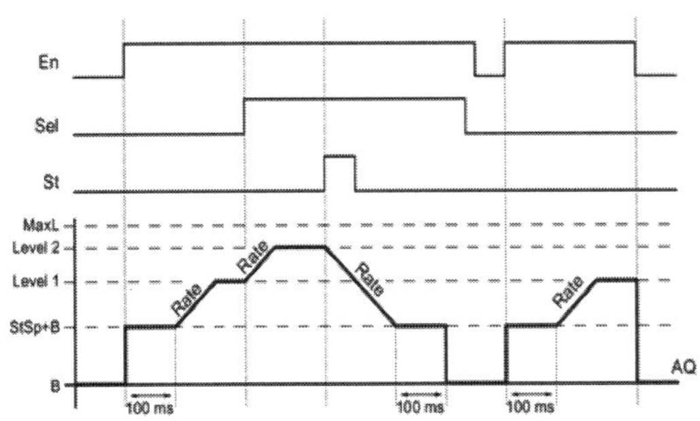

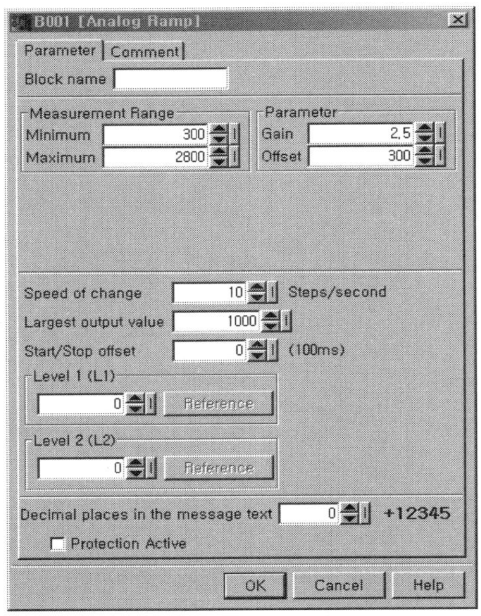

기능 설명:

입력 En이 세트되면 함수는 100ms 동안 StSp + 오프셋 "B"의 값을 세트ㅜ 시킵니다.

그 후 Sel의 선택에 따라 함수는 StSp + 오프셋 "B" 레벨에서 레벨 1이나 레벨 2로 지정된 상승 속도로 상승시킵니다.

입력 St이 세트 되면 함수는 StSp + 오프셋 B 레벨로 Rate에서 설정한 가속 설정값으로 상승시킵니다. 그 후 StSp + 오프셋 "B"에서의 레벨을 100ms 동안 유지시킵니다. 100ms 이후에는 레벨이 오프셋 "B"로 설정됩니다. 스케일된 값(출력 AQ)은 0입니다.

입력 St가 세트 되면 함수는 입력 St와 En이 리셋된 이후에만 다시 동작시킬 수 있습니다.

입력 Sel이 변경되면 Sel의 선택에 따라 함수는 현재의 타겟 레벨에서 지정된 속도로 새로운 타겟 레벨로 이동시킵니다.

입력 En이 리셋되면 함수는 즉시 현재의 레벨을 오프셋 "B"로 세트 시킵니다.

현재의 레벨은 100ms마다 업데이트됩니다. 출력 AQ와 현재 레벨 사이의 관계는 아래와 같습니다. 출력 AQ = (현재 레벨 -오프셋 "B")/이득 "A"

8) PI 제어기(PI controller)

비례 동작과 적분 동작 제어기입니다. 비례 제어와 적분 제어를 각각 사용하거나 조합하여 사용할 수 있습니다.

LOGO!에서의 심벌	배선	설명
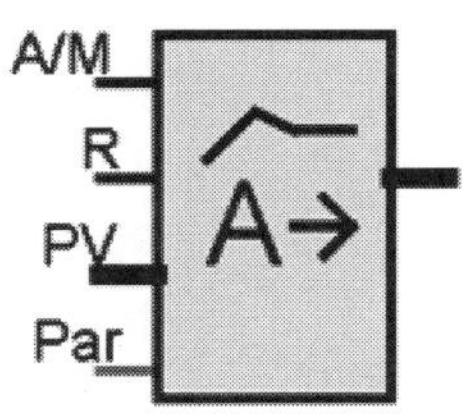	입력 A/M	제어기 모드를 설정합니다. 1: 자동 모드 0: 수동 모드
	입력 R	입력 R에 신호가 들어오면 출력 AQ를 리셋시킵니다. 이 입력이 세트 되어 있는 한 입력 A/M은 디세이블 됩니다. 출력 AQ는 0로 세트 됩니다.
	입력 PV	아날로그 값: 프로세스 변수이며 값 출력에 영향을 줍니다.
파라미터	SP: 설정값 할당값의 범위: -10,000 에서 +20,000 KC: 이득값의 범위: 00.00 에서 99.99 TI: 적분 시간 값의 범위: 00:01 에서 99:59 m Dir: 제어기 동작 방향 값의 범위: + 혹은 - Mq: 매뉴얼 모드에서의 AQ 값 값의 범위: 0에서 1000	

	Min: PV 의 최솟값 값의 범위: -10,000에서 +20,000 Max: PV 의 최솟값 값의 범위: -10,000에서 +20,000 A: 이득값의 범위: ±10.00 B: 오프셋 값의 범위: ±10,000 p: 소수점 이하 자릿수 값의 범위: 0, 1, 2, 3
출력 AQ	이 특수 함수는 아날로그 출력을 가지고 있습니다. (= manipulated variable). 아날로그 출력은 함수의 아날로그 입력, 아날로그 플래그 AM, 아날로그 출력 커넥터(AQ1, AQ2)에만 연결될 수 있습니다. AQ 값의 범위: 0...1000

파라미터 SP와 Mq

설정값 SP와 Mq 값은 이미 사용된 다른 함수에 의해 제공될 수 있습니다. 다음 함수의 실제값을 사용할 수 있습니다.

- 아날로그 비교기(실제값 Ax - Ay)
- 아날로그 트레스홀드 트리거(실제값 Ax)
- 아날로그 증폭기(실제값 Ax)
- 아날로그 멀티플렉서(실제값 AQ)
- 아날로그 램프(실제값 AQ)
- 아날로그 연산(실제값 AQ)
- PI 제어기(실제값 AQ)
- 업/다운 카운터(실제값 Cnt)

파라미터 KC, TI:

아래 사항을 참조하십시오.

- 파라미터 KC가 0이면 "P" 함수(비례 제어)은 실행되지 않습니다.
- 파라미터 TI가 99:59m이면 "I" 함수(적분 제어)은 실행되지 않습니다.

파라미터 P (소수점 이하 자릿수):

메시지 텍스트에 삽입될 PV, SP, Min, Max 값을 디스플레이할 때에만 적용됩니다.

타이밍 다이어그램:

AQ에 영향을 주는 특성, 방법, 속도 등은 KC와 TI 파라미터에 따라 달라집니다. 그러므로 다이어그램에서의 AQ 라인은 단순히 한 예일 뿐입니다. 제어 동작은 연속적이기 때문에 아래 다이어그램은 단지 일부만 표시하고 있습니다.

타이밍 다이어그램

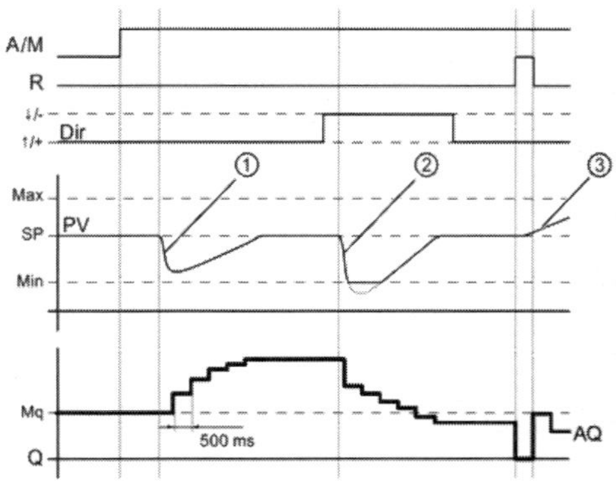

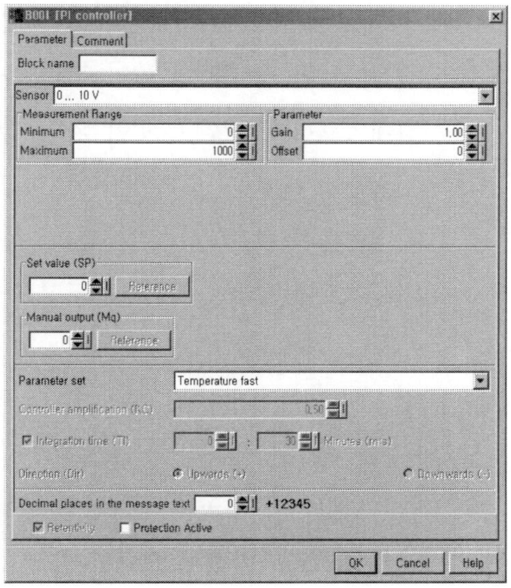

1. Dir이 위쪽으로 향해 있으므로 왜란은 PV를 떨어뜨립니다. PV가 다시 SP와 같아질 때까지 AQ는 증가합니다.
2. Dir이 아래쪽으로 향해 있으므로 왜란은 PV를 떨어뜨립니다. PV가 다시 SP와 같아질 때까지 AQ는 감소합니다.

   방향(dir)은 함수가 동작하는 동안에는 변경될 수 없습니다. 여기서의 Dir 변경은 단지 설명을 위해서 표시되었습니다.
3. 입력 R에 의해 AQ가 0로 설정되므로 PV가 변하게 됩니다. 입력 R에 의해 AQ가 떨어지게 되므로 PV가 변하게 됩니다.

기능 설명:

입력 A/M이 0로 설정되면 특수 함수는 파라미터 Mq로 설정한 값을 출력 AQ로 제공합니다.

입력 A/M이 1로 설정되면 자동 모드가 시작됩니다. 값의 총합으로 Mq가 채택이 되면 제어기 함수는 계산을 시작합니다.

업데이트된 값 PV는 아래 공식에 사용됩니다.

업데이트된 값 PV = (PV •이득) + 오프셋

- 업데이트된 PV 값 = SP이 되면 특수 함수는 AQ의 값을 변경시키지 않습니다.
- Dir = upwards(+) (타이밍 다이어그램 1번과 3번)
  - 업데이트된 PV 값 = SP이 되면 특수 함수는 AQ의 값을 감소시키지 않습니다.
  - 업데이트된 값 PV 〈 SP이 되면 특수 함수는 AQ의 값을 증가시킵니다.
- Dir = downwards(-) (타이밍 다이어그램 2번)
  - 업데이트된 값 PV 〉 SP이 되면 특수 함수는 AQ의 값을 증가시킵니다.
  - 업데이트된 값 PV 〈 SP이 되면 특수 함수는 AQ의 값을 감소시키지 않습니다.

왜란이 있으면 업데이트된 값 PV는 다시 SP에 맞추기 위해 AQ를 증가시키든지 감소됩니다. AQ 변경의 속도는 파라미터 KC와 TI에 의해 달라집니다.

입력 PV가 파라미터 Max를 초과하면 업데이트된 값 PV는 Max 값으로 설정됩니다.

PV가 파라미터 Min 아래로 떨어지면 업데이트된 값 PV는 Min의 값으로 설정됩니다.

입력 R이 1로 설정되면 AQ 출력은 리셋됩니다. R이 리셋되어 있는 한 입력 A/M은 디세이블 됩니다.

샘플링 타임:

샘플링 타임은 500ms로 고정되어 있습니다.

파라미터 세트:

KC, TI, Dir의 어플리케이션 관련 파라미터 세트를 사용하는 어플리케이션 예와 자세한 내용은 LOGO! Soft Comfort의 온라인 도움말을 참조하십시오.

9) 펄스 폭 변조기(Pulse Width Modulator)

펄스 폭 변조기(PWM) 명령어는 아날로그 입력값 Ax를 펄스 형태의 디지털 신호로 모듈레이션(modulates)시킵니다. 펄스 폭은 아날로그 값 Ax에 따라 비례적으로 변환됩니다.

LOGO!에서의 심벌	배선	설명
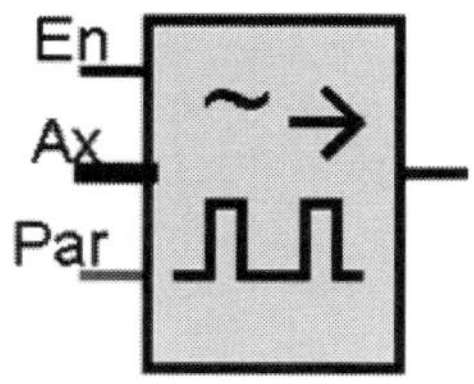	입력 En	입력 Trg의 포지티브 에지(0에서 1로의 변환)에 의해 특수 함수가 시작됩니다.
	입력 Ax	펄스 형태의 디지털 출력 신호로 모듈레이션될 아날로그 신호
	파라미터	A: 이득값의 범위: ± 10.00 B: 제로 오프셋 값의 범위: ± 10,000 T: 디지털 출력이 모듈레이션 되는 주기 시간 p: 소수점 이하 자릿수 값의 범위: 0, 1, 2, 3 Min: 값의 범위: ±20,000 Max: 값의 범위: ±20,000
	출력 Q	Q는 아날로그 값에 대한 표준화된 값 Ax의 비율만큼 매 주기 시간 동안 세트 되거나 리셋됩니다.

파라미터 T:

타임 응답 단원에 있는 파라미터 T의 디폴트를 참조하십시오.

주기 시간 T는 이미 사용된 다른 함수의 실제값으로 제공될 수 있습니다. 다음 함수의 실제값을 사용할 수 있습니다.

- 아날로그 비교기(실제값 Ax - Ay)
- 아날로그 트레스홀드 트리거(실제값 Ax)
- 아날로그 증폭기(실제값 Ax)
- 아날로그 멀티플렉서(실제값 AQ)
- 아날로그 램프(실제값 AQ)
- 아날로그 연산(실제값 AQ)
- PI 제어기(실제값 AQ)
- 업/다운 카운터(실제값 Cnt)

필요한 함수를 블록 번호로 선택합니다. 타임 베이스는 조정이 가능합니다. 사용할 수 있는 타임 베이스 범위와 파라미터 프리셋에 대한 내용은 온 딜레이 단원을 참조하십시오.

파라미터 P(소수점 이하 자릿수):

파라미터 P는 메시지 텍스트에 삽입될 Ax 값의 디스플레이에만 적용됩니다.

기능 설명:

이 함수는 아날로그 입력 Ax의 신호값을 읽습니다.

이 값에 파라미터 A(이득)의 값이 곱해집니다. 그 결괏값에 파라미터 B(오프셋)가 더해집니다. 결과가 다음과 같습니다.

(Ax * 이득) + 오프셋 = 실제값 Ax

함수 블록은 전체 범위에 대한 실제값 Ax 의 비율을 계산합니다. T(주기 시간) 파라미터와 동일한 비율만큼의 시간 동안 디지털 출력 Q를 hi로 설정하고 주기 시간의 나머지에 대해 Q를 lo로 설정합니다.

타이밍 다이어그램이 있는 예

다음의 예는 어떻게 PWM 명령어가 아날로그 입력값에서 디지털 출력 신호로 모듈 레이션되는 지를 보여줍니다.

예 1)

아날로그 입력값: 500(범위 0 ...1000)

주기 시간 T: 4 초

PWM 함수의 디지털 출력은 2초간 high이고 2초간 low입니다. "En" = high 상태가 계속되는 한 2초간 high이고 초간 low 패턴이 지속적으로 이루어집니다.

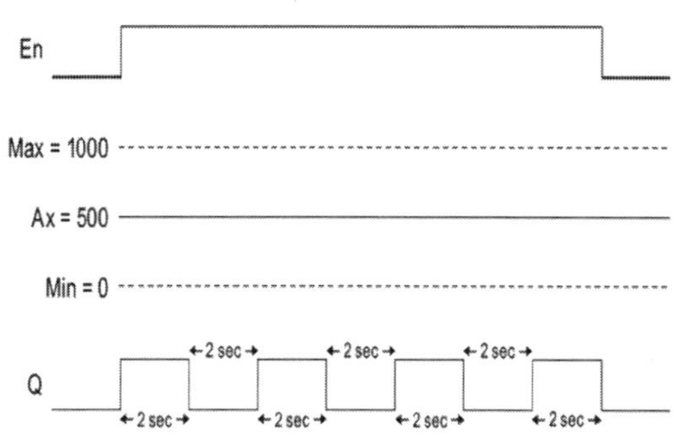

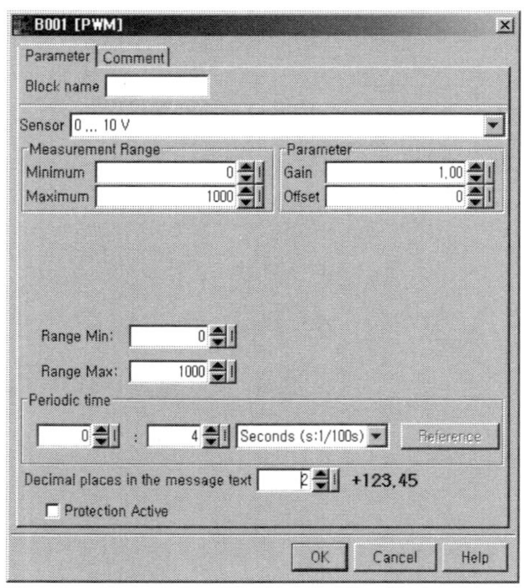

예 2)

아날로그 입력값: 300(범위 0 ...1000)

주기 시간 T: 10초

PWM 함수의 디지털 출력은 3초간 high이고 7초간 low입니다. "En" = high 상태가 계속되는 한 3초간 high이고 7초간 low 패턴이 지속적으로 이루어집니다.

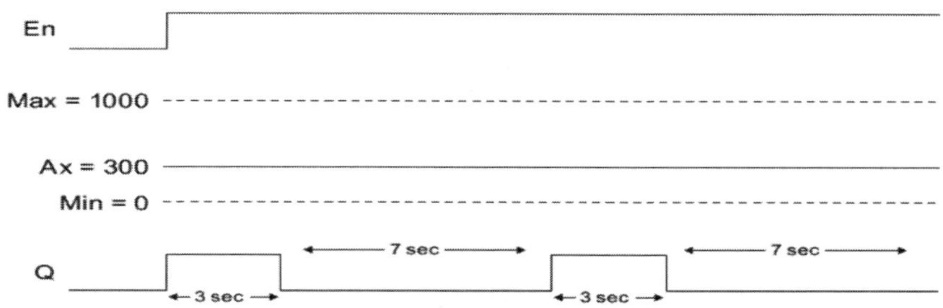

계산 규칙:

Q = 1, 시간 주기 T의 (Ax - Min)/ (Max - Min) 동안, Min 〈 Ax 〈 Max일 때

Q = 0, 시간 주기 T의 PT - [(Ax - Min)/(Max - Min)]

Note: 이 계산에서 Ax는 이득과 오프셋을 사용하여 계산한 실제값 Ax를 의미합니다.

다음 그림은 첫 번째에 해당하는 프로그래밍 모드에서 보기를 보여줍니다,

10) **아날로그 연산**(Mathematic instruction)

아날로그 연산 블록은 사용자가 정의한 연산자와 피연산자로 구성된 방정식의 AQ 값을 계산합니다.

LOGO!에서의 심벌	배선	설명
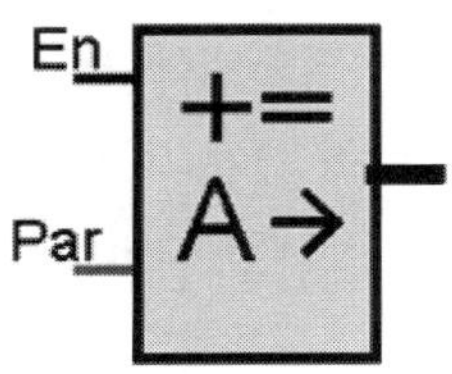	입력 En	입력 En(Enable)에서 상태가 0에서 1로 변경되면 아날로그 연산 함수 블록이 이네이블 됩니다.
	파라미터	V1: 첫 번째 피연산자 값 V2: 두 번째 피연산자 값 V3: 세 번째 피연산자 값

		V4: 네 번째 피연산자 값 Op1: 첫 번째 연산자 Op2: 두 번째 연산자 Op3: 세 번째 연산자 Pr1: 첫 번째 연산의 우선권 Pr2: 두 번째 연산의 우선권 Pr3: 세 번째 연산의 우선권 Qen→0: 0: En=0일 때 AQ의 리셋 값이 0가 됩니다. 1: En=0일 때 AQ의 최종 값을 유지합니다. p: 소수점 이하 자릿수 값의 범위: 0, 1, 2, 3
	출력 AQ	출력 AQ는 피연산자 값과 연산자로 이루어진 방정식의 결과입니다. AQ는 0로 나누어지거나 오버프로우가 생기면 32767로 설정되고 네거티브 오버프로우(언더플로우)가 발생하면 -32768로 설정됩니다.

파라미터 V1...V4 :

V1...V4 의 아날로그 값은 이미 사용된 다른 함수에 의해 제공될 수 있습니다. 다음 함수의 실제값을 사용할 수 있습니다.

- 아날로그 비교기(실제값 Ax - Ay)
- 아날로그 트레스홀드 트리거(실제값 Ax)
- 아날로그 증폭기(실제값 Ax)
- 아날로그 멀티플렉서(실제값 AQ)
- 아날로그 램프(실제값 AQ)
- 아날로그 연산(실제값 AQ)
- PI 제어기(실제값 AQ)
- 업/다운 카운터(실제값 Cnt)

필요한 함수를 블록 번호로 선택합니다.

주) 파라미터 V1, V2, V3, V4에 대한 아날로그 값을 이미 사용된 다른 함수에서 가져오고 그 함수의 실제값이 V1 ... V4 값의 범위를 초고하면 LOGO!는 리밋 값을 디스플레이합니다. 값이 하위 범위보다 작으면 -32768을 디스플레이하고 값이 상위 범위보다 크면 32767을 디스플레이합니다.

파라미터 P(소수점 이하 자릿수):

파라미터 P는 메시지 텍스트에 삽입될 V1, V2, V3, V4, AQ를 디스플레이할 때에만 적용됩니다.

기능 설명:

이 아날로그 연산 함수는 4개의 피 연산자와 4개의 연산자가 합해져 하나의 방정식을 이룹니다. 연산자는 다음 4개의 표준 연산자를 사용할 수 있습니다: +, -, *, /. 각 연산자들에게는 High(H), Medium(M), 혹은 Low(L) 우선권이 설정되어야 합니다. 높은 우선권의 연산은 가장 먼저 연산이 되고 다음에 중간 우선권, 낮은 우선권의 연산이 이루어집니다. 각 우선권마다 정확히 하나의 연산이 수행되어야 합니다. 연산자는 이미 정의된 함수의 값을 사용할 수 있습니다. 아날로그 연산 함수는 결괏값을 가장 가까운 정숫값으로 반올림시킵니다.

피연산자의 개수는 4개로 고정되고 연산자의 개수는 3개로 정해져 있습니다. 연산자를 더 적게 사용하기 원하면 " + 0" 혹은 " * 1"들을 사용하여 파라미터의 나머지를 채우십시오.

Enable 파라미터 "En"=0일 때의 함수의 동작을 구성할 수도 있습니다. 이 경우 함수 블록은 최종 값을 유지하거나 0으로 설정할 수 있습니다. Qen → 0 = 0이면 함수는 En=0일 때 AQ를 0로 세트 시키고 Qen → 0 = 1일 때 함수는 En=0일 때 그 최종값이 AQ에 남아 있게 됩니다.

발생할 수 있는 에러: 제로로 나누기와 오버플로우

아날로그 연산 함수 블록 실행 중 제로로 나누기나 오버플로우가 나오면 발생한 관련 내부 비트가 세트 됩니다. 사용자는 아날로그 연산 에러 검출 함수 블록을 사용하여 이러한 에러들을 찾아내고 원하는 동작이 나오도록 프로그램할 수 있습니다. 하나의 아날로그 연산 함수 블록에 하나의 아날로그 연산 에러 검출 함수 블록을 사용합니다.

예)

다음 테이블은 간단한 아날로그 연산 블록 파라미터, 방정식, 출력값을 보여줍니다.

V1	Op1(Pr1)	V2	Op2 (Pr2)	V3	Op3 (Pr3)	V4
12	+ (M)	6	/ (H)	3	- (L)	1

Equation: (12 + (6/3)) - 1

결과: 13

V1	Op1(Pr1)	V2	Op2 (Pr2)	V3	Op3 (Pr3)	V4
2	+ (L)	3	*(M)	1	+ (H)	4

Equation: 2 + (3 * (1 + 4))

결과: 17

V1	Op1(Pr1)	V2	Op2 (Pr2)	V3	Op3 (Pr3)	V4
100	- (H)	25	/ (L)	2	+ (M)	1

Equation: (100 - 25)/(2 + 1)

결과: 25

다음 그림은 첫 번째에 해당하는 프로그래밍 모드에서 보기를 보여줍니다.

예 1) (12 + (6/3)) - 1

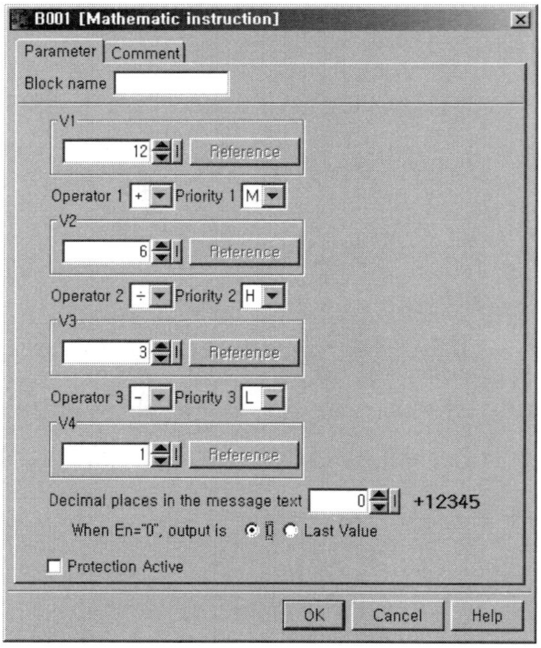

11) **아날로그 연산 에러 검출**(Mathematic instruction error detection)

아날로그 연산 에러 검출 블록은 아날로그 연산 함수 블록에서 에러가 검출될 때 출력을 세트 시킵니다.

LOGO!에서의 심벌	배선	설명
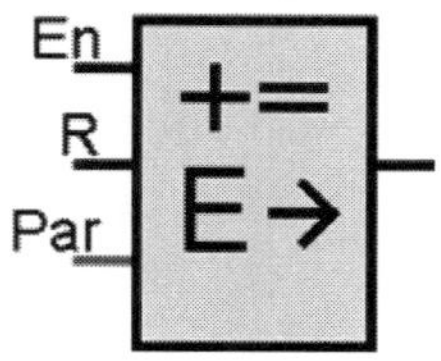	입력 En	입력 En(Enable)에서 상태가 0에서 1로 변경되면 아날로그 연산 에러 검출 함수 블록이 이네이블 됩니다.
	입력 Rl	입력 R에 신호가 들어오면 출력을 리셋시킵니다.
	파라미터	MathBN: 아날로그 연산 명령어의 블록 번호 Err: ZD: 0으로 나누기 OF: 오버플로우 ZD/OF: (0으로 나누기) OR (오버플로우) AutoRst: 아나로그 연산 함수 블록을 다시 실행하기 전에 출력을 리셋시킵니다. Y = yes; N = no
	출력 Q	해당 아날로그 연산 함수 블록의 마지막 연산에서 에러가 검출되지 않으면 Q가 high로 세트 시킵니다.

파라미터 MathBN:

파라미터 MathBN의 값은 이미 사용된 아날로그 연산 함수 블록의 블록 번호입니다.

기능 설명:

아날로그 연산 에러 검출 블록은 해당 아날로그 연산 함수 블록에서 에러가 발생하면 출력을 세트 시킵니다. 제로로 나누기, 오버프로우 에러, 혹은 두 가지 모두 발생할 때 이 함수 블록은 출력을 세트 시킵니다.

AutoRst가 세트 되면 출력은 다음 함수 블록 실행 전에 리셋됩니다. AutoRst가 세트되지 않으면 아날로그 연산 에러 검출 에러가 R 파라미터에 의해 리셋되기 전까지 출력은 그 상태를 유지합니다. 이런 식으로 에러가 삭제되어도 사용자 프로그램은 에러가 발생한 지점에 대한 정보를 계속 가지고 있습니다.

아날로그 연산 함수 블록이 아날로그 연산 에러 검출 함수 블록 전에 실행되면 에러가 동일 스캔 사이클 내에서 검출됩니다. 해당 아날로그 연산 함수 블록이 아날로그 연산 에러 검출 함수 블록 이후에 실행이 되면 에러는 다음 스캔 사이클에서 검출됩니다.

아날로그 연산 에러 검출 로직 테이블:

아래 테이블에서 Err 항목은 어떤 타입의 에러를 검출할 것인가를 선택하는 아날로그 연산 에러 검출 명령어 파라미터입니다. ZD는 제로로 나누기 비트이며 아날로그 연산 명령의 실행 마지막에 세트 됩니다. 에러가 발생하면 1이고 발생하지 않으면 0입니다.

OF는 아날로그 연산 명령어에 의해 세트 되는 오버플로우 비트를 의미합니다. 에러가 발생하면 1이고 발생하지 않으면 0입니다. ZD/OF는 아날로그 연산 함수 블록의 제로로 나누기 비트와 오버프로우 비트의 논리 OR 연산을 의미합니다. Q는 아날로그 연산 검출 함수의 출력을 의미합니다. "x"는 출력과 관계없이 비트가 0이나 1이 될 수 있음을 의미합니다.

Err	ZD	OF	Q
ZD	1	x	1
ZD	0	x	0
OF	x	1	1
OF	x	0	0
ZD/OF	1	0	1
ZD/OF	0	1	1
ZD/OF	1	1	1
ZD/OF	0	0	0

MathBN 파라미터가 Null이면 출력 Q는 항상 0입니다.

Par 파라미터 설정:

파라미터 MathBN, AutoRst, Err는 프로그래밍 모드 혹은 파라미터 할당 모드에서 설정될 수 있습니다.

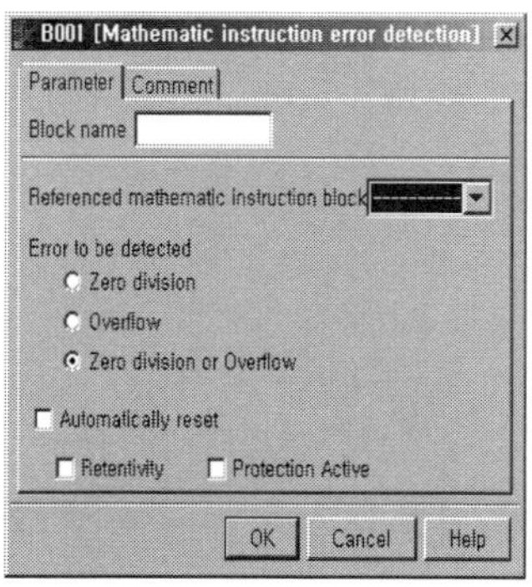

Referenced mathematic instruction blok: 이미 사용된 아날로그 연산 명령어의 블록번호

ZD, OF 혹은 ZD/OF

Auto Reset(Y 혹은 N)

12) **아날로그 필터**(Analog filter)

아날로그 입력 신호를 평활화 아날로그 필터 함수

LOGO!에서의 심벌	배선	설명
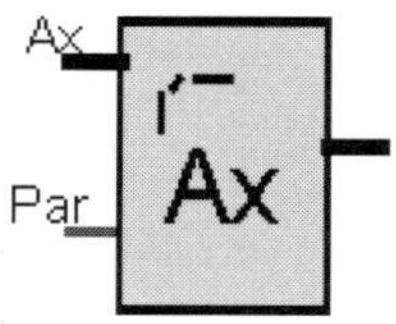	Ax	입력 신호 Ax 평활 지불되어야 하는 입력 아날로그이다. 아날로그 입력 신호를 다음 Ax: • AI8에 • AI1 (*) • AM16에 AM1 • NAI32에 NAI1 • AQ2에 AQ1 • NAQ16에 NAQ1 • 아날로그 출력과 블록 번호
	파라미터	SN(샘플 수)은 프로그램 기간 내에 아날로그 샘플을 결정 값의 번호, 샘플의 개수에 의해 설정된 프로그램 사이클 판단 수정. LOGO! 각 프로그램 사이클에서 아날로그 샘플링 값의 양. 세트 내의 샘플들의 개수와 동일한 프로그램 사이클 가능한 설정: 8, 16, 32, 64, 128, 256
	출력 Q	AQ는 과전류 입력 Ax의 평균값 샘플 수

* AI1 … AI8: 0 … 10 V 0 … 1000(내부 값)에 해당합니다.

타이밍 다이어그램

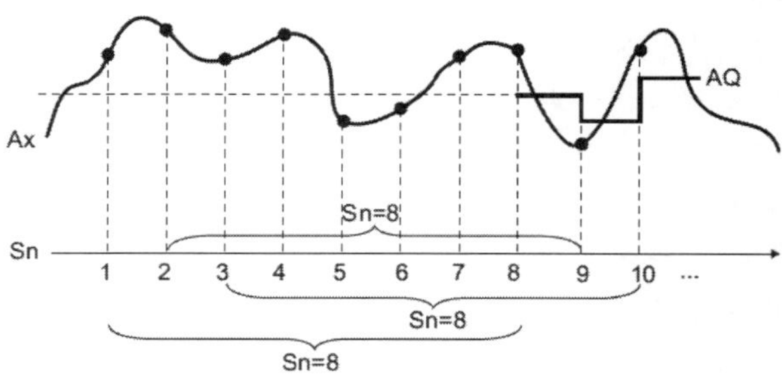

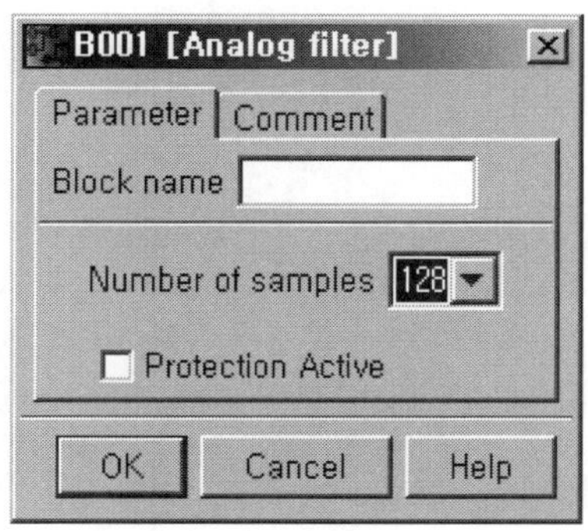

기능 설명:

함수 샘플의 세트 번호(SN)에 기초하여 입력 Ax에서 아날로그 신호를 인출하고 평균값을 출력한다.

13) 최대/최소(Max/Min)

최대/최소 기능은 Ax의 최대 또는 최솟값을 기록합니다.

LOGO!에서의 심벌	배선	설명
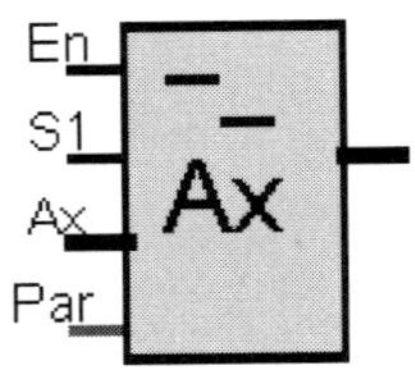	En	AQ의 출력에서의 신호 입력 EN(활성화) 아날로그 값, 매개변수의 특정 값 ERST 및 모드 결정
	S1	매개변수 모드가 설정되어 있는 경우에만 S1 기능 2. 모드 2에서, 0-1의 상태의 변화로 설정되면 입력 S1 (선택기) AQ에 최댓값을 출력한다. 모드 2에서, 1-0의 상태의 변화로 설정되면 S1은 AQ로 최솟값을 출력한다.
	Ax	입력 Ax는 다음과 같은 아날로그 신호 중 하나입니다: • AI8에 • AI1 (*) • AM16에 AM1 • NAI32에 NAI1 • AQ2에 AQ1 • NAQ16에 NAQ1 • 아날로그 출력 기능의 블록 번호
	파라미터	**모드:** 가능한 설정: 0, 1, 2, 3 모드 = 0: AQ = 최소 모드 = 1: AQ = 최대 모드 = 2, S1 = 0 (낮음): AQ = 최소 모드 = 2, S1 = 1 (높음): AQ = 최대 모드 = 3: AX의 AQ = 실제 값 **ERST (재설정 가능):** 가능한 설정: ERST = 0: 사용 안 함 리셋 ERST = 1: 리셋을 사용 유지: / = 비유지 R = 유지
	출력 Q	함수는 최소, 최대, 또는 전류를 출력구성에 따라, AQ에서 평가한다.

* AI1… AI8: 0 … 10V, 0 … 1000(내부 값)에 해당합니다.

파라미터 모드:

- 아날로그 비교기(실제값의 Ax - Ay)
- 아날로그 임계값 트리거(실제값 Ax)
- 아날로그 증폭기(실제값 Ax)
- 아날로그 멀티플렉서(실제값 AQ)
- 아날로그 램프(실제값 AQ)
- 수학 명령(실제값 AQ)
- PI 컨트롤러(실제값 AQ)
- 업/다운 카운터(실제값) CNT
- 아날로그 필터(0BA7 전용) (실제값 AQ)
- 평균값(0BA7 전용), (실제값 AQ)
- 온 지연(현재 시간 Ta)
- 오프 지연 시간(현재 시간 Ta)
- On-Off-delay(현재 시간 Ta)
- 적산 온 지연(현재 시간 Ta)
- 와이핑 릴레이(펄스 출력), (현재 시간 Ta)
- 에지 트리거 와이핑 릴레이(현재 시간 Ta)
- 비동기 펄스 발생기(현재 시간 Ta)
- 계단 조명 스위치(현재 시간 Ta)
- 여러 기능 스위치(현재 시간 Ta)
- 스톱워치(0BA7 전용), (실제값 AQ)
- 최대/최소(0BA7 만), (실제값 AQ)
- 임계값 트리거(실제값 Fre)

블록 수에 따라 필요한 기능을 선택합니다.

타이밍 다이어그램

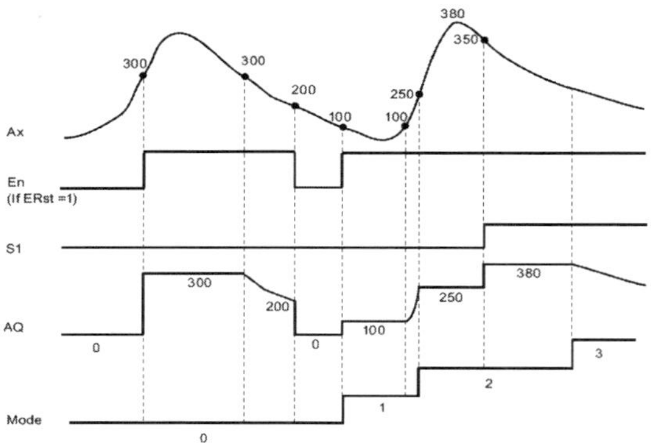

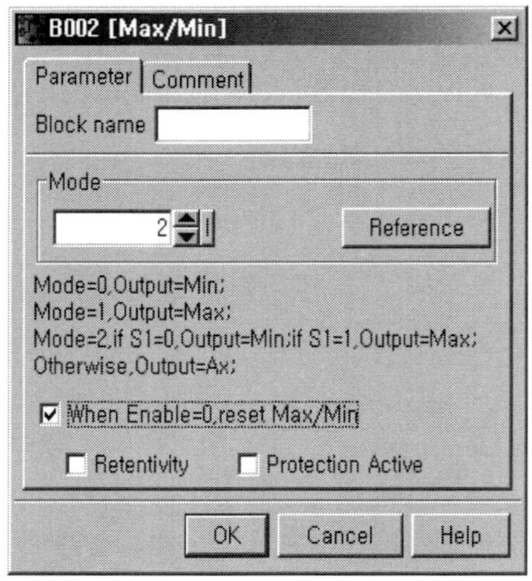

기능 설명:

ERST 1 = 및 EN = 0: 이 함수는 0으로 AQ 값을 설정합니다.

ERST은 = 1 및 EN = 1: 기능 모드의 설정에 따라, AQ에서 값을 출력과 S1

ERST = 0 및 EN = 0: 함수는 전류 값: AQ의 값을 보유하고 있다.

ERST = 0 및 EN = 1: 기능 모드의 설정에 따라, AQ에서 값을 출력과 S1

MODE = 0: 함수가 최솟값을 설정 AQ

MODE = 1: 함수는 최댓값을 설정 AQ

MODE = 2, S1 = 0: 함수는 최솟값을 설정 AQ

MODE = 2, S1 = 1: 함수는 최댓값을 설정 AQ

MODE = 3: 기능은 현재의 아날로그 입력값을 출력한다.

14) 아날로그 평균값(Average value)

평균값 함수 구성된 기간 동안 아날로그 입력의 평균값을 산출한다.

LOGO!에서의 심벌	배선	설명
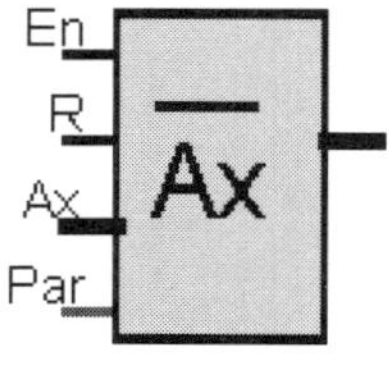	En	0에서 입력 욕실에서 1 전환에 대한 상태의 변화 평균값 기능을 시작합니다. 입력 욕실에서 1에서 0으로 상태의 변화는 보유 아날로그 출력 값입니다.
	R	입력 R에 신호는 아날로그 출력값을 클리어 한다.

Ax	입력 Ax는 다음과 같은 아날로그 신호 중 하나입니다. •AI8에 • AI1 (*) • AM16에 AM1 • NAI32에 NAI1 • AQ2에 AQ1 • NAQ16에 NAQ1 • 아날로그 출력 기능의 블록 번호
파라미터	St(샘플링 시간): 사용자 타임 베이스를 설정할 수 있습니다. (초), D(일), H(시간), 또는 m(분) **값의 범위:** St = s의: 1-59 St = D: 1-365 St = H: 1-23 St = M: 1-59 **SN (샘플 수):** 값의 범위: St = 초: 1 일에 * 100 St = D: 1-32767 St = H: 1-32767 St = m와 세인트 ≤ 오분 세인트 * 6000 1 St = m와 세인트 ≥ 육분: 1-32767 유지: / = 비유지 R = 유지
출력 Q	구성 시간 샘플링 기간 동안 입력 Ax의 평균값을 출력합니다.

타이밍 다이어그램

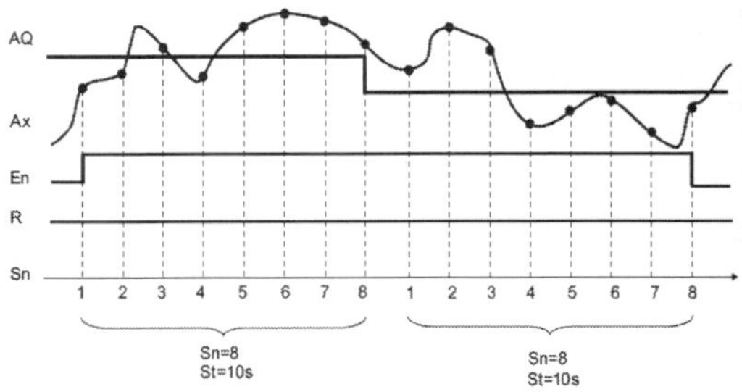

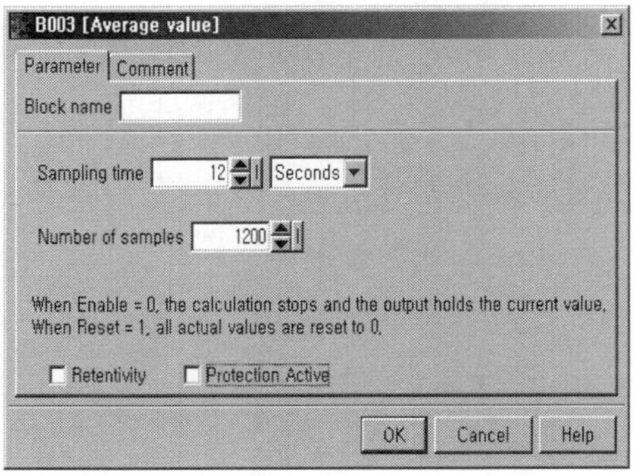

기능 설명:

이 기능은 설정된 샘플링 시간 및 생 시료의 Sn 개수 양쪽에 따른 아날로그 입력 신호를 인출하고 평균값을 출력한다. R에서의 신호는 0으로 AQ를 설정합니다.

15) 아날로그 값 처리

▷ 아날로그와 디지털:

아날로그 신호는 물리적인 양입니다. 이 양은 주어진 범위 내에서 어떤 값 - 어떤 연속적인 내부값으로 변환될 수 있습니다. 아날로그의 반대는 디지털입니다. 디지털 신호는 0과 1 혹은 OFF와 ON 단 두 가지 상태만을 보여줍니다.

▷ 전기신호에서 아날로그 값으로 변환:

LOGO! 프로세스의 물리적인 양을 처리하려면 몇 단계가 필요합니다.

① LOGO!는 아날로그 입력에서 0V~10V의 전압이나 0mA~20mA의 전류를 읽을 수 있습니다.
물리적인 양(예: 온도, 압력, 속도 등)은 전기적인 양으로 변화되어야 합니다. 이 변환은 별도의 센서에서 이루어집니다.

② LOGO!는 전기적인 양을 0~1000의 표준화된 값으로 변환할 수 있습니다. 이 값은 특정 아날로그 함수의 입력값으로 연결됩니다.

③ 사용자 프로그램에서 표준회된, 아날로그 값을 사용하기 위해 아날로그 특수 함수를 사용하며 이때 Gain(이득)과 오프셋을 고려하여 아날로그 값을 계산합니다. 그 후 아날로그 값은 특수 함수에 의해 변환됩니다. (예: 아날로그 증폭기), 아날로그 특수 함수가 아날로그 출력을 가지고 있다면 아날로그 값은 그 특수 함수의 출력으로 인가됩니다.

④ LOGO!로 아날로그 값을 전기적으로 신호로 변환시킬 수도 있습니다. 0과 10V 사이의 값으로 변환됩니다.

⑤ LOGO!는 이 전압을 다시 물리적인 양으로 변환시킴으로써 외부 엑추에이터를 제어할 수 있습니다.

다음 그림은 처리 순서를 보여줍니다.

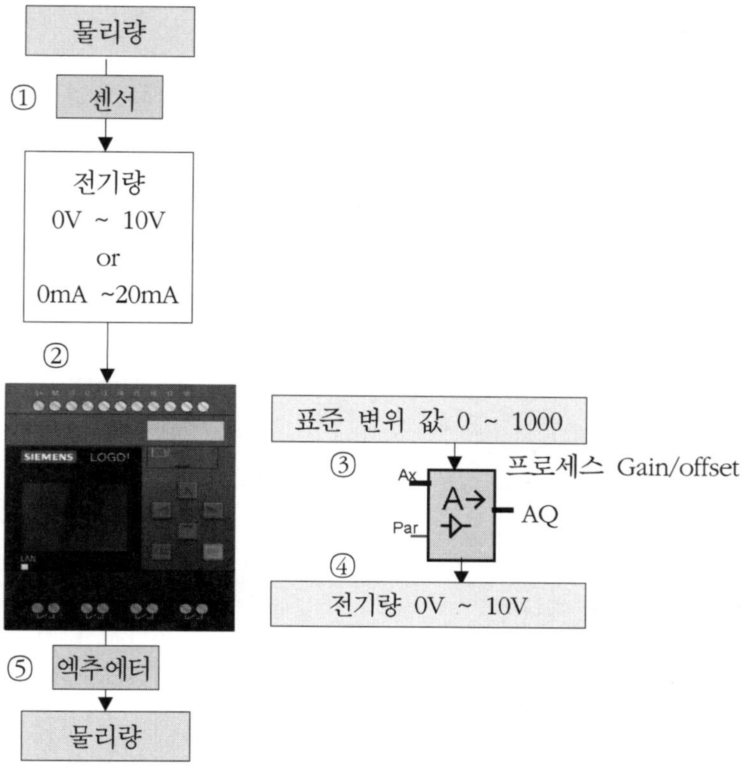

▷ **Gain(이득):**

표준화된 아날로그 값은 파라미터에 의해 곱해집니다. 이 파라미터를 사용하여 전기적인 양을 조정할 수 있습니다. 그래서 이 파라미터를 "Gain"이라고 부릅니다.

▷ **제로 포인트 오프셋:**

표준화된 아날로그 값에 하나의 파라미터를 더하거나 뺄 수 있습니다. 이 파라미터를 사용하면 전기적인 양의 제로 포인트가 위, 아래로 약간 이동합니다. 이 파라미터를 제로 포인트 오프셋(zero point offset)이라고 부릅니다.

▷ **Gain과 오프셋:**

아날로그 값은 다음과 같이 계산됩니다.

아날로그 값 = (표준화된 값 X Gain) + 오프셋 다음의 그림은 이 공식 및 Gain과 오프셋의 의미를 설명해 줍니다.

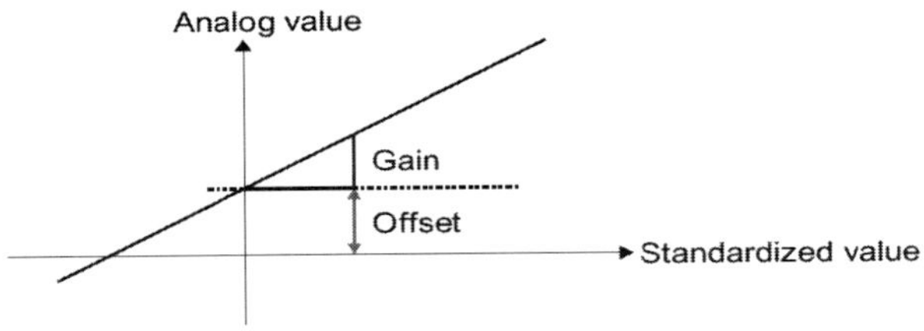

그래픽에서의 직선은 표준화된 값이 어떻게 아날로그 값으로 변경되고 있는가를 보여 줍니다. Gain은 직선의 경사에 따라 달라지며 오프셋은 직선이 y축과 만나는 점의 이동에 따라 달라집니다.

▷ **아날로그 출력:**

아날로그 출력을 가지고 특수 함수의 실제 아날로그 출력에 연결되면 아날로그 출력은 0~1000의 값만을 처리하게 됩니다.

16) LOGO! Soft Comfort에서 이루어지는 설정

▷ **센서:**

센서타입을 설정하십시오. (0-10V, 0-20mA, 4-20mA, Pt100, no sensor)

4-20mA 센서 타입은 표준화된 값의 범위가 200~1000입니다.

▷ **측정 범위:** 측정 범위를 지정하십시오. 측정 범위는 아날로그 값이 변화되는 범위입니다.

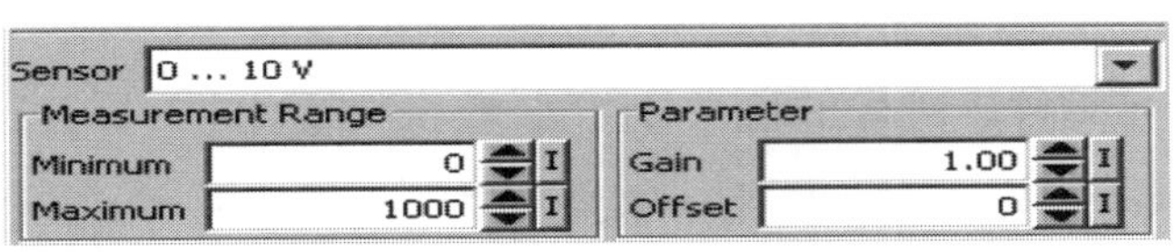

LOGO! Soft Comfort는 Gain과 오프셋을 자동으로 계산합니다.

▷ **Gain과 오프셋:**

Gain을 사용자 자신이 설정하기 원하면 -10.00에서 10.00 사이의 값을 입력할 수 있습니다.

0은 아무 의미가 없는데 이는 이간 된 값과 상관없이 항상 0 값을 갖게 됩니다. 오프셋을 사용자 자신이 설정하기 원하면 -10.00에서 +10.00 사이의 값을 입력하십시오.

▷ **라운딩 에러:**

LOGO! Soft Comfort는 최대한 정밀하게 Gain과 제로 포인트 오프셋을 계산합니다. 그러나 LOGO!는 내부적으로 모든 수의 값들을 계산하기 때문에 모든 파라미터 조합을 LOGO!에 적용할 수 없습니다. 이 경우 프로그램을 LOGO!로 전송하기 전에 LOGO! Soft Comfort에서 라운딩 에러를 인식하게 하고 가능한 값의 범위로 대체할 수 있습니다.

▷ **LOGO! Soft Comfort의 시뮬레이션:**

① 물리적인 값 범위는 측정범위 ③에 의해 정해집니다.

② 표준화된 값

③ 측정 범위

④ 아날로그 값(Gain과 오프셋을 처리한 후)

⑤ 아날로그 출력에서의 아날로그 값

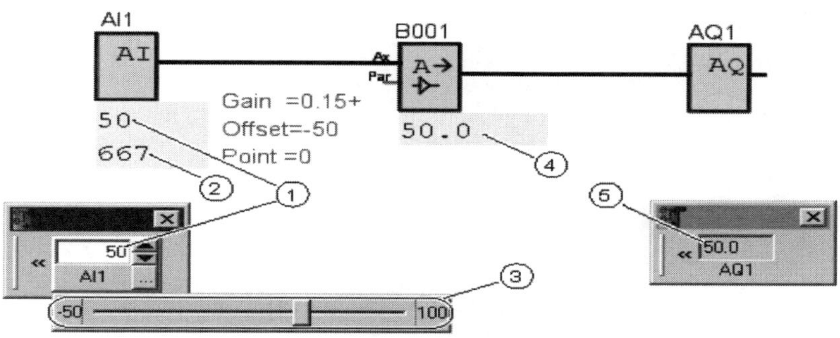

▷ **LOGO! 하드웨어에서 이루어지는 설정:**

LOGO!에서 직접 프로그래밍하는 경우 Gain과 오프셋 파라미터만 입력할 수 있습니다. Gaain과 오프셋을 다음과 같이 계산할 수 있습니다.

외부 값 범위: *minSensor - maxSensor*

센서가 측정할 수 있는 물리적인 양의 범위

표준화된 값의 범위: *minnorm - maxnorm*

표준화된 범위

0-10V 혹은 0-20mA 센서의 경우 표준화된 값의 범위는 0-1000입니다.

4-20mA 센서의 경우 표준화된 값의 범위는 200-1000입니다.

Gain과 오프셋은 다음과 같이 계산합니다.

Gain = (maxSensor - minSensor) / (maxnorm –. minnorm)

Offset = [(minSensor x maxnorm) –. (maxSensor x minnorm)] / (maxnorm –. minnorm)

공식에 따라 Gain과 오프셋을 계산했다면 다음 공식에 의해 Gain과 오프셋을 계산할 수 있습니다.

Gain = (minSensor - Offset) / minnorm

Offset = (minSensor –. (Gain x minnorm)

예 1)

〈전제 조건〉

센서: 온도센서, 측정 범위 -50 ~ 100℃

측정될 온도 25℃

〈LOGO! Soft Comfort를 통한 처리순서〉

1. 센서가 25℃ 온도를 5.0V로 전류로 변경합니다.
2. LOGO!는 5.0V를 표준화된 값 500으로 변경합니다.
3. 센서와 측정 범위 데이터를 사용하여 LOGO!는 Gain을 0.15로 오프셋을 -50으로 정합니다.

   아날로그 값 = (표준화된 값 X Gain) + 오프셋 공식에 의해 LOGO!는 아날로그 값을 다음과 같이 계산합니다.

   아날로그 값 = (500 x 0.15)-50 = 25

〈LOGO!를 통한 처리순서〉

1. 센서가 25℃ 온도를 5.0V로 전류로 병경합니다.
2. LOGO!는 5.0V를 표준화된 값 500으로 변경합니다.
3. 센서와 측정 범위 데이터를 사용하여 Gain과 오프셋 값을 정해야 합니다.

   Gain = (maxSensor –. minSensor) / (maxnorm –. minnorm)

   Offset = minSensor –. (Gain x minnorm)

   위 공식에 따라 다음과 같은 결과를 얻습니다.

   Gain = (100-(-50)) / (1000-0)=0.15

   오프셋 = -50-(500x0)= -50

4. 아날로그 값=(표준화된 값 x Gain)+오프셋 공식에 따라 LOGO!는 아날로그 값을 다음과 같이 계산합니다.

   아날로그 값 = (500x0.15)-50 =5 0

물리적인 양	센서의 전기적인 양	표준화된 값	Gain	오프셋	아날로그 값
	0 V 5 V 10 V	0 500 1000	0.01	0	0 5 10
	4 mA 12 mA 20mA	0 500 1000	10 0 0	0	0 5000 10000
	0 mA 10 mA 20 mA	0 500 1000	1	50	50 550 1050
1000 mbar 3700 mbar 5000 mbar	O V 6.75 V 10 V	0 675 1000	4	1000	1000 3700 5000
-30 ℃ 0 ℃ +70 ℃	0 mA 6 mA 20 mA	0 300 1000	0.1	-30	-30 0 70

17) 제어와 조절

▷ 제어와 조절 기본 지식

1) 엔지니어링에서 제어(Control)되고 조절(Regulate)되어야 하는 것은 양(Quantity)입니다.

제어가 이루어질 때 양은 외부 영향에 대한 보상해줄 수 없는 상태에서 조작됩니다. 조절이 이루어질 때에 양은 외부 영향에 대해 보상을 해주기 위해 일정한 값을 유지합니다.

다음의 예에서 제어란 사람이 히터 출력을 고정된 값으로 설정할 수 있음을 의미합니다. 히터는 윈도우가 열려졌을 때 룸 온도가 내려가는 것을 보상할 수 없습니다.
또 조절이란 룸 온도가 20℃ 이상으로 올라가면 히터 출력을 줄이는 것을 의미합니다.

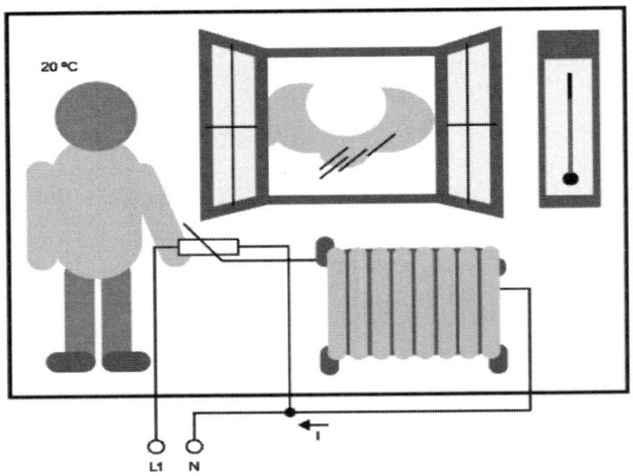

▷ **조절(Regulating)의 기본 개념:**

위의 예에서 전기적인 히팅을 위한 전류는 MV(manipulated variable)이고 가변저항이 액추에이터(actuator)입니다. 이 액추에이터를 동작시키는 손이 제어(control)에 해당합니다. 실제 룸 온도는 제어된 변수 혹은 PV(process value)에 의해 제어됩니다. 원하는 룸 온도는 세트 포인트 값 혹은 명령어 변수(command variable)입니다. 전기 히팅이 CP(control process)입니다. 서머미터는 센서입니다. 윈도우를 열어서 생기는 온도 감소가 왜란 변수(disturbance variable)입니다.
그러므로 이는 사람이 프로세스 값(룸 온도)을 센서(서머미터)로 측정하고 PV(룸 온도)를 수동으로 조절하는 것입니다. 이는 왜란 변수(창문을 열 때 발생하는 온도 감소)을 보상해 주기 위한 것입니다. 이때 사람이 제어기기가 됩니다.

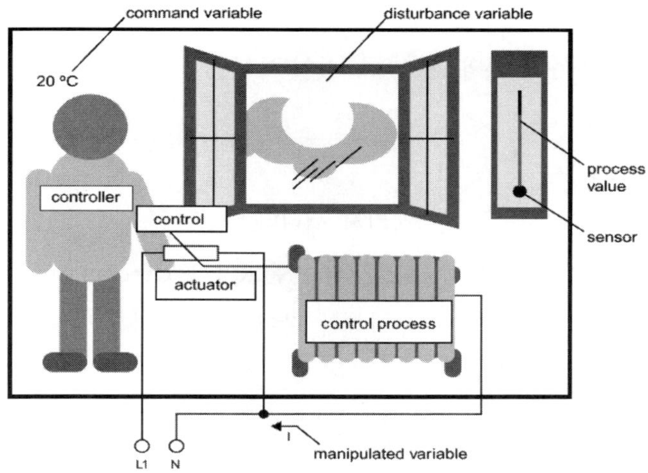

제어(control) 디바이스는 액추에이터와 제어로 이루어집니다.

제어와 제어기기가 조절(regulating) 디바이스를 조절합니다.

다음 그림은 위에서 설명한 내용의 개념도입니다.

명령어 변수(세트 포인트)와 프로세스 값이 서로 차이가 나면 포지티브나 네거티브 에러의 결과가 프로세스 값을 변경시킵니다.

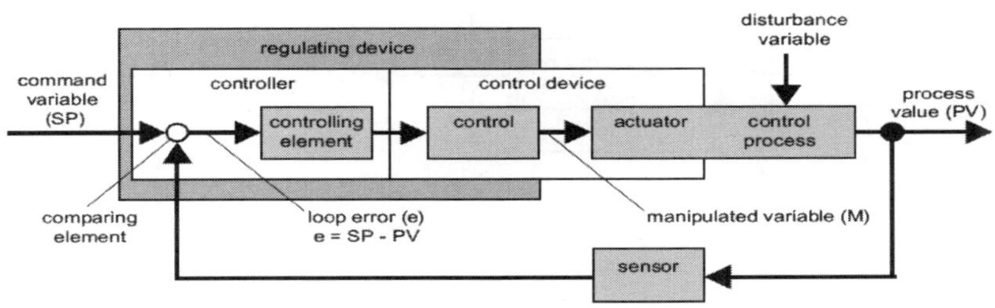

제어 루프:

프로세스 값 x는 MV(manipulated variable)인 M에 영향을 줍니다. 이는 control loop로 알려져 있는 폐회로를 생성합니다.

위 예에서 윈도우가 열린다면 룸의 온도는 떨어지게 됩니다. 사람은 히터의 출력을 올려야만 합니다. 히터 출력이 올라 너무 더워지게 되면 다시 히터 출력을 줄여야 합니다.

히터 출력이 너무 빨리 오르거나 내려가면 제어루프가 흔들리기 시작하고 룸 온도는 오르락내리락하게 됩니다. 그러면 너무 덥든지 너무 춥게 됩니다. 이를 방지하려면 사람이 히터의 출력을 신중하고 천천히 올리든지 내려야 합니다.

루프 에러:

루프 에러는 명령어 변수와 프로세스 값이 차이를 의미합니다. 즉 프로세스 값과 설정 값의 차이입니다.

e = SP −. PV

루프 에러는 MV 값 M을 변경시키게 됩니다.

위 예는 이를 매우 잘 설명합니다. 원하는 온도가 20℃(=command value w)이고 룸 온도가 22℃(= process value PV)이면 아래와 같이 루프 에러가 발생합니다.

e = SP −. PV = 20 ° C - 22 ° C = -2 ° C

이 경우 네거티브 신호는 히터 출력을 감소시키는 역동작을 의미합니다.

균형이 이루어진 제어 루프에서는 루프 에러가 제로이거나 매우 작습니다. 명령어 변수가 수정되거나 왜란이 있으면 루프 에러가 증가합니다. 루프 에러는 MV 값 M에 의해 교정됩니다.

2) 제어 기초

제어기는 아래와 같이 간단하게 표현될 수 있습니다.

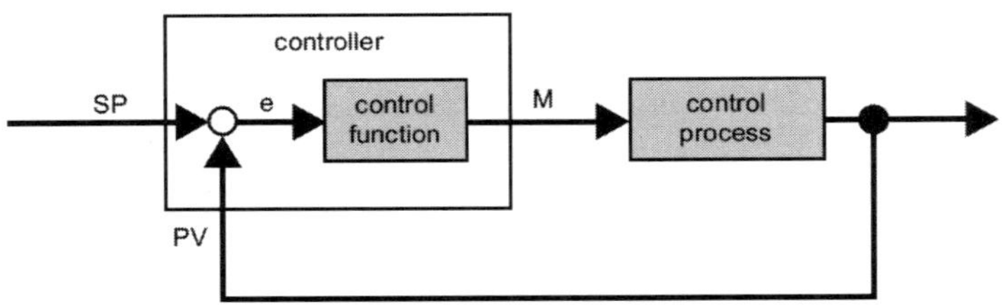

제어기는 비교하는 부분과 제어하는 기능으로 이루어집니다.

다음은 가장 중요한 유형의 제어기를 설명합니다. 제어기의 스텝 응답은 그 제어기 동작에 대해 많은 것을 보여줍니다. 스텝 응답은 프로세스 값의 변화에 제어기가 어떻게 반응하는지를 보여줍니다.

세 가지 중요한 기본 제어기 타입이 있습니다.

- 비례 동작 제어기(P 제어기)
- 적분 동작 제어기(I 제어기)

- 미분 동작 제어기(D 제어기)

실제 제어기에서는 이것들이 조합됩니다. 예을 들면 PI 제어기가 있습니다.

P 제어기:

비례 동작 제어기(P 제어기)는 루프 에러에 비례해서 MV 값 M을 변경합니다. P 제어기는 즉시 결과가 나옵니다. 그러나 이 제어기만으로 루프 에러를 0(제로)로 만들 수 없습니다.

MPn = kP × en

MPn: n 시간에서의 P 제어기의 MV

kP: P 제어기의 Gain

en: n 시간에서의 루프 에러

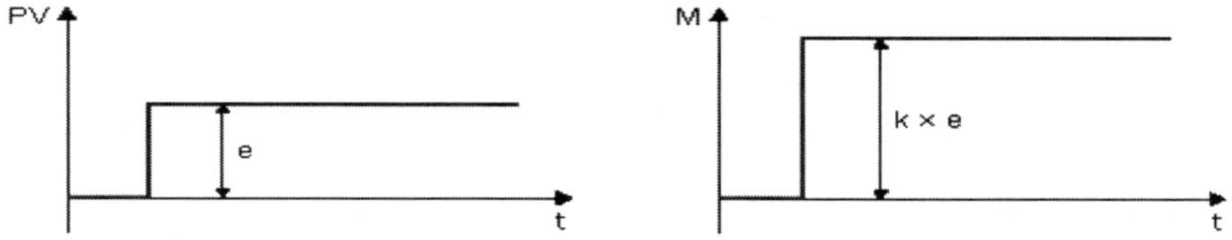

정리:

P 제어기는 다음과 같은 특성이 있습니다.

- 제어 프로세스 〉 지속되는 루프 에러인 경우에는 오류를 교정할 수 없습니다.
- 프리셋 값의 변동에 즉시 반응합니다.
- 안정됩니다.

I 제어:

적분 동작 제어기(I 제어기)는 루프 에러와 시간에 비례해서 MV 값이 변경됩니다. 이 제어기는 시간 지연이 있지만 루프 에러를 완벽하게 제거합니다. 시간 n 동안의 MV 값을 계산하기 위해 이 시간을 작은 타임 슬라이스로 나눕니다. 각 슬라이스 타임 마지막 시점에서 루프에러들이 더해져서(적분 되어) 계산에 반영됩니다.

MIn = kI × (TS / TI) × (en + en-1 + en-2 + en-3 + … + e0) = kI × (TS / TI) × en + MIn-1

MIn: n 시점에서의 I 제어기의 MV 값

MIn-1: n-1 시점에서의 I 제어기의 MV 값, Integral sum이라고 부릅니다.

kI: I 제어기의 Gain

TS: 샘플링 시간, 타임 슬라이스 구간

TI: 적분 시간, 이 시간에 의해 적분되는 부분이 MV로 제어됩니다. 적분 실행 시간 (integral Action Time)이라고 부릅니다.

en: n 시점에서의 루프 에러

en-1: n-1 시점에서의 루프 에러

e0: 계산이 시작될 때의 루프 에러

다음 그림은 프로세스 값의 점프와 제어기의 스텝 응답을 보여줍니다.

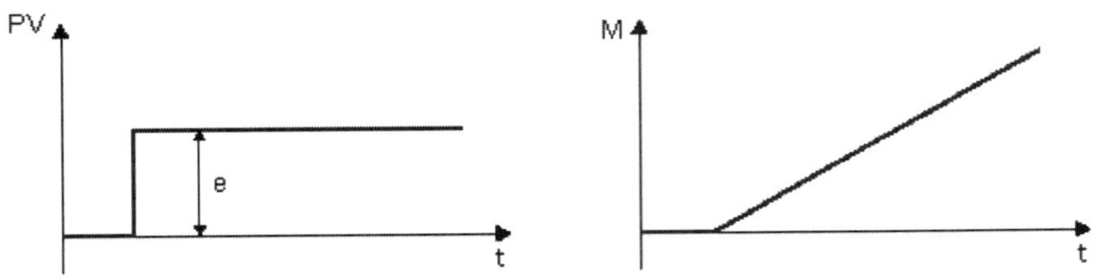

정리:

I 제어기는 다음과 같은 특징이 있습니다.

- 프로세스 값을 정확하게 명령어 변수에 맞출 수 있습니다.
- 발진할 가능성이 있으면 안정되지 않습니다.
- P 제어기보다 제어 동작을 수행하는데 더 많은 시간이 필요합니다.

PI 제어기:

PI 제어기는 루프 에러를 즉시 줄이며 결과적으로 루프 에러를 제로(0)로 가져갑니다.

Mn = MPn + MIn = kP × en + kI × (TS / TI) × en + MIn-1

Mn: n 시점에서의 I 제어기의 MV 값

MPn: MV의 비례 부분

MIn: MV의 적분 부분

MIn-1: n-1 시점에서의 I 제어기의 MV 값, Integral sum이라고 부릅니다.

kP: P 제어기의 Gain

kI: I 제어기의 Gain

TS: 샘플링 시간, 타임 슬라이스 구간

TI: 적분 시간, 이 시간에 의해 적분 되는 부분이 MV로 제어됩니다. 적분 실행 시간 (integral Action Time)이라고 부릅니다.

en: 시점에서의 루프 에러

다음 그림은 프로세스 값의 점프와 제어기의 스텝 응답을 보여줍니다.

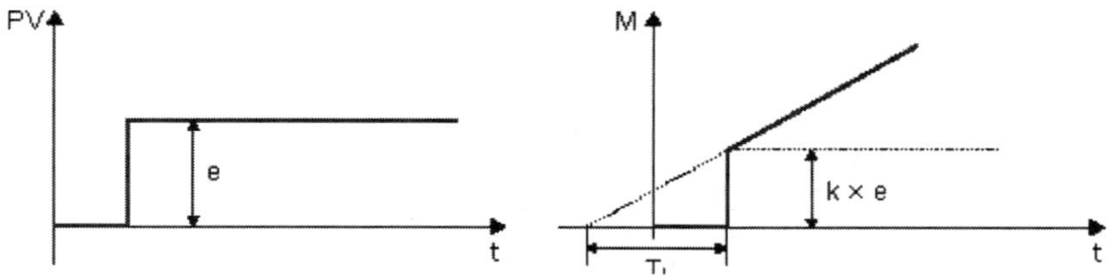

정리:

PI 제어기는 다음과 같은 특징을 갖습니다.

- P 제어기 부분은 발생하는 루프 에러를 빠르게 제거합니다.
- I 제어기 부분은 그 후에 존재하는 루프 에러를 제거합니다.
- PI 제어기를 설정하는 제어기들이 서로를 보완하므로 빠르고 정확하게 동작합니다.

3) 파라미터 설명

제어기 파라미터	LOGO에서의 출력	LOGO! 에서의 값의 범위
Mn n 시점에서의 MV 값	PI 제어기 블록의 출력	0 to 1,000
kP P 부분 Gain kI I 부분 Gain	LOGO!에서 파라미터 KC는 제어기의 I 부분과 P 부분에 대한 동일한 증가분으로 적용됩니다. KC=0로 하면 제어기의 P 부분은 스위치 오프 됩니다. 이 경우 K는 I 부분에 대해 자동적으로 1로 설정됩니다. If KC = 0: kP = 0 and kI = 1 If KC 〈〉 0: kP = kI = KC	0.00 to 99.99
TS 샘플링 타임, 타임 슬라이스 구간	고정	500ms
TI 적분 시간	파라미터 Ti 이 파라미터를 99.59분으로 설정하면 제어기의 I 부분이 스위치 오프 됩니다.	00:01min to 99.59min

en n 시접에서의 루프 에러, 일반적으로 다음과 같이 적용됩니다. E = SP - PV	SP와 PV 참조	"
SP	파라미터 SP는 설정값입니다. 이 파라미터는 다른 특수 함수의 아날로그 출력을 사용할 수 있습니다.	-10,000 to +20,000
PV	PV는 프로세스 값 x 이며 다음과 같이 계산됩니다. PV-(입력에서의 아날로그 값 x Gain)+오프셋 예를 들면 입력 단에 PT100 센서의 아날로그 입력을 연결할 수 있습니다.	"
	Gain 파라미터는 PV에 영향을 줍니다.	0.0 to 10.0
	오프셋 파라미터는 PV에 영향을 줍니다.	-10,000 to +20,000
	PV는 파라미터 Min 과 Max에 의해 제한됩니다.	I각각의 경우: 10,000 to +20,000
	Dir 파라미터는 제어기의 동작 방향을 제공합니다. 포지티브 방법: 설정값 〉 프로세스 값이면 프로세스 값은 증가합니다. 설정값 〈 프로세스 값이면 프로세스 값은 감소합니다. 네거티브 방법: 설정값 〉 프로세스 값이면 프로세스 값은 증가합니다. 예를 들어 히터 조절: 설정값이 프로세스 값보다 크면(룸 온도가 너무 낮으면) MV는 프로세스 값을 증가시킵니다.	- or +

5.9 기타(Miscellaneous)

심벌	명칭	심벌	명칭
RS	Latching relay (래칭 릴레이)	>>	Shift register (시프트 레지스터)
RS	Pulse relay (펄스 릴레이)	+= E→	Mathematic instruction error detection (수학 명령어 오류 탐지)
-- -- -- --	Message text (문자 표시기)	F/I	Float/Integer converter (부동/정수 변환기)
	Soft key (소프트 키)	I/F	Additional functions of the LAD Editor (LAD 편집기의 추가 기능)

1) 래칭 릴레이(Latching Relay)

입력 S는 출력 Q를 세트시키고 입력 R은 출력 Q를 다시 리셋시킵니다.

LOGO!에서의 심벌	배선	설명
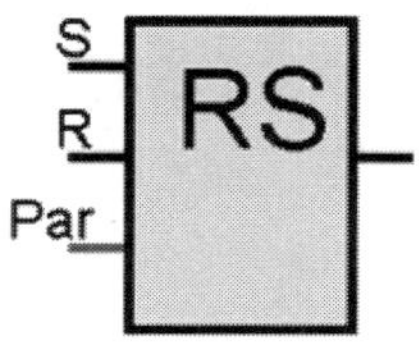	입력 S	입력 S에 신호가 입력되면 출력 Q를 세트 시킵니다.
	입력 R	입력 R에 신호가 입력되면 출력 Q를 리셋시킵니다. 출력 Q는 S와 R =1이면 리셋됩니다.
	파라미터	메모리 유지: / = 메모리 유지 안 됨 R = 상태가 메모리 유지됩니다.
	출력 Q	입력 S에 신호가 입력되면 Q가 세트되고 입력 R에 신호가 입력되면 리셋됩니다.

타이밍 다이어그램

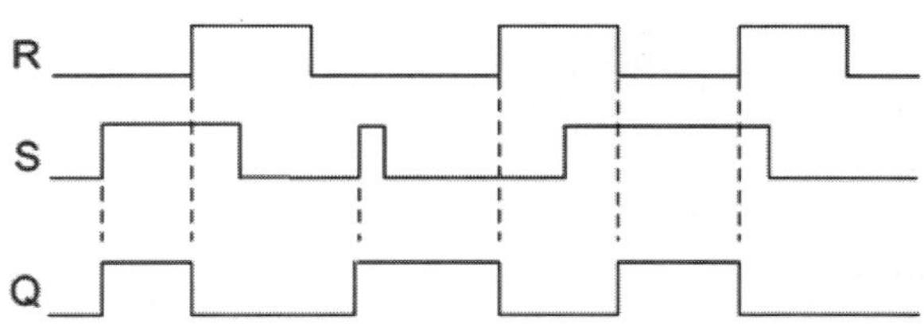

스위칭 응답:

래치 릴레이는 간단한 이진 엘리먼트를 표시합니다. 출력 값은 입력 상태와 이전 출력 상태에 따라 달라집니다. 다음 테이블은 로직을 다시 한번 보여줍니다.

Sn	Rn	Q	설명
0	0	x	상태가 메모리 유지됩니다.
0	1	0	리셋
1	0	1	셋
1	1	0	리셋(세트에 대해 우선권이 있습니다)

메모리 유지 기능이 이네이블 되면 출력 신호의 현재 상태는 전원 차단 이후에도 유지됩니다.

2) 펄스 릴레이(Pulse Relay)

입력에 짧은 펄스가 입력되면 출력이 세트 되거나 리셋됩니다.

LOGO!에서의 심벌	배선	설명
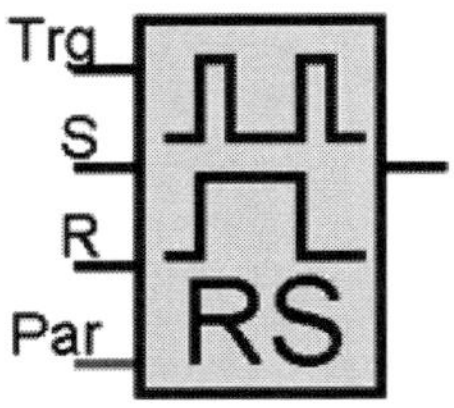	입력 Trg	입력 Trg(Trigger)에서의 신호로 출력 Q를 온 시키거나 오프 시킬 수 있습니다.
	입력 S	입력 S에 신호가 입력되면 출력 Q를 세트 시킵니다.
	입력 R	입력 R에 신호가 입력되면 출력 Q를 리셋 시킵니다.
	파라미터	선택: RS (입력 R 우선), 혹은 SR (입력 S 우선) 메모리 유지: / = 메모리 유지 안 됨 R = 상태가 메모리 유지됩니다.
	출력 Q	S와 R=0인 상태에서 Trg에 신호가 들어가면 Q는 세트 되고 Trg에 다시 펄스가 입력되면 리셋됩니다.

타이밍 다이어그램

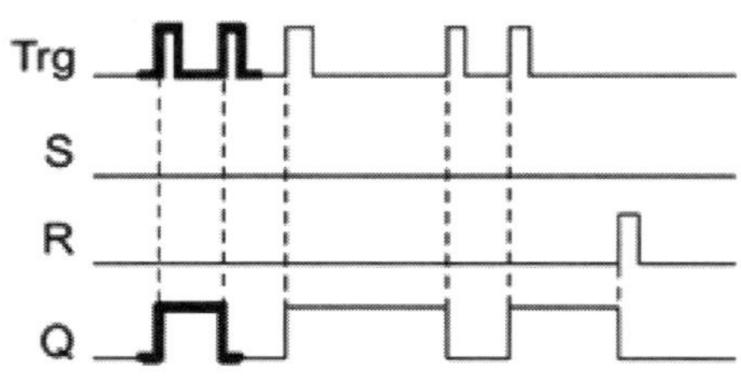

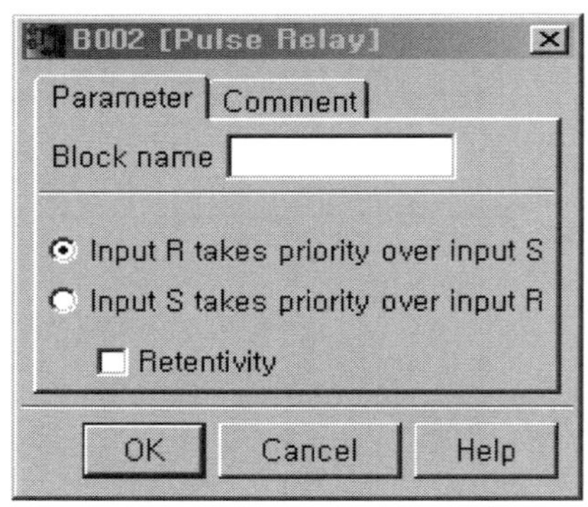

기능 설명:

출력 Q가 상태를 바꿉니다. 즉 S와 R = 0일때 출력 Q의 상태는 입력 Trg의 신호가 0에서 1로 변환되면 세트가 되거나 리셋이 됩니다.

S 혹은 R = 1일 때 입력 Trg에 신호를 주면 이 특수 함수에 아무 영향을 주지 않습니다.

입력 S에 신호를 주면 펄스 릴레이를 세트 시킵니다. 출력이 hi로 세트됩니다.

입력 R에 신호를 주면 펄스 릴레이를 리셋시킵니다. 출력이 lo로 세트됩니다.

〈상태 다이어그램〉

Par	Qn-1	S	R	Trg	Qn
*	0	0	0	0	0
*	0	0	0	0 -〉1	1**
*	0	0	1	0	0
*	0	0	1	0 -〉1	0
*	0	1	0	0	1
*	0	1	0	0 -〉1	1
RS	0	1	1	0	0
RS	0	1	1	0 -〉1	0
RS	0	1	1	0	1
SR	0	1	1	0 -〉1	1
*	1	0	0	0	1
*	1	0	0	0 -〉1	0**
*	1	0	1	0	1
*	1	1	0	0 -〉1	1
*	1	1	0	0	1
*	1	1	0	0 -〉1	1
RS	1	1	0	0	0
RS	1	1	1	0 -〉1	0
SR	1	1	1	0	1
SR	1	1	1	0 -〉1	1

*: RS 혹은 SR

**: S와 R=0이기 때문에 트리거링 신호가 동작을 시킵니다.

사용자의 구성에 따라 입력 R이 입력 S에 대해 우선권을 가지거나(입력 S는 R=1일 때 영향을 미칠 수 없습니다) 혹은 그 반대입니다(S=1 일 때 입력 R은 영향을 미칠 수 없습니다).

메모리 유지가 이네이블 되지 않았으면 전원 차단 후에는 펄스 릴레이와 출력 Q는 리셋됩니다.

3) 메시지 텍스트(Message texts)

▷ **개요:**

메시지 텍스트 명령어로 LOGO!가 RUN 모드에 있을 때 LOGO!에 대한 텍스트나 여러 파라미터를 포함하는 메시지를 구성할 수 있습니다.

LOGO! 온-보드 디스플레이에서 간단한 메시지 텍스트를 구성할 수 있습니다. LOGO! Soft Comfort는 메시지 텍스트를 위한 고급 기능을 제공합니다. 바-그래프, 디지털 I/O 상태를 표시하기 위한 이름 등의 기능을 제공합니다. 이러한 기능에 대한 자세한 내용은 LOGO! Soft Comfort 매뉴얼을 참조하십시오.

▷ **글로벌 메시지 텍스트 설정:**

프로그래밍 메뉴에서 Msg Config 기능으로 모든 메시지 텍스트에 적용되는 글로벌 파라미터를 구성합니다.

- Analog Time: 메시지 텍스트에 있는 아날로그 입력값이 얼마나 자주 업데이트되는가를 지정하는 밀리세컨드 단위의 업데이트 속도
- Tick time: 메시지 텍스트가 디스플레이상에서 스크롤 온과 오프를 하는 속도 메시지 텍스트가 화면에서 Tick 온 오프를 하도록 구성하는 데에는 두 가지 방법이 있습니다. 라인별 혹은 문자별로 온/오프를 하도록 구성할 수 있는데, 이에 대해서는 아래에 자세히 설명되어 있습니다. 텍스트 메시지의 각 라인이나 텍스트 메시지의 각 문자는 Tick 타임 설정대로 LOGO! 온-보드 디스플레이에서 차례로 Tick 온 오프를 합니다. 라인별로 Tick하는 메시지의 경우 실제 Tick 타임은 구성된 Tick 타임의 열 배입니다. 문자별로 Tick 하는 메시지의 경우 실제 Tick 타임은 구성된 Tick 타임입니다.
- CharSets: 메시지 텍스트를 구성하기 위한 첫 번째 character sets나 두 번째 character sets입니다.

  CharSet1과 CharSet2는 LOGO!에서 지원하는 모든 character sets(문자 세트)가 될 수 있습니다.
- 현재의 Character Set(문자 세트): 메시지 텍스트를 디스플레이하기 위해 어떤 Character Set(문자 세트)가 선택되었는가를 보여줍니다.

주)

LOGO! 0BA5에서 지원하는 메시지 텍스트는 다음과 같은 조건일 때 LOGO! TD에만 디스플레이됩니다.

- CharSet1이 선택되고 ISO8859-1으로 설정됨

현재의 Character Set(문자 세트) "CurrCharSet"가 CharSet1로 설정됨

모두 50개의 메시지 텍스트를 구성할 수 있으며 50개 안에서 첫 번째 문자나 두 번째 문자로 메시지 텍스트를 구성할 수 있습니다.

예들 들어 첫 번째 character sets로 단일 메시지 텍스트를 가지는 메시지 텍스트 함수 블록을 50개 구성할 수 있습니다. 또는 25개의 메시지 텍스트 함수 블록을 구성하여 각 블록마다 두 개의 메시지 텍스트를 지정할 수 있습니다. 하나는 Character Set 1로 또 하나는 Character Set 2로 지정할 수 있습니다. 메시지 텍스트를 50개를 넘지 않는 이상 여러 조합의 메시지 텍스트가 가능합니다.

하나의 메시지 텍스트에서 텍스트는 하나의 Character Set(문자 세트)로 구성되어야 합니다. LOGO! Soft Comfort에서 제공하는 모든 Character Set(문자 세트)로 메시지 텍스트를 편집할 수 있습니다. LOGO! Base 모듈 모듈에서부터 ISO 8859-1 Character Set(문자 세트)를 사용하여 텍스트를 편집할 수 있습니다.

메시지 텍스트의 Character Set(문자 세트)는 LOGO! 온-보드 디스플레이상의 메뉴에서 이루어지는 언어 설정과는 별개입니다. 설정들이 서로 다를 수 있습니다.

LOGO!에서의 심벌	배선	설명
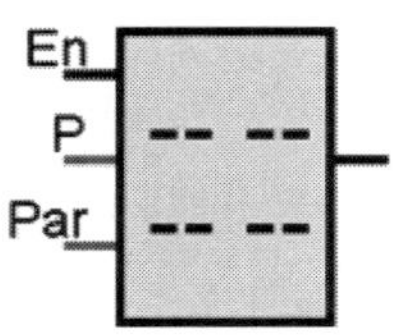	입력 En	En(Enable)의 신호가 0에서 1로 변환되면 메시지 텍스트의 출력이 트리거 됩니다.
	입력 P	P: 메시지 텍스트 우선권 값의 범위: 0...127 메시지 텍스트 표시 디바이스 메시지 tick 설정 Ack: 메시지 텍스트 인식
	파라미터	텍스트: 메시지 텍스트 입력 Par: 이미 구성된 함수의 파라미터나 실제값 ("볼 수 있는 파라미터 혹은 실제값" 참조) Time: 지속적으로 업데이트되는 시간 디스플레이 날짜: 지속적으로 업데이트되는 날짜 디스플레이 EnTime: 입력 En 신호가 0에서 1로 변환되면 시간을 표시합니다. EnDate: 입력 En 신호가 0에서 1로 변환되면 날짜

	를 표시합니다. I/O status names: 디지털 입력이나 출력 상태 이름을 디스플레이합니다. 응용 사례: "On"이나 "Off". Analog Input: 아날로그 입력값을 메시지 텍스트에 디스플레이하거나 지정한 시간에 따라 업데이트합니다.
출력 Q	Q는 메시지 텍스트가 세트 되어 있는 한 세트로 유지됩니다.

제한: 최대 50개의 메시지 텍스트를 사용할 수 있습니다.

함수 설명:

LOGO!가 RUN 모드에 있을 때 입력 En의 신호가 0에서 1로 변환되면 구성된 메시지 텍스트가 LOGO! Display나 LOGO! TD에 디스플레이됩니다.

메시지 표시 디바이스에 대한 설정대로 메시지 텍스트가 LOGO! display 나 LOGO! TD에 디스플레이됩니다.

사용자 프로그램에서 플래그 M27을 사용하면 M27=0 (low)일 때 LOGO!는 Character set (첫번째 문자 세트)에 있는 메시지 텍스트만을 디스플레이합니다. M27=1(high)이면 LOGO!는 character sets 2(두 번째 문자 세트)에 있는 메시지 텍스트를 디스플레이합니다.

메시지 Ticking을 구성했다면 사용자가 정의한 대로 문자별 혹은 라인별로 메시지가 디스플레이상에서 Ticking 온 오프 합니다.

인식(Acknowledgement)이 디세이블 되어 있으면(Ack = Off) 입력 En의 신호가 1에서 0으로 변환될 때 메시지 텍스트가 숨겨집니다.

인식(Acknowledgement)이 인에이블 되어 있으면(Ack = On) 입력 En이 1에서 0으로 리셋될 때 메시지 텍스트는 OK 버튼으로 인식(Ack)되기 전까지 디스플레이됩니다.

메시지 텍스트는 입력 En = 1 상태로 있는 한 인식될 수(Ack) 없습니다.

En=1로 여러 메시지 텍스트 함수가 트리거 되면 LOGO!에서는 가장 높은 우선권이 있는 메시지가(0 = 가장 낮음, 127 = 가장 높음) 디스플레이됩니다. LOGO!에서는 새로운 메시지 텍스트가 이전에 발생한 메시지 텍스트보다 더 높을 때에만 디스플레이됩니다.

메시지 텍스트가 디세이블 되거나 인식(Ack)된 후에는 다음 우선권이 높은 메시지가 자동적으로 디스플레이됩니다.

▲와 ▼키를 눌러 활성화된 여러 메시지 텍스트 사이를 이동할 수 있습니다.

예: 문자별 Tick 메시지

다음 그림은 한 라인, 24-문자 메시지 텍스트를 보여줍니다.

X_1	X_2	X_3	X_4	X_5	X_6	X_7	X_8	X_9	X_{10}	X_{11}	X_{12}	X_{13}	X_{14}	X_{15}	X_{16}	X_{17}	X_{18}	X_{19}	X_{20}	X_{21}	X_{22}	X_{23}	X_{24}

이 메시지를 0.1초 간격으로 "character by character(문자별)"로 Tick 하도록 설정한다면 LOGO! Display나 LOGO! TD에서 이 메시지 초기 화면은 다음 그림과 같이 보입니다.

X_1 X_2 X_3 X_4 X_5 X_6 X_7 X_8 X_9 X_{10} X_{11} X_{12} | X_{13} X_{14} X_{15} X_{16} X_{17} X_{18} X_{19} X_{20} X_{21} X_{22} X_{23} X_{24}

0.1초 후에는 메시지 라인의 한 문자가 Tick 합니다. LOGO! 온-보드 디스플레이나 LOGO! TD에서 메시지는 다음과 같이 보입니다.

X_2 X_3 X_4 X_5 X_6 X_7 X_8 X_9 X_{10} X_{11} X_{12} X_{13} | X_{14} X_{15} X_{16} X_{17} X_{18} X_{19} X_{20} X_{21} X_{22} X_{23} X_{24} X_1

예: 라인 별 Tick 메시지

다음 예는 바로 전에 사용했던 동일한 메시지 구성을 사용합니다.

X_1	X_2	X_3	X_4	X_5	X_6	X_7	X_8	X_9	X_{10}	X_{11}	X_{12}	X_{13}	X_{14}	X_{15}	X_{16}	X_{17}	X_{18}	X_{19}	X_{20}	X_{21}	X_{22}	X_{23}	X_{24}

이 메시지를 0.1초 간격으로 "line by line(라인별)"로 tick 하도록 설정한다면 LOGO! 온-보드 디스플레이나 LOGO! TD에서 이 메시지 초기 화면은 다음 그림과 같이 보입니다.

X_1 X_2 X_3 X_4 X_5 X_6 X_7 X_8 X_9 X_{10} X_{11} X_{12} | X_{13} X_{14} X_{15} X_{16} X_{17} X_{18} X_{19} X_{20} X_{21} X_{22} X_{23} X_{24}

1초 후에 (10 x 0.1초)메시지는 아래 그림처럼 나머지 오른쪽을 디스플레이합니다.

X_{13} X_{14} X_{15} X_{16} X_{17} X_{18} X_{19} X_{20} X_{21} X_{22} X_{23} X_{24} | X_1 X_2 X_3 X_4 X_5 X_6 X_7 X_8 X_9 X_{10} X_{11} X_{12}

화면에서는 두 개의 메시지 반쪽이 매초 번갈아 가며 디스플레이합니다.

메시지 텍스트를 라인별로 tick 하도록 구성할 수 있습니다. "character by character" 혹은 "line by line" 설정은 tick 하고자 하는 모든 라인에 적용됩니다.

입력 P 구성:

입력 P에서 다음과 같은 특성의 메시지 텍스트를 구성합니다.

- 우선권
- Acknowledgement(인식)
- Message destination(메시지 표시 디바이스)
- Tick 타입과 라인별 Tick 설정

▷ **보이는 파라미터와 프로세스 변수:**

다음 파라미터 혹은 프로세스 변수가 메시지 텍스트에 숫자 값이나 바-그래프 형태로 디스플레이될 수 있습니다.

특수 함수	**메시지 텍스트에서 볼 수 있는 파라미터 혹은 프로세스 변수**
타이머	
온 딜레이	T, Ta
오프 딜레이	T, Ta
온/오프 딜레이	Ta, TH, TL
유지 온 딜레이	T, Ta
와이핑 릴레이(펄스 출력)	T, Ta
에지 트리거 와이핑 릴레이	Ta, TH, TL
비동기 펄스 발생기	Ta, TH, TL
랜덤 발생기	TH, TL
계단 라이팅 스위치	Ta, T, T!, T!L
멀티 함수 스위치	Ta, T, TL, T!, T!L
주간 타이머	3*on/off/day
연간 타이머	On, Off
카운터	
업/다운 카운터	Cnt, On, Off
운전시간 카운터	MI, Q, OT
트레스홀드 트리거	fa, On, Off, G_T

아날로그	
아날로그 트레스홀드 트리거	On, Off, A, B, Ax
아날로그 차분 트리거	On, n, A, B, Ax, Off
아날로그 비교기	On, Off, A, B, Ax, Ay, nA
아날로그 값 모니터링	n, A, B, Ax, Aen
아날로그 증폭기	A, B, Ax
아날로그 멀티플렉서	V1, V2, V3, V4, AQ
아날로그 램프	L1, L2, MaxL, StSp, Rate, A, B, AQ
PI 제어기	SP, Mq, KC, TI, Min, Max, A, B, PV, AQ
아날로그 연산	V1, V2, V3, V4, AQ
펄스 폭 모듈 레이터 (PWM)	증폭된 A, B, T, Ax
기타	
래치 릴레이	-
펄스 릴레이	-
메시지 텍스트	-
소프트 키	On/Off
시프트 레지스터	-

타이머의 경우 메시지 텍스트는 남아 있는 시간도 디스플레이될 수 있습니다. "남아 있는 시간"이란 파라미터에서 설정한 시간이 얼마나 남아 있는가 하는 것입니다.

바 그래프는 최솟값과 최댓값 사이에서 스케일 된 현재값 또는 실제값을 수직 형태나 수평 형태로 표현할 수 있습니다. 메시지 텍스트에서 막대그래프를 구성하거나 디스플레이하는 것에 대한 자세한 내용은 LOGO! Soft Comfort 온라인 도움말을 참조하십시오.

메시지 텍스트 편집

LOGO! Basic 모듈에서는 단순한 메시지 텍스트만 편집될 수 있습니다. LOGO!Soft Comfort에서 바 그래프, I/O 상태 이름, 기타 여러 새로운 기능을 사용하여 작성된 텍스트 메시지는 LOGO! Basic에서 편집될 수 없습니다.

다음의 파라미터를 갖는 메시지 텍스트는 LOGO! Basic에서 편집할 수 없습니다.

- Par
- Time
- Date

- EnTime
- EnDate

이와 같은 메시지는 LOGO!Soft Comfort에서만 편집할 수 있습니다

활성화된 메시지 텍스트에서 파라미터 변경하기:

메시지 텍스트가 활성화되었을 때 ESC를 눌러 편집 모드를 선택합니다.

주)

ESC 키는 최소 일 초 동안 누르고 있어야 합니다.

◀ 와 ▶ 키를 눌러 관련 파라미터를 선택합니다. OK를 눌러 관련 파라미터를 변경합니다.

▲ 와 ▼ 키를 눌러 관련 파라미터를 편집합니다.

변경된 부분을 OK.로 확인합니다. 이제 메시지 텍스트에서 파라미터를 추가적으로 편집할 수 있습니다(파라미터가 존재한다면). ESC를 눌러 편집 모드를 종료합니다.

활성화된 메시지 텍스트에서 입력 시뮬레이션 입력하기:

활성화된 메시지 텍스트에서 C ▲, C ▼, C ◀, C ▶ 4개 키를 이네이블 시킬 수 있습니다.

ESC 와 관련 커서 키를 같이 누르면 됩니다.

Par 파라미터 설정: 프로그래밍 모드에서의 보기:

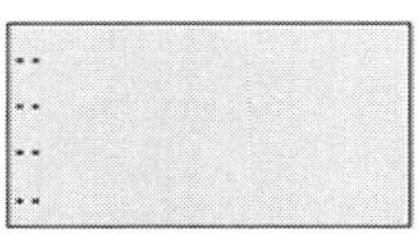

Par에 대한 파라미터 할당 화면

▶ 키를 눌러 메시지 텍스트를 위한 라인을 선택합니다.

▲ 와 ▼ 버튼을 눌러 텍스트에 디스플레이 될 문자를 선택합니다. 커서를 한 위치에서 다른 위치로 이동시키려면

◀ 와 ▶ 버튼을 누르십시오.

사용할 수 있는 문자 리스트는 사용자 프로그램 이름에서와 같습니다. character set에 대한 내용은 사용자 프로그램 입력 단원에 나와 있습니다. LOGO! Basic에서 메시지 텍스트를

입력할 때는 ISO 8859-1 문자 세트(character set)의 문자만이 입력될 수 있습니다. 다른 언어를 입력하려면 LOGO! Soft Comfort에서 텍스트를 입력해야 합니다.

메시지 텍스트의 라인별 문자 수는 LOGO! 온-보드 디스플레이에서의 문자보다 클 수 있습니다.

OK 버튼을 눌러 변경된 부분을 확인하고 ESC를 눌러 편집 모드를 종료하십시오.

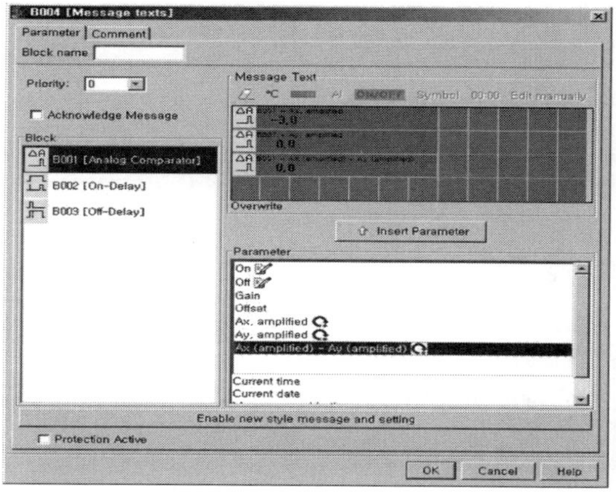

4) 소프트 키(Soft key)

이 명령어는 기계적인 푸시버튼이나 스위치의 동작 효과를 제공합니다.

LOGO!에서의 심벌	배선	설명
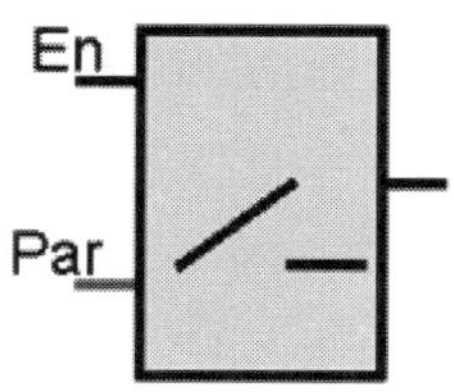	입력 En	입력 En(Enable)에서의 신호가 0에서 1로 변환되거나 구성 모드에서 'Switch=On'이 지정되면 출력 Q가 세트됩니다.
	파라미터	파라미터 모드: 푸시버튼 동작이나 스위칭 동작을 한 사이클 동안 구현하기 위해 이 함수를 선택합니다. Start: 메모리 유지가 디세이블 되었다면 프로그램이 스타트된 후 온이나 오프 또는 초기화됩니다. 메모리 유지: / = 메모리 유지 안 됨 R = 상태가 메모리 유지됩니다. 파라미터 할당 모드 (RUN 모드): 스위치: 모멘터리 푸시버튼(스위치) 동작을 온 시키거나 오프 시킵니다.
	출력 Q	En=1이고 Switch=On이 OK로 확인되었다면 스위치 온이 됩니다.

공장 설정:

스위치 파라미터의 디폴트는 스위칭 동작입니다.

타이밍 다이어그램

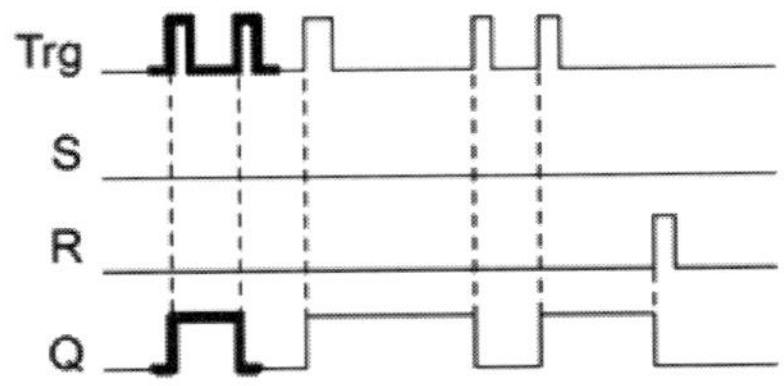

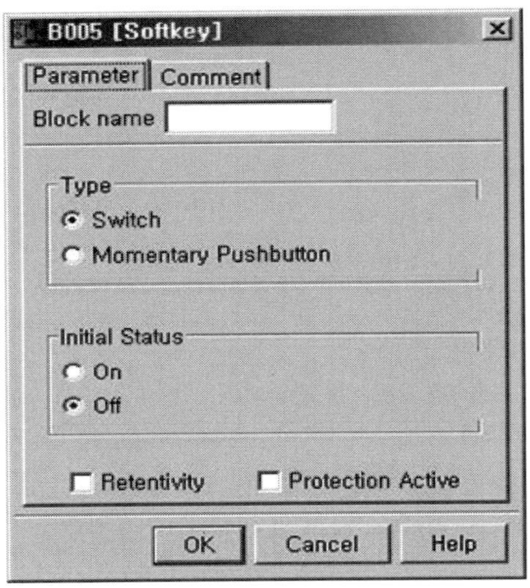

타입(Type)

Switch

모멘터리 푸시버턴(Momentary Pushbutton)

초기 상태(Initial Status)

On/Off

유지(Retentivity)

보호(Protection Active)

기능 설명:

파라미터 할당 모드에서 'Switch' 파라미터가 'On'으로 설정한 후 OK로 확인되고 입력 En이 세트되면 출력이 세트 됩니다. 이 동작은 구성된 스위칭 동작이나 푸시버튼 동작과는 상관없이 수행됩니다.

출력은 다음과 같은 세 가지 경우에 '0'로 리셋됩니다.

- 입력 En에서의 신호가 1에서 0로 변환될 때
- 푸시버튼 함수로 구성되고 이 함수 동작 후에 한 사이클이 지났을
- 'Off'가 'Switch' 파라미터에서 설정되고 파라미터 할당 모드에서 OK로 확인되었을 때 메모리 유지가 세트 되지 않으면 'Start' 파라미터의 구성에 따라 전원이 차단된 후 다시 인가되었을 때 출력 Q가 초기화됩니다.

5) 시프트 레지스터(Shift register)

시프트 레지스터 함수는 입력값을 읽고 그 비트를 왼쪽이나 오른쪽으로 시프트 시킬 때 사용합니다. 출력값은 시프트 된 레지스터의 비트 값입니다. 시프트 방향은 Dir 입력 신호에 의해 변경됩니다.

LOGO!에서의 심벌	배선	설명
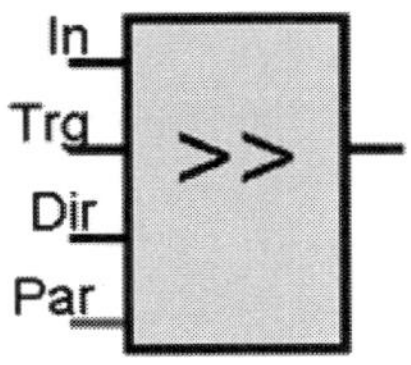	입력 In	함수가 시작될 때 입력되는 값
	입력 Trg	입력 Trg의 포지티브 에지(0에서 1로의 변환)에 의해 특수 함수가 시작됩니다. 1에서 0으로 변환되는 것은 아무런 의미가 없습니다.
	입력 Dir	Dir 입력에서의 신호가 S1 ... S8 시프트 레지스터 비트의 시프트 방향을 결정합니다. Dir = 0: 쉬프트 업 (S1 〉〉S8) Dir = 1: 쉬프트 다운 (S8 〉〉S1)
	파라미터	출력 Q의 값을 결정하는 시프트 레지스터 비트 가능한 설정: S1 ... S8 메모리 유지: / = 메모리 유지 안 됨 R = 상태가 메모리 유지됩니다.
	출력 Q	출력값은 시프트 된 레지스터 비트의 값입니다.

기능 설명:

함수는 입력 Trg(Trigger)에 포지티브 에지(0에서 1로의 변환)가 들어오면 입력 In의 값을 읽습니다.

이 값은 시프트 방향에 따라 시프트 레지스터 비트 S1이나 S8에 쓰여 집니다.

- 사프트 업: 입력 In의 값이 S1에 설정됩니다. S1의 이전 값은 S2로, S2는 S3 등으로 시프트 됩니다.
- 시프트 다운: 입력 In의 값이 S8에 설정됩니다. S8의 이전 값은 S7로, S7는 S6으로 시프트 됩니다.

출력 Q는 시프트 된 레지스터 비트의 값이 출력됩니다.

메모리 유지가 디세이블 되면 전원이 차단되었다가 다시 인가되면 S1이나 S8에서 시프트 함수가 다시 시작합니다. 메모리 유지가 이네이블 되면 메모리 유지는 항상 모든 시프트 레지스터 비트에 적용됩니다.

주)
특수 기능 명령어인 시프트 레지스터는 사용자 프로그램에서 한 번만 사용할 수 있습니다.

다음과 같이 LOGO! 0BA6의 시프트 레지스터의 타이밍은 아래와 같습니다.

타이밍 다이어그램

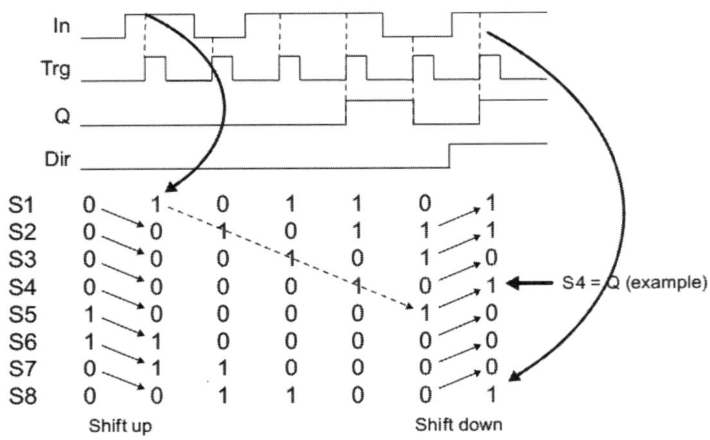

다음과 같이 LOGO! 0BA7의 시프트 레지스터의 타이밍은 아래와 같습니다.

타이밍 다이어그램

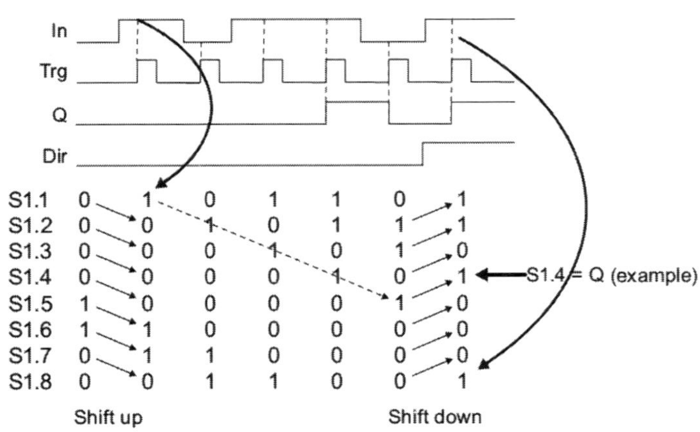

프로그램 예) I1이 On 되고 I3이 Off일 때 I2의 입력이 On/Off 하면 증가 방향으로 시프트 하고, I3이 On 되면 감소 방향으로 시프트 된다.

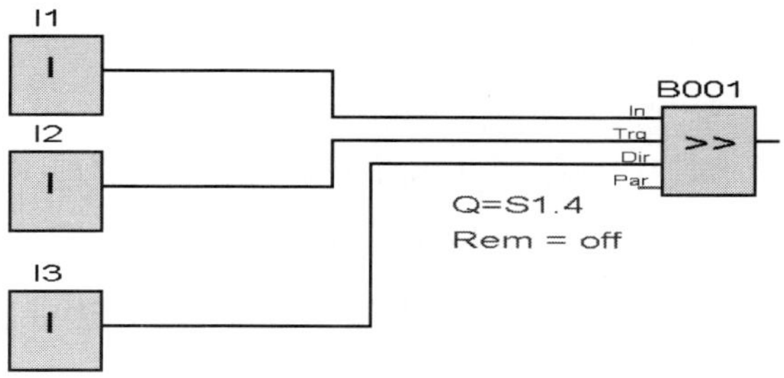

6) 수학 명령어 오류 탐지(Mathematic instruction error detection)

수학적 명령 오류 검출 블록은 참조된 수학적 명령 함수 블록에 오류가 발생한 경우 출력을 설정합니다.

LOGO!에서의 심벌	배선	설명
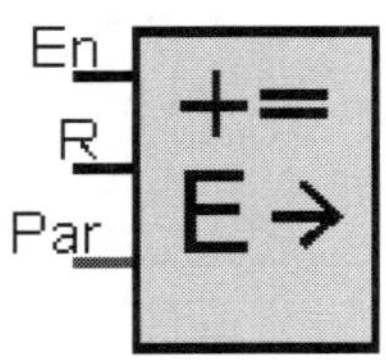	입력 En	수학 명령어 오류 감지 기능 블록을 활성화합니다.
	입력 R	출력을 재설정
	파라미터	참조 FB: 수학 명령어의 블록 번호 오류 감지: 제로 나눗셈, 오버플로 또는 제로나 오버플로우. 자동 재설정: 오류 상태가 해결되면 출력을 재설정합니다.
	출력 Q	출력값은 참조된 수학적 명령 기능 블록의 마지막 실행에서 탐지할 오류가 발생하면 Q가 하이로 설정됩니다.

▷ 매개변수 참조된 FB

참조된 FB 파라미터의 값은 이미 프로그래밍이 된 수학적 명령 함수 블록의 블록 번호를 참조합니다.

▷ 함수 설명

수학적 명령 오류 검출 블록은 참조된 수학적 명령 함수 블록에 오류가 있을 때 출력을 설정합니다. 제로 나눗셈 오류, 오버 플로우 오류 또는 두 가지 유형의 오류가 발생할 때마다 출력을 설정하는 기능을 프로그래밍할 수 있습니다.

“자동으로 재설정” 확인란을 선택하면 기능 블록의 다음 실행 전에 출력이 재설정됩니다. 그렇지 않은 경우 출력은 수학 명령어 오류 감지 블록이 R 매개변수로 재설정 될 때까지 해당 상태를 유지합니다.

임의의 스캔 사이클에서, 수학 명령 명령 검출 기능 블록 이전에 참조된 수학 명령 블록이 실행되면, 동일한 스캔 사이클에서 오류가 검출됩니다. 수학적 명령 오류 검출 기능 블록 후에 참조 된 수학적 명령 기능 블록이 실행되면 다음 스캔 사이클에서 오류가 감지됩니다.

▷ 수학 명령어 오류 검출 논리표

아래 표에서 오류 감지는 감지할 오류 유형을 선택하는 수학적 명령 오류 감지 명령의 매개변수를 나타냅니다. 0은 실행 마지막에 수학 명령어가 설정한 제로 분할 비트를 나타냅니다. 오류가 발생하면 1, 그렇지 않으면 0입니다. OF는 수학 명령에 의해 설정된 오버플로 비트를 나타냅니다. 오류가 발생한 경우 1, 그렇지 않은 경우 0입니다. 제로나 OR 오버플로는 제로 나눗셈 비트와 참조된 수학 명령어의 오버플로 비트의 논리합을 나타냅니다. 출력 (Q)은 수학 명령어 오류 검출 기능의 출력을 나타냅니다. “x”는 출력에 영향을 미치지 않고 비트가 0 또는 1일 수 있음을 나타냅니다.

감지 오류	Zero	OF	Output (Q)
제로 분할	1	x	1
제로 분할	0	x	0
과다	x	1	1
과다	x	0	1
제로 분할 또는 오버플로	1	0	1
제로 분할 또는 오버플로	0	1	1
제로 분할 또는 오버플로	1	1	1
제로 분할 또는 오버플로	0	0	0

참조된 수학적 명령 함수 블록이 “0”이면 출력은 항상 “0”입니다.

7) 부동/정수 변환기(LOGO! 8 이후 버전만)

이 함수는 정수를 부동 소수점으로 변환하고 이를 VM에 저장합니다.

LOGO! 정수만 처리합니다. S7/Modbus 프로토콜을 사용하여 네트워크를 통해 외부 시스템에서 일부 플로트를 전송하면 LOGO! 직접 처리할 수 는 없습니다. 이 SFB로 로고! 부동 소수점을 출력할 수 있습니다. 이 SFB는 해상도를 부동 소수점에 곱하여 정수를 부동 소수점 숫자로 변환합니다. 매개변수 탭에서 입력 정수에 적합한 해상도를 설정해야 합니다.

LOGO!에서의 심벌	배선	설명
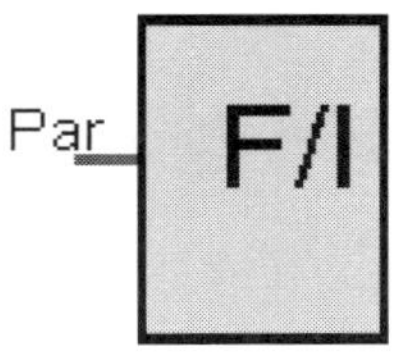	아날로그 입력 Ax	입력 Ax는 다음 아날로그 신호 중 하나입니다. - AI1 ~ AI8 (*) - AM1 ~ AM16 (0BA7인 경우) 또는 AM1 ~ AM64 (0BA8인 경우) - NAI1 ~ NAI32 - AQ1 ~ AQ2 (0BA7인 경우) 또는 AQ1 ~ AQ8 (0BA8인 경우) - NAQ1 - NAQ16 - 아날로그 출력 기능을 가진 블록 번호
	확장된 아날로그 입력 eAx	아날로그 입력(Ax)을 사용할 수 없는 경우 eAx 필드에 값을 입력하거나 다른 FB의 매개변수를 참조하여 확장 아날로그 입력(eAQ)에 값을 할당할 수 있습니다. 값의 범위: -999,999,999 ~ 999,999,999
	파라미터 Pr	파라미터 참조를 통한 프로그래밍을 위한 확장된 아날로그 출력 다른 기능 블록의 참조 매개변수로 사용됩니다. 부호 있는 32 비트 값 값의 범위: -999,999,999 ~ 999,999,999

▷ **매개변수**

기능 블록 입력 이외에 다음 설정은 부동 소수점 대 정수 변환기에 대한 추가 제어를 제공합니다.

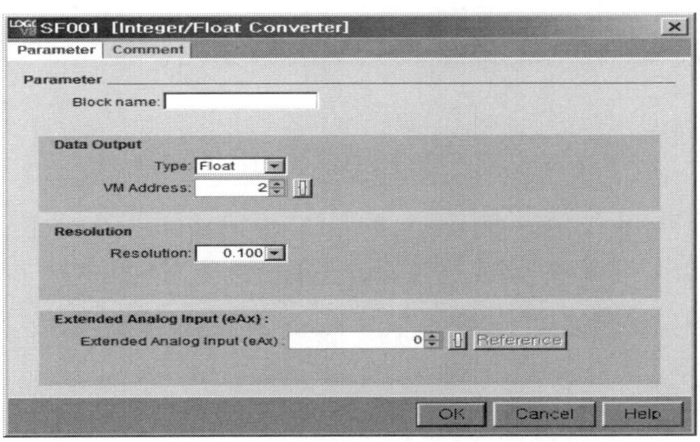

▷ **데이터 출력:**

Integer/Float의 출력은 VM에 저장됩니다. 출력 유형을 float 또는 double로 선택하고 변환된 부동 소수점이 저장되는 시작 VM 주소를 선택할 수 있습니다.

- 유형: 출력 데이터를 부동 또는 이중으로 선택할 수 있습니다.
- VM 주소: 출력 플로트가 저장되는 시작 VM 주소를 지정할 수 있습니다.
  - 크기: 입력 플로트는 4바이트를 차지하고 이중은 8바이트를 차지합니다.
  - 범위: 부동 소수점(0 ~ 847), 이중(0 ~ 843).
- 해결 방법: 입력 정수에 배당을 설정할 수 있습니다.
  - 범위: 0.001 ~ 1000
  - 정밀도: 1/100

▷ **확장 아날로그 입력:**

여기에서 입력값을 설정할 수도 있습니다. 입력 핀을 연결하지 않으면, SFB는 입력으로 여기에 설정된 값을 사용합니다. 카운터 값과 같은 다른 매개변수 값에 대한 참조로 사용할 수도 있습니다.

범위: -999,999,999 ~ 999,999,999

▷ **함수 설명**

일반적으로 작업을 완료하려면 Float/Integer 변환기와 Integer/Float 블록을 모두 필요로 합니다. 이러한 기능 블록을 사용하는 일반적인 방법은 다음과 같습니다.

- 외부 시스템의 플로트를 네트워크 (S7/Modbus 프로토콜)로 전송하여 VM에 저장합니다.
- VM에 저장된 부동 소수점을 부동/정수 변환기로 정수로 변환합니다.
- LOGO로 정수를 처리하십시오! BM.
- 결과를 Integer/Float에 의해 부동으로 변환하고 이를 VM에 저장합니다.
- 부동 시스템을 외부 시스템으로 전송합니다(S7/Modbus 프로토콜 사용).

▷ **계산 규칙**

VM 주소의 부동값

VM 주소의 부동값 = 아날로그 입력 x 해상도

아날로그 출력 (AQ)

- 아날로그 입력 커넥터가 연결됨: 아날로그 출력 = 아날로그 입력
- 아날로그 입력 커넥터가 연결되어 있지 않습니다:
  - -32768 ≤ 확장 아날로그 입력 ≤ 32767인 경우 아날로그 출력 = 확장 아날로그 입력입니다.
  - 아날로그 입력이 32767 이상이면 아날로그 출력 = 32767입니다.
  - 아날로그 입력이 -32768 이하이면 아날로그 출력 = -32768입니다.

확장 아날로그 출력 (eAQ)

- 아날로그 입력 커넥터가 연결된 경우: 확장 아날로그 입력 = 아날로그 입력.
- 확장 아날로그 입력 커넥터가 연결되어 있지 않습니다.
  - -999,999,999 ≤ 확장 아날로그 입력 ≤ 999,999,999 인 경우 확장 아날로그 출력 = 확장 아날로그 입력입니다.
  - 확장 아날로그 입력이 999,999,999 이상인 경우 확장 아날로그 출력 = 999,999,999입니다.
  - 확장 아날로그 입력이 -999,999,999 이하인 경우 확장 아날로그 출력 = -999,999,999입니다.

5.10 데이터 기록(Data Log Profile) – 0BA7 only

원하는 회로 프로그램의 기능 블록과 메모리 영역의 실제값을 기록하는 데이터 로그를 구성할 수 있다.

LOGO!에서의 심벌	연결	설명
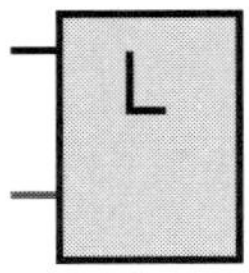	En	데이터 로그는 시작은 En 신호가 상승 펄스(0에서 1로 변할 때)에서 저장됩니다.

사용자 프로그램당 하나의 데이터 로그를 구성할 수 있습니다. 데이터 로그를 구성한 후, 더 이상을 선택할 수 없도록 데이터 로그 아이콘이 회색입니다.

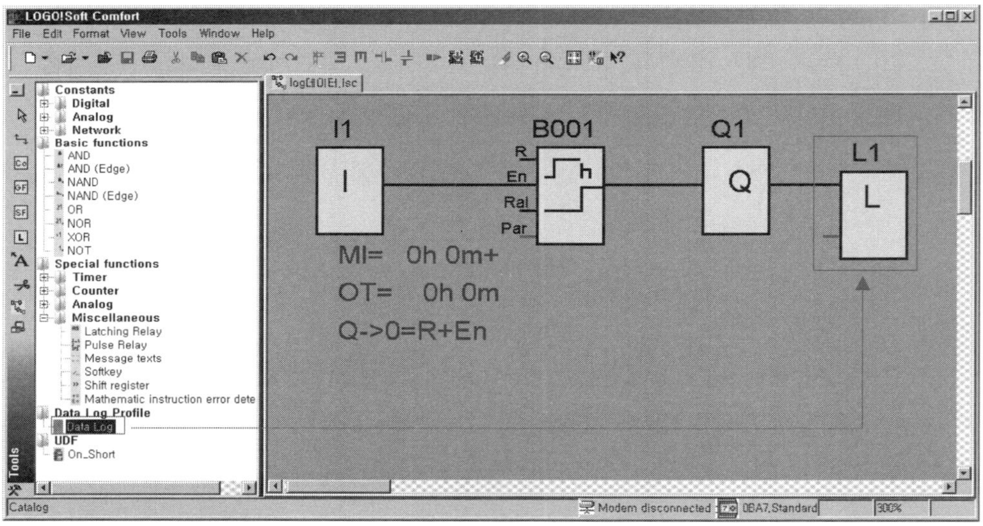

☐ 데이터 로그 구성:

프로그램에서는 유일한 기능 블록의 실제값 및 다음 메모리 영역에 기록하는 하나 이상의 데이터 로그를 구성할 수 있다

- I
- Q
- M

- AI
- AQ
- AM

- 디지털 I/O 및 메모리의 경우, 8비트의 그룹으로 데이터를 기록한다.
  (I1 to I8, Q9 to Q16, M17 to M24)
- 아날로그 데이터인 경우 AI1, AQ2, 또는 AM1 값의 유형에 따라 8비트 또는 단일 값의 그룹 기능 블록 값을 구성합니다.

데이터 로그에서 32항목(아날로그 값 또는 8비트 디지털 그룹)의 최대를 기록할 수 있습니다.

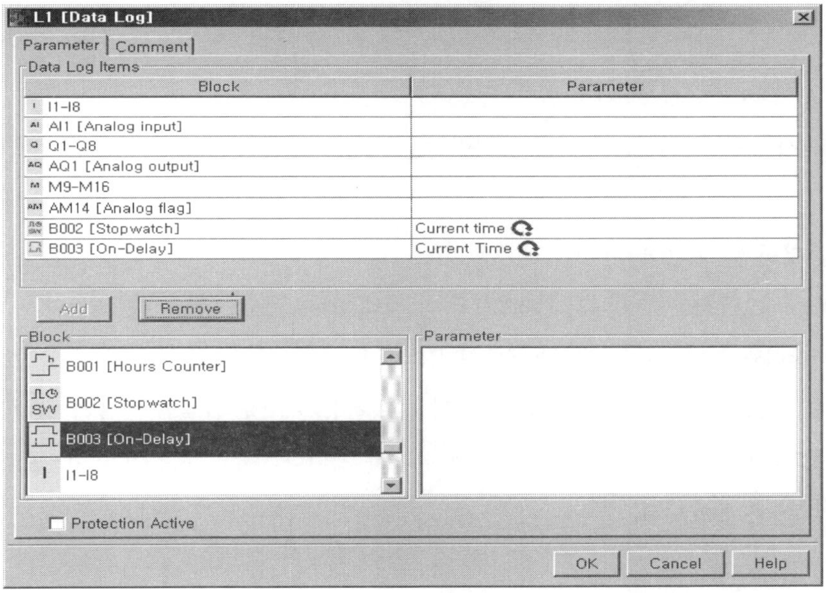

☐ Transferring the Data Log:

데이터 로그를 구성한 후에는 LOGO! 0BA7에 사용자 프로그램을 다운로드할 수 있습니다.

(데이터 로그는 내부 EEPROM에 저장되어 있는 장치임)

사용자는 PC 또는 CSV 형식으로 SD 카드에 데이터 로그를 전송할 수 있습니다. PC에 내부 EEPROM에서 데이터 로그를 업로드하려면 메인 메뉴에서 "도구 -> 전송 -> 업로드 데이터 로그" 및 LOGO! 0BA7 장치는 STOP 모드에 있어야 합니다.

☐ Opening an uploaded data log

성공적으로 PC에 데이터 로그를 업로드한 후, 이 CSV 파일을 두 번 클릭하고 기본적으로 Microsoft Excel에서 열립니다. 만약에 Microsoft Excel이 없으면 텍스트 편집기로 열 수 있습니다.

노트:

LOGO! 0BA7는 데이터 로깅을 위한 1024바이트 버퍼를 제공한다. 이 버퍼의 데이터가 512바이트에 도달하며 LOGO! 자동으로 SD 카드 슬롯에 삽입된 SD 카드에 데이터를 기록합니다.

SD 카드에 데이터를 기록할 경우 데이터 손실이 염려되므로 데이터 손실 발생을 방지하기 위해서는 최소 500ms 간격으로 저장하여 주십시오.

5.11 사용자 정의 함수 블록 UDF(User-Defined Function) (0BA7 버전 이상)

사용자 정의 함수(UDF):

LOGO!Soft Comfort V7.0에서 UDF(사용자 정의 함수) 프로그램을 만들기 위한 새로운 옵션을 제공합니다. UDF는 프로그램에서 반복적으로 동작하는 공정이나 또는 복잡한 기능을 구현할 때 UDF화 프로그램을 작성하여 저장하고 저장된 UDF 파일을 호출하여 사용하면 사용자 프로그램이 간소화될 뿐 아니라 시간 절약이 됩니다. 또한, 사용자 응용 프로그램에서 상호 결합할 수 있습니다.

UDF를 작성하고 사용하려면 다음과 같습니다.

1. 편집 모드: UDF를 작성하고 편집할 수 있습니다.
   - 메인 메뉴 또는 도구모음을 통해 새로운 UDF를 작성하고, 편집할 수 있습니다.
   - 기존 프로그램에서 선택한 영역의 프로그램을 그룹화 하여 새로운 UDF로 변환할 수 있습니다.
   - UDF를 나중에 가져올 수 있는 UDF 라이브러리 경로에 UDF를 저장할 수 있습니다.
   - 타사에서 UDF 라이브러리를 복사하여 사용할 수 있습니다.

2. 사용자 모드: FBD 또는 다른 UDF(중첩 UDF)의 UDF를 사용합니다.

UDF를 가져온 경우 일반적으로 함수 블록과 같은 블록 트리에서 사용할 수 있습니다. 원하는 일반적인 기능 블록과 동일한 방법으로 사용할 수 있습니다.

1) UDF 만들기:

① 새로운 UDF 기능 블록을 만들기는 메인 메뉴 File -> New를 선택합니다. 또는  아이콘 라디오 버튼에서 "UDF Diagram (UDF)" 선택합니다.

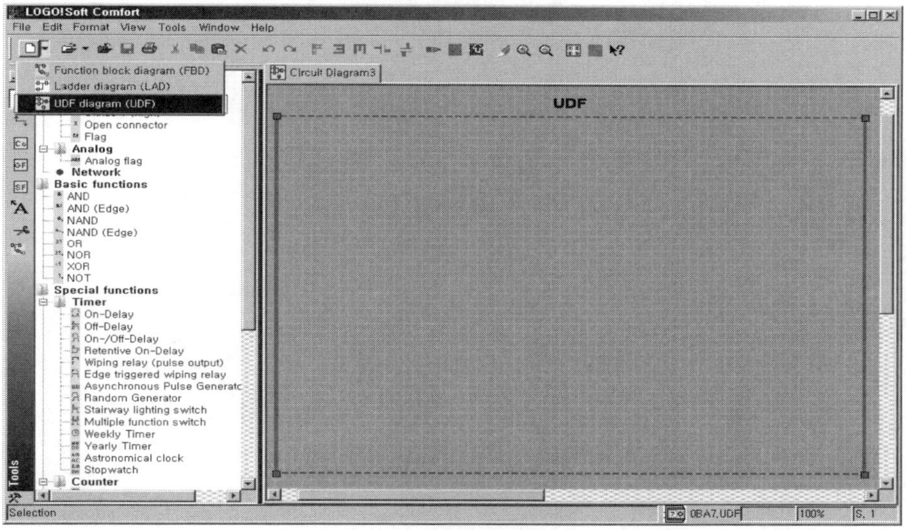

UDF는 편집 영역을 나타내는 사각형을 가지고 있습니다. 이 영역의 위치와 크기를 변경할 수 있습니다.

UDF에 대한 제한:

입력(아날로그 + 디지털): 8

출력(아날로그 + 디지털): 4

매개변수: 8

참고:

모든 블록은 UDF에 첨가될 수 있습니다. 아래의 항목은 UDF에 추가할 수 없습니다.

- 입력, 출력
- 아날로그 입력, 아날로그 출력

- M8, M25, M26, M27
- 시프트 레지스터
- PI 컨트롤러
- 데이터 로그
- 메시지 텍스트

② UDF의 편집기에서 아래와 같이 프로그램을 작성합니다.

예제) 하나의 스위치 입력으로 두 개의 출력을 제어하는 프로그램으로써 우리는 이러한 동작을 On Short 출력 제어라 합니다.

동작 설명: I1이 짧은 순간 누르면 Q1이 On/Off 된다.

I1을 1초 이상 누르면, Q2가 On/Off 된다.

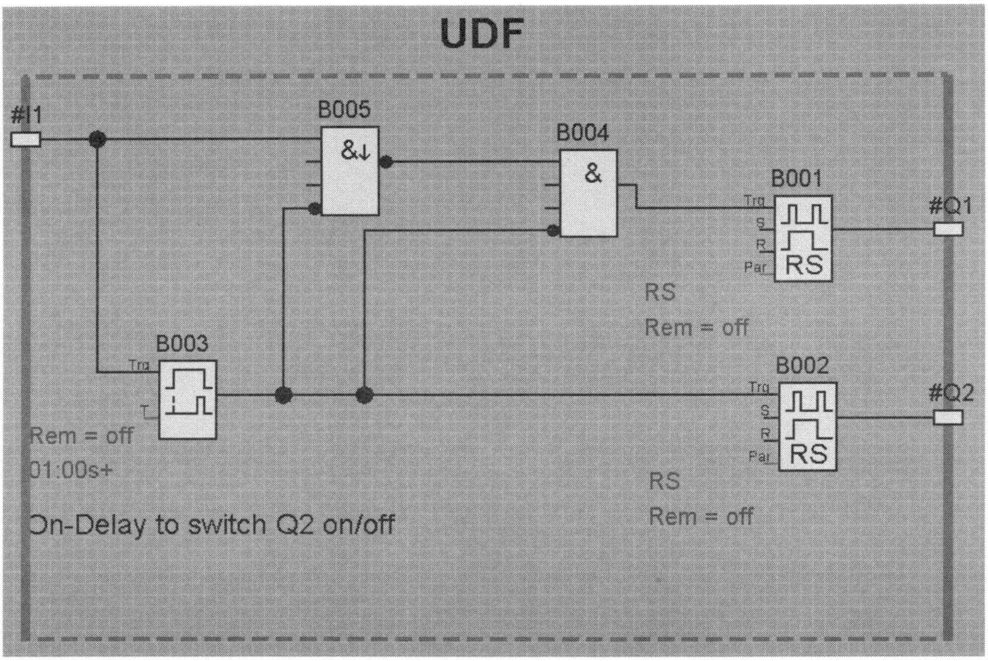

③ 편집 틀을 더블클릭하거나 메인 메뉴에서 "Edit -> Edit UDF properties" 선택합니다. UDF 속성창이 열리면 Identifies 항목에 On_Short라고 적고 OK 버튼을 클릭하여 마칩니다.

식별 코드에 이름을 부여해 줌으로써 UDF는 고유한 식별 코드를 갖게 됩니다.

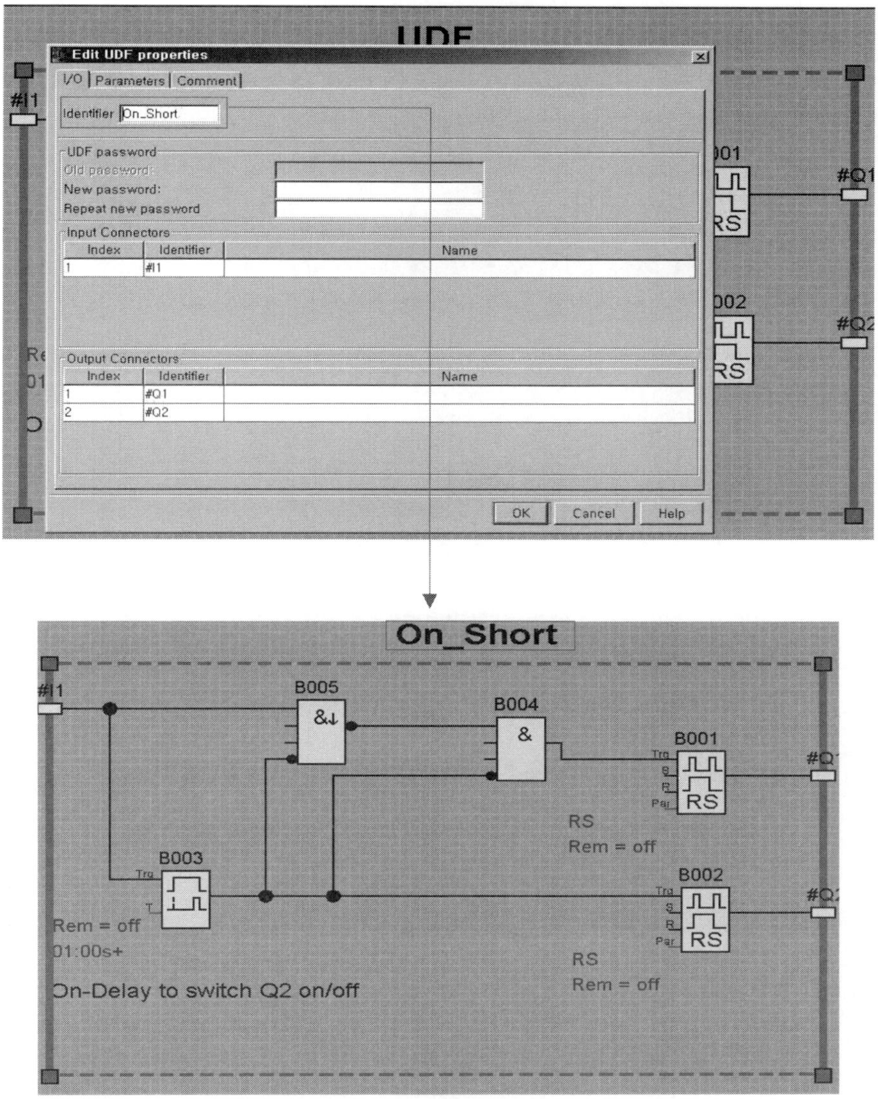

참조:

☐ I/O 탭: 항목에는 식별자(Identifier), 암호(Password), 입력단자(Input connector)와 출력단자(Output connector) 등이 있습니다.

- 식별자(Identifier) -> 사용자 UDF에 대한 식별자를 입력할 수 있습니다. 식별자는 기본적으로 "UDF"입니다.
- UDF 암호(password) -> UDF로 작성된 내용을 보이지 않게 하거나 편집을 못 하도록 암호화하는 기능을 제공합니다.

▢ Parameters(매개변수) 탭:

사용자 프로그램에서 사용되는 블록들의 세부적인 식별 코드를 재설정할 수 있습니다.

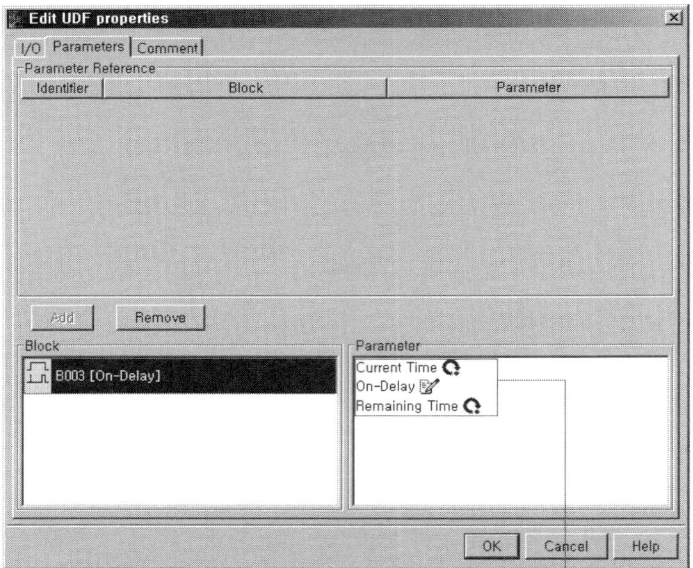

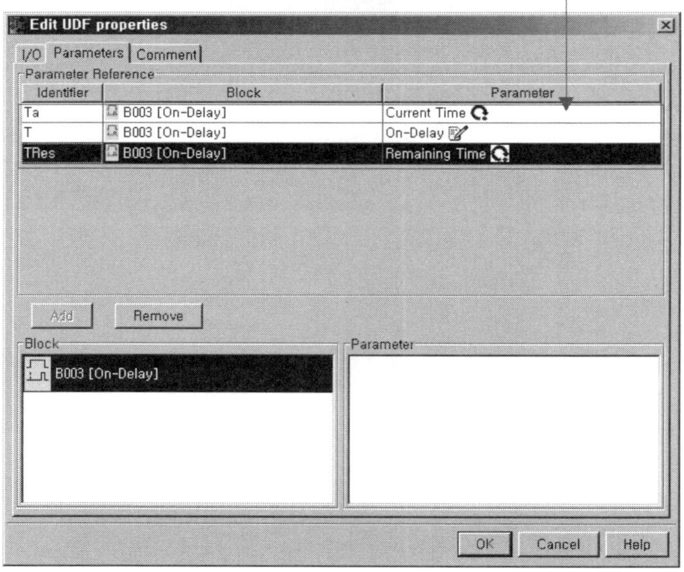

▢ Comment(설명문)

사용자는 UDF에 대한 설명을 추가할 수 있습니다.

사용자 정의함수(UDF), 입력과 출력의 기능 및 기타 세부정보를 사용하는 방법에 대해 설명할 수 있습니다.

④ 저장(Save) 버튼을 누르면 Specify new version 대화상자가 나타납니다. 이 대화상자는 사용자 정의함수 블록에 대한 번전을 입력할 수 있습니다. OK 버튼을 클릭하여 저장을 합니다.

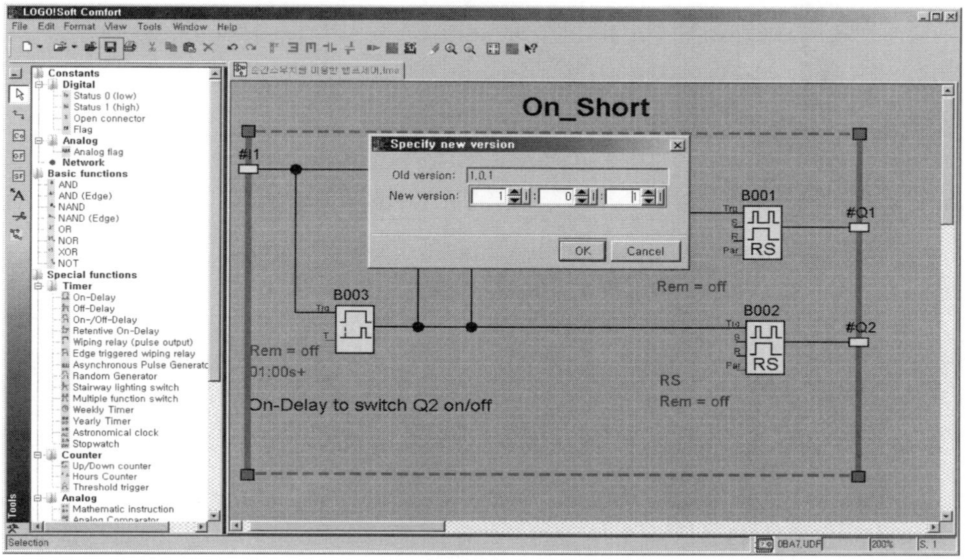

⑤ 메인 메뉴에서 Tool -> Option을 선택합니다. Option 다이로그 박스에서 UDF 항목을 선택한 다음 "Add UDF" 버튼을 클릭하여 사용자가 작성한 UDF 파일을 등록합니다.

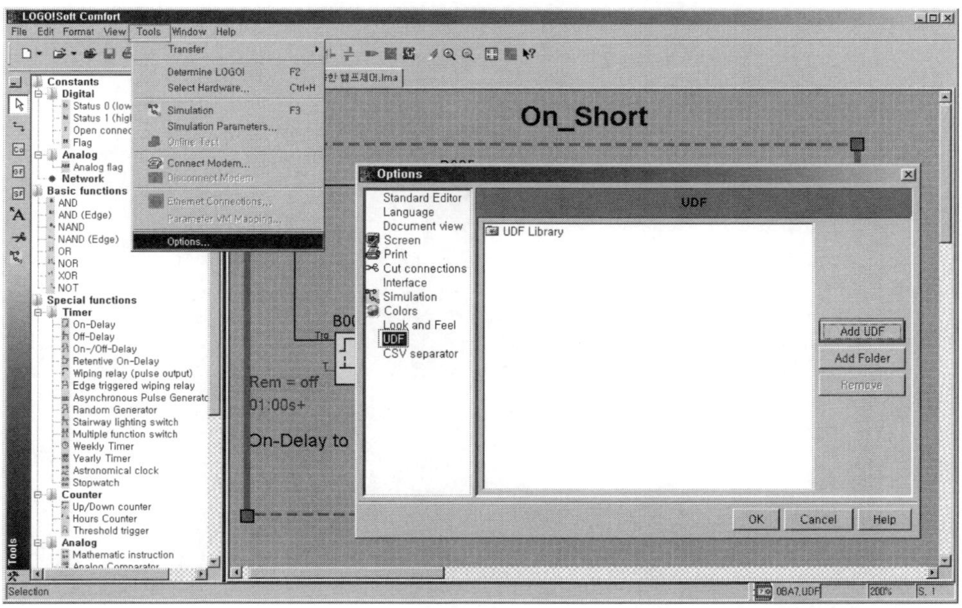

⑥ 사용자 UDF 파일을 찾은 다음 열기 버튼을 클릭합니다.

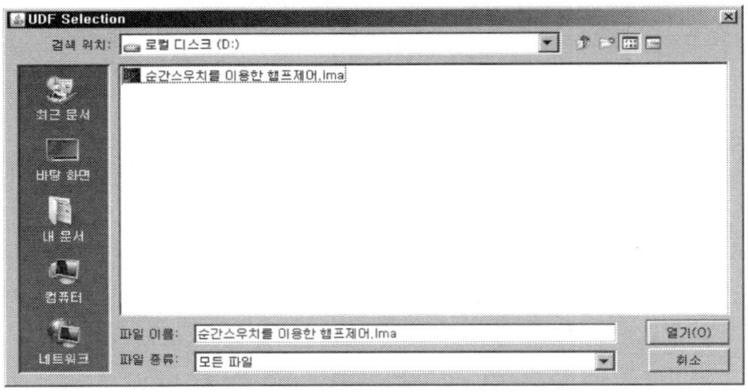

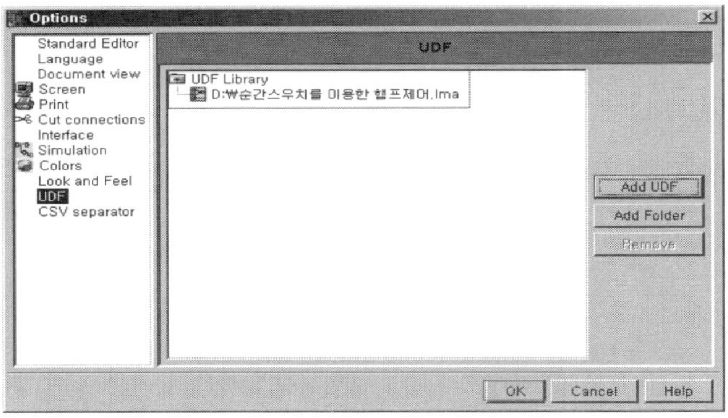

OK 버튼을 클릭하여 등록을 마칩니다.

⑦ LOGo! Soft comfort의 명령어 트리 구조에서 방금 등록된 UDF의 항목을 볼 수 있습니다. 이제 어느 사용자 프로그램에서 On_Short UDF의 라이브러리를 사용할 수 있습니다.

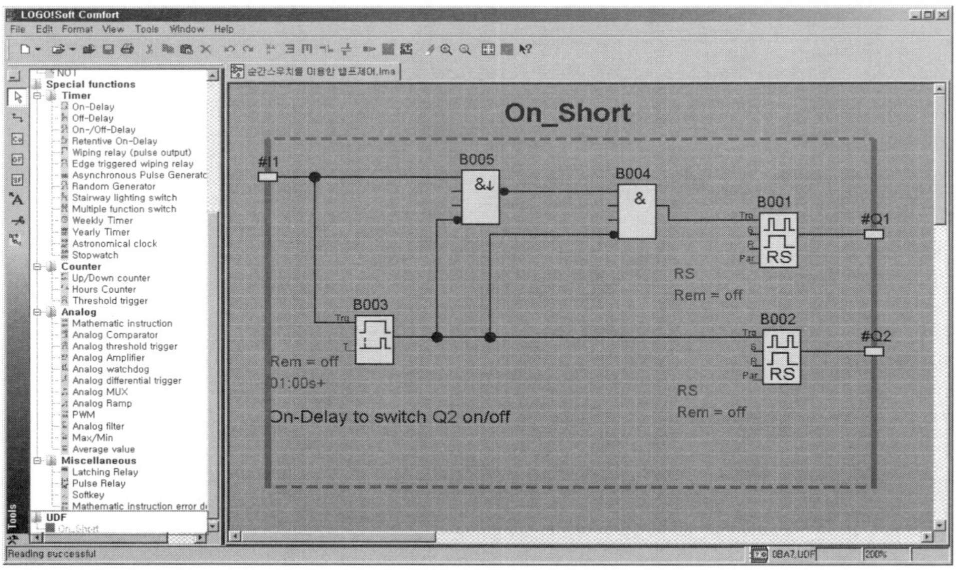

⑧ 새로운 프로젝트를 시작합니다.

New 버튼 클릭 -> UDF 폴더 밑에의 On_Short 라이브러리를 선택한 다음 편집창에 적용합니다. U001 박스의 출력 단에 실지 출력 어드레스를 연결합니다. 그런 다음 U001 박스의 입력 단에 실지 입력 어드레스를 연결합니다. 저장한 다음 LOGO!로 전송한 다음 테스트를 실행합니다.

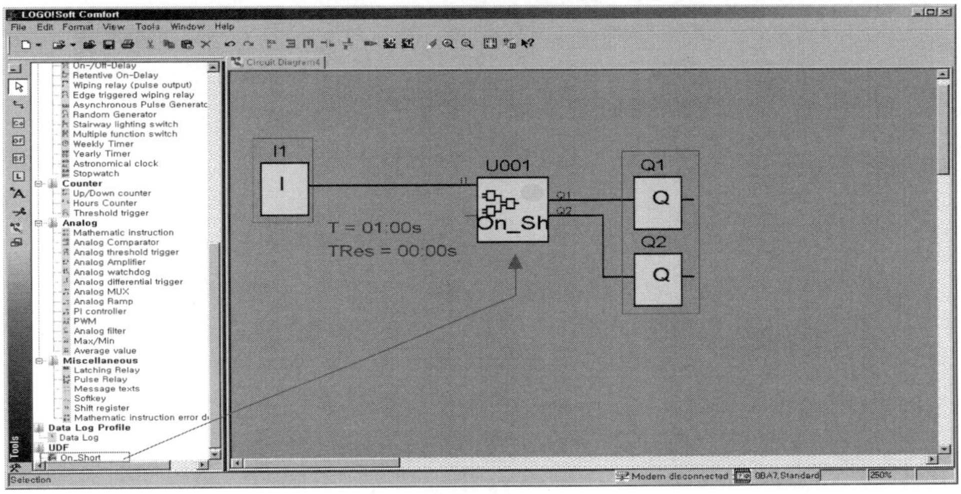

On-Line 실행 화면입니다.

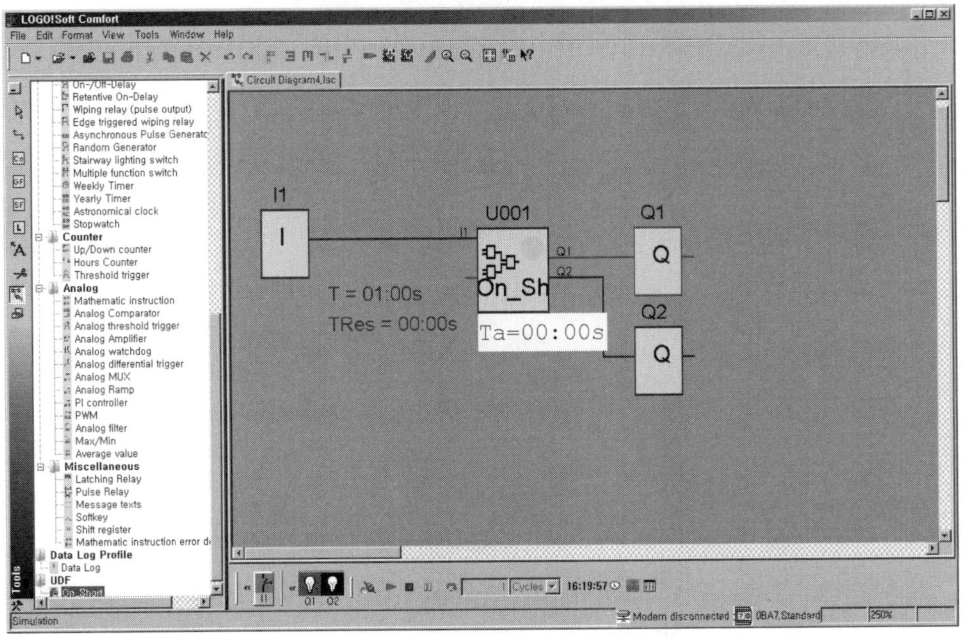

2) **기존 프로그램에서 UDF 만들기:**

다음은 기존 On-Short 응용 프로그램에서 UDF로 변환하는 과정을 보여줍니다.

실지 입력, 출력을 제외한 회로를 선택하고 마우스 오른쪽 버튼을 클릭합니다. 그러면 상황에 맞는 팝업 메뉴가 뜰 것입니다. 여기서 "Create UDF"를 선택합니다.

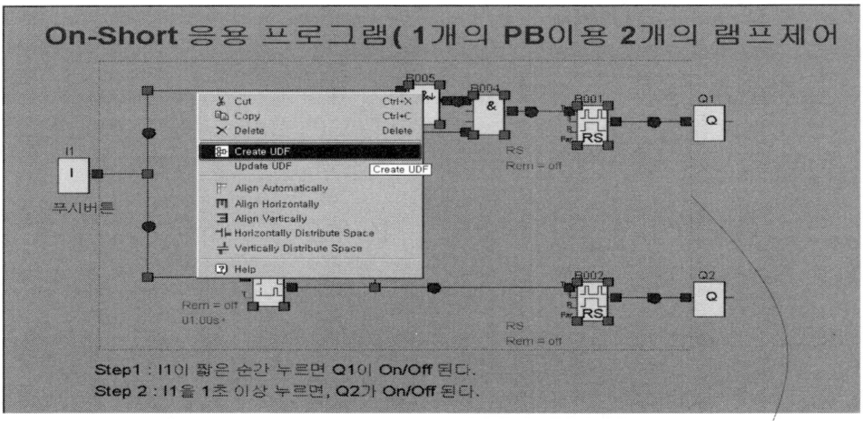

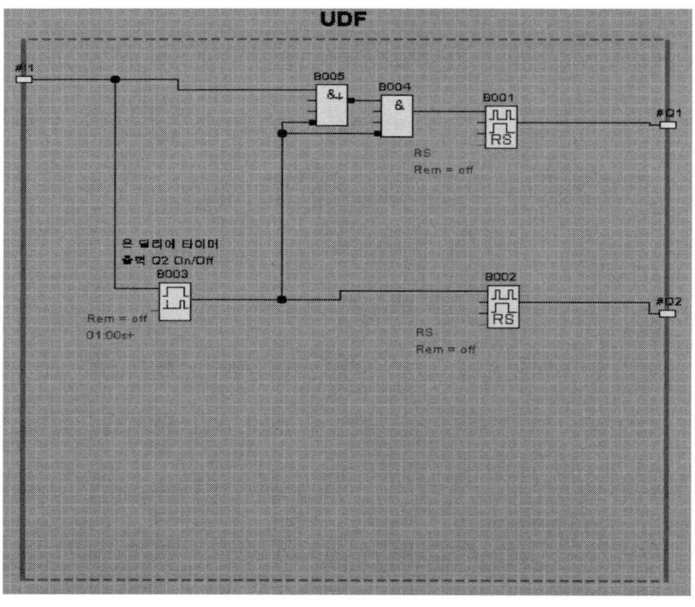

8.1 UDF 만들기 순서에서 ② 번부터 시작하면 됩니다.

주의:

기존 프로그램을 이용한 UDF 만들기는 다음과 같은 제약 사항이 있습니다.

선택된 프로그램이 UDF가 지원하지 않는 블록을 포함하는 경우 실행되지 않으며, 입출력 블록이 접속되어 있으면, 입출력 블록 대신에 UDF 형식의 바뀌어 만들어집니다. 입력 또는 출력이 바뀌어 생성합니다.

〈참고 문헌〉

참조 영어원문 : LOGO!Soft Comfort Online Help
Operating Instructions, 11/2017

영어 원문 출처 : Siemens LOGO! website (http://www.siemens.com/logo)

This manual applies to LOGO!8 6ED1052-xxx08-0BA0 device series

Unrestricted LOGO! 매뉴얼 06/2014, A5E33039675

저자 정보

- **육영수** 현재 한국폴리텍대학 교수
- **김종선** 현재 휴먼테크(Human Machine Technology) 대표
  글로벌숙련기술진흥원 SIEMENS PLC 숙련기술 전수위원

스마트 홈, 스마트 팜 적용
LOGO! 8 PLC

2019년 8월 15일 1판 1쇄 인 쇄
2019년 8월 20일 1판 1쇄 발 행

지은이 : 육 영 수 · 김 종 선

펴낸이 : 박 정 태

펴낸곳 : **광 문 각**

10881
파주시 파주출판문화도시 광인사길 161
광문각 B/D 4층
등 록 : 1991. 5. 31 제12-484호
전화(代) : 031) 955-8787
팩 스 : 031) 955-3730
E-mail : kwangmk7@hanmail.net
홈페이지 : www.kwangmoonkag.co.kr

• ISBN : 978-89-7093-954-4 93560

값 23,000원

한국과학기술출판협회회원
KSPA

※ LOGO 프로그램 실습 예제는 광문각 홈페이지(kwangmoonkag.co.kr) 자료실에서 다운로드 받을 수 있습니다.